学前教育科研方法

主　编　蔡　军
副主编　王丽娟　李新舟　贺林霞
编　者　（按姓氏笔画）
　　　　王丽娟　王　瑜　刘　洁　李军华
　　　　李新舟　余　婧　宫艳华　贺林霞
　　　　唐义燕　蔡　军　谭　娟

陕西师范大学出版总社有限公司

图书代号　JC13N0884

图书在版编目(CIP)数据

学前教育科研方法／蔡军主编．—西安：陕西师范大学出版总社有限公司，2013.9(2023.1 重印)
ISBN 978－7－5613－7073－5

Ⅰ．①学…　Ⅱ．①蔡…　Ⅲ．①学前教育—科学研究—研究方法—高等学校—教材　Ⅳ．①G610－3

中国版本图书馆 CIP 数据核字(2013)第 095053 号

学前教育科研方法
XUEQIAN JIAOYU KEYAN FANGFA
蔡　军　主编

责任编辑／	王东升
责任校对／	梁　菲
封面设计／	安　梁
出版发行／	陕西师范大学出版总社
	(西安市长安南路 199 号　邮编 710062)
网　　址／	http://www.snupg.com
经　　销／	新华书店
印　　刷／	西安日报社印务中心
开　　本／	787 mm×1092 mm　1/16
印　　张／	17.75
字　　数／	411 千
版　　次／	2013 年 9 月第 1 版
印　　次／	2023 年 1 月第 2 次印刷
书　　号／	ISBN 978－7－5613－7073－5
定　　价／	36.00 元

读者购书、书店添货或发现印刷装订问题，请与本社高教出版分社联系、调换。
电　话：(029)85303622(传真)　85307826

前　言

2012年教育部颁行的《幼儿园教师专业标准（试行）》中明确指出：幼儿园教师要"研究幼儿，遵循幼儿成长规律，提升保教工作专业化水平"，能"针对保教工作中的现实需要与问题，进行探索和研究。"2010年发布的《国家中长期教育改革和发展规划纲要（2010—2020年）》中提出要"提高幼儿教师队伍整体素质"，而具备初步的研究能力是幼儿教师专业素质的基本构成。可见，随着时代与社会的发展、教育实践的不断变化，幼儿园教师和幼教工作者具备初步的研究能力，已经是国家和社会的最基本要求和期望。当前幼儿园对研究型教师的迫切需求，给承担幼儿教师培养的职前师范教育提出了新的课题。

《学前教育科研方法》是学前教育专业学生必修的专业课程，是培养学生研究意识、训练学生研究能力的重要突破口。现阶段，进一步明确课程性质与定位、改革教学方法、优化更新教材内容等任务必须提上日程。在这个背景之下，笔者有了编写一部凸显应用型人才培养定位、符合当前学生认知特点的《学前教育科研方法》教材的构思，并得到了全国6所开办学前教育专业的高校相关教师的支持，经过逾一年的论证、编写、修改，终于与读者见面了。

本书主要适用于学前教育专业本科、专科的"学前教育研究方法"课程教学，也适用于幼儿教师（园长）在职进修和自学之用。

本书尊重前人研究成果和业已达成的共识，力图在继承中创新，并体现以下一些特点：

第一，体现专业性、系统性。本书在行文时力图体现学前专业特色，所涉及的举例、案例、范文等都尽可能来自学前教育领域。同时，注意体现内容体系的系统性和完整性，不仅仅对学前教育科学研究领域传统的研究方法如观察法、调查法、实验法、测验法等做了详尽的介绍，也对个案研究、教育叙事研究、行动研究等新兴研究方法、研究模式进行了简明的阐述，尤其是对于学前教育工作者非常重要且实用的"实物分析法"的系统论述，弥补了市面其他教材较少涉及该部分内容的缺憾。

第二，体现应用性、实操性。"学前教育科研方法"是一门实践性大于理论性的课程。本书在具体的研究方法部分，尽可能细化研究步骤，尽可能举例进行讲解，尽可能明确研究的注意事项，力图实现让读者能照着做研究。每章结尾的"思考与实训"环节都设计有应用性题目，对读者进行实操训练。

第三，体现直观性、可读性。图表具有很强的直观性。心理学研究显示，较之文字来说，读者对图表具有更强的阅读兴趣。鉴于此，本书在行文过程中，能配图讲解的地方尽量配合图表来说明、讲解，图文结合，方便读者学习。同时，本书在注重行文严谨、规范的前提下，注意撰写章节开始的过渡句、过渡段，注意突出段首的提要句，方便读者在阅读过程中抓住重点,提高教材的可读性。

本书由西安文理学院幼儿师范学院蔡军(第一章第一节),山东英才学院学前教育学院宫艳华(第一章第二节、第三节、第五章第二节),山东英才学院学前教育学院唐义燕(第一章第四节、第五章第一节、第五章第三节),安康学院教育科学系王丽娟(第二章第一节至第四节、第八章),兰州城市学院幼儿师范学院李军华(第二章第五节、第六节),陕西理工学院教育科学学院余婧(第三章),陕西学前师范学院学前教育系贺林霞(第四章、第九章),陕西学前师范学院学前教育系刘洁(第六章、第七章),西安文理学院幼儿师范学院李新舟(第十章),陕西理工学院教育科学学院谭娟(第十一章),陕西学前师范学院学前教育系王瑜(第十二章)共同编写完成。全书由西安文理学院蔡军进行统稿。

在编写过程中,西安文理学院刘迎接副教授、李景华教授和华东师范大学周念丽副教授给予了关心和帮助,并提出了许多宝贵意见和建议;陕西师范大学出总社有限公司王东升老师也给予了鼎力支持。本书广泛吸收、借鉴了前人研究的相关成果,在此,向这些专家、学者等一并致以最诚挚的谢意。

由于编者知识水平和经验有限,加上时间仓促,书中难免存有疏漏,恳请读者不吝指正。

编者
2013.7

目　录

第一章　学前教育科研方法概述 ··· 1
　第一节　学前教育科学研究及其意义 ·· 1
　第二节　学前教育科学研究的类型与原则 ······································ 6
　第三节　学前教育科学研究的回顾与展望 ····································· 12
　第四节　学前教育科学研究中的几个基本概念 ································· 19
第二章　学前教育科学研究的基本步骤 ·· 28
　第一节　选择研究课题 ·· 28
　第二节　查阅文献 ·· 38
　第三节　制订研究计划 ·· 46
　第四节　收集研究资料 ·· 55
　第五节　数据的整理与分析 ··· 56
　第六节　研究结果的呈现 ··· 74
第三章　文献法 ··· 86
　第一节　文献法概述 ··· 86
　第二节　教育文献的类型与分布 ·· 88
　第三节　文献的查阅步骤与方法 ·· 94
　第四节　文献综述 ··· 98
第四章　观察法 ·· 104
　第一节　观察法概述 ·· 104
　第二节　观察的类型 ·· 106
　第三节　观察的具体方法 ·· 108
　第四节　观察法的实施步骤 ·· 116
第五章　调查法 ·· 126
　第一节　调查法概述 ·· 126
　第二节　问卷法 ·· 133
　第三节　访谈法 ·· 146
第六章　测验法 ·· 154
　第一节　测验法概述 ·· 154
　第二节　测验的选用与编制 ·· 159

第三节　国内学前教育领域常用的测验 …………………… 162
第七章　实验法 ………………………………………………………… 180
　　第一节　实验法概述 ……………………………………………… 180
　　第二节　实验的类型与过程 ……………………………………… 186
　　第三节　实验设计 ………………………………………………… 189
第八章　个案研究法 …………………………………………………… 201
　　第一节　个案研究概述 …………………………………………… 201
　　第二节　个案研究法的类型和研究例证 ………………………… 207
　　第三节　个案研究法的原则与程序 ……………………………… 210
第九章　实物分析法 …………………………………………………… 216
　　第一节　实物分析法概述 ………………………………………… 216
　　第二节　实物的类型 ……………………………………………… 220
　　第三节　实物的收集和分析 ……………………………………… 222
第十章　行动研究 ……………………………………………………… 228
　　第一节　行动研究概述 …………………………………………… 228
　　第二节　行动研究的步骤 ………………………………………… 233
　　第三节　行动研究在学前教育研究中的应用 …………………… 236
第十一章　教育叙事研究 ……………………………………………… 240
　　第一节　教育叙事研究概述 ……………………………………… 240
　　第二节　教育叙事研究的步骤 …………………………………… 246
第十二章　幼儿园的教育科学研究 …………………………………… 252
　　第一节　幼儿园开展教育研究的意义 …………………………… 252
　　第二节　园本教研 ………………………………………………… 259

第一章 学前教育科研方法概述

学习要点

1. 了解学前教育科学研究的概念,理解开展学前教育科学研究的意义与任务。
2. 掌握学前教育科学研究的不同类型及开展学前教育科学研究应遵循的原则。
3. 了解学前教育科学研究的发展历史与趋势。
4. 理解并掌握学前教育科学研究中的几个基本概念。

第一节 学前教育科学研究及其意义

2012年教育部颁行的《幼儿园教师专业标准(试行)》中明确指出:幼儿园教师要"把学前教育理论与保教实践相结合,突出保教实践能力;研究幼儿,遵循幼儿成长规律,提升保教工作专业化水平",能"针对保教工作中的现实需要与问题,进行探索和研究。"可见,随着社会的发展、教育实践的不断变化,幼儿园教师和幼教工作者具备初步的研究能力,已经是国家和社会的最基本要求和期望。学前教育科学研究日益成为教育科学研究中引人关注的热点领域。

一、什么是教育科学研究

(一)教育科学研究的概念

要了解什么是教育科学研究,必须先了解什么是科学研究。

科学研究是人类一种特殊的认识活动,是"人们探索自然现象和社会现象的规律的一种认识过程。它是人们有目的、有计划、有意识、有系统地在前人已有认识的基础上,运用科学的方法,对客观事物加以掌握、分析、概括,揭露其本质,探索新规律的认识过程。"[①]日常生活中,人们会采用自己熟悉的方法去分析问题、探究现象,然而这种对客观世界的"研究"更多带有经验的色彩,所得出的结论往往带有一定的偶然性和不可重复验证性。科学研究则更具有目的性、计划性和系统性,更注重采用科学的方法进行探究,所揭示的事物现象的本质、所发现的事物的规律、所产生的新的认识等,往往更具有说服力和可信度。由于采用了科学的方法,因而可能会缩短人的认识过程,并减少错误的认识。

---

① 张燕,邢利娅.学前教育科学研究方法[M].北京:北京师范大学出版社,1999:1.

关于什么是教育科学研究,存在从不同角度出发的多种说法。

有学者认为,"教育科学研究是科学研究的形式之一,是以教育现象为研究对象,以科学的态度,运用科学的方法,有目的、有计划地探求教育现象及规律,阐述、控制、预测教育现象直至发现教育规律并指导教育的创造性的认识活动。"

有学者认为"教育研究就是人们在教育科学理论和其他相关科学理论的指导下,通过对教育领域内的各种现象和问题的解释、预测和控制,以促进教育科学理论体系的建立和发展,并且着眼于解决实际问题的实践过程。"①

有学者则认为:"教育科学研究就只属于教育研究中的教育学科元研究,而教育研究除了教育学科元研究外还包括教育活动研究和教育观念研究。"②

美国国家研究理事会推出的著作《教育的科学研究》(Scientific Research in Education)中指出:"给教育科学研究下一个唯一的、简单的定义是不现实的。"但是"认为教育科学研究可以有一套指导原则:提出重要的可以进行实证研究的问题;将研究与相关的理论相联系;使用能直接研究所提出的问题的方法;提供合理、明确的推理过程;进行各种验证性研究与推广性研究;发表研究结果以鼓励专业人员的检查和批评。"③

(二)教育科学研究的性质

教育科学研究是一种创造性的认识活动,仅仅继承前人或他人的研究成果是不够的,还必须在前人或他人研究成果的基础上,利用新的资料和新的方法,站在新的角度研究新的问题,从而提出新的见解,发现新的规律,这就是创造性的工作。

教育科学研究的实质是揭示教育领域的本质和规律。它有两个基本阶段,一个是掌握研究对象丰富的和真实的材料,达到感性的认识;另一个阶段是对所积累的丰富的事实材料进行理性加工,以便获得反映教育现象的本质、内部规律的认识,也就是达到理性的认识。教育科学研究的实质正是在于通过对教育现象的认识来揭示教育的本质的规律。

(三)教育科学研究的特点

教育是一种复杂的社会现象,是人类有意识、有目的、有系统地培养受教育者的社会性实践活动。对这种活动所进行的科学研究和探索属于社会科学研究范畴,因此,它既具有一般科学研究的所有特征——客观性、创造性、系统性、科学性,还要受到社会科学研究的特点所制约和影响。整体上来说,教育科学研究一般具有以下一些特点:

1. 研究对象的广泛性

一切教育现象和教育过程以及与教育现象有联系的其他现象和因素,如教育者、受教育者、管理者、决策者以及他们的活动,都可以作为教育科研的对象。其研究范围大到可以是教育系统大范围内的整体研究,小到可以是对教育系统中某个单因素的具体研究。例如,"小班幼儿入园适应问题研究"这一课题,主要就是研究幼儿;"西部农村幼儿园转岗教师生存状态及专业发展研究",研究对象就是教师;"幼儿园校车安全管理问题",研究对象是幼

---

① 刘晶波.学前教育研究方法[M].北京:人民教育出版社,2006:1.
② 叶澜.教育研究方法论初探[M].上海:上海教育出版社,2001:306-308.
③ 理查德·沙沃森,丽萨·汤.教育的科学研究[M].北京:教育科学出版社,2006:中文版序10.

儿园的设施设备;"学前教育管理体制与政府责任研究",研究对象则主要是管理者、决策者。当然很多研究,其对象都不可能截然分为教育者、受教育者、管理者或决策者,其对象一般具有综合性。如"教师在幼儿园区域活动中促进幼儿社会性发展的策略研究",它既研究教师,也研究幼儿,还研究课程等。所以,教育科研的研究对象是广泛的。

2. 研究任务的双重性

双重性,主要是指认识和实践两方面的任务。一是认识教育现象,探索教育规律,即了解教育现象的真伪,掌握教育的事实,探索教育的规律,认识教育现象之间的本质联系及发展的规律,这是教育科研的根本任务。二是将探索出的教育规律,总结出的教育经验,运用于实践,指导教育实际工作,同时通过实践的检验,又进一步完善理论。教育科研项目来源于实践,总是要经过实践的探索。教育科研的过程,同样要遵循"实践—认识—再实践—再认识"的规律。

3. 研究内容的继承性

教育科研不能重复别人研究过的课题,但却要以前人或他人的成果为起点,是在接受前人成就的基础上,进入前人没有进入或者没有完全征服的领域,解决前人没有解决或者没有完全解决的问题。马克思说,科学研究是"部分地以今人的协作为条件,部分地又以前人劳动的利用为条件"。因此,教育科研要关注国内外有关的教育动态、教育思想、教育理论和研究方法,善于查阅有关教育报刊和文献资料,从学习继承开始,向今人学习,横向继承,向前人学习,纵向继承。只有站在巨人的肩膀上,研究者才能看得更远,才能看得更真。了解他人已经取得的研究成果,并以此作为研究的起点,可以少走弯路,节约人财物及各种资源,也才能得到令人信服的结论。

4. 研究方法的科学性

教育科学研究是有目的、有计划,用科学的方法,按照一定研究过程探索规律的活动,它要求把握教育现象的因果关系和本质。因此,研究的课题、研究的步骤、研究的手段等都要符合科学的要求,必须保持研究过程和保证研究结果最大限度的客观性和可靠性,不允许有主观随意性和个人偏见。那种信手拈一个题目,随意凑几个例子,对材料不加核实的研究,都是不科学的。教育科学研究常用的方法主要有:观察法、调查法、实验法、文献法等。

5. 研究过程的人文性

教育研究的对象主要是人,教育研究探讨的是如何培养人的活动。在教育研究过程中,无论班级、年级、学校等都是由人组成的。有时教育科研探讨课程或制度,看起来不像以人为研究对象,但实质上也是为人而设计的,也因人而存在;如果脱离人,课程与制度就无特殊意义。所以,教育研究是以人为对象的研究,必须掌握人的特征。研究者在研究的全程须坚持对人的了解与关怀,进而选择研究题材,决定研究目标,安排研究设计,选择研究工具。

二、什么是学前教育科学研究

学前教育是指对入学前儿童所实施的教育活动,根据教育场所的不同,可以划分为家庭教育、幼儿园教育、社区教育和早期教育(3岁前)等。不论广义或狭义,学前教育科学研究是指采用科学的理论和方法,有计划、有目的地对学前阶段的教育现象和问题进行了解和分

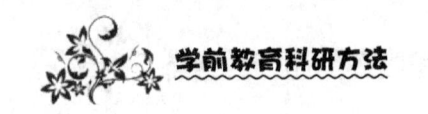

析,进而发现和研究学前教育的现象、本质和客观规律的认识过程。

学前教育是教育的一个分支,学前教育科学研究也是教育科学研究的一个分支。学前教育科学研究和一般的科学研究、教育科学研究相比,有共性也有个性。

第一,从研究过程看,学前教育科学研究要探索学前教育学科的认识过程,以揭示和发现学前教育领域内各种现象的客观规律,研究学前教育学科的知识体系,进而用于指导学前教育实践,改进学前教育内容和方法,提高学前教育质量,更好地完成学前教育的任务。

第二,从研究对象看,学前教育科学研究的对象是各种学前教育现象,特别是学前儿童。学前儿童有着自身的身心发展规律和特点:身心的迅速发育、发展;心理的独立性逐渐增强,思维的形象性和逻辑性日益萌发和发展;情绪不稳定、易冲动、自制力差;言语的理解和表达能力有限等。这就要求进行学前教育科学研究时必须反映学前儿童的年龄特征,采用适宜方法,才能获得期望的客观、真实的结论。

第三,从研究内容来看,学前教育科学研究的内容是广泛而深刻的。因为,学前教育是一种多层次、多方面的复杂的社会实践活动。教育对象包括零至六七岁的儿童,教育内容涉及健康、科学、语言、社会、艺术等众多领域,教育方法也多种多样。总的来说,可以将学前教育科学研究的内容划分为:学前教育活动的本质、学前教育和社会发展及其他方面之间的关系、学前教育和学前儿童身心发展之间的关系、学前教育的任务和目标、学前教育的内容和方法、学前教育管理、幼小衔接、幼儿教师的专业素质和专业成长、中外学前教育的历史和现状等。

第四,从研究的性质看,学前教育研究要在重视理论价值的同时,更重视其应用价值,要解决学前教育实践中迫切需要解决的问题。学前教育科学研究特别需要注重对各种教育条件、影响因素等方面的考察,回答教育应该"怎么做"的问题,即通过研究提供有效的教育措施和环境条件,注重研究如何对幼儿实施有效的教育,促进其各方面协调发展,促进教育质量的全面提高。

三、开展学前教育科学研究的意义

"教师成为研究者"的观念已日益深入人心,"教师研究"(teacher research)现在已经成为教师专业发展领域的重要内容。

第一,有利于更好地认识、理解儿童。

儿童期并不是个体走向成人的一个过渡时期,而是拥有其独立存在的价值。然而,由于无视或者无知,成人总是难免站到自己的立场上去看待儿童,这样就造成我们学前教育、教学工作过程中的目标、方法、内容都来自成人的设计,远远脱离儿童自身的需要和经验。因此,只有幼教工作者俯下身来,观察儿童、研究儿童,才能走进儿童的内心世界,探求儿童身心发展的规律,体会儿童的需求,才能使我们更好地认识儿童、理解儿童,也才能使我们的学前教育工作收到成效。

第二,有利于促进学前教育事业的健康、可持续发展。

2001年颁布的《幼儿园教育指导纲要(试行)》中指出:"幼儿教育是基础教育的组成部分,是学校教育和终身教育的起始阶段。"2010年国务院下发的《国务院关于当前发展学前教育的若干意见》指出："学前教育是终身学习的开端,是国民教育体系的重要组成部分,是重要的社会公益事业。"可见,学前教育承担着为幼儿的近期和终身发展奠定良好素质基础的重任。只有通过科学研究,才能更好地掌握学前教育的规律,增强科学育儿的自觉性,避免工作中违背客观规律现象的发生,减少工作的盲目性。也只有通过科学研究,才能推动学前教育改革深入发展。社会的发展越迅速,教育实践领域变革的要求就越深刻,教育研究的迫切性也就越强烈。因此,通过科学研究,探寻教育实践发展的规律性,才能推动学前教育事业的稳步、可持续发展。

第三,有利于探寻科学的学前教育理论和方法,丰富和发展学前教育科学。

作为教育活动的一个有机组成部分,开展教育研究始终是教育理论发展的源泉。通过有效地开展学前教育科学研究工作,可以系统地总结我国广大幼教工作者多年来积累的大量实践经验,经过整理提升,探寻科学的学前教育理论和方法,同时探索吸收我国古代及国外优秀的教育思想和实践,在此基础上,建立起具有时代特征和中国特色的学前教育科学理论体系,并不断使之得到丰富和完善。

第四,有利于推动学前教师的专业成长。

学前教育科学研究人员既包括具有专业理论的教育研究人员,也包括学前教育行政管理人员,还包括在一线工作的广大学前教师。随着学前教育科学研究价值与功能的日益凸显,学前教师参与教育研究的积极性日益高涨,他们越来越成为学前教育研究的主力军。

学前教师参与学前教育科学研究有利于掌握世界学前教育发展的潮流,把握国际学前教育发展的脉搏,树立科学的教育理念,这样可以帮助教师科学地、创造性地开展学前教育工作,提高工作的针对性、科学性和实效性。教师从事科学研究的过程,也是自我学习、自我成长、自我反思的过程,在这个过程中不断更新观念、钻研理论,不断发现问题、分析问题、解决问题,从而推动学前教师的专业成长。

四、学前教育科学研究的任务

教育科学研究的任务是研究和解决我国教育事业改革与发展过程中提出的重大理论问题和现实问题。具体来说包括:总结教育的历史经验,开展教育现状调查研究,深入研究当代教育亟待解决的问题,开展教育改革实验,开展促进人的全面发展研究等。在这一总任务的指导下,学前教育科学研究的任务主要包括以下几方面[1]:

(一)总结学前教育的历史经验

伴随着人类社会的产生,产生了学前教育现象。近代以来,人们开始了对学前教育理论和实践的系统研究,积累了丰富的教育历史遗产。学前教育研究的主要任务之一就是分析研究不同历史时期学前教育发展状况,总结学前教育实践中的成功经验和失败教训,同时研究历代学前教育家的教育思想、观点和主张,以对当代学前教育的理论与实践产生借鉴作用。如"陈鹤琴'五指活动'理论的时代价值研究""近代中国学前教育制度的进步与局限"等。

---

[1] 王彩凤,庄建东.学前教育研究方法[M].北京:北京师范大学出版社,2011:4-5.

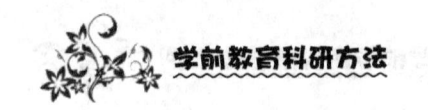

(二)研究当前学前教育的现状

学前教育研究的重要价值之一是指导教育实践,提升教育效益,促进社会与学前儿童的发展。对教育现状的研究是学前教育研究的重点。凡是教育现实中遇到的理论与实践问题都应是学前教育研究的对象。一方面,研究者可进行学前教育理论研究,推动学前教育实践的深入开展,如学前儿童艺术教育生命化价值取向研究、学前自然主义课程研究等;另一方面,研究者还应开展学前教育当前状况研究,了解学前教育的社会环境、发展经验与困境,如义务教育的推进对贫困地区学前教育的影响研究、幼小衔接教育的研究、我国社区学前教育发展存在的主要问题研究、某市农村学前教育的观察、调查、实验等,探索学前教育改革的思路和途径,揭示学前教育的客观规律,指导学前教师更好地开展教育实践活动,例如,学前儿童同伴关系发展追踪研究、学前教师对学前儿童冲突的干预行为研究等。

(三)预测学前教育的发展趋势

教育是培养人的社会活动,人才成长需要较长的周期,这就要求学前教育研究有一定的超前性,能根据社会发展的趋势和现实教育发展中的情况来预测教育的未来,以便向教育决策人员提供有关未来社会人口、人才需求、教育体制、教育内容和教育形式等方面的资料和种种可行性方案,为教育领导机构制定短期、中期、长期的教育发展规划和政策服务,并从理论的高度对教育实践进行具体指导,使学前教师能及时完善教育的目标、内容和方式,培养出适应未来要求的全面发展的一代新人。

(四)进行跨文化比较教育研究

他山之石,可以攻玉。对不同国家的学前教育理论和实践进行比较分析,可以发现学前教育发展的共同规律和发展趋势,汲取别国之长,为我国学前教育决策和教育改革提供借鉴。例如,政策和立法保障对于学前教育事业发展意义重大,《学前教育研究》2008年从第2期起刊发了北京师范大学庞丽娟教授等对发达国家相关成熟经验和与我国国情相似的发展中国家的相关探索经验进行介绍和分析的系列文章,对我国学前教育立法具有重要的借鉴意义。赵小段基于教育研究的目标和方法两个维度对当代国外教育研究分类的进展进行了归纳,然后根据其他的分类标准简要介绍了当代国外教育研究的新类型,从而为我国教育研究的发展提供了借鉴。

第二节 学前教育科学研究的类型与原则

学前教育科学研究因其研究对象的复杂性、广泛性,其研究的方法、类型也是广泛的、各有侧重的,并在此基础上形成了一系列研究者必须遵循的研究原则。

一、学前教育科学研究的类型

学前教育科学研究根据不同的分类标准,可以分为不同的类型。

(一)根据学前教育科学研究中收集资料的手段分

1. 观察研究

观察法是人类获取外界信息的基本方法,观察研究也是学前教育科学研究的基础。观察研究是指研究者凭借感官或者辅助工具,有目的、有计划地对处于自然状态的研究对象进行周密的观察,同时客观地、详细地记录研究对象的表现与活动过程,并根据对观察结果的分析找出规律性的东西。科学观察不同于日常生活中的一般观察,后者是自发的、偶然的,而科学观察具有一定的研究目的或研究方向。

科学观察的优点在于:由于研究者要亲自深入研究现场,对所要研究的对象或现象做实地观察,直接客观地了解其现状,所以可以获得第一手资料;研究对象处于自然状态中,表现较为真实;研究方法简便易行。观察研究的特征是以教育现象的自然发展过程为对象,通过直接的观察来收集实际情况的材料,感性认识强。

2. 调查研究

调查法是学前教育科学研究中运用较为广泛的一种研究方法。调查研究不受时间和空间条件的限制,不需要控制条件或操纵被试,范围广,调查手段多样化。调查研究是指通过访谈、问卷、调查表等手段,按照一定的程序,从全体研究对象中抽取部分样本进行研究获取资料,概括出教育的规律性,探求发展趋向的一种研究方法。例如幼儿入园适应状况调查研究、4岁幼儿自我服务能力的调查研究、幼儿教师职业价值观的调查等。

教育史上最早的一项调查是美国的赖斯于1892年做的关于"小学生拼写练习的调查"。赖斯把美国小学生每天花在拼写练习上的平均时间和每所学校学生的拼写成绩等资料统统收集起来加以分析,结果发现,小学生的拼写成绩与拼写所花的时间并无联系。[①]

3. 实验研究

在人类科学研究与发展的历史上,重大的发现和突破都与科学实验有着紧密的联系,可以说,实验法是发现真理和检验真理的方式之一。当今学前教育研究领域中教育理念的革新、教育教学方法的改革都需要以实验作为支撑,实验法日益成为学前教育领域的一种主导方法。实验研究是指根据研究目的,对研究对象进行一定的人工控制,操纵某些条件,观察被试的行为反应,探讨现象间的因果关系。例如,幼儿识字方式(集中识字与分散识字)改革实验等。

教育实验是一种经过特别安排的适应并控制研究对象,以便在最有利的条件下研究某种教育、教学的内容或途径手段的研究方法。运用教育实验的目的在于确定某一教育影响与其结果之间的因果关系,或是检验某种教育理论或假设是否成立及其实际效果。开展教育实验,研究者需根据自己提出的目的,创造或改变必要的条件,以便引起或改变某种现象,研究过程中要突出某一实验因素的影响,同时排除另一些无关变量的干扰,保证实验的顺利进行,并获得准确的结果。

4. 文献研究

文献是教育科学研究的素材,具备充足的文献资料是进行科学研究的前提和基础。文

---

① 张燕,邢利娅.学前教育科学研究方法[M].北京:北京师范大学出版社,1999:21.

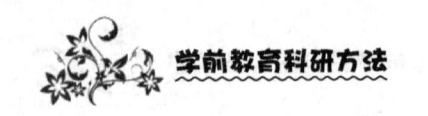

献法又称为资料研究法,是通过分析研究人类已有的教育实践和教育思想,从而认识教育以及教育思想发展的规律性。例如研究蒙台梭利幼儿教育思想对我国学前教育理念、教学方法等的影响、有关陶行知幼儿教育思想的研究等。

文献研究是以研究过去的历史事实为对象,即前人或同代人已经发生的并已取得一定研究成果形成文字的教育现象为对象,主要手段是查阅文献资料。这种方法可用于研究某一历史阶段的教育发展状况,或研究某个教育家、教育流派的思想、理论观点等。文献研究需要在广泛吸取前人或同代人已有知识的基础之上,加以吸收消化,进而利用和创新,研究目的在于对当前的教育实践和研究提供有益的启示。它既是一种独特的教育研究方法,又是任何科研所必需的步骤和条件。正是通过对资料的研究分析,研究者才得以确定研究课题与研究方向。

(二) 根据研究的目的或功能分

1. 基础研究

基础研究是纯学术的研究,是一种为建立或健全理论而对有关理论问题进行探索的研究,基础研究的目的在于认识、发现教育规律,完善和发展教育基本理论。通过研究,寻找新的事实,阐明新的理论或重新评价原有理论,揭示事物的因果关系,发现教育科学的一般原理等。一般而言,基础研究对教育科学的理论发展具有推动作用,这类研究虽然不指向特殊的实际问题,并不一定会产生具有直接的实践价值的结果,但是,基础研究对于推动科学事业的发展是极为重要的,且最终是为提高实践水平服务的。

如关于学前教育本质、教学过程的规律、幼儿德育过程、学前教育目的等的研究,皮亚杰的"儿童认知发展阶段论"、加德纳"多元智力理论"等都属于基础研究。

2. 应用研究

应用研究是运用基础研究得出的基本原理、原则,针对教育教学实践中的某个具体问题,提出针对性较强的解决对策的一种研究。应用研究的目的在于解决实际问题,具有实际的应用价值。如幼儿珠心算能力研究等。

基础研究与应用研究的划分并不是绝对的,两者在教育科学研究中的作用是相辅相成的。一方面,应用研究的设计、构想、假说的形成以及对研究结果的分析和评价,都要依靠理论(基础研究)的指导,另一方面,应用研究中的某些特殊规律也可以上升到一定的理论高度,丰富基础研究的理论。因此,在教育科学研究中,对基础研究与应用研究不能有所偏废。

在教育研究中,基础研究和应用研究都是非常重要的,不应以价值判断的等级来区别它们的高低,不存在基础研究比应用研究价值高,也不存在基础研究精确、复杂但实用价值不大,应用研究简单、粗糙但实用价值较大。因为这两种类型的划分是根据它们的研究目的或研究功能来区分的,并不是从它们的复杂程度或价值上进行区分的。例如:我们想研究幼儿语言的心得过程,探讨幼儿是怎样学会语言的,这是一个基础研究,研究目的是为了增加幼儿语言发展方面的新知识。而我们要用某种方法提高幼儿的语言水平,那么这个研究便属于应用研究,因为它要解决实际遇到的问题。

3. 评价研究

评价研究是对教育机构、课程、教育计划方案等的价值作出评判而开展的研究。研究的目的在于收集更多的资料信息,以便为作好教育决策提供依据。研究包括:获取信息、赋值判断、制定决策三个要素。评价研究可分为形成性评价和终结性评价。前者是对过程的评价,常常是当事人通过自我评价从而促进其各方面的改善;后者主要是依靠其他有关人员对评价对象的某一方面作出考核、鉴定。如某幼儿园课程改革实验成效的评价研究等。

4. 发展与预测研究

发展与预测研究的主要目的在于分析事物未来发展的前景和趋势,提出有利于教育实践的有效策略。这类研究应该是教育科学研究的较高层次,它面向未来,通过研究能够提出教育的发展方向。如:我国幼儿师范教育的未来发展研究、4~6岁幼儿社会性发展研究等。

5. 行动研究

行动研究是一种适合于广大教育实际工作者的研究方法。它既是一种方法技术,也是一种新的科研理念、研究类型。行动研究是从实际工作需要中寻找课题,在实际工作过程中进行研究,由实际工作者与研究者共同参与,使研究成果为实际工作者理解、掌握和应用,从而达到解决问题、改变社会行为的目的的研究方法。行动研究的目的不在于建立理论,而在于系统地、科学地解决实际问题。行动研究的特点体现在三个方面:①研究主体为教师或其他教育实践工作者,研究方式适合其工作实际;②研究的问题具有直接针对性,而且可以即时运用于实践工作的改进;③通过研究可以促进教师教育观念的转变和教育技能的提高,增强科学育儿的自觉性。行动研究作为教育科学研究的一种类型,具有非正规性的特点,是将改革行动与研究工作相结合,"在行动中研究,在研究中提高",重在为教育教学改革服务。例如幼儿教师针对五大领域中某一领域教学方法改革研究等。

(三)根据对资料的不同分析分

1. 描述性研究

描述性研究是通过调查、观察以及测验等手段搜集资料以描述现实状况的一类研究,其主要目的在于了解事实、提出有关假设以及对某种现成的假设进行初步验证。这类研究往往不能获得强有力的因果关系,而只是对一些自然呈现的事件或现象进行描述。例如关于独生子女家庭教育现状的研究、农村幼儿园经费使用状况的研究等。

2. 历史研究

历史研究是对过去发生的事件进行系统地、客观地评价与综合,以获得事实与推论。其目的在于通过对以往事件的原因、结果或趋向的研究,解释当前事件和预测未来事件,寻找解决当前问题的办法。例如,我国传统文化在当前学前教育中的意义、颜之推幼儿教育思想研究等。

3. 相关研究

相关研究是对两个或多个变量间的相关关系进行判定,其目的在于建立相关或通过建立回归方程对未来发展进行预测。相关的情况有三种:①正相关。当一个变量增大时,另一个变量也增大。②负相关。当一个变量增大时,另一个变量减少。③零相关。当一个变量发生变化时,另一个变量保持不变。如家庭教养方式与幼儿亲社会行为的相关研究等。

4. 比较研究

比较研究是根据一定的标准,对两个或两个以上有联系的事物进行考察,寻找其异同,

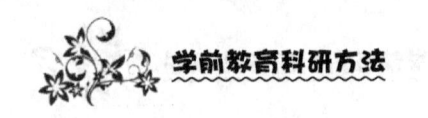

探求普遍规律与特殊规律的方法。

根据不同的标准,比较研究可分为不同的类型。例如:按属性的数量,可分为单项比较和综合比较;按时空的区别,可分为横向比较和纵向比较;按目标的指向,可分为求同比较和求异比较;按比较的性质,可分为定性比较和定量比较;按比较的范围,可分为宏观比较和微观比较。

例如不同国家和地区学前教育制度的比较,不同文化背景下儿童言语能力发展的差异性研究等。

(四)根据研究时间分

1. 横向研究

横向研究是在同一时间里对不同年龄组或不同发展时期的某种现象进行研究。这类研究实施方便,可以在较短的时间里获取大量研究资料,从中找出规律性的东西,但这种研究有时不够系统,不容易归纳出事物发展的连续性和转折点。

2. 纵向研究

纵向研究是在较长时间里对研究对象的某些特征进行系统的、定期的研究,也称为追踪研究。其优点是能够系统、详细了解事物发展变化的过程和规律,但纵向研究的难度大,常用于个案研究。

总体上来说,对学前教育科学研究的类型进行以上不同角度的划分,只是为了学习和研究的方便,它们并不相互排斥,所以某项研究可能根据不同的分类标准或依据,可同时归属于几种类型。如某项关于探讨小、中、大班幼儿语言发展的特点及改善方法的研究可归属于基本研究、调查研究、比较研究等等。不同的人根据不同的认识,还可有不同的研究分类方法。

二、学前教育科学研究的原则

学前教育研究的目的在于加深对学龄前儿童身心发展规律的认识和理解,探讨促进学前儿童发展的有效教育手段。学前教育研究课题的选择、研究方案的设计、研究过程的实施等均应从适应学前儿童这个年龄段的特点出发。然而,在学前教育的某些研究中,可能会对被试幼儿的身心健康造成损害,也可能会涉及一些伦理道德问题,为了保证学前教育研究的顺利开展,也为了我们的科学研究不损害儿童的身心健康,研究者必须严格遵循学前教育科学研究的基本原则。

(一)客观性原则

客观性原则是指教育科学研究必须采取客观、严格的态度,实事求是,全面系统地占有材料,忠实地反映客观事实,最大限度地保证研究过程和研究结果的客观性、准确性。这是进行教育科研必须遵循的最基本的原则。在研究中应做到:

1. 必须全面、真实、系统地占有材料

教育科研的过程就是一个占有材料、揭示本质、发现规律的过程,没有足够的事实材料为依据,就不能有效地进行教育科研。因此,教育科研的首要环节就是尽可能全面地占有反映研究问题情况的材料,为分析研究提供可靠的和充足的依据。教育科研的实践证明,所搜集的材料越全面、越真实、越系统,就越有代表性,越能反映问题的本质。零碎的、片面的材料是不能够进行科学的推断的。

2. 研究者要坚持客观的态度,收集资料、分析资料要客观

教育科研工作者必须尊重客观事实。搜集材料要全面、系统,绝不能凭个人的喜好,想当然地对材料进行有选择的收集。在整理分析材料时,也不能根据预先的假设,不顾客观事实,任意对材料进行删减甚至修改事实与数据。如果为了使实验假设成立而故意编造实验数据,在调查研究时对于不符合自己主观想法、不符合领导口味的资料和数据采取修改、回避的态度和做法,都是违背客观性原则的表现。对于研究成果,更要强调实事求是,无论自己的研究成果是成功的还是失败的,也不论对自己原先的假设是肯定的还是否定的,都应如实反映,绝不应以个人的利害得失而违反实事求是的原则。因为,事物的发展规律,只能从客观事物本身的运动、变化的事实中引申出来。在教育科研实践中,只有严格的客观态度,忠实地反映客观事实,才能正确地反映客观事物中的因果关系和内在的必然联系,才有可能获得科学的结论。

(二)教育性原则

教育性原则是指教育科学研究必须符合社会主义教育的根本方向,这是由我国教育的目的和任务所决定的。教育科学研究的对象是人,对人的研究不能肆意干扰人的正常发展,这是教育科研工作者必须恪守的职业道德。所以贯彻教育科研的教育性原则,就是要求我们尽量避免干扰幼儿园的正常教育活动和幼儿的正常生活学习。

有些教育研究,必须在创设的情境中进行,或对研究对象进行控制,在这种情况下,要注意以下几点:进行这类研究必须事先征得幼儿家长的同意,并对研究过程、方法、手段进行精心设计,以尽可能减少对幼儿的不良影响;不得隐瞒研究目的和欺骗研究对象;在进行幼儿道德行为研究时,可以收集幼儿不良行为的资料,但不得故意创设情境,诱使幼儿犯错误来获取研究资料。

贯彻教育性原则,还应根据研究内容选择适当的研究方法。教育实验法是教育科研中较为严谨的一种方法,但有些问题就不能采用这种方法进行研究。例如,研究两种班级管理方式——专制式和民主式,到底哪种方式更有利于儿童个性的发展,就不能用设置实验班和对比班来进行实验,否则,专制式的班级管理方式将会对该班儿童的个性发展带来消极影响。

总之,教育科研要把教育人、培养人、塑造人作为出发点和归宿,坚持把教育性原则贯彻到教育科学研究的全过程。

(三)可行性原则

所谓可行性原则,就是研究者根据自己的主客观条件来选择能够胜任的问题作为研究课题。因为对不能胜任的研究课题,在研究过程中可能会遇到许多无法攻克的难关,而不得不终止课题的研究,造成人力、物力和财力的浪费。

从主观条件来说,为了保证课题研究的顺利进行,研究者应具备的主观条件有知识经

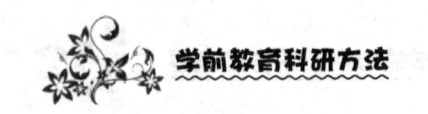

验、专长和兴趣、研究能力和研究经验以及能够利用的时间等。广博扎实的专业知识是我们进行研究的基础,教育科学研究者除了要具备本专业和将要选择的课题范围的知识外,还应具备相关学科的有关知识。教育科学研究最好是根据自己的专业特长选择那些适合自己的课题。研究能力和经验是课题获得成功的重要保证,研究者应该选择与自己能力水平和知识经验大体吻合的问题。

从客观条件来说,制约教育科学研究的客观条件包括资料、设备、仪器、资金、时间等。

必要的资料是教育科学研究不可缺少的重要条件,从某种意义上讲,科研是否成功,要看研究者是否占有了与本课题研究相关的资料。还有一些课题,如实验研究或调查研究,必须有一定的物质条件做保证,如必要的资金、仪器设备等。总之,研究者要依据自己实际具备或通过努力可以具备的主客观条件来选择研究课题。

(四)伦理性原则

教育科学研究与自然科学研究的最大差别在于研究目的不同,教育科学研究是为了更好地促进人的全面发展,所以,教育科学研究必然要以教育教学领域中的人作为研究对象。所以,在教育科学研究中,研究人员要遵循道德底线。主要体现为:被试者有不参加研究的权利,亦有中途退出研究的权利。若被试者是成人应直接征求本人的同意,若被试者是儿童,则应征得其父母或老师的同意;被试者有不署名的权利,研究者不能私自在研究报告中或在公众场合公布被试者的私人信息;被试者有要求研究者对测得的有关自己的数据资料保密的权利,研究者可用代码而避免用姓名等真实信息登记被试的资料,可在研究后销毁测验的原始材料,不能将研究结果未经被试者同意告知他人。但是,在实际的科学研究过程中,许多研究者为了获得属于自己的荣耀的光环,不顾研究的伦理性原则。

例如,葆拉·伯恩斯坦和埃莉丝·沙因有着非常相似的生活经历:都出生在美国纽约,高中编辑报纸,大学研究电影,现在都是作家。她们1968年被分别领养,从此天各一方。但是直到35年后才知道,对方是自己的双胞胎姐妹。这对孪生姐妹调查发现,她俩竟是一个冷血科学家实验的"试验品":一群美国科学家为了研究个性到底是"先天决定还是后天形成",竟然刻意安排两人被不同的养父母收养,让她们分开成长,甚至连她们的养父母都未被告知真相。姐妹俩愤怒地找到当年进行这项实验的儿童精神病学家时,那名专家居然没有流露丝毫的懊悔情绪。

第三节　学前教育科学研究的回顾与展望

进入学前教育领域,研究者要做好两方面的工作:了解过去和把握现在。只有在这两方面的基础上,研究者才能使自己的研究有较高的起点,研究才可能有新意。在某种程度上,对学前教育科学研究方法发展过程的考察,将从某一侧面帮助我们全面把握学前教育科学发展的基本规律,因为任何一门科学的发展都与其方法的发展密不可分,研究方法有时甚至会制约该学科的发展。

一、学前教育科学研究历史的回顾

(一)学前教育科学研究产生的历史背景

1. 学前教育实践的准备

在大工业生产出现以前,教育与生产密切联系。在原始性的简单生产劳动过程中,人们凭经验办事,教育的活动在生产中进行,与社会生产劳动、社会生活融为一体,没有出现专门的教育机构和专职教育人员,教育方式也是口耳相传、言传身教。进入大工业生产发展阶段,教育与生产的关系发生了变化,科学技术高速发展,学校教育作用突出,教育越来越受到人们的重视。近代大工业的蓬勃发展,要求有充足的劳动力。为了生计,一些妇女开始走出家门,走向社会,这就要求社会上有专门的看管儿童的机构,有专职的保教人员对幼儿进行有目的有计划的系统的教养活动。近代工业的发展也为建立专门的幼教机构提供了物质前提,自此社会性公共幼儿教育逐渐成为社会生活的组成部分,并逐渐被纳入各国学校教育体制,并产生了由专职保教人员对幼儿进行有目的、有计划、有系统的教养活动。学前教育是经济发展到工业生产以后的产物,是资本主义大工业生产的结果。

2. 科学观念方法的准备

随着资本主义社会政治、经济、科技与文化的发展,近代西方教育理论、教育体制、教育实践均出现了显著的变化。自17世纪捷克教育家夸美纽斯《大教学论》问世以后,科学的教育方法论的研究得到了进一步发展,教育从神学的禁锢中解放出来,理性思维的成果反过来又推动教育与社会的发展变化。

19世纪前半叶,自然科学取得了飞速发展。自然科学的发展为学前教育学奠定了科学观念和科学方法的基础。例如,培根反对经院哲学,提出面向自然,注重实验,马克思称之为"英国唯物主义和整个现代实验科学的真正始祖。"实验的方法不仅用于研究自然,而且扩展到人文社会学科的研究,摆脱了中世纪以来,在宗教神学桎梏下只重"神"的权威、藐视人的个性的主观唯心主义,唯理性、直觉臆断的观察也被实验取代。"实验心理学""实验教育学"正是在这样的背景下诞生的。与此同时,儿童生理学、儿童发展心理学也得到了快速发展,为学前教育理论和实践的发展奠定了基础。

(二)学前教育科学研究的开端

在教育学发展史上,德国教育家赫尔巴特的《普通教育学》是最早以"教育学"命名的专著,这也是教育学成为独立学科的标志。他在此书中表明了建立科学教育学的志向:"我曾要求教育者具有科学与思考力,我不把科学视为一副眼镜,而把它看作一只眼睛,而且是一只人们可用来观察他们各种事情的最好眼睛。"然而一般认为,在科学心理学(以1879年冯特建立心理学实验室为标志)尚未出现之前,教育学未能成为科学教育学。拉伊和梅伊曼这两位实验教育学的先驱受冯特的影响,把实验心理学的成果与方法引入教育理论与实践中,创立了实验教育学。提出广泛采用观察、统计和实验等方法来阐释教育现象,从而使教育学研究更趋科学化和精确化,成为一门严密系统的科学。将实验方法引入教育学研究,是教育学的一大突破,标志着教育学研究开始迈入现代。

1. 国外的学前教育研究

（1）福禄贝尔的学前教育理论

1840年，德国幼儿教育家福禄贝尔（Friedrich Wilhelm Froebel）创立了世界上第一所幼儿园，自此学前教育学从教育学体系中分离出来。福禄贝尔的教育思想与实践对世界各国幼儿教育的发展产生了深远的影响。19世纪末，美国形成了福禄贝尔运动，影响遍及世界各国，他所设计的系列玩具恩物仍在韩国、日本等国流行。

福禄贝尔强调，他创办的幼儿园与以前已经存在的幼儿学校等幼儿教育机构是不同的，"它并不是一所学校，在其中的儿童不是受教育者，而是发展者。"他把自己的学校称为"幼儿的花园"，他把儿童放在生长发芽的种子的地位上，把教师放在细心的有知识的园丁的地位上。

福禄贝尔明确提出幼儿园的任务是通过直观的方法培养儿童，发展他们的体格，锻炼他们的感官，使儿童在游戏、娱乐和天真活泼的活动中，做好升入小学的准备。他还创制了"恩物"，福禄贝尔这套"恩物"的基本形状是圆球、立方体和圆柱体。该套"恩物"仿照大自然事物的性质、形状和法则，体现了从简单到复杂、从统一到多样的原则，有助于扩充儿童的知识，发展他们的创造力和想象力。此外，他还非常强调游戏和作业在儿童发展过程中的作用。他认为游戏是儿童内部需要和冲动的表现，应该成为幼儿教育的基础，而作业是幼儿体力、智力和道德和谐发展的一个主要表现，通过作业可以对幼儿进行初步的教育。

（2）蒙台梭利的学前教育理论

意大利幼儿教育家玛丽亚·蒙台梭利（Maria Montessori）在1901年开始系统的学前教育实验，她从最初关注生理有缺陷的儿童到研究正常儿童的学前教育，设计研究了一套蒙氏教具，提出了系统的完整的蒙台梭利幼儿教育法。蒙台梭利的学前教育理论为幼儿教育工作者提供了科学借鉴。

蒙台梭利认为，儿童心理发展是"潜在能力"在适宜环境中的自然表现；儿童心理发展存在敏感期；儿童心理发展具有阶段性；并且儿童的心理发展通过"工作"实现。蒙台梭利幼儿教育法的三根支柱是：教育目的、教育内容和教育方法。她认为学前教育的目的是帮助儿童形成健全人格，并通过培养具有健全人格的儿童建设理想的和平社会。学前教育的内容包括主题教育活动和区域教育活动，其中，区域教育活动是蒙台梭利教育思想中最有特色的一部分，包括日常生活练习、感觉教育、数学教育、语言教育、文化科学教育、历史地理教育和艺术表现力的培养。教育方法由三部分构成："有准备的环境"、作为"导师"的教师和作为活动对象的"工作材料"。

2. 中国学前教育研究开创者——陈鹤琴

陈鹤琴（1892—1982）作为我国学前教育研究的开创者，他提出了一套系统的学前教育理论。"活教育"是陈鹤琴教育思想的核心。"活教育"的内容十分丰富，主要包括目的论、课程论、教学论三大部分。陈鹤琴明确提出"活教育"的目的在于："做人，做中国人，做现代中国人"，方法是"做中教，做中学，做中求进步"。针对传统教育"把书本作为学校学习的唯一材料"，把读书和教书当成学校教育活动内容的实际状况，陈鹤琴提出"大自然、大社会都是活教材"。"活教育"的课程形式应该符合儿童活动和生活方式，符合儿童与自然、社会环境的交往方式。因此,"活教育"的课程打破以学科组织的传统模式,而改成活动中心和活动单元的形式,具体包括五方面的活动,称为"五指活动",即儿童健康活动(包括体育活动、个人卫生、公共卫生、心理卫生、安全教育等),儿童社会活动(包括动物园、植物园、劳动工厂和科研机关等),儿童艺术活动(包括音乐、美术、工艺、戏剧等),儿童文学活动(包括童话、诗歌、谜语、故事、剧本、演说、辩论、书法等),儿童科学活动(包括栽培植物、饲养动物、研究自然、认识环境等)。这五种活动犹如人手的五根指头是相连的整体,所以又称为"五指活动"。

针对我国学前教育课程的编制,陈鹤琴提出了适合我国国情的幼稚园课程编制应遵循的十大原则,以及三种编制的具体方法。十大原则是:

①课程的民族性:课程应是民族的,不是欧美的;
②课程的科学性:课程应是科学的,不是封建迷信的;
③课程的大众性:课程应是大众的,不是资产阶级的;
④课程的儿童性:课程应是儿童化的,不是成人化的;
⑤课程的连续发展性:课程应是连续发展的,而不是孤立的;
⑥课程的现实性:课程应符合实际需要,而不能脱离现实;
⑦课程的适合性:课程应适合儿童身心发展,促进儿童健康;
⑧课程的教育性:课程应培养儿童五爱、国民公德和团结、勇敢等优良品质;
⑨课程的陶冶性:课程应陶冶儿童性情,培养儿童情感;
⑩课程的言语性:课程应培养儿童的说话技能,以表达自己的情感和思想。

根据以上十大原则,陈鹤琴提出了三个具体的课程编制方法:圆周法、直进法和混合法。

在教学论上,陈鹤琴提出了教学的十七条原则:

①凡儿童自己能够做的,应当让他自己做;
②凡儿童自己能够想的,应当让他自己想;
③你要儿童怎样做,你应当教儿童怎样学;
④鼓励儿童去发现他自己的世界;
⑤积极的鼓励胜于消极的制裁;
⑥大自然、大社会是我们的活教材;
⑦比较教学法;
⑧用比赛的方法来增进学习的效率;
⑨积极的暗示胜于消极的命令;
⑩替代教学法;
⑪注意环境,利用环境;
⑫分组学习,共同研究;
⑬教学游戏化;
⑭教学故事化;
⑮教师教教师;
⑯儿童教儿童;
⑰精密观察。

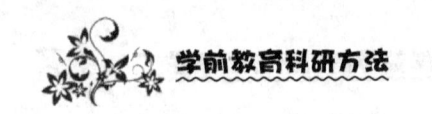

二、我国当前学前教育研究存在的问题及思考

改革开放以来,随着教育实践与改革的蓬勃发展,幼教科研也有了很大进展,广大学前教育工作者的教育科研热情空前高涨,无论从研究课题上还是研究方法上均有较大的进步。但是,我们也应该清醒地看到学前教育研究领域中存在的问题。

(一)研究层次较低

选题是进行教育研究的第一步,也是关键的一步。如果选题不是实践中亟须解决的问题,那么这个选题的意义与价值就不大,将来就不会被教育实践所接受。目前,有些选题不是实践中亟须解决的实际问题,有些是出于个人的兴趣,没有考虑课题的实践价值,而更多的选题想当然地以为是所谓的"热点"问题,其结果却未能引起实践领域的回应。

我国学前教育领域不仅欠缺宏观整体性的研究课题,而且在微观具体方面也未能开展深入研究,同时研究的实效性即研究在指导运用实践解决现实问题方面的实际效果较差。因此,从研究类型、研究层次上看,我国学前教育科研尚处于较低水平。

(二)研究人员力量分散

当前我国学前教育研究领域中较为理想的一个局面是由理论研究人员和实践者共同参与课题研究,但两者之间该如何合作,才能做到优势互补,却是值得探讨的问题。理论研究人员缺乏对实践的了解,而实践者由于特定历史文化条件的限制,专业化水平不够。所以,进行系统深入的学前教育研究要求理论研究工作者和实践工作者要有共同的任务目标,联手写作,系统地就某一领域各方面的问题进行综合性研究,认真探索,从而提高学前教育研究的整体效益,使研究既能在理论上立得住,同时又有益于指导解决实践问题。

(三)研究方法效益低下

"轻实验、重思辨"这是我国学前教育研究领域的薄弱环节。一些研究人员不重视实验研究,忽视和缺乏研究的技术与手段,反映了我国学前教育研究领域中存在的习惯定势和学风问题。注重所谓理论,空发议论,没有理论深度。近些年来,还出现了研究的急功近利倾向,部分研究人员以实用主义的态度对待科研,为匆忙发论文,多就零散小问题进行研究。

针对这些情况,要特别加强研究人员的实证性研究和实验研究,强调应用性研究。同时研究者要改进学风。当然,在改进技术手段,加强实证研究,增强研究中的数量化与科学水平的同时,也要注意避免极端化的思维方式,把数量化等同于科学化。要针对研究的任务与对象,依据学前教育科研的特点,考虑适当的研究方法,达到真实客观的要求。

(四)研究质量缺乏评估

我国学前教育研究成果缺乏权威性的评估,这也滋生了学术腐败、学术抄袭问题。目前对教育研究质量缺乏科学的评估标准,也缺乏权威的评估机构,使得许多研究人员急功近利,没有开展实实在在的教育科研,却可捞得所谓的个人成果和个人利益,致使学前教育研究领域出现了许多"豆腐渣工程"。

(五)研究成果缺乏转化

学前教育研究领域中的一些优秀研究成果,由于缺少推广和运用,鲜为人知,所以我们应把科研成果转化工作作为重要的任务之一,更好地为教育实践服务。学前教育科研有待于理论研究者和实践教育工作者的共同努力,研究人员必须理论联系实际,增强彼此间的沟通和协作,使研究工作取得更大进展,最大限度地改进和提高科研质量,更好地发挥学前教育培养教育人和为社会服务的功能。

(六)研究领域缺乏争鸣

目前,我国的学前教育研究领域注重新名词的应用,或者简单照抄照搬国外现成的做法或研究,将别人的东西未经消化吸收,直接拿来作为样本,缺乏结合我国国情的可行性分析和全面评价。为此,强调学前教育研究本土化、民族化问题成为迫切要求。并且我国学前教育研究领域存在权威专断与行政干预,这种状况严重压抑了学前教育研究领域中的不同声音,阻碍了学前教育研究领域内不同理论观点的碰撞。

三、学前教育科学研究方法的发展趋势

纵观学前教育科学研究的昨天与今天,其发展总体上呈现以下几方面的趋势:

(一)在研究思路方面,出现了生态化、现场化和跨文化的趋势

1. 生态化

近些年来,许多研究者试图吸取自然研究方法与实验方法的优点,通过创造一种"自然的环境",将二者结合起来,在这种创造的"自然环境"中进行研究,或是以自然的方式将某些因素控制起来,而不是对被试者加以人为的控制。以这种创造出来的"自然"环境的技术或策略来检验理论和假设,可能是最有效的,这就是研究的"生态学运动"。继而出现了教育科学研究中的生态化趋势。教育科学研究中的生态化强调在真实、自然情景中研究人的心理活动规律与教育规律,提高研究结果在真实生活工作和教育实践中的可应用性和普遍适用性。

2. 现场化

教育研究除了重视理论研究外,更注重应用研究,更强调研究为社会发展的需要服务,与实践的联系越来越紧密,这就要求教育研究在真实的现场情境中进行,以提高研究的实际应用价值。现场研究指研究者深入到事情发生的真实环境,进入现场,有时需要成为参与者,与被试生活在一起,在此过程中进行研究。"夏令营中儿童集体形成的过程和集体内部关系的研究"就是现场研究的一个典型实例。研究者创设了一个真实生活的情景——夏令营活动,作为儿童行为发生的背景,参加夏令营的孩子们互不认识,研究者对被试及其生活场景以及相互作用的各种条件和活动进行了控制。如,创造条件——以竞赛来增强组间的紧张关系和发生敌意的可能性;又如,设置缺水的困境等,造成或引起组间敌意的缓解或消除——全体儿童(或两组儿童)必须共同努力实现一系列目标,克服困境。这其中的一系列研究是在自然情景下,对行为及其发生的时间、场所等加以限定、控制,并提高记录的技术策略,从而观察研究儿童某些特定的行为。[①]

---

① 张燕,邢利娅.学前教育科学研究方法[M].北京:北京师范大学出版社,1999:40.

3. 跨文化

当今社会,全球化趋势日趋明显,国与国之间的文化交流日益密切。当今文化的发展保持着多元化的基本势态,人类各种文化是在相互交流、相互交融中不断发展的。文化的这种本体运动必然使各种文化特质不断丰富和变化,导致教育在结构、形式和内容方面的变迁与发展。跨文化研究的主要目的在于考察文化因素对教育的影响,探讨不同文化背景下教育现象的共同性和差异性。

所谓跨文化研究是将同一课题应用在不同文化背景下,在此基础上,探讨教育与人的发展的共同规律,或从不同文化背景的教育差异中,研究不同的社会生活条件对教育与人的发展的影响的一种方法。

我们在进行跨文化研究时,一定要克服文化偏向问题,采取客观、公正的态度,否则将会背离跨文化研究的本质。

(二)在研究方法方面,出现了综合化、现代化和数量化趋势

1. 综合化

学前教育科学研究方法的综合化趋势主要表现为采用多种方法和从多学科角度去探讨教育现象及其规律。一方面,教育科学研究的具体方法有很多,并且每种方法各有其利弊,单纯使用某一种方法,容易失去重要的有价值的信息,其研究结果也不够全面。在教育科学研究中,应综合运用经验法、思辨法、实验法等具体研究方法,能综合运用这些方法的是行动研究。行动研究注重将思辨的方法与经验描述和实验验证等方法结合,使研究价值提升。另一方面,从学科角度来说,教育科学研究的对象是教育现象和教育规律,教育内部包括教育者、受教育者、教育内容、教育手段等多种因素,教育外部还受政治、经济、文化等多因素的影响,所以研究教育科学必须要开展跨学科的合作研究,从多学科的角度解释教育规律。

2. 现代化

学前教育科学研究方法的现代化主要指研究技术设备和手段的现代化。目前的科学研究已大量采用录音、录像、照相等手段,这些现代化技术设备的利用,可以帮助我们准确记录收集的资料。特别是计算机的广泛运用,使教育科学研究的多因素分析得以实现,在短时间内迅速处理大量的数据资料。

3. 数量化

对教育科学研究结果进行数量化的分析,有助于教育科学研究的科学化。首先,随着教育科学领域生态化趋势的产生,人们对教育的研究更注重现场研究,进行多因素设计,探求教育现象中的多因素多变量之间的关系,这就必然要对研究结果进行多因素分析,这便与数学科学中的多元分析有着密切的联系。其次,计算机在教育科学研究中的广泛应用,使得大样本、多变量、多层次的教育科学研究成为可能。计算机可以在较短时间内处理大量的数据,使研究结果的分析整理更为简便,特别是计算机专用统计软件包,如SPSS(社会科学统计软件包)等的开发使用,使教育科学研究的多因素分析更为常用。

第四节 学前教育科学研究中的几个基本概念

在学前教育研究中有一些重要的概念,理解和掌握这些概念有助于我们更好地把握教育研究方法的内涵和本质,也有助于我们更好地理解教育研究过程,帮助我们更好地完成研究工作。

一、总体、样本和抽样

教育研究是有目的有计划地认识教育现象,探索教育规律的活动,具有很强的探索性。为了更好地揭示教育现象与过程的发展规律,保证研究结果的可靠性和科学性,在研究中必须选取有代表性的研究对象。

研究对象可以是人,也可以是物。一般来说,学前教育科学研究的对象主要是不同年龄、不同地区的幼儿或幼儿教师。但研究并不能对所有幼儿或教师进行研究,这需要耗费大量的人力、物力、财力和时间,并且按照统计学原理,也没有必要对所有的研究对象进行研究。因此,在具体研究中必须根据一定的标准来选取研究对象。在选取研究对象时主要涉及以下基本概念。

(一)总体

总体,是指研究对象的全体,是具有某种特征的个体的集合。在特定的研究中,总体的大小是由研究课题的内涵决定的。例如"3~6岁幼儿良好生活习惯养成性研究"的总体是所有3~6岁的幼儿,"北京市民办幼儿园发展策略研究"的总体是北京市所有的民办幼儿园,"幼儿园假日小组活动的研究与实践研究"的总体是幼儿园假日小组活动。

总体是由个体组成的。根据个体数量的多少,总体可以分为有限总体和无限总体。当总体中所包含的个体的数量有限时,叫作有限总体;反之,当总体中所包含的个体数量无限时,叫作无限总体。例如"3~6岁幼儿良好生活习惯养成性研究"中的总体包括古今中外所有的3~6岁儿童,这是一个无限总体。而"北京市民办幼儿园发展策略研究"的总体是北京市所有的民办幼儿园,北京市民办幼儿园的数量是有限的,所以这是个有限总体。

(二)抽样与样本

所有研究的目的都是为了得到百分之百可靠的研究结论,因此,如果能够考察研究对象的全部或总体是最理想的。但是,限于人力、物力、财力和时间等条件的限制,除少数微型研究之外,绝大部分研究都很难实现对所有研究对象的考察,而只能从总体中抽取一部分个体来进行研究,然后将研究结论推广到总体。

我们把这种按照一定的规则,从总体中选取出具有足够代表性的个体来进行研究的过程叫作抽样或取样。被选取出来的这部分个体叫作样本。样本中所包含的个体的数量叫作

样本容量。

抽样是研究中十分重要的一环,它既能够节省人力、物力、财力和时间,使研究力量相对集中,把研究工作进行得深入细致,提高研究的有效度和可靠度,又能够保证研究对象的代表性,使研究结论具有普遍意义和推断意义。

1. 概率抽样与非概率抽样

抽样的方法很多,大致分为概率抽样(也称随机抽样)和非概率抽样(也称非随机抽样)两种。概率抽样是指总体中每个个体被选入样本的概率都不为零,也就是说每个个体都有机会被选入样本。其最大特点是:每个个体入选样本的概率是已知的。通过概率抽样可以得到近似于总体的样本。

根据具体方法的不同,又把概率抽样进行了划分,一般分为:简单随机抽样(也称单纯随机抽样),系统随机抽样(也称机械随机抽样或等距抽样),分层抽样和整群抽样等。

简单随机抽样中,总体中每个个体入选样本的概率是相等的,而且每个个体都是被独立抽取的,一个个体的选择不会影响到其他个体的选择。

系统抽样,是指将总体中的所有单位或个体按照一定的顺序排列起来,然后按照相等的间隔抽取样本。

分层随机抽样,是指首先按照研究对象的特征把总体划分为不同的层次或小组,然后在每个层次中随机抽取样本。

整群抽样,是指把总体中的自然群体作为基本单位进行随机抽样,然后由所抽取的群体中所包含的个体组成研究样本。

由于概率抽样能够得到类似于总体的样本,能保证研究样本的代表性,因此,研究中经常使用概率抽样的方法,特别是在实证的、定量的研究中。但是,在一些特定的研究中,如质性研究中,也常常会用到非概率抽样。

与概率抽样不同,非概率抽样中,每个个体被选择的概率是未知的。非概率抽样的优点在于简单易行、节约开支。它没有概率抽样的复杂程序,往往直接用手边的甚至是偶然得到的个体作为研究样本。但是这种抽样方法也存在一定的缺点,因为抽样的随意性,所以很难确定样本的代表性,也很难估计和控制研究误差。因此,一般不会对非概率抽样的结果进行推广性的一般化或普遍化处理。非概率抽样有特定的使用范围,一般当研究者不打算对研究结果作普遍化推论时会采用此方法。常用的非概率抽样方法有:方便抽样、目的抽样、最大差异抽样、极端个案抽样、滚雪球抽样等。

方便抽样,一般只抽取对研究者来说最为方便的一小部分研究对象作为样本。

目的抽样,是根据研究者对所要选取的抽样单位的了解和判断而进行抽样的方法。

最大差异抽样,是被抽取样本所产生的研究结果要最大限度地覆盖研究的不同状况。

极端个案抽样,是选取那些具有不同寻常特征的个体作为研究样本。

滚雪球抽样,是在无法了解总体情况时,从少数成员入手调查并询问其他符合条件的人,通过这些最初被选取的对象寻找到更多的研究对象(个体)。

2. 抽样要求

要使抽取的样本具有最好的代表性,必须满足一些基本要求:

（1）明确界定总体。抽样前要从内涵和外延上明确界定总体。一般来说，研究者打算把研究结果推广到哪一个范围，就应在那个范围内（即总体）抽样。

（2）保证样本的代表性。从总体中抽取出来的那部分研究对象应该具备总体的特点和性质，使样本在较大程度上能够代表总体。样本的代表性直接影响和决定着研究结论的推广程度。

（3）保证足够的样本容量。样本容量影响和决定着样本的代表性，进而决定着研究结论的可推广程度。理论上讲，样本容量越大，样本的代表性越好。因此，在人力、物力、时间等允许的条件下，样本容量越大越好。但是，样本容量并不是衡量抽样效果的唯一标准，一个样本容量小但代表性较高的样本，通常比数量较大但代表性差的样本更好。此外，决定样本容量大小，还应考虑具体研究中的条件控制的严密程度。一般而言，如果条件控制严密，抽样严格，那样本容量可以相对小一些。所以，在研究中我们既要保证足够的样本容量，确保样本的代表性，又不能盲目追求大样本，避免做无用功以及人力、物力、财力等的浪费。

二、变量

变量是相对于常量而言的，是指具有一个以上不同取值的概念。它是研究者感兴趣的、需要研究和测量的、会随着情境和条件的变化而改变的特征、条件或因素。一项研究中往往涉及多个变量以及它们之间的关系，但不可能对所有的变量进行研究，因此研究者需要分析和确定主要的研究变量。

根据研究变量之间关系的不同，研究变量被分为自变量、因变量和控制变量三种。这也是教育研究中最重要的、应用最广泛的变量。

（一）自变量

自变量，是引起或产生变化的原因，是由研究者主动操纵而发生变化的条件、因素或条件的组合，也称刺激变量或操作变量。自变量是研究中需要研究者操作的变量。

（二）因变量

因变量，是自变量作用于被试后产生的效应，也称为结果变量或反应变量。因变量是研究中需要观测的变量。

（三）控制变量

控制变量，是指与特定研究目的无关的非研究变量，也被称为无关变量。由于它与研究目的无关，但又会对研究结果特别是因变量产生干扰，因此在研究过程中需要加以严格控制。

例1：不同年级师生课堂交往研究

自变量：不同年级，4个水平——小学低年级、小学高年级、初中、高中

因变量：测量师生课堂交往的观察量表各项指标的分数

控制变量：教师性别、教学内容、教学形式、教学方法等

例2：男女教师职业态度研究

自变量：教师性别——男、女

因变量:职业态度各项指标分数

控制变量:年龄、教龄、学校制度、工作量、同事关系等

三、测量

测量是教育研究中常用的收集资料的方法之一,在教育科学研究和教育教学实践中应用广泛,其主要作用有:选拔学生,检查教育或教学目标的贯彻情况,诊断,升级、编班和分组等。

测量是根据一定的规则对事物或现象的属性或者特征进行数量化描述的过程,简而言之,测量就是对事物分派数字或者符号的一种方法。测量由测量客体、测量内容、测量规则和数字符号四个要素构成。因此,在使用测量法时必须明确测量谁,测量什么,怎么测量以及如何表示。

根据测量的层次由低到高,测量被分为定类测量、定序测量、定距测量和定比测量。

定类测量,又称为定名测量或类别测量,是指用数字、符号来区分事物的类别,是最低层次的测量。例如在问卷调查或测量中涉及性别时,通常用1代表男性,2代表女性。A省的汽车牌号前两个数字是10,B省的是12。再比如身份证号、学生的学号等。这些数字仅具有作为符号或标志的区别,没有数量上的含义,不具有序列性(顺序关系)、等距性和可加性。在进行统计分析时,只能做频数统计。

定序测量,又称为顺序测量或者等级测量,是指用数字、符号对事物的顺序、强度、程度和序列等做出区分。例如,把人的工作能力分为:优、良、中、差四级,同时用数字4、3、2、1来表示。这里,数值4、3、2、1之间的关系是4 > 3 > 2 > 1的位次关系,但是各单位之间的距离(或单位)并不相等。这些数字不能做加减乘除计算。在进行分析时,只可以做中位数、百分位数、等级相关系数等统计分析。智力测验、能力倾向测验和人格测验中常用到定序测量。

定距测量,是指用数字和符号来确定不同等级和类别之间的间隔距离和数量差别。定距测量具有定类测量和定序测量的特征,此外它还要求连续数量之间的距离或单位相等。例如在智力测验中,甲乙丙丁四人的分数分别为150、120、130和100,那么我们便可以说甲和乙智商差距(150 - 120 = 30)等于丙和丁之间的差距(130 - 100 = 30)。但需要注意的是,我们不能说甲的智商是丁的智商的1.5倍。定距测量的起点是任意选择的,没有真正的零点,只有相对零点,可以进行加减运算,但不能进行乘除运算。

定距测量的优点有:第一,一个定距测量得到的观测值可以转换到参照点和单位都不同的另外一个定距测量,这是因为我们能加减或乘除同一个常数与观测值,而不会破坏这些数值关系。第二,定距测量的观测值能最广泛地应用各种统计分析方法。如平均数、标准差、相关系数、t检验和F检验等。最常用的方法是把原始分数转换为标准分数,这里标准分数是定距测量。

定比测量,又称为等比测量或者比例测量,是最高层次的测量,除含有定类测量、定序测量和定距测量的所有特点外,还有绝对零点。定比测量量尺上的单位是相等的,能够进行加减乘除四则运算。物理测量大都属于定比测量,如长度、高度、重量等等。在教育研究中使用定比测量具有特殊性和局限性。例如,我们难以确定智力的绝对零点。一般来讲,对大部分教育测验来说,定距测量就已经足够了,所以在教育测量中一般不考虑发展定比测量。

上述四种测量具有高低层次之分,四种测量所收集的资料不同,使用的统计方法也各有差异。同时,在使用上述测量时,都具有一定的局限性,因此,在研究中不能过分追求绝对的测量。

测量是学前教育研究中的一种重要方法,但是在研究中我们并不是直接进行测量,而是通过测验来进行测量。例如要对儿童的智商进行测量,需要借助智力测验才能完成。

所谓测验,一是指测量所使用的工具,如问卷、量表等;二是指编制和使用测量工具(如问卷、量表等)的过程和方法。我们通常指的是第二种意义上的测验。

根据不同的划分标准,教育测验也被分为不同的类型。

根据测验目标,把测验分为学业成就测验、智力测验、能力倾向测验和人格测验;

根据测验动机,把测验分为准备性测验、进展性测验和总结性测验;

根据结果的评价标准,把测验分为常模参照测验和目标参照测验;

根据测验材料,把测验分为文字测验和非文字测验;

根据测验来源,把测验分为标准化测验和自编测验;

根据测验对象,把测验分为个别测验和团体测验。

测量的条件有:信度、效度、难度和区分度。通过信度衡量测量的稳定性和可靠性;通过效度衡量测量的有效性和准确性;通过难度衡量测量的难易程度;通过区分度衡量测量对不同水平的被试进行区分的能力。

四、误差

教育与心理测量不同于物理测量,在精确性上存在较大的差距,测量中不可避免地带有一些误差。

所谓误差,是指与测量目标有关的任何一种变量或多次测量结果不一致所造成的不准确的测量结果。误差大致分为三类。

(一)系统误差

系统误差是指持续地使测量或研究向某一方向发展而产生的误差。这种误差与研究效度有关,会导致研究结果缺乏真实性和有效性。

产生系统误差的原因很多,如样本代表性不够,主试者自身因素或工作偏差的影响等,此外被试的迎合心理、逆反心理等因素也会导致系统误差。但是,只要研究者工作细致、考虑周到,研究过程客观,此类误差就可以被控制和避免。

(二)随机误差

随机误差,也叫取样误差,其偏差不具有方向性,一般是由于随机抽样方法的先天局限性导致的。即使对具有良好代表性的样本进行重复测试,其测试结果也不会完全一致,而总是会有或大或小的波动,因此随机误差是无法避免和控制的。但是,由于这种误差方向不定,可左可右,可高可低,因此从理论上看,平均误差值趋于零,可以忽略不计,所以这种误差也被称为"自动取消误差",对研究结果的影响可以忽略不计。

(三)测量误差

在使用各种测量工具进行测量研究时,会出现测验结果的不一致,这时就出现了测量误差。测量误差与测验题目无关,是由测量工作本身的局限性导致的。这种误差是无系统的,随机的。

为了提高测量结果的准确性和可靠性,保证研究结论的可靠性,在测量工作中应力求做到:①测验本身应该是可靠的,避免模棱两可的用词,防止引起被试的猜测和不同理解;②保证测验实施过程的标准化,避免任意改变指导语,确保记录积分标准的一致。同时,尽量避免偶发事件对测量的影响。

五、抽象定义与操作定义

研究中的变量和假设的变量一旦确定下来,就要给变量下定义,即对研究的核心概念进行界定。但变量是有变化和差异的,不同的人有不同的理解,例如什么是阅读能力?什么是攻击性行为等等。在研究中,变量或概念本身不会告诉研究者需要收集什么样的资料或怎样进行测量,这就需要研究赋予变量和概念以定义和意义。研究中常用的定义方法有两种,抽象定义和操作定义。

(一)抽象定义

抽象定义,是指从抽象的文字意义上对变量的共同本质进行概括。常用的下抽象定义的方法有以下几种:

1. 经典的定义方法

经典的定义方法是种差加属概念,即被定义者=种差+邻近的属概念。如,词是最小的语言单位;教学是师生交往的过程。

2. 按同义词下定义

这种定义方法是用同义词或近义词作相互解释,如"有效教学"定义为"促进学习的教学"。

3. 用概念来下定义

这种方法的本质是对变量作概括性的、抽象的描述。如"智力"定义为"学习的能力,解决问题的能力,适应环境的能力"。

4. 借助词典下定义

这种定义方法是直接引用权威词典、辞书等工具书上相应的词条解释作为变量的定义,如"自信心"定义为"一个人对自身能力的认识和充分的估计"。

抽象定义是对变量的基本性质进行描述和概括,以便区别于其他变量。虽然抽象定义可以提供一些信息,帮助我们认识变量,但抽象定义不能把概念和客观世界联系起来。换句话说,通过抽象定义的变量往往是无法测量和具体操作的。所以,为了便于研究和操作,要对变量下操作化定义。

(二)操作化定义

在研究中,所研究的变量和条件必须有可供操作的定义,这不仅是为了满足教育研究所必需的,而且也是测量变量所必需的。例如,创造能力是一个变量,但是除非有操作化定义,否则研究者就无法测量一个人的创造能力。

操作化定义的创始人是美国的布里奇曼(Bridgman,Percy Williams),他于1923年提出了操作化分析法,主张要把所有科学概念与经验过程、操作过程联系起来。他认为,"概念与相应的操作是同义的",凡是操作上不可确定的概念应该清除出科学概念的范围。虽然他所指向的主要是物理实验的操作,但是依然推动了其他学科研究方法的发展。

教育研究中的操作化就是要把我们无法得到的有关教育的社会结构、制度或过程,以及有关人们行为、思想和特征的内在事实,用代表它们的外在事实来替换,以便于通过后者来研究前者。操作化使得抽象的变量和概念成为了可观察、可测量、可检验的具体项目。通俗地讲,操作化定义就是描述怎样或用什么方法测量变量。

操作定义的具体方法有以下几种:

1. 条件描述法

条件描述法,是指对所研究对象的特征和可能现象进行描述,对达到某一结果的特定条件进行描述,即规定操作条件、观察产生的结果。这种方法常用于对自变量的操作化定义。

如心理学家采用条件描述法给"饥饿"下操作化定义:饥饿,是指连续禁食24小时产生的结果。这样,在研究中就可以对"饥饿"状态进行实际操作。

2. 指标描述法

指标描述法是指对所解释对象的测量手段、测量指标、判断标准作出规定。通常这些指标能作量化处理,这种方法常用于对因变量的操作化定义。

如要对儿童的概括能力进行研究,仅把"概括能力"定义为"能抽象出同类事物的共同本质属性"是不够的,因为变量还是难以观测和度量的。进一步进行操作化定义,把"概括能力"划分为四个水平,一级水平,是从事物表面进行概括。如长方形就是长条的图形,二级水平,是对事物的某个方面进行概括,不够全面。如长方形就是上下两边长,左右两边短,三级水平,是对事物特征进行大体概括,但不够精确,如长方形左右两边和上下两边相等,四级水平,是对事物的本质属性进行概括,如长方形对边相等。有了以上指标,就可以依据这个指标体系或者说判断标准对儿童的概括能力进行研究。

3. 行为描述法

行为描述法,是对所揭示对象的动作特征进行描述,对可观测的行为结果进行描述。这种定义方法通常用于解释客体行为。

如研究家长对孩子的溺爱行为,通过以下四种行为来界定"溺爱":

A. 不注意培养生活自理能力;

B. 不注意培养劳动习惯;

C. 对孩子过分迁就;

D. 物质上尽量满足孩子。

在此基础上,可以继续将行为具体化和操作化:

如A的指标有:是否自己洗头/洗澡/穿衣/收拾书包/整理床铺/自己上学;B的指标有:在家是否抹桌/扫地/洗碗/洗手绢/上街买东西等。

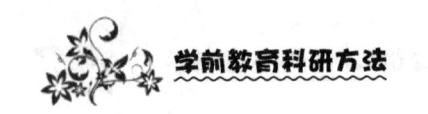

操作化定义是研究变量和实际观察或测量活动之间的桥梁和纽带。正是通过操作化定义使得抽象的概念和变量成为了可以实际观察和测量的具体指标。同时，操作化定义能够帮助研究者确认同样题目和问题间的相似点和差异，使得研究可以被重复验证，并且能够提高研究结果的可解释性，还可以通过说明限定条件来建立研究结果的外在效度。

但是，操作化定义往往只能涵盖概念所属的少数特征，意义狭小有限，一般不能表达概念的完整意义。因此，在界定研究的核心和关键概念时，最理想的方式是先采用抽象定义界定，然后再用操作化定义界定，这样可以更好地把握操作定义的方向和意义。

六、信度与效度

在研究中有一些专门的指标来衡量研究的有效性和科学性，其中最重要的指标是信度和效度。

（一）效度

所谓效度，是指研究的有效性和准确性，即研究在多大程度上达到了研究目标。不管研究的形式是怎样的，也不管研究目标是什么，我们都期望研究是准确和有效的，也就是要具有效度。

一般地，效度包含两个概念，一个是内在效度，一个是外在效度。内在效度，指研究结果可以被精确解释的程度，该研究结果没有其他可能的替代解释。外在效度，指研究结果能被推广到的总体和外部情境的程度。虽然划分了内在效度和外在效度，但是研究中并不能得到纯粹的内外效度，因为这两者之间是相互联系互相影响的。提高内在效度势必会降低外在效度，反之亦然。研究者所要做的就是寻求两者之间的平衡，不仅使研究结果得到准确合理的解释，而且保证某种程度的推广价值。

（二）信度

所谓信度，是指研究结果的可靠性和稳定性程度，即多次重复研究所得结果的一致性程度。信度表明了研究的前后一致性以及研究在多大程度上可以被重复。如果进行多次重复研究，研究结果都比较一致，说明研究结果稳定，也就是信度较高。反之，如果进行重复研究的结果差异较大，说明信度低。

信度也被区分为内在信度和外在信度。内在信度，是指在给定的相同条件下，资料收集、分析和解释在多大程度上保持一致。例如，多个人收集资料，内在信度的问题是：收集人之间能达成一致吗？再比如，采用观察法观察教师的课堂行为，内在信度的问题是：不同的观察者对待教师的同一行为，能否达成一致意见？这也表明了观察者之间的协同程度，如果内在信度不高，那么所收集的资料就不能反映真实发生的情况。

外在信度，是指一个独立的研究者能否在相同的或相似的条件下进行重复研究，以及研究结果能否前后一致。如果研究具有较高的外在信度，那么同一个研究者就能够使用同样的研究方法，在相同或相似的条件下进行重复研究，并能保证前后两次研究得到相同的结果。为了保证研究的外在信度，研究者必须对研究过程和研究条件进行严格界定。

作为衡量研究科学性的两个重要指标，信度和效度密切联系，相互影响。信度是效度的必要保证,信度低效度一定低,也就是说一项研究不可能没有信度却有很高的效度。效度是信度的充分条件,效度高信度一定高,如果一项研究的研究内容是精确的,那么一定可以被重复验证,而且多次验证结果的一致性较高。信度和效度共同决定了研究的可靠性,信度强调研究的可重复性,而效度强调结果的精确性和可推广性。

思考与实训

1. 简答学前教育科学研究的意义。
2. 简答学前教育科学研究的类型及原则。
3. 简述学前教育科学研究的历史与未来的发展趋势。
4. 什么是效度和信度,两者之间是何关系?

本章参考文献

[1] 张燕,邢利娅.学前教育科学研究方法[M].北京:北京师范大学出版社,1999.

[2] 由显斌,左彩云.学前教育研究方法[M].北京:高等教育出版社,2010.

[3] 王坚红.学前儿童发展与教育科学研究方法[M].北京:人民教育出版社,1991.

[4] 杨世诚.学前教育科研方法[M].北京:科学出版社,2007.

[5] 张景焕,陈月茹,郭玉峰.教育科学方法论[M].济南:山东人民出版社,2000.

[6] 杨小微.教育研究方法[M].北京:人民教育出版社,2005.

[7] 张红霞.教育科学研究方法[M].北京:教育科学出版社,2009.

[8] 孟庆茂.教育科学研究方法[M].北京:中央广播电视大学出版社,2001.

[9] 陶保平.学前教育科研方法[M].上海:华东师范大学出版社,2006.

[10] 裴娣娜.教育研究方法导论[M].合肥:安徽教育出版社,1995.

[11] 威廉·维尔斯马,斯蒂芬·G.于尔斯.教育研究方法导论[M].袁振国,译.北京:教育科学出版社,2010.

第二章　学前教育科学研究的基本步骤

学习要点

1. 掌握学前教育科学研究的基本步骤,了解其实施的原则。
2. 学会制订研究计划。
3. 学会运用多种工具对收集的资料进行整理和加工。
4. 掌握研究报告的基本结构及撰写方法。

正如前文所指出的,学前教育科学研究是指采用科学的理论和方法,有计划、有目的地对学前阶段的教育现象和问题进行了解和分析,进而发现和研究学前教育的现象、本质和客观规律的认识过程。研究人员必须制订严格的研究计划,并按照相应的步骤开展研究,才能保证研究的科学性和实效性。

第一节　选择研究课题

一、选题的意义

现代汉语对"课"的解释是"教学科目","题"的解释为"问题",由此引申出"课题"一词,也就是指与学科有关的问题。对于"问题"一词的解释,在《现代汉语词典》中,解释为"要求回答或解释的课题。"根据这一解释,"教育研究课题"就是指教育研究的题目。但是,并非所有与教育活动有关的题目,都属于教育研究的问题。美国创造心理学家吉尔福特(Guilford)对"什么是问题"曾作了这样的解释:"每当你碰到不进一步作心理上努力就不能有效地应付的情况时,你就遇到了问题。""当你需要组织新的信息,或以新的方式运用已知的信息项目解决问题时,你就碰到了问题。"因此我们可以在此基础上对"教育研究课题"是什么进行新的界定。所谓"教育研究课题",就是指研究者依据研究目的,通过对研究对象的各种主客观条件进行分析而确立的教育研究的问题。

研究课题是教育研究的开始。意思是研究者在从事教育研究的实践中,从较高层次的申报的课题研究,到日常教育教学中与教学密切相关的教学(游戏)研究,或者是到具体进行的专项课题,都必须首先要选择、确定研究课题。在多数情况下,选准课题就意味着教育研究成功了一半。两次获得诺贝尔奖的巴丁(Bardeen)博士曾说:决定一个研究能否取得成效,很重要的一点就是看它所选择的课题。具体来说,课题在教育研究中的意义主要表现为以下几方面：

第一，反映研究的价值。作为教育研究的课题，课题所反映的内容和问题，一般应是教育教学实践活动中，或者是教育认识中需要解决的问题；或者是在已有教育经验与理论的基础上，对新的教育现象规律的探索，预计的研究结果应该对当前的教育实践和教育理论体系具有相应的应用价值和理论价值，或者具有一定的推动或补充作用。研究者本身的教育理论修养水平与实践能力的差异，会直接导致选择的教育研究课题的不相同，从而对教育实践活动的影响也就不尽相同，体现为研究者坚持的研究价值、立场也会有各种差异。

第二，引导研究的方向。教育研究课题的研究内容多数可以通过具体的研究题目呈现出来，研究题目不仅规定着研究的主题，还决定着研究在对象、内容和方法上的选择，不同的研究内容和任务会根据研究需要选择最合适的研究方法。同样，整个教育研究方案的设计、实施到研究成果的鉴定，都必须围绕课题展开。研究题目明确了，研究活动的方向就明确了，因此，好的课题或者好的课题题目，将会极大地促进教育研究活动，促进教育实践和理论的发展，最终会影响某一时空内教育活动的发展方向。

第三，决定研究的质量。教育研究课题作为教育研究的起点，不仅直接影响整个教育研究的机制，而且还制约着教育研究的整个进程、方式，还使得研究的对象、内容、方法的选择，更具有针对性和实效性。因为，在教育研究过程中，不同的研究课题，受研究目的和任务的制约，每项研究在研究方法、研究工具、资料收集的方式等各方面都存在客观差异，研究的可行性也不尽相同，所以研究课题明确与否会直接影响研究质量，不同的选择便会有不同的研究质量。

简而言之，在教育研究中，选择、确定课题既是研究的第一步，也是保证教育研究顺利进行的最重要的核心环节。

二、选题的原则

教育作为一个宽泛的、基础的研究领域，本身就有着无数丰富的教育问题，然而，并非是所有的教育问题都能够成为研究课题，那么，要选择一个真正有较高价值的，而且又比较适合研究者综合实际状况的，还能够取得比较满意的研究成果的课题出来，并不是容易之事。因此，为了保证教育研究的质量，研究者在选择教育研究课题时，应该遵循以下几项原则：

（一）选题要新颖、有价值

研究者的选题即选择的教育研究课题，应该是其他研究者尚未解决的问题和疑难，或者至少是尚未完全解决的问题疑难，通过研究者的研究活动能够有所创新的内容。所以，在进行教育研究课题的选择时，要坚持将选题放在对总结和发展已有教育实践成果和理论思想、教育实践指导的基础上，只有这样，才能使教育活动和教育理论体系获得新的发展，新的突破才有实现的可能。

教育研究课题要有较高的研究价值。如何衡量一项课题的研究价值，可以从研究课题本身的价值大小，以及研究课题对研究者自身的发展价值这两个方面进行衡量。课题本身的价值，就是指课题所包含的不以研究者主观意志和客观条件为转移的，是对教育理论和教育实践本身的价值，即课题的理论价值和应用价值。其中理论价值又称学术价值，是指课题对于发展教育理论、完善理论体系是否具有重要意义;而课题的应用价值,则是指通过该课题的研究活动,能否解决教育实践中某些亟待解决的问题,从而达到提升教育实践质量的目的。例如,课题"学龄前儿童全脑型体育教育的实验研究",旨在改革传统的"左脑型体育教育模式",确立"全脑型体育教育模式",为素质教育的全面推行和体育教育改革提供一个新的思路。并且均衡发展学龄前儿童双侧肢体运动技能,更好地开发其运动和智力潜能,培养"全脑型"人才,因而具有重要的理论价值和应用价值。① 一般来说,任何一项好的教育研究课题,同时既可以具有理论价值,也可以具有应用价值,也就是说,可以是两种价值兼而有之。在实际中,对于研究者以及一线的幼儿园和教师而言,因为他们开展教育研究的主要任务与目的,是为了解决教育实践中遇到的问题,所以,研究课题的选择,一般更多考虑的应该是研究结果的应用价值。

课题对研究者的发展价值,是指课题对于研究者来说,通过研究者的努力,不断获得的研究成果和研究者后续进行的一系列研究的课题,将形成研究者自己的研究特色与成果,最终形成研究者比较擅长的研究平台和研究领域。例如,全国教育科学规划"七五"课题"适应我国国情,提高幼儿素质的调查研究",不仅为全国幼教改革提供了依据,在此研究基础上还确定了"适应我国国情,提高幼儿素质的实验研究"课题,它被批准为中华哲学社会科学基金会"八五"项目;课题组成员还申请了以优化家庭教育环境为目的的"八五"课题"中国幼儿家庭教育研究"等,体现了"七五"课题对于研究者的发展价值。②

对于刚刚从事教育研究的研究者来说,在最初选择确定课题时,可能不能兼顾课题本身和对于研究者的发展两方面的价值,如何解决这一难题?一般而言,才开始从事研究工作的研究者,在选择课题时首先应结合自己的专业背景、兴趣爱好、教育实际需要,考虑课题本身的理论或应用价值,然后结合研究实力、研究条件和已有的研究成果,再确立自己的研究方向,明确研究课题,最终形成研究特色,成为某一方面的专家。

(二)选题要有科学性

教育研究课题的科学性,就是指课题的提出和确立必须要有实践基础、理论基础,课题的表述要符合相关的规范。

选择一个明确的课题,研究者首先要有一定的事实依据。也就是说,教育研究课题应从教育实际出发,解决教育中需要解决的实际问题,而最终目的是为了促进教育活动的改革和发展。例如,"九五"规划期间,随着国家经济形势发生巨大变化,越来越多的家长们外出打工,将幼儿留在家中由父母照看,自己创业的情况越来越突出,增办寄宿制幼儿园(班)的呼声已成了社会形势的需要。针对此种实际需要,天津市和平区第十一幼儿园向全国教育科学规划组织递交了题为"一园两制模式研究"的申请,最终获得批准。三年后,研究成果顺利通过鉴定,书面材料后来由天津教育出版社正式出版,引起了积极的反响。③

没有理论指导的研究课题起点低、盲目性大,研究价值也将会大大降低,因为,教育理论

---

① 徐国根,等.学龄前儿童全脑型体育教育的实验研究[J].北京体育大学学报,2006(2):231-233.
② 史慧中.20年幼儿教育规划研究缩影[J].学前教育研究,2005(4):5-12.
③ 同上。

直接决定了研究课题的方向、规范、选择和解释的有效性。因此，选择课题还应该依据一定的教育理论，应该通过对教育的历史、现状的分析，对他人已有的研究成果和各方面资料的收集、整理和分析，然后经过严密的科学论证等提炼出课题，切忌研究者的主观想象、盲目选题。例如，课题"学龄前儿童全脑型体育教育的实验研究"就是紧跟脑科学发展的总体趋势，依据"全脑教育理论与方法选择"这一最新教育理论确定的，最终审批通过并被确定为全国教育科学"十五"规划课题之一。

课题的科学性还要求选择的问题要具体明确，设计的问题域不能太宽太泛，或者太过复杂，而是要表述清晰，要有利于研究计划或方案的设计与实施。对于幼儿园和幼儿教师来说，更需立足于自己的教育工作实践，从微观课题做起，多开展一些关于工作教育实验中遇到的问题的研究，逐渐拓展成为一个系列的研究课题，最终和其他教师一起构建起课题群，形成本园的研究特色和领域。

（三）选题要有可行性

教育研究本身，是一项追求真理、探寻事物本质的活动，为了能揭示真理，促进教育健康发展，研究者选择教育研究课题时，必须充分考虑研究者的主观条件，分析课题在实际研究过程中的切实可行性。

首先，从主观方面看，进行课题研究所需的知识结构和研究经验与能力是研究者必须具备的先决条件。如果是团体研究，除了前述的先决条件之外，还应考虑课题组成员之间的配合和团队协调等因素。其次，从客观方面看，开展课题研究应有必要的各种资料、工具与设备、时间与经费支持等因素，同样需要得到相关部门的支持和各方面的配合。例如，针对目前我国农村幼儿园和民办幼儿园里，雇佣了大量没有经过专业培训的在岗幼儿教师，某研究单位及研究者拟以"非专业教师园本培训模式研究"为课题展开研究，虽然其所在地区有很多专业的幼教教师，但是在该地区，非专业幼教教师在该地区幼教师资的总数里仍占很大的比例，因此，研究者试图做培训模式相关的研究，是具有现实意义的。

"千里之行，始于足下。"研究者确定课题是进行教育研究的第一步，也是关键的一步。研究者只有充分重视教育研究课题选择的重要性，不断提高选择课题的水平，才能使教育研究不断在新的起点上获得发展。

研究者，包括第一线的幼儿教师，在选择和确定研究课题时，应努力做到以下几点：第一，要有积极的教育研究意识，有敏锐的洞察力，要注意从具体教育实践工作去发现问题或需要解决的矛盾；第二，研究者本人要不断提高教育研究素质，要坚持深入教育实践中，开展调查研究，能够透过教育现象发现有价值的问题；第三，要加强文献资料的查阅与加工处理工作，及时了解与掌握教育研究的最新成果、发展动向或存在问题，在此基础上，研究者会发现新的研究课题；第四，无论是研究者还是研究团体的成员，都要重视跨学科阅读的重要作用，要及时关注其他相关学科的新观点、新理论和新方法，并进行合理借鉴及引用，从中发掘、选择，最终形成新的教育研究课题；第五，研究者要有意识地浏览网页、电视、期刊、杂志等各种信息媒体获取信息，及时了解当前国内外最新的教育信息，通过分析总结提出研究课题；第六，要加强与教育专家的联系，通过咨询交流同样能获得一些前沿的、有价值的课题，还要注意从国家有关部门制定的课题指南或规划中选择课题。

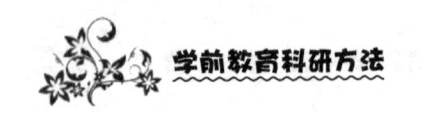

对于幼儿园和幼教教师来说,选择课题时,应充分考虑自己的力量与研究课题的大小、难易是否相称。一般刚开始从事研究的研究者,应该选择范围较窄,内容比较具体,难度较低的课题,特别是紧密结合自己的教育教学实际、有可利用的条件、能直接用于教育实践的课题。以后随着研究经验的积累,研究能力的提高,再逐渐选择一些难度较大或综合性较强的课题。

三、选题的来源

每一项教育研究课题的实施都是从发现问题、提出问题开始的。选题可以从研究中所提出的问题中得到,所以,要选题就必须先提出相关的问题。而研究者提出一个新颖的、富于创新意义、研究可能性以及价值的问题,需要有丰富的想象力和创造力。这就要求研究者必须深入地钻研教育理论,敢于对生活和工作中已经习惯了的多种教育教学现象提出质疑,从理论与实践相结合的视角发现教育教学中的问题,从而为选题做准备。

(一)从学前教育实践中选题

学前教育实践是学前教育研究课题的主要来源。需要研究者认真观察,勤于思考。通过不断的努力,研究者就可能从教育实践中发现大量需要研究解决的问题。通常在幼儿教育活动中,大多数幼儿教师,对于每天按照惯例完成的保教工作,对每日工作中看到许多教育现象基本没有什么特别的感觉,甚至也不愿意多考虑一下,因为在他们的眼里,它太常见和普通了,但是极少数思维敏锐的幼儿教师,则往往可以从其中总结出某些问题,而这些问题也多是研究者可以解决的、有价值的问题。因此,选择这些问题我们可以从以下四个途径入手。

第一,从影响教育工作的难题中选题。幼儿园承担着培养或塑造儿童的工作,尽力保证儿童身心健康、快乐发展则是一项创造性的劳动。因此,在具体的保教实践中,教师们经常会遇到各种各样的带有普遍性的工作难题。例如,幼儿园里经常会遇到一些所谓"顽皮儿童",那么研究"顽皮儿童"的特点、形成的原因以及提出有效的解决对策等,就是研究者需要研究的问题,若是选题由此入手,则更能体现出科学研究对教育实践的指导作用。

第二,从争议热点问题及领域中选题。在我国当前的教育改革与发展中,有众多引人关注的急需解决并富有争议的热点问题。在这些问题中,如果能够选择出一个适合研究者的课题并加以研究,通过对各家观点进行检验并形成自己的看法,那么,这个课题无疑将是一项十分有意义的课题。例如对学前儿童是否可以学习外语的问题,有研究者认为学前期是幼儿语言形成和发展的关键时期,所以提出并支持在幼儿园阶段教幼儿外语,他们认为错失这一时期是十分可惜的;也有反对者认为,儿童时期应该是一个拥有快乐童年的时期,不能让单调和枯燥的学习占据了儿童的快乐童年,因而反对这种在幼儿园内教授外语的做法。在这样相互对立的观点中,我们可以选择一些相关的热点问题作为研究课题,进行实证研究,如开展"中大班幼儿外语学习兴趣调查研究"、"低龄幼儿'浸入式'外语学习活动研究"等研究。

第三,从被人们忽视的教育现象中发现和选择问题。幼教领域中存在大量需要研究者重视和解决但是却未引起人们重视的问题和困惑。有的可能经常出现,有的则是新时代里的新问题,这些问题在实践中常常被人们忽视。特别是属于学科交叉的问题,研究者因为各自专业背景知识的制约和客观因素的影响,存在着忽视对这类问题的关注和研究的倾向,致使某些应该引起研究者重视的问题却没有得到相应的重视。如果我们能从这类常被人们忽视的现象中发现或选定一个课题进行研究,往往能够得出对事件有异议的成果,如"多媒体在幼儿园活动中辅助作用的研究"、"环保意识在幼儿园日常生活中的培养研究"等。

第四,从对日常生活的观察中发现选题。一般而言,热爱幼儿事业的多数教师都会有意无意地记载工作日志或个别儿童的成长日志,如"……今天表现很好,吃饭时遵守纪律,活动中注意力集中","……今天与同桌的小朋友分享了成功的喜悦,并一起安慰邻桌的小朋友","……已经入园一学期了,现在每天早晨入园时还哭闹不止,直到每天午睡后才能平静下来"等。幼儿教师在这类工作日志或对个别儿童的观察日志中会发现和总结出工作中的实际问题,如果教师和研究者能够对这些问题进行深入研究,寻找解决问题的方法、策略,这同样是幼教研究选题的来源之一。这样的选题路径有助于提高教师科研能力,有助于解决幼儿成长过程中的实际问题,如"多动倾向幼儿在幼儿园日常生活中的矫正研究"等。

(二)从学前教育文献中选题

在人类文明的历史长河中,教育作为一种相对独立的社会现象,在很早以前就被人们重视并研究其内在的规律。古今中外,从上古时期一直到近现代,在不同的时期,各个民族都总结出了众多珍贵的教育理念,并形成了较为完备的教育思想体系,并以文本的形式流传后世。例如,在两千多年前,中国以孔子为代表的儒家学派提出的"庶、富、教"、"不愤不悱,不启不发"等教育思想,提出了"教学相长、温故而知新"等教育主张,并留下了历史上著名的《学记》《劝学》等文献资料,这些文献至今仍在给研究者带来各种启示。在现代教育发展历程中,从夸美纽斯的《大教学论》到赫尔巴特的《普通教育学》,从卢梭的《爱弥尔》到杜威的《民主主义与教育》,教育家们对教育现象和问题做了大量的理论探讨,教育学作为一门科学独立出来并走向多元发展之路。在学前教育史上,从福禄贝尔到蒙台梭利再到我国著名的教育学家陈鹤琴先生,都提出了自己的教育理念及体系,对学前教育的发展产生了深远的影响,这些宝贵的教育思想,绝大多数以文本形式呈现给后来的研究者,是后继的研究者学习和发现新问题的思想及理论基础。不过,由于受不同历史时期的制约,受教育家本人思想体系的影响,同样的问题在不同的视角下研究,得出的结论也是不同的,可能会出现某些不足或缺陷,因此,教育文献是研究者选题的重要来源之一。具体而言,第一,反思前人的理论观点,对前人的学术观点提出质疑,从而提出新的研究课题;第二,揭示现有理论体系中的矛盾,通过不同理论的争鸣,在学术争鸣中发现课题;第三,在现有教育理论文献中寻找空白点,发现尚未研究过或者尚未解决的问题。另外,有的教育理论是从已知科学理论中演绎推导出来的,在解决实际问题之前,必须要进行充分的验证并要在实践中得到检验,这也是研究者通过教育文献选择课题的一种形式。

(三)从教育研究课题指南或规划中选题

我国从中央到地方,各级教育行政部门都会根据国家社会主义现代化建设的需要,根据构建和谐社会的需要和教育发展的现实需要,每年都会定期制定教育科学研究规划和研究

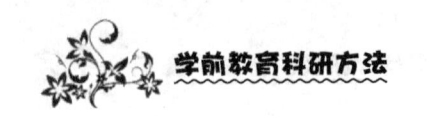

课题指南;各级各类教育研究学会、各种教育研究期刊和机构也会提供一些选题范围。研究者可以根据研究的需要和主客观现实发展的需要,从中选择能够胜任的研究课题。但是,课题指南或规划中提供的课题一般都比较笼统,必须通过研究者自身的理解和再加工,将笼统的指南内容处理成易于操作的内容,才能成为普通学前研究者可以实施的研究课题。例如,全国教育科学规划办公室和中国学前教育研究会颁布的"课题指南"中的内容,包括了宏观研究课题、中观的研究课题以及微观的研究课题,研究者通过对其中感兴趣的内容再加工,就形成了自己的选题。同时,对于学前研究者而言,还可以通过个人在教育实践中的思考、多种信息的交流和学习、对有争议的教育前沿问题和热点问题的关注来产生研究课题,这些也是研究者选择研究课题的直接来源。

(四)从先进的经验和方法中提出问题

事物发展的总趋势是不断向前的,而更先进的总是从先进的发展而来的,只要研究者能够深入分析现有经验和方法的局限性与适应性,一般多会发现一些可以改进的方面,或者更有意义的问题。当前在我国城市中比较盛行的"蒙台梭利幼儿教育方法"就是一个例子,在我国相对落后的农村里,此种教学方法是否适用?根据农村的具体情况,如何通过"蒙台梭利教学"促进农村幼儿教育的发展?这样的问题就是从目前比较先进的经验和方法中提出来的新问题,所以只要研究者在了解现实情况的基础上,敢提出质疑,那么独特而又富于意义的新问题就会产生。

(五)移植、借鉴其他领域的先进经验和方法提出问题

在科学技术大发展的今天,各种新理论和新观点不断涌现,各学科之间的交叉也在不断加深,各个领域内部及领域之间涌现出了大量值得研究的新问题。仅以学前教育为例,学前教育与哲学、艺术、历史、生物等具体学科的关系日益密切,与人文科学、社会科学、自然科学等领域也在不断地相互渗透,在交叉中产生的诸如学前教育控制论、学前教育生态学、学前教育生理学、学前教育评价学等新学科研究领域,以学前教育现象及问题作为共同的研究对象,运用多种学科理论和方法解释教育规律并解决问题,使已有的研究不断得到深化。这些处在交叉或边缘领域的关于学前的问题很多,只要研究者能开阔思路,勇于探索,就可能找到有价值的问题,从而找到所要研究的课题。

四、选题的过程

以下内容也可统称为研究课题的开题论证。

(一)提出问题

研究课题始于问题,若要提出新的问题,确定研究工作的起点,就要了解前人或他人研究的情况,就需要进行深入细致的调查研究,就需要了解有关的研究课题发展史实,课题研究水平与今后发展趋势,掌握研究实施的主客观条件。调查研究的方法,有查阅资料、现场调查和专家咨询三种。

1. 查阅资料

通过查阅资料,可以帮助研究者了解考察及论证所选择的课题是否有研究价值,并有利

于吸收与消化有关领域内其他人的研究成果,了解他们研究达到的程度以及目前的研究动态。这样,能够使研究者站在前人研究的基础上,明确自己的研究方向,从而使研究课题的整个设计能够具体化、深入化。同样,通过查阅资料,也可以帮助研究者了解别人的研究设计,或新的研究方法,有助于研究者引进相关学科的新观点及新思路,从中得到启发。还可以使研究者从资料中了解已有研究的成功或失败的经验教训,为自己的研究提供参考和比较,避免或少走弯路。

2. 现场调查

运用实地调查的方法,研究者到教育实践一线进行调查,有利于发现问题与形成研究课题。不过,在调查开展之前,研究者需要明确调查目的,拟好调查提纲,设计好调查表格,尽力追求调查结果的真实、可靠,能够较全面、系统地反映被调查对象的实际情况。在调查中,调查者要注意收集教育一线工作者的意见和对教育问题的分析。

3. 专家咨询

研究者通过征询专家或对某些问题有研究经验者的意见,也会从中受到启发,能够借鉴其中有意义的信息为研究选题服务,必要时要反复听取各方面的意见,达到集思广益的目的。

(二)分析资料

研究者要对掌握的所有资料进行归纳整理、分析及综合。第一步就是去伪存真,即保留那些真实的、可靠的材料;第二步要分析各种材料之间的相互关系,通过深入的分析,找出材料之间的内在联系和存在的问题;第三步是对收集的问题进行筛选,保留有研究意义和价值的问题;第四步,根据研究者的主客观条件及研究兴趣,提出研究课题或项目。

(三)提出假设

在调查研究与资料分析综合的基础上,提出研究课题的设想与设计。首先,根据研究者关注的问题及研究内容来确定课题的名称。其次,要进一步明确课题的研究目的和意义,阐明研究课题要解决的问题及预期达到的目标,以及该课题在国内的已有研究水平。再次,根据研究需要和实际情况,提出研究所采用的方法、途径、步骤及研究所需的经费、设备、手段等。

(四)预实验或预调查

对一些综合性的、重大的、研究因素比较复杂、探索性比较强的教育实验研究课题,往往需要进行预实验或预调查,通过模拟研究,对提出的研究目标、采用的方法、途径、研究内容进行初步的论证。

(五)确立课题

课题选定后,研究者根据有关教育科研管理部门或教育行政部门提出的"教育科研课题(项目)申报表"的要求,填写并提交申报表。一般情况下,课题申报表包括以下内容:

①课题名称、研究类别、研究起止时间。其中研究类别一般指基础理论研究、应用研究等。

②课题研究的负责人、参加者、承担单位以及合作或协作的单位与分工。

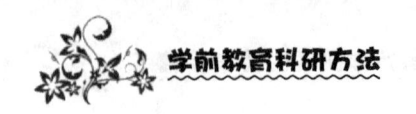

③课题研究的目的、意义及国内外研究水平和发展趋势。
④研究的内容和采用的方法、途径、手段。
⑤预期的效果、成果的形式与去向。
⑥研究的基础和准备情况。
⑦研究的步骤。
⑧经费估算与来源。
⑨课题负责人所在单位的意见。
⑩审批单位的意见。

填写时一定要实事求是,条理清晰,文理通顺,简要明白。

需要指出的是,研究者选定课题,不论是上报有关管理部门还是自行研究,都应该遵循选题的基本原则与步骤,都要重视开题论证,以提高研究的科学性,这样有助于研究获得预期成果。

五、课题论证

一项课题选定后,一般需要研究者通过项目申请书或者立项报告等形式进行课题论证。课题论证就是指选题过程中或选题之后、开题之前,研究者及其有关专家对所选课题进行评价研究的过程。通过课题论证来分析和评价课题的研究价值和意义,是预测研究成果及其社会效益的活动。课题论证的过程,实质上是研究者充分做好研究准备、设计研究活动、制定研究纲领的全过程。课题论证报告还承担着后继的对课题研究的进度、质量进行检查和鉴定的标准与依据的任务。课题论证包括以下内容。

(一)课题论证的内容与过程

1. 课题论证的内容
(1)与课题有关的国内外研究现状;
(2)研究的目的、意义、内容和范围;
(3)课题研究的途径、方法、手段;
(4)完成课题研究任务的条件分析;
(5)课题研究实施的步骤设计;
(6)成果预计。

2. 课题论证的过程
(1)收集查阅相关资料,分析已有研究成果及存在的问题。查阅国内外与研究相关的书刊以及相关领域著作、论文集等,包括网络媒体中呈现的各种有关信息,从而清晰地了解该课题国内外研究的情况。在此基础上,认真分析课题内涵,明确界定课题的研究内容、范围、角度及任务,尤其是要仔细琢磨本课题研究的突破口是什么,即创新点是什么。

(2)论证研究课题的理论及实践价值,预测研究结果。论证过程的关键性阶段就是要论证清楚课题研究具有什么价值。这不仅是选题与开题的必要步骤,而且能够坚定研究者的信心,同时争取外部力量的认可和外界支持,是必不可少的步骤。

(3)论证课题研究的内容、途径和采用方法。研究者要明确主要研究内容、研究的结构、重点和难点,要从总体上设计研究的途径与方法,并论证研究设计是否可行。

(4)分析研究者完成课题的内外部条件,制订研究计划。虽然研究计划不一定是课题研究的详细方案,但是研究者应该制定出研究方案的蓝本,因为研究计划是合理开展课题研究的基础性设想。

(二)课题论证报告的格式与撰写

1. 用简洁明了的文本陈述本课题的国内外已有研究现状

本部分内容的撰写,要明确阐述该课题目前是否有研究者已在研究,对已有文献进行陈述,要说明是哪些地方哪些人在研究,研究进展情况如何,已经取得了什么结论等;如果没有研究,就要说明是否有类似课题在研究。对本部分内容的阐述,既是向评审人员表明研究者对研究动态的了解情况,也是为后续的研究提供经验和借鉴。

2. 论述研究的目的、意义是课题论证的开始,论述要实事求是

首先,用精炼概括的文字勾画出研究的基本框架,说出研究课题产生的基本背景,使评审者对课题研究的整体情况有概括了解。其次,使用"本研究的目的是……"等总结性语句,直截了当地指出研究中要解决的问题。值得注意的是,研究的价值不能随意夸大,否则会给研究带来意料之外的困难,或者严重影响整个研究信誉。第三,研究者要从理论与实践两个方面进一步说明研究价值表现,指出研究本课题的现实紧迫性。如,说明通过本课题的研究,学前家庭教育的理论体系与框架将能够获得有机的完善、突破或矫正,在实践中则有利于解决那些留守儿童家庭教育中存在的实际问题等。

对于任何一项研究课题而言,每个课题自身都有具体的内容和内部结构,如"×××市0~3岁婴幼儿教育方案实践与研究"课题就包括有密切联系的不同层次,如形成"0~3岁婴幼儿早期教育方案、0~2岁亲子教育方案、2~3岁幼儿在园教育方案、婴儿综合性活动方案、环境的创设"等内容。以上任一层次的内容都可以成为独立的子课题,因此研究者要对研究的对象、范围予以明确的界定。有意义的界定可对问题进行进一步的分解,将其分解成一个个较具体的问题,构成研究问题的层次网络,从而使整个课题的研究范围清楚,便于研究。

3. 设计确定好研究的方法、步骤和内容

研究者或研究团体要根据研究课题的性质、特征和内容的影响,选择正确的研究方法。在确定研究方法的基础上,进一步设计出比较详细的研究步骤,说明划分不同阶段的理论依据或实际研究需要,明确交代每一阶段具体要完成的任务是什么,最终的成果形式和时间期限。在安排研究进度确定时间时,既要注意抓紧时间,尽力早日完成研究,又要留有适当的时间余地,因为还应考虑到研究过程中,各种偶然因素对研究进程的干扰及影响。研究者在撰写这部分内容时,一般不需要详细展开,和研究综述相比,能相对简略一些,但在开题论证中则要详细具体。如果研究课题属于教育实验或实证类研究,那么就必须写出具体的实验计划,说明本实验课题的研究变量是什么,研究者为了保证研究结果的效度与信度,将怎样控制无关变量等,有时还需附上研究中使用的测量问卷。

4. 客观综合的分析完成研究课题的条件

研究者在撰写这一部分时,应说明课题组的主要特色和优势所在,以及可能完成的课题

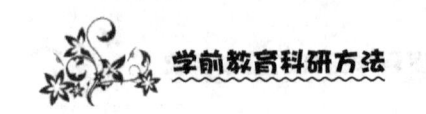

成果的形式与数量。在论证报告中,应详细说明课题申请者以及课题组全体成员所具备的学术水平、研究基础和条件。具体包括介绍他们过去在本课题所涉及的学科领域内,已经做出的研究工作、发表的论文和出版的论著,以及各个研究组成员积累的研究经验和受到过的学术训练情况。此外,还要交代本课题的物质准备资料占有情况和课题组成员所在单位的支持程度。在多数论证报告中,还应写上研究经费的预算情况,预算应坚持从本课题组的实际需求出发,坚持厉行节约的原则,使出现在论证中的总的预算支出比较合理。

5. 交代课题成果的形式

课题论证报告中还需要说明本课题研究最终的成果形式。常见的成果有多种形式,具体形式包括研究报告、专著、论文、建议、方案、规划、教材、手册、软件等,其中研究报告和论文是学前教育研究成果最主要的两种表现形式。

第二节　查阅文献

一、查阅文献的目的和意义

查阅文献,就是指从研究者收集到的文献中,迅速准确地找出所需要的文献信息及文献资料的过程。在学前教育研究中,研究选择与确定课题之后,就要查阅与本研究课题有关的各类重要文献,目的是通过查阅文献,帮助研究者及时了解该课题国内外最新研究现状及发展趋势,明确研究课题的依据,确立研究的范围、思路和方法,避免不必要的重复,保证研究成果有更新的高度。

查阅文献是研究进行的基础性步骤,是教育研究工作者充分利用文献资料,有效提高工作效率的重要方式,在学前教育科研工作中,对研究者及研究本身都有着重要的意义。学前教育中,查阅文献的意义,主要表现在以下五个方面。

(一) 有利于研究者确定课题

通过查阅文献资料,可以为研究者及其研究团队提供研究选题的科学依据。因为在选定课题的过程中,要了解前人或他人对该课题的主要研究成果,已经达到或完成的研究水平,已有研究的重点、经验和问题各是什么,以及哪些问题已经基本解决,还有哪些问题有待进一步修正和补充,从而明确课题的价值及研究的突破口。要达到上述目的,必须查阅有关文献,收集现有的与研究相关的背景资料。可见,查阅相关学前教育文献资料,实际上为研究者科学地选题提供了可参照的依据。

研究者在较全面地掌握研究课题领域的相关文献资料后,才能准确了解这个问题的研究成果、研究动态、发展历史和现状,以选定最有价值又最值得研究的前沿课题。科学研究是建立在选择吸收前人研究成果的基础之上的,首先必须继承前人的成果。而查阅文献资料,能帮助我们全面准确地掌握所要研究问题的情况,这在很大程度上影响着研究工作的水平与最终研究成果的质量。

(二)有利于研究者做好研究设计

查阅文献,实质上是总结过去相关研究工作的过程。这个过程从研究者的角度而言,有助于研究者在创新研究概念或建构理论框架时,及时发现研究计划中可能出现的错误等。如果仅靠研究者自己的思考和分析,已有研究是难以有所提高和突破的。好的文献工作能够帮助研究者有效地参考已有研究中使用的各种方法手段,并分析其得失成就,会有利于自己的研究工作,有利于超越前人的水平,最终有利于取得较好的研究成果。因此,在进行具体研究设计时,研究者就必须从整体上把握所研究领域的发展历史与现状、目前已取得的成果及其研究水平、研究的最新动向、争论的热点、人们忽视的部分以及其他研究者提出的有意义的建议等,从而能够了解已有研究对该问题的研究所达到的程度、所采取的方法和存在的问题。

(三)有助于研究者解释研究结果、撰写科研论文

在解释研究结果时,我们不仅要从自己研究所得到的具体数据出发,而且还要依据一定的理论,引用他人有关的研究数据或研究成果来阐述自己的研究结果,这就要大量阅读相关文献。对有关背景资料了解得越多,对自己研究结果的解释、分析和所下的结论就越恰当,就越容易看到自己研究结果的理论价值。自然,在此基础上撰写出来的论文或研究报告,其质量、科学性和理论价值都会有很大的提高。

(四)有利于避免研究中的重复性劳动

学前教育科研的本质特点是创新。要想在研究中有所创新,首先要通过查阅文献资料掌握有关信息,了解前人在相关领域已经做了什么,还有哪些没有做,从而避免重复性的研究,防止无效的劳动。有研究者曾做过估计,由于我国目前科研信息渠道不畅,许多研究人员对收集资料的工作也不够重视,致使我国目前正在研究的项目中,有超过五分之二的课题在国外已经有了大家公认的成果。这样高比例的、重复性的研究活动,不仅造成人力、物力的巨大浪费,而且还使我国的一些领域的科学研究水平长期处于低层次状态。但是重视文献资料的搜集和整理工作,就会发现文献中包含了国内外研究的学术思想和最新成就,可以使我们从已有的相关研究中获得启发,为研究者论证自己的观点与研究提供富有说服力的、丰富的数据文献资料,使最终得出的研究结论能够建立在可靠的论证基础之上。

(五)查阅文献本身是一种研究方法

在学前教育研究中,查阅文献还被看作是一种独立的研究方法来使用,即文献研究方法。在运用文献研究法时,研究者可以通过综合运用分析、对比和统计、归纳和推理等方法,发现事物内部与事物之间的内在联系,找出事物发展的规律,从而得出某种研究结论。因此,文献研究可以培养研究者的逻辑推理能力和探索未知领域的能力,从而提高课题研究的能力和水平。

文献资料好比历代集藏的宝藏,其中包含着众多前人和今人的智慧结晶,是这些人认真研究、辛勤劳作的果实,预示着历史与现实中事物的本来面目和未来发展的方向。教育研究者要想选择出一个适合的课题,并能获得高质量的研究成果,那么善于利用文献资料就是必须要掌握的基础性技能。在知识爆炸的今天,教育领域内的文献数量和种类也以几何速度

在增加,这对于带着特定研究目的的研究者来说,查找教育文献既是好事,又是坏事,因为增加了查阅文献的难度。因此,研究者必须学会运用各种工具和方法来搜索和利用已有的各类教育文献,在学前教育科研中,要学会充分利用国内外已有教育文献,从而达到提高教育科研水平的目的。

二、查阅文献的主要步骤

从浩瀚如烟的文献堆中迅速且准确地查找出研究者需要的文献资料,不仅是一个资料查找搜集过程,也是一个分析、研究的过程。一般而言,检索文献由以下步骤组成:

(一)确定检索主题与范围

确定检索主题与范围可以避免文献检索过程中的迷失,使研究工作省时高效地进行。具体包括:界定研究概念,列出相关概念,确定检索范围,选择检索手段四个步骤。

1. 界定研究概念

研究者需要明确课题中核心概念的准确含义,借以缩小和集中文献查阅的重点。例如,关于幼儿园管理及园长能力的研究,研究者需要界定幼儿园管理和能力这两个核心概念,然后根据这两个核心概念及相关的延伸概念,确定检索的主题词汇。

2. 列出相关概念

如果仅仅按照课题中所确定的核心词汇来查找文献,还不足以获得研究所需的全部资料,因此还要从其含义出发考虑同义语或近义词,把所能想到的同义概念及其关系都列出来。如研究"民办幼儿园的管理模式研究"问题,至少需要确定与幼儿园和管理模式有关的内容,在寻找有关资料时,不只是限定在民办幼儿园和管理模式这两个关键词上,与这两个核心词汇有关的同义词或近义词,都应该在文献查找的范围之内。

3. 确定检索范围

文献检索的具体项目包括有篇名、关键词、主题、作者、发表时间、中文摘要、引文、中文刊名、基金、项目名称等内容。检索时使用语种,可以根据实际需要检索中文或者中英兼顾。文献的来源包括网络电子文献、纸质文献、教育档案、口述传记等多方面。运用时间查就是根据文献出版或发行的时间,利用检索工具来查阅从×××年以来保存了的文献。

4. 选择检索手段

根据研究课题的时间要求和经费条件,研究者科学地选择检索手段,包括手工检索系统和计算机检索系统两大类。

(二)检索获取资料

当研究课题需要进行文献检索、收集资料时,研究者要首先搜索与所研究问题有关的文献,然后从中选择重要的、可行度较高的和可用的资料,再按适当顺序阅读这些文献,并以摘录、卡片或读书笔记等方式,记录整理所获取的材料。检索文献包括以下内容:

1. 使用多媒体与计算机互联网检索

(1)利用互联网检索引擎搜索学前教育信息,主要有 Google、baidu、Yahoo 等网络检索工具。

（2）利用主题搜索学前教育信息，利用搜狐、新浪、网易等工具搜索相关信息，地址分别是搜狐（http://www.sohu.com）、新浪（http://www.sina.com.cn）、网易（http://www.163.com）。

（3）利用教育网站搜索需要的教育信息，利用教育部、中央教育科学研究所、中国教育学会、中国教育报、中国教育科研等教育网络来搜索信息。

（4）利用国内外网上的教育文献数据库搜索需要的教育信息：

第一，"中国知网（CNKI）"数据库（http://www.cnki.net），又称"中国期刊网"。"CNKI"中的"中国期刊全文数据库"是目前世界上最大的中文期刊全文数据库之一。目前，中国期刊网已成为中国学者普遍采用的文献资源的来源。用户可以购买CNKI卡享受文献查阅服务，我国的绝大多数高校已经购买了使用权限，在校内网上，师生可以免费查阅该数据库中的所有文献。根据研究对象和研究领域的差别，将其中的全部期刊分成了九个不同的专辑，分别是理工数理科学、化学化工能源与材料、农业、医药卫生、文史哲、经济政治与法律、教育与社会科学、电子技术与信息科学九大类。CNKI的检索使用方法包括两种方式，即CNKI主要通过学科浏览和学科检索模式来使用数据库。其中，学科检索方式又分为初级检索和高级检索两种模式。

第二，超星数字图书馆（http://www.ssreader.com）。该数据库也是我国比较有影响的网上图书馆。读者可以通过购买超星图书卡获得查找、下载和阅读图书的权利，但是这个数字图书馆也为读者提供了一些不付费的基本服务，例如，查找到学前有关文献的题名、作者和出处等内容。

2. 使用手工文献检索工具来检索文献

传统的检索手段主要有卡片式目录和书本式检索工具两种，这两种方式的优点在于，检索的费用和成本较低，但缺点是检索的速度较慢，具体的检索过程可以分为选择检索工具、选择检索方法和编排检索程序以及开展正式检索四个基本阶段。

（1）常用的检索工具有书目、索引、文摘等。书目是指某一时期内全国正式出版的图书总目，主要有《全国总书目》《全国新书目》《中国国家书目》《上海新书报》等，其中列出的文献内容包括了名称、作者、卷册、价格、所属学科、内容提要等基本信息，能够向读者提供文献概况和检索的线索。

索引是指将图书与报刊中各种事物名称分别摘录并注明出处的方法，主要的索引有上海图书馆出版的《全国报刊索引》，中国人民大学出版的《报刊资料索引》，中央教育科学研究所出版的《中文报刊教育论文索引》等，是研究者检索图书资料的重要工具。其中的目录索引特指汇集了一定时间内各类文献的题目与出处的一览表，其特点是分类明确统一，按时间顺序编排，便于检索。

文摘是将文献资料的主要观点、结论和中心内容摘录出来，是对摘录文献内容所作的简略的、准确的描述或摘要，行文以原文节录为多，述而不评，以书本式和期刊式为主体。综合性文摘有《读者》《新华文摘》《报刊文摘》《文摘报》《高等学校文科学报文摘》等，学科性文摘有《教育文摘周报》《高教文摘》等。文摘的内容构成一般包括原有文献资料的篇名、作者、刊登的文献名、期数、页码以及内容提要等。

(2)选择检索方法。研究者在搜寻资料时,运用的比较常见的文献检索方法主要有以下四种:第一,顺查法。就是以核心检索内容研究发生的时间为起点,由远及近、由旧到新进行文献资料的检索。适用于课题研究范围比较广泛,研究内容复杂,所需文献要求系统全面的研究课题。第二,逆查法。按照文献出现的时间排序由新到旧、由近及远的顺序查找,与顺查法相反,用于搜索比较新的文献,适合新课题的研究。例如,从《学前教育研究》期刊的最新一期开始,逆向查阅该文献近五年至近十年的所有文献。第三,引文查找法。研究者根据已掌握的文献中所列的引用文献、附录参考文献为线索,查找出与主题相关文献的检索方法。该方法的优点是检索中文献辐射的范围比较集中,研究者查阅资料方便迅速,并能够不断扩大检索范围,在比较短的时间内,能找出与课题研究领域相关的重要而丰富的大量原始资料。第四,综合查找法。就是将各种方法有机结合,根据检索文献的实际需要,灵活加以使用以达到检索目的的方法总称。

(3)编排检索程序。就是对整个文献的检索过程,进行科学的安排以节省检索时间,保证研究者能够有条不紊地完成检索任务。研究者要积极关注最新的研究资料,及时考察当前最新研究动态。同时,还要查找那些专题书目,看这些文献资料能否提供研究所需的文献。在此基础上,还要查阅研究综述与文献评论,利用别人已经做过的工作查阅更多的文献资料,注意能否得到更多的有用信息,判断文献查阅是否饱和,并决定查阅何时终止。

(4)开展正式检索。课题研究检索文献时,在查找的过程中,应灵活运用各种检索工具与方法,并注意以下几点:第一,当发现检索出新的资料越来越少时,检索应基本结束。第二,当检索到的文献不能满足研究要求时,还需进行辅助性查找,包括对各种学位论文、内部发行刊物等文献的搜寻,检索那些普通检索工具没有收录的资料。第三,坚持持续追踪文献的最新动态。加入一项研究课题需要在一个比较长的时期内进行,研究者就需要坚持持续地查阅相关文献的最新研究情况,以便使研究者能够跟上课题领域的最新进展。

手工检索方法的使用和操作过程,与网络查阅文献方法相比,的确存在着缓慢、低效等不足,但这并非意味着网络检索方法将取代手工检索方法,因为,手工检索有着自身存在的意义和价值。最重要的价值表现为,手工检索方法能够有效补充网络检索的遗漏内容,而且研究者在网络检索完成之后,当阅读已经检索出相关文献时,仍然需要研究者的手工跟踪索引。手工检索还有一个常见的表现形式,就是日常生活中的检索行为,研究者不可能只是围绕某个议题去做相关的检索。在日常研究工作中,当研究者需要相关的检索内容时,他们在随意翻阅专业报纸杂志或专著的过程中,也会发生一些手工检索的行为。

三、查阅文献的方法

学前教育查阅文献的方法有很多种,每一种方法各有不同的特点和适用的范围。在前文介绍的基础上,在此重点介绍三种使用比较广泛的基本方法。

(一)检索工具查找法

检索工具查找法,就是利用现有的检索工具来查找研究所需文献资料的方法。按照检索工具的性质,可以将目前使用较多的检索工具,分为手工检索工具和计算机检索工具两种,这两种检索工具各有特点,在查阅文献的具体过程中,还需研究者根据研究需要有机地选择最合适的工具。

1. 手工检索工具

（1）目录卡片。所谓目录卡片，就是将文献资料的题目、作者、出处、发表年月、编号等主要内容摘录出来，按照一定格式制作而成的卡片。基本上所有的图书馆或资料中心，都会为本馆收藏的文献资料制作一一对应的目录卡片，并按照文献管理通行的方式分类存放，以便于读者使用。一般情况下，一个好的图书馆多会同时收藏和制作三类目录卡片，分别有分类目录、书名目录和著者目录卡片系列，研究者可根据自己的情况选择三种卡片中的某一套使用，也可以同时使用三种目录进行综合检索。

（2）资料索引。所谓资料索引，就是将一定时间内各类文献的题目、出处和作者姓名等基本信息汇集到一起，以便于读者或研究者检索文献的工具。目前主要的种类有综合目录索引、报刊目录索引、专业目录索引等形式。这种索引工具的特点是，索引内容的分类明确统一，检索时方便快捷，节约时间。目前，学前教育科研工作者能够使用的资料索引工具，主要包括各种教育部门编辑的综合性或专业性索引，例如，《报刊资料索引》《中文报刊教育论文索引》等，还包括了各种教育学术期刊和各学科期刊在每年最后一期刊登的该期刊全年目录索引。

2. 计算机检索工具

计算机检索工具，是指由计算机专业人员编制的，将文献资料储存在计算机及其网络系统中，能帮助读者查阅研究所需文献的各种软件工具。如前文所述，计算机检索工具有两种基本形式，一种是图书馆或资料中心购买使用的文献检索系统，它和该图书馆或资料中心的数据库连接，读者可利用该系统提供的索引工具，完成从数据库中检索所需基础资料的搜寻工作；另一种是互联网上由众多网站提供的搜索引擎，读者或者研究者可以利用搜索引擎提供的搜索框，从互联网庞大的信息群中，检索和阅读所需的各种文献资料。如果使用的计算机还连接有打印机，读者或者研究者就能够把所需资料直接打印出来，或是下载备份到该计算机的存储空间内。和手工检索工具相比，计算机检索工具操作简便，在搜寻资料时，也不受地域时空的限制，还能随时修改或调整检索内容。在未来的科学研究中，它将会得到更好的发展，也是研究者必须掌握的基本技能之一。

利用计算机检索工具查阅文献资料时，有两种操作方法比较常用，一是利用各种电子数据库提供的已有分类目录，根据研究所需资料隶属的学科或领域，进入相对应的子数据库后，再搜寻所需资料；二是利用各种网站查阅系统提供的搜索窗口来查阅资料，将研究的关键词或者核心词汇输入搜索功能的对话框中，运用网站设定的搜索程序，在整个数据库或互联网中进行搜寻，然后在搜索结果所列出的文献目录中查找或阅读所需的文献资料。

使用计算机检索工具的关键，首先要确定研究者关注的研究领域和主题词汇，因为假如在搜寻时主题词选择不正确或者跑题了，可能直接造成研究者找不到所需要文献的困境。所以，在通常情况下，研究者可将两三个相关领域放在一起交叉考虑，尽量多选定几个主题词，这样能够增加搜索的准确性，并能缩小检索的范围。有学者曾举了一个例子来说明确定研究领域和主题词汇对研究的重要性。该学者假定研究课题为"小学教师性格与教学行为的关系"，然后研究者首先通过计算机网络联机到美国的教育资源信息中心（ERIC），用主题词"小学"去检索，但有关的条目会数以万计，因此，必须增加一些相关的主题词，如"性格特征""课堂行为""改变态度""改变策略"等，随后再用增加的主体词进行检索，研究者就将检索范围缩小到了几十篇文献，大大减少了检索时间。

通过全球联网的计算机信息高速公路，研究者还可以通过网上远程登录的功能，与世界各大学的图书馆联网，完成查阅资料和提取文本的工作。例如，通过互联网，用远程登录功能链接到 library. wustl. edu 网站后，就可以找到世界各国的主要图书馆的地址，然后使用文件传递协议程序进入图书馆查阅文献。网络上还有大量虚拟图书馆，研究者还可以通过虚拟图书馆提供的查阅功能，直接进行文献的在线检索。

在此特别介绍美国的教育资源信息中心（ERIC）。目前它是全美最大的全国性的教育信息数据库，包括小学与儿童早期教育、学生咨询服务等十六个资料交换中心，每个资料交换中心都提供各种资料性服务，而且其中有很多资料可以从互联网上免费获取。通过互联网进入到 ERIC 进行检索非常方便，研究者既可以检索已公开发表的文章（EJ），也可以检索到一些未发表的文章（ED），是研究者了解外国最新教育信息的有效途径。

（二）参考文献查找法

参考文献查找法又称引文查找法或追踪法，是将研究者已掌握的文献资料中所列的引用文献、附录等参考文献作为查阅文献的线索，查找相关文献的方法。运用这种方法，一般是从研究者自己所掌握的最新资料开始，根据资料的引文或附录中列出的参考文献，去查找过去的相关文献，再根据这些搜寻到的过去的文献资料的引文和参考文献，进一步查找更早相关文献资料。

这种方法的优点是研究者搜寻所需的教育科学文献涉及范围比较集中，获取相关文献资料也很方便、迅速，还可以不断扩大搜寻线索，而且较容易找出研究者关注的研究领域中丰富的、重要的原始资料。缺点是文献受原作者引用资料的局限性及主观因素的影响，查得的相关文献资料往往比较杂乱，可能涉及多个学科，要求研究者具有较好的甄别整理文献的能力。因而，在使用此种方法时，不仅要重视查阅比较有权威性的综述或专著，还要结合运用其他查阅文献的方法，保证搜寻到资料的全面性和有效性。

（三）综合查找法

综合查找法，是指研究者综合运用各种查找方法。该方法能够较为全面而准确地查阅文献，是实际研究中运用比较广泛的方法。

对上述查阅方法的选择，必须根据研究者分析各自研究的需求和问题特点来确定。不同的学科门类、内容、主题和查阅条件，应当采用不同的查阅方法。查阅文献的正确方法应符合的要求为：第一，要有较高的查全率。研究者搜集的文献资料，应该既包括正面也包括反面的，既有纵向也有横向的，既有中文也有外文的，努力保证资料的系统与全面。第二，要尽力保持较高的查准率，避免研究者浪费时间和精力。第三，要及时快捷地搜寻所需的研究资料。研究者还必须保持和自己研究方向一致和相关文献资料的持续性关注，尽量阅读和记录最新发表或出版的相关文献，这样才能在文献综述时对文献资料做到胸有成竹。

查阅学前教育文献，还需研究者在日常工作生活中养成不断阅读、有目的积累的好习惯。研究者要在阅读中对文献呈现的观点或结论,做进一步分析综合、联想和构思,形成在批判中继承、在扬弃中创新的思维习惯,为最终研究活动的开展或提出新思路新观点服务。

四、查阅文献的基本原则及要求

面对浩瀚如烟的文献,研究者在查阅文献时,除了必须要有清楚的检索目标,要选择恰当的检索工具外,还应该遵守查阅文献的基本原则,才能保证查阅到的文献的有效性和真实性。

(一)查阅文献的基本原则

对于学前教育研究活动而言,任何一项研究都是针对某一问题或问题的具体方面展开的,研究者在查阅文献时首要的原则是以研究问题为中心,通过各种手段有的放矢地收集资料。因此,在查阅文献时要遵循以下几项基本原则:

1. 计划原则

这就要求研究者在开展下一步的研究工作之前,要对研究所需的文献资料应该有一个基本的认识和了解,知道自己需要搜集哪些文献资料,而且要有计划地进行收集活动。

2. 针对原则

这要求研究者在查阅文献时,应该根据研究任务及研究的性质,做到有针对性地收集资料,要明确查阅文献的大概范围和重点内容。也就是说,在某项研究正式开展之前,研究者要了解与这个研究相关的整个情况,包括已有研究的历史、现状、趋势、取得的成绩和存在的不足等,其中必须要有国内外关于这一研究的最新进展情况。

3. 策略原则

这要求研究者查阅文献时,要通过对已有相关文献的整体把握后,及时准确地总结出所需文献的分布情况,使研究者在查阅过程中,要有重点地选择那些信息较多、能够满足研究需要的文献资料来源。通常情况下,在查阅文献时,研究者应该首先搜集该研究领域内的核心期刊一类的权威期刊。

4. 系统原则

这要求研究者在查阅文献时,要根据研究的实际需要,做到系统地、连续地收集所需文献资料,以研究内容的学科所属专业和专题开展搜索,还可以按照文献的所属类别来进行横向搜集,使查阅资料的过程尽量是系统、完整、连贯的。

5. 持续原则

研究者要养成持续阅读和查阅文献的习惯。对于任何研究者而言,敏锐的学术眼光都来自于长时间阅读大量文献后,是一个持续养成的过程。研究者只有养成了长期查阅文献、收集资料的好习惯之后,才比较容易发现新问题,有新的观点产生,而持续的学习与反思亦是学者成长的必经之路。

(二)查阅文献的基本要求

1. 全面准确地查阅相关文献

在了解和掌握与研究相关的国内外已有研究成果的基础上,研究者在查阅文献时,要做到既查阅收集与研究者本人观点一致的文献资料,还要查阅与自己观点不同的资料,甚至要包括那些与研究者观点相对立的材料。同时,研究者要广泛查阅与研究相关的中外文献,使研究者能够及时掌握相关研究的最新动态和资料,在研究中要特别重视第一手文献资料的查阅和搜集,努力使研究的客观性与全面性得到保证。

2. 对相关文献进行效度和信度评价

现代社会处于信息大爆炸的时代,各种文献资料极其丰富,形式多样,内容真伪共存,这就要求研究者在查阅文献时必须要对获得的资料进行辨别,包括对其真假和质量的鉴别,也就是对搜集到的文献进行效度和信度的评价。效度评价主要在于评价文献的有效性,即回答文献是否是真实的、可靠的,也被称为文献外部评价。信度评价主要用于评价文献内容的意义及可信程度,重视对文献本身的评价,关注文献记载内容的一致性及可信程度,也被称为文献内部评价。这两种评价模式,都是通过对文献的比较来实现对文献真伪的鉴别,目的是为了提高查阅文献的质量。在实际运用中,研究者可以根据被评价文献的性质及复杂程度,采用内外评价交叉复核法,首先通过效度评价来确定文献资料的真伪,即去伪存真的过程,然后再使用信度评价来确定文献的准确性和价值。在评价文献时,要通过对文献的鉴别与审查,尽量做到对相关文献资料的整体把握。

第三节 制订研究计划

研究计划指研究者解决问题的科学思路及行动要点,是研究者为研究问题而进行科学设计后的整个方案和计划。和其他领域的研究者一样,学前教育的研究者同样将制订研究计划的过程称为研究设计。对于任何一项研究来说,研究设计是整个研究过程的重要组成部分,因为一项好的研究计划是研究获得成功的基础。制订研究计划对研究者以及研究团队是十分必要的,它帮助研究者进一步明确了研究的对象、目的、任务、方法及步骤等重要内容,能使研究者根据研究的实际需要,合理安排研究时间和研究进度,也更有利于所有参与研究的人员保持比较一致的步伐,从而实现提高研究效率的目标。根据研究目的和内容的不同,研究计划可以有简有繁,但是都必须包括以下内容。

一、确定课题名称

课题名称的确定,对任何研究来说,都直接影响着研究是否顺利进行。因为课题的名称直接反映出研究的内容,即研究什么,体现了研究的意义和价值,所以,研究者在确定课题名称时,要尽量使用最恰当、最简明的词汇来表达。为了保证研究的科学性和准确性,研究者在确定研究的课题名称时,应当遵循以下基本原则:

第一,课题名称的用词要准确得体,能够准确表达出研究的中心内容或关注的问题,能够恰当反映出研究的范围和深度。要避免使用那些模糊的、针对性不强的词汇。在呈现课题名称时,还要避免使用那些形式优美但无法反映研究内容的用语,避免使用抒情式或散文式的表达方式,保证课题名称能体现出严密的逻辑性与科学的严谨性。

第二,课题名称要尽量简洁、清楚,并能给读者留下鲜明的印象,这样的题目也有利于研究者运用或记忆。研究题目一般不宜超过20个汉字,如果在20个字之内仍然不能阐述清楚研究主题是什么,研究者还可以使用副标题补充说明研究内容,同理,副标题也不易太长。

第三,课题名称中应避免使用人们不了解的某些词汇,具体包括汉语和英语的缩写词、字符、代号等。一般情况,假如研究者认为,该课题名称中必须使用缩写词、字符、代号等表达方式才能将要研究的内容和问题表述清楚,那么这些生僻的词汇也应当是学术界普遍认可的,而且属于使用比较频繁的专业词汇,而不是研究者本人自己编造的词汇。例如,在"'CAI'在幼儿园艺术活动中的运用研究"这个课题名称中,"CAI"是指计算机辅助教育(Computer Aided Instruction)的专用英文缩写,是指在计算机辅助下进行的各种教学活动,以对话方式与学生讨论教学内容、安排教学进程、进行教学训练的方法与技术。目前在教育研究领域内,"CAI"作为一个常用词汇已被研究者和读者普遍了解和使用,这类词汇就可以使用到课题名称中。

第四,确定课题名称时,所使用的词汇,必须有助于整个研究中关键词的选定,要便于研究提纲和研究计划的编制,有利于文献索引或其他研究者的查阅,能够为后继的研究提供便于检索的信息。

二、确立研究假设

(一)研究假设的含义

假设又称假说,是研究者根据已有的知识、经验对所研究问题预先赋予的某种答案,是对研究结果的预测,是对课题涉及的主要变量之间相互关系的设想[①]。研究假设则是科学理论建构和发展的重要基础,也是研究过程中重要的构成环节。研究者在确定课题名称后,紧接着就应根据研究的性质和任务,决定是否需要确立研究假设。通常情况下,定量研究要求研究者提出明确的研究假设,而定性研究则是根据研究需要来决定是否需要预先提出假设。不过,在定性研究中,如果没有提出明确的研究假设,那么就意味着该研究的假设多是隐含在研究过程之中的。在学前教育研究活动中,研究假设有两种基本的形式,分别是框架研究,指预先提出假设的研究;无框架研究,指没有明确提出假设而假设隐含在过程中的研究。

一般情况下,任一研究假设都由论题、关系陈述和推论三个基本要素构成。论题是指研究活动所要回答和解释的问题;关系陈述是指关于被研究问题的可能答案和解释;推论是指关于研究假设的理论依据是什么。

任何研究假设,都是研究者根据一定的事实基础和理论依据设想出来的,是经过研究者个人或者研究团体经过严密逻辑推理,或者科学归纳总结后得出的设想,而且,经过推理提出的假设,应该是可以被后继研究所验证的。不过,由于这样的研究假设还带有一定的假定性和不确定性,也就意味着假设所表达的内容或关系,还需在研究中进一步的证实。对于某个研究假设而言,在假设的内部,合理性与不确定性是有机结合、辩证统一的关系。

---

① 陶保平.学前教育科研方法[M].上海:华东师范大学出版社,2006:28.

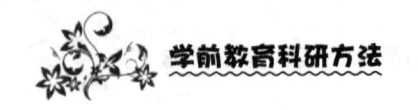

(二)研究假设的作用

研究假设是建立在实施和科学设想基础之上的,是研究者根据一定的研究理论和掌握的事实为前提,通过研究者逻辑推断或科学归纳提出的解释,属于有依据的猜测性的观点,对研究具有重要的作用,主要体现为以下几点。

1. 研究假设是学前教育科学研究的核心

在有明确假设的研究中,整个研究过程,实际上就是研究者围绕假设展开的验证过程。当然,验证的结果存在两种情况,要么是研究假设被证实,要么是被证伪的情况。假设被证实,即假设是符合研究问题的发展规律,正确反映了被研究对象的发展趋势或实际情况,这是研究的理想结局;假设被证伪,同样是另外一种理想的结局,因为研究假设被证伪、被否定,并不意味着研究本身的失败,而是因为否认本身就是科学研究中认识发展的一种形式,也是研究成果的一部分。

研究假设最终被证实或被证伪,不能仅仅依赖研究者的主观判断,必须依靠研究的科学研究活动和事实的检验,实践是检验研究假设正确与否的根本标准。无论最终的论证结果是什么,对于研究者而言,明确的研究假设就如同迷雾中为人们引路的指南针,为研究者以及整个研究活动指明了前进的方向。

2. 研究假设有利于阐明研究内容

明确的研究假设,使研究者对所要研究内容的了解更具体、清晰、明确,对研究者十分有意义,能够帮助研究者从整体上把握研究活动和研究过程,也有利于其他研究者正确理解研究内容。

3. 研究假设是通向理论的桥梁

从假设到理论,是任何科学发展的必经之路。研究者提出假设,并非是对现有认识的终结,而是为产生新的理论或观点做准备。一般来说,假设具有理论的某些特征,是有关现象的概括。当假设的基本观念或预言被证实或被证伪,这个假设就可能上升为新的理论。[①]

(三)研究假设的类别

根据不同的分类标准及研究视角,可以将研究假设划分为不同的种类。

首先,按照研究过程中各变量之间关系的变化趋向为依据,将研究假设分为以下三类。

(1)条件式假设

条件式假设即假设两个变量(A 和 B)之间有条件关系。如果 A 成立,那么 B 也成立,这是条件式假设的经典模式。例如,家庭环境中,父母关系恶劣,会对幼儿的身心发展产生很多负面影响。

(2)函数式假设

函数式假设即假设两个变量(A 和 B)之间存在因果共变关系。如果 A 表示原因,B 表示结果,那么函数公式就是 $B=f(A)$,即表示"B 随 A 的变化而变化"的函数关系。例如,观察从小班到大班的男性幼儿,他们的身体协调性,随着年龄的增加在逐步提高。

---

① 陶保平.学前教育科研方法[M].上海:华东师范大学出版社,2006:28.

(3) 差异式假设

差异式假设即假设两个变量(A 和 B)之间存在差异关系。在研究开始之前,研究者可以根据研究的实际需要,假设两个变量的关系为 $A = B$,或者 $A \neq B$,或者 $A > B$,或者 $A < B$。例如,幼儿园内不同的音乐教师,面向幼儿开展相同的音乐游戏活动,不同的幼儿之间会有不同的反应。

其次,在研究者实际操作过程中,按照研究假设的性质,可将假设分为以下三类。

(1) 特定假设

特定假指假设指面向特定对象之间关系的假设,指向特定的、具体的、个别的对象。例如,在幼儿感统协调能力方面,蕾蕾比宝宝的协调能力强。

(2) 一般假设

一般假设指推测一般对象之间关系的假设,指向的是抽象的、普遍的、可推广的事例。例如,在幼儿逻辑思维能力方面,女性幼儿的能力要弱于男性幼儿。

(3) 虚无假设

虚无假设指推测某种不存在的、无倾向的关系的假设,指向中性的、无差异的、无区别的事例。例如,在创新能力方面,男性儿童与女性儿童之间,不存在显著差别。

研究者要认识到,特定假设和一般假设的表述,一般都具有某种倾向性,属于定向假设,这类假设预示着研究结果的可能方向,有利于研究者或读者理解和讨论;虚无假设属于非定向假设。一般情况下,当研究者否定了一个虚无假设,也就意味着他接受了某个定向假设。和定向假设相比,虚无假设理解起来比较困难,但它能够帮助研究者在研究过程中,克服先入为主式的主观偏向,有利于研究者对结果进行统一的检验和解释,增强研究过程的科学性。

(四) 研究假设的特征

伯高(Borg)和高尔(Gall)认为研究假设应该具备的四个标准[①],在今天看来依然十分正确,借鉴他们的观点,学前教育研究的假设应该具备如下特征。

(1) 能够准确反映出两个或两个以上变量之间的期望关系

(2) 能够运用合适的词汇简洁明了地描述假设

研究者在表述研究假设时,多使用陈述句式。假设的表述应该尽可能做到简洁明了,要明白无误、直截了当地表述,不要将要表达的观点隐含在文字描述之内,尽量少用或者不用含义模糊、容易引起歧义的词汇。

(3) 能够通过实践检验已有研究假设

对于研究者而言,无法被检验的假设只能算是猜测,不能作为研究假设,因为无法检验其信度和效度。

(五) 好的研究假设的标准

对于任何一项研究活动而言,一个好的假设都应符合以下标准。

---

① 威廉·维尔斯马,斯蒂芬·G. 于尔斯. 教育研究方法导论[M]. 袁振国,译. 北京:教育科学出版社,2010:47-48.

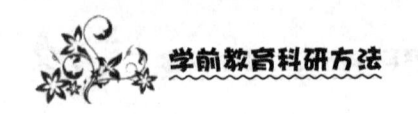

1. 科学性

科学性就是说提出的假设应建立在一定的科学原理及已知事实的基础之上,研究者要以相关的事实和理论为依据,要表达得合乎逻辑。

2. 明确性

明确性是指研究假设能够清晰说明两个或两个以上变量之间的关系,表述的概念要简单明确,易于理解。

3. 预测性

预测性是指研究假设对因果关系的解释是不确定的、偶然的,假设的正确与否有待于事实的检验,而且变量之间的关系要么正确、要么错误,非真则假、非此即彼,不存在中间道路。

4. 新颖性

新颖性指研究假设应该在科学客观的基础上,对变量之间关系的大胆设想,具有创新意义。

5. 可行性

可行性指研究假设中涉及的概念、变量,应该是研究者能够操纵和测量的,具有被认实或被证伪的可能性。

三、确定研究对象

所谓研究对象,就是指在具体科学研究中被研究问题或内容所指向的特定内容。在学前教育科学研究中,被研究问题或内容所指向的特定内容包括幼儿、幼儿园、教师、幼儿家长等多类人群,还可以包括某个教育理论问题或者实践中需要解决的问题。在学前教育研究活动中,明确研究对象是什么,有利于整个研究活动的顺利开展。如何确定研究对象,可以从两方面实施[①]:一是对研究对象范围进行界定,二是对一些研究对象的模糊概念进行界定。

根据研究任务和对象的不同,可将研究分为总体研究、个案研究和抽样研究。研究类型不同时所涉及的研究对象及范围也不同,研究者在确定研究对象之前,要先确定研究对象的总体及样本。

(1)总体

总体指研究对象的全体,是一定时空范围内研究对象的全部综合。一般而言,课题研究的内涵及范围决定了总体的大小。

(2)样本

样本指从总体中抽取出来的,具有代表性的、能够代表总体的一部分个体,是科学研究的基本观测单位。根据研究的需要,样本可大可小,也被称为分析单位。

(3)抽样

抽样指遵循一定的规则和步骤,从某个确定的总体中抽取具有代表性的、一定数量的样本进行研究的过程。如何通过抽样来确定研究对象,是学前教育科学研究过程中的重要

---

① 张宝臣,李志军.学前教育科学研究方法[M].上海:复旦大学出版社,2012:55.

内容。

（一）抽样的基本要求

抽样最基本的要求就是能够代表总体,或者说要有代表性。为了保证抽样的质量,研究者在抽样时应遵循以下几个基本要求：

1. 明确研究总体的范围与特征

研究目的决定了研究总体的范围。研究者预计将研究结果推广到什么范围,就要在这一范围内进行抽样。在确定总体的范围后,研究者要全面分析总体的各项特征,并对取样误差进行评估,保证抽取的样本具有代表性,从而保证研究的效度及信度。

2. 保证抽样的随机性

由于随机抽样使每个个体都有同样的机会被抽取,每个个体被抽出的机会是完全相等的。这要求研究者在抽样时,要做到尽量面向全体随机抽取,使被抽取的样本之间彼此独立、在选择上没有联系,从而避免研究者的主观影响,增加研究结果的科学性与普遍性。

3. 保证抽样的代表性

要尽量保证样本能够代表被研究对象的总体,否则研究结果的科学性及有用性就会降低,研究成果也会失去推广的价值。

4. 确定合理的样本容量[①]

样本容量是指所研究样本的具体数量。研究者抽样时要尽量保证样本数量的合理,从而能以合理的研究资源获得较大的研究效益。样本大小取决于研究类型、预定分析的精确程度、允许误差的大小、总体的同质性、研究成本(包括时间、人力、物力)等多方面的因素。一般情况下,定性研究抽样的数量较小,有时甚至仅仅是一个个案；定量研究所需要的样本数量则比较大。按照不同的研究类型,有不同的样本数量的要求。教育调查研究,样本数量最好不少于100；相关研究中,样本数量最好不要少于50；实验研究中,样本数量最好不少于30。

（二）抽样的基本方法

抽样的方法多种多样,要根据研究任务、目的、条件等因素灵活选择方法。学前教育研究中常用的抽样方法有以下几种：

1. 简单随机抽样法

研究者首先要确定总体中的每个样本是相互独立的,被抽取的机会也是均等的。在抽取样本时,研究者主要采用抽签或随机数字表的方式进行抽样。抽签就是先将总体样本中的每一个个体都赋予一个代码,所有代码按顺序排列,然后将所有代码充分混合后,研究者再从中随机抽取出自己所需样本数量的方法；随机数字表抽样,就是先要确定从总体中所抽取个体的数字代码,然后按数字的排列将研究所需的样本数量从总体中按顺序抽取出来,每个代码所对应的个体就是研究所需的样本。简单随机抽样法由于简便、易于操作,是研究中运用最广泛的抽样方法。

---

① 王彩凤,庄建东.学前教育研究方法[M].北京:北京师范大学出版社,2011:34.

2. 系统随机抽样法

研究者首先把总体内的所有个体按一定的顺序编号,然后按照固定的间隔来抽样取样本的方法。间隔的大小,要根据研究所需样本的容量及被抽个体的数量决定,也被称为等距抽样法或机械抽样法。和简单随机抽样法相比,它是在样本总体中按照固定间隔进行的抽样,所以抽样误差要小一点。

3. 分层随机抽样法

研究者首先将样本总体按照一定标准划分为不同的层次或者类别,然后再在各个层内随机抽样,按照研究的需要,确定在每层内抽取所需样本的个数,也被称为分类抽样法或配额抽样法。这种方法考虑到了总体中不同类型个体之间存在的客观差异,使抽取的样本可以比较全面地反映样本总体的特点,保证了抽出的样本具有较大的代表性。

4. 整群随机抽样法

研究者以具体的群体为研究的个案,成群抽取样本的方法。这种方法造成的抽样误差较大,一般情况下,不太适用于总体样本比较小的研究,主要用于样本总体范围较大的研究中。例如,面向全国农村留守儿童教育问题的调查研究中,以西部地区的行政村为最小样本单位来随机抽取样本的方式,就是整群随机抽样。

四、选择研究方法

教育研究方法是研究者以教育问题为对象,以一定的方法为手段,遵循一定的研究程序,以获得教育规律性知识为目的的一整套系统研究过程,是有目的、有组织、有系统地进行教育研究和构建教育理论的方式。简言之,教育研究方法就是人们在进行教育研究中所采取的步骤、手段和方法的总称。[1]

(一) 教育研究方法的分类

不同的标准和视角可以将研究方法分为不同的种类。

(1) 以研究过程的阶段为依据,可将研究方法分为:选题设计阶段的方法,包括确定课题的方法,文献查阅的方法,研究设计的方法;实施阶段的方法,包括研究事实和形成理论的方法;总结阶段的方法,包括撰写报告及成果评定的方法。

(2) 以研究问题的性质为依据,可将研究方法分为:理论方法,包括比较、分析、概括、归纳、演绎、推理、类比、分类、综合等方法;实证方法,包括观察、问卷、访谈、测量等方法;实验研究法,包括真实验、准实验、自然实验等方法;历史研究法,包括文献法、内容分析法以及口述史研究等方法。

(3) 以研究样本的大小为依据,可将研究方法分为:总体研究法,即对研究的总体样本进行研究的方法,基本上包含了所有的研究方法,包括观察法、调查法、实验法、个案法等;个体研究法,指从总体样本中选择单个或部分样本作为研究对象进行研究的方法;个案研究法,直接以单个个体或群体为样本进行研究的方法。

---

[1] 侯怀银. 教育研究方法[M]. 北京:高等教育出版社,2009:3.

(二)选择研究方法的基本原则

选择正确的研究方法,对于研究者开展研究具有十分重要的影响,因为选择出科学有效的研究方法,保证了研究的方向,有利于研究的顺利进行。在选择研究方法时,研究者应遵循以下基本原则:

1. 目的性原则

在学前教育科学研究中,在选择研究方法时,方法必须要服从和服务于研究目的,这是因为不同的研究方法各有自身的优点和不足,也有自己适用的范围。所以,在学前教育研究中,研究者要根据研究的目的选择合适的方法,也就是说,研究者选择哪种方法受研究目的的制约。例如,要研究学前教育史中的教育问题或者教育者,首先选择的方法就是历史法及口述史法。

2. 可行性原则

无论哪种研究方法,只有使用在合适的研究中,由合适的研究者操作时,才能发挥这种方法的最大作用。所以,研究者在选择方法时必须遵循可行性原则,要充分考虑实施研究的各种条件,包括外部条件和研究者自身条件,选择出自己能操作的方法,保证高质量完成研究,尽力实现解决问题、促进发展的研究目标。

3. 客观性原则

由于每种研究方法都有各自的内在规律和特点,在使用时都要遵循一定的科学原理,有着特定的研究程序。所以研究者在选择具体的研究方法时,必须要遵循客观性原则,严格按照研究的实际需要及方法自身的特点来选择。而且,由于研究方法自身特点的限制,研究者还应遵守方法本身的使用要求和程序,保证研究过程及结果的科学性、客观性。

4. 综合性原则

在学前教育研究活动中,由于研究对象及问题本身的复杂性,决定了研究者不可能使用一种方法就能完成研究任务。假使研究者坚持使用某种单一的研究方法,不但不能解决问题,还不利于整个研究活动的有效开展。考虑到不同的研究方法各有其特点和适用范围,研究者在选择研究方法时,必须坚持综合性原则,即根据研究的需要,灵活运用多种研究方法,在研究目标和任务的规约下,将不同的方法有机综合成一个方法体系,处于这个体系中的方法都为研究服务。

5. 系统性原则

科学、有意义的研究活动应是系统完整的。从选择方法的角度理解,研究者在研究过程中,要坚持用整体、系统的理念指导不同研究方法的选择及使用,要重视事物之间及事物内部各要素的关系,全面探讨所研究的教育问题。

6. 伦理性原则

研究者在选择研究方法时,必须要有基本的道德底线,要维护基本的社会行为规范。在选择和使用方法时,要考虑到研究对象或者被试人员的尊严和隐私权,否则,无论选择哪种研究方法,研究本身都将会丧失研究的意义和价值。例如,在运用访谈法时,研究者要坚持与被访谈者之间平等对话,尊重对方,保守秘密,避免侵犯个人的隐私等。

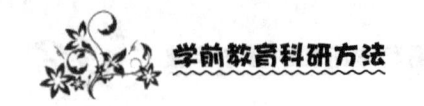

五、制订研究计划

研究计划主要阐述研究者对问题的剖析,以及具体怎么研究的科学思路和行动要点,是为研究问题的最终解决提供科学的方案。制订研究计划是研究工作的重要一环,也被称为研究设计,不仅可以使研究者进一步明确研究的对象、目的、任务、方法、步骤、时间安排,而且有利于所有参与该研究的研究人员保持一致的进度,相互之间有问题可以及时沟通,从而提高研究的效率及质量。科学严密的研究设计,能减少研究过程中所走的弯路,是研究顺利进行和成功的基础。所以,在学前教育研究中,无论是定性研究还是定量研究,在具体实施之前都包含了研究设计这一环节。

（一）研究计划包括以下内容

①课题名称及所属学科、研究类别、研究起止时间；
②课题负责人、课题研究成员的基本情况及分工；
③问题的提出、研究综述、研究的可行性分析、选题意义等；
④研究目标、主要研究内容；
⑤研究对象、研究思路；
⑥研究方法、研究路径；
⑦研究进程及实施步骤；
⑧预期研究成果及构成；
⑨经费设备预算；
⑩单位意见及审批意见。

教育类研究计划各部分的构成内容大体都是一致的,但是在不同的研究中,根据研究的问题、内容和预计要解决的问题的不同,每一项研究设计各有其特点和侧重点,具体构成的各个部分也存在差异。在学前教育研究计划中,在最终设计好的研究计划中的各个子项,在排列的顺序上以及名称上会存在一定的差异。

（二）制订研究计划的基本要求

1. 课题名称的表述要清楚准确

课题名称要准确、清楚表达研究者所要研究的问题是什么,词语使用要规范,避免语焉不详及语法错误。一般避免使用疑问、反问、倒装等语法格式。

2. 提出问题与文献综述要全面

提出问题是说明研究者为什么要研究此问题,即研究的立论依据。在阐述时要说明该研究的前瞻性及独创性在哪些方面,提出问题在整个研究中占有举足轻重的地位,研究者要重点阐述这一内容,还要说明研究价值和意义所在。文献综述是对国内外相关研究情况的综述,在表达时要力求清晰、全面,使研究者及研究团体能最大程度把握研究问题的历史与现状,还需要研究者关注并解决问题,为后继研究奠定基础。

3. 研究方法及工具的选择要便于研究实施

学前教育与其他学科在研究方法和理论方面相比较,都表现出将源于不同的各种科学方法综合运用的发展趋势,表现在选择研究方法时,要求研究者根据研究的需要,根据课题研究目的、内容、条件等因素,选择恰当的多种方法和研究工具综合运用,促使研究的顺利进行。

第四节 收集研究资料

这里说的资料是指研究所需要的各种资料的总称,有文献资料、实物资料等。收集研究资料,就是指研究者运用各种方法,通过多种途径,有计划、有组织地搜集有利于研究最终得出科学结论的所有原始资料,包括事实材料和文献资料等。

一、研究资料的获取

对于任何研究者或者研究团队而言,收集研究资料是实施研究的具体步骤,要严格遵循学术道德规范及操作规定,尽力保证资料的准确、规范和客观。

研究者要学会运用不同的方法了解情况,获取资料。具体来说,第一,研究者要以课题研究需要为依据收集资料,尽量遵守研究计划的要求,避免收集无关的资料或信息;第二,研究者要重视第一手资料的收集,重视收集基础性资料,使研究结果能够最大限度地反映现实情况;第三,研究者要努力使收集到的资料有比较高的客观性与真实性,尽量剔除虚假、错误的信息。

二、收集研究资料的基本原则

为了保证研究的科学性及有效性,收集资料时应遵循以下三个基本原则:

(一)客观性原则

客观性原则是指研究要尽量避免研究者主观因素的影响。因为研究是一种创造性的实践活动,所有的知识都需要经过感觉经验而获得,学前教育研究也不例外。从这个意义上说,研究受主观因素的影响是难以避免的,而为了保证研究过程和结果的科学性,研究者要避免凭空臆造,也要反对那种仅靠想象、推理进行思辨的研究方式。有较高科学价值和意义的研究必须要有事实依据或理论支撑,即收集资料时要坚持客观的原则。客观严谨地收集资料是保证研究能揭示事实真相的基础,一个坚实的资料基础有利于研究者得出确切真实的结论。

(二)系统性原则

系统性原则,是指研究者在研究思路和行动前后连贯、互相沟通的前提下,在研究步骤相互衔接、密切配合的研究过程中,要保证搜集到的研究材料之间有较好的系统性。因为,研究过程自身就是一个系统过程,是研究者从确定问题到解决问题有机的、系统的过程,是人们有计划、有系统地采用多种方法发现问题、解决问题的过程,而不是盲目的尝试活动。

(三) 代表性原则

代表性原则是指研究者收集到的资料应该具有一般性和普遍性,是能够比较全面、科学地反映出被研究对象的现实情况的资料。在学前教育研究中,要求搜集的资料要有代表性。研究者要对获得的资料进行甄别和取舍,保留能反映出研究对象一般或普遍的特征的,能够代表研究总体情况的内容,此类文献资料将更有利于研究的顺利进行。

第五节　数据的整理与分析

在学前教育科学研究中,通过各种研究方法,我们会收集到一些用数量形式反映教育现象或事实的资料,即教育科学研究的数据资料。例如,通过调查法收集到的某幼儿园幼儿同伴交往状况的资料,通过测验法收集到的某幼儿园幼儿在数守恒任务上的得分情况等都是数据资料。由于数据资料一般数量巨大且杂乱无章,质量参差不齐,因此,要对数据资料进行整理与分析。

数据的整理与分析是在对所收集到的数据资料进行系统审查、归类、汇总的基础上进行逻辑分析的过程,目的是为研究结果提供准确、科学的依据。这个过程一般包括四个步骤。

一、对研究数据的质量审核

对研究数据的质量审核是指研究者对数据资料进行系统的审查与核实,审查数据资料是否完整,核实其真伪,并根据实际情况,删除无关数据,补充缺失的数据,保证数据资料的有效性、真实性和完整性。

(一) 数据审核

1. 数据资料的有效性

数据资料的有效性是指收集到的原始数据必须具有普遍的代表性,能有效地说明研究的目的,反映研究的需要。

2. 数据资料的客观性

数据资料的客观性是指收集到的原始数据必须真实、客观,不能出现与事实不符的情况,更不能添加主观因素。

3. 数据资料的完整性

数据资料的完整性是指收集到的原始数据必须涵盖所要研究问题的全部范围,资料要精确、全面,确保研究的科学性与系统性。

(二) 数据分类

1. 性质分类

性质分类是按事物的不同性质进行分类。例如,按性别可将幼儿分为男孩和女孩,按实验对象可将幼儿分成实验组与对照组。

2. 数量分类

数量分类是按事物的数值大小进行分类,并按顺序或等级进行排序。

3. 顺序排列法

顺序排列法是将所有数据按从大到小或从小到大进行排列,这样就可以看出最大数、最小数、中间数以及各数据出现的次数。当数据不多时,可以直接排序;当数据较多时,一般就要编制一个次数分布表(内容见后)。

4. 等级排列法

等级排列法是按照数值所含的意义,将各数据按顺序排列划分等级。例如,幼儿数学能力测试成绩是以数值大的排为第一等级,游戏活动的时间数据是以数值小的排为第一等级。

二、对研究数据的汇总

对研究数据的汇总通常采用描述统计的方法,用图、表、量等形式来描述和总结大量原始数据的分布情况,目的是更具体、直观地反映数据的特征与全貌。

(一)编制统计表

1. 统计表

统计表就是把统计指标和被说明的事物之间的数量关系用表格形式表示出来。它可以将大量数据的分类结果清晰、概括地表达出来,省去冗长的文字叙述,简单明了地反映出数据的全貌,给人以一目了然的印象。统计表一般可分为两类。

(1)简单表

只按一个标志分组的统计表称为简单表。如表2-1。

表2-1 某幼儿园幼儿民族情况统计表

民族	汉族	回族	藏族	满族
人数	155	38	16	9

(2)复合表

按两个或两个以上标志分组的统计表,称为复合表。如表2-2。

表2-2 幼儿家长承担保育责任的统计表[①]

职责	家长	父亲	母亲	祖父	祖母	外祖父	外祖母	其他
照料孩子	人数	85	114	19	35	19	20	4
	排序	2	1	5	3	5	4	6
教育孩子	人数	95	124	7	10	9	11	2
	排序	2	1	6	4	5	3	7

2. 次数分布表

次数分布表就是对原始数据进行分组、求组距、统计次数后,再把各种数据出现次数及

---

① 童莹.影响学前儿童社会化的诸因素及对策研究[D].天津大学,2004:52.

分布状态用表格形式表示出来。它可以直观地反映数据集中的趋势和差异的情况。

例如:有40名幼儿的测量成绩分别为:76,70,67,75,80,82,82,87,98,76,72,60,93,80,85,80,76,67,87,82,95,85,77,80,53,78,73,64,90,84,57,52,80,97,85,78,70,88,70,53。编制它们的次数分布表步骤如下:

(1) 求全距 R

全距指的是全部数据中最大数与最小数的差。如例中 $R = 98 - 52 = 46$。

(2) 确定组数 k 和组距 i

组数指的是分组的个数,一般以 10~20 组为宜。如例中 $k = 10$。

组距指的是组与组之间的距离,一般取 $i = \left[\dfrac{R}{k}\right]$([ ]表示取整数)。如例中 $i = \left[\dfrac{46}{10}\right] = [4.6] = 4$。

(3) 确定组限

组限指的是每组的起止范围。每组的最低值为下限,最高值为上限。如例中第一组为 [51,55),第二组为 [56,60),……第十组为 [96,100)。这里的10个组都是左闭右开的区间形式,每组内都有4个数。

(4) 求各组的组中值

组中值就是每组上、下限的算术平均值,即:组中值 = $\dfrac{上限 + 下限}{2}$。如第一组的组中值为 $\dfrac{51 + 55}{2} = 53$。

(5) 统计次数

统计次数就是在每个组内统计数据出现的次数。

(6) 列出次数分布表

列次数分布表就是将分组区间、组中值、次数、次数比率(次数/总数)等一一列出,便于研究者掌握数据的规律和整体情况。如表 2-3。

表 2-3 40名幼儿测量成绩的次数分布表

分组区间	组中值	次数	次数比率
[51,55)	53	3	0.075
[56,60)	58	2	0.05
[61,65)	63	1	0.025
[66,70)	68	5	0.125
[71,75)	73	3	0.075
[76,80)	78	11	0.275
[81,85)	83	7	0.175
[86,90)	88	4	0.1
[91,95)	93	2	0.05
[96,100)	98	2	0.05
总和		40	1

(二)绘制统计图

统计图就是把统计指标和被说明的事物之间的数量关系用图形表示出来。它以直观形象、简明概括的形式反映研究对象的内容结构、相互关系和分布特征。

1. 绘制间断型变量的统计图

(1)直条图

直条图是用宽度相同、长短不同的条形来表示事物数量的一种图形。它可分为单式直条图和复式直条图两种。由一组数据资料绘制的图形称为单式直条图,由两组或两组以上数据资料绘制的图形称为复式直条图。按直条图排列的不同方向又可分为纵条图和横条图。如图2-1就是一幅复式纵条图。

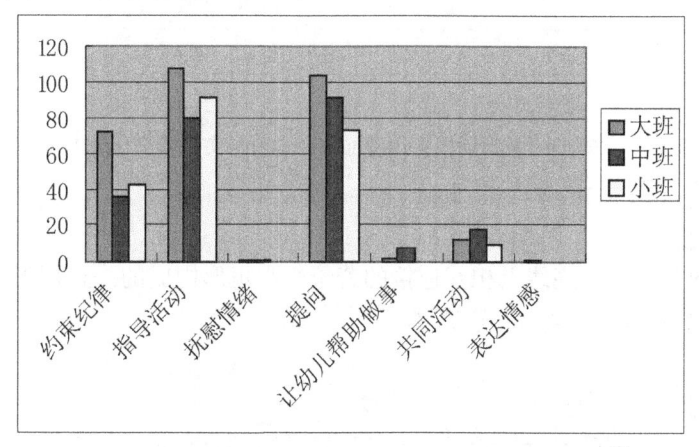

图 2-1 大、中、小班教师开启的交往行为事件比较图①

(2)圆形图

圆形图是把圆按比例分成若干扇形来表示事物总体结构的一种图形。圆形面积表示一组数据的整体,圆中扇形表示各组成部分所占的百分比。如图2-2。

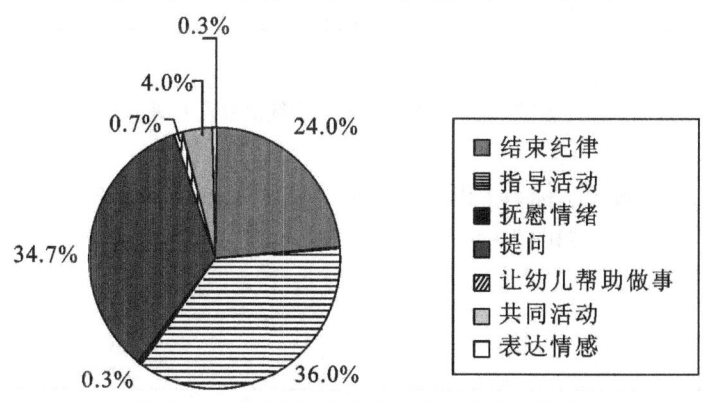

图 2-2 教师开启的教学交往行为分布图②

---

① 刘咏梅.幼儿园教学交往的研究及干预性策略[D].西北师范大学,2005:21.
② 刘咏梅.幼儿园教学交往的研究及干预性策略[D].西北师范大学,2005:22.

(3)曲线图

曲线图是以曲线变化表示事物发展变化及演变趋势的一种图形。它常用于表示两个变量之间的函数关系,横轴表示自变量,纵轴表示因变量。如果一张图上同时有几条曲线(一般不超过5条),应该用不同的形式区分,并用图例说明。如图2-3。

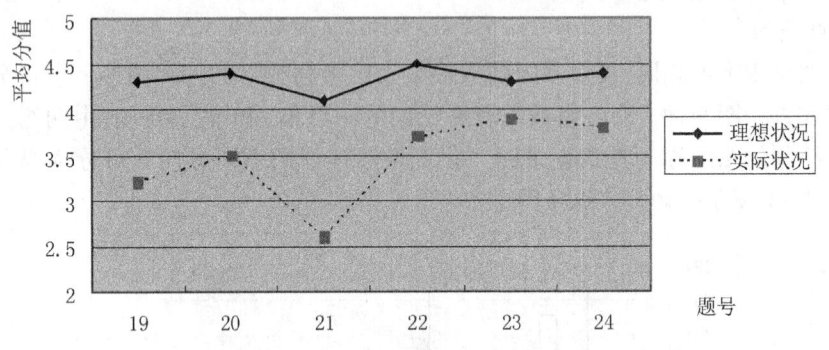

图2-3 教师期望自主参加脱产学习与实际情况比较①

2.绘制连续型变量的统计图

(1)次数直方图

次数直方图是由同一底线上相互连接的若干个小矩形构成的一种图形。小矩形的宽和高分别是组距和各组的次数。如图2-4。

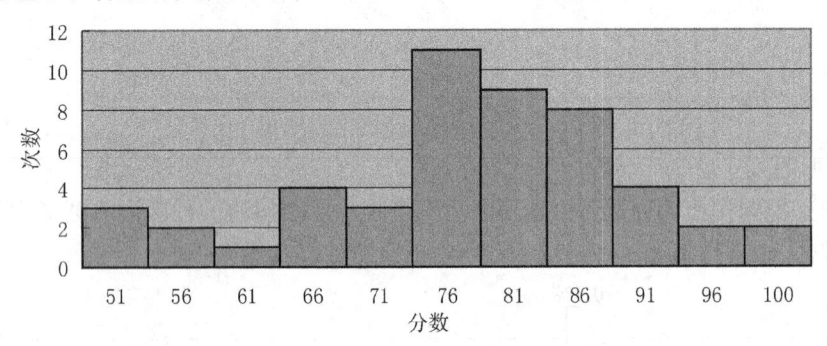

图2-4 40名幼儿测量成绩次数直方图

(2)次数多边图

次数多边图是在直角坐标系上以各组的组中值为横坐标,次数为纵坐标,并用线段连接相邻两点而成的多边图。如图2-5。

---

① 沈娇.上海市示范性幼儿园教师专业自主权期望及其实践[J].学前教育研究,2011(7):36.

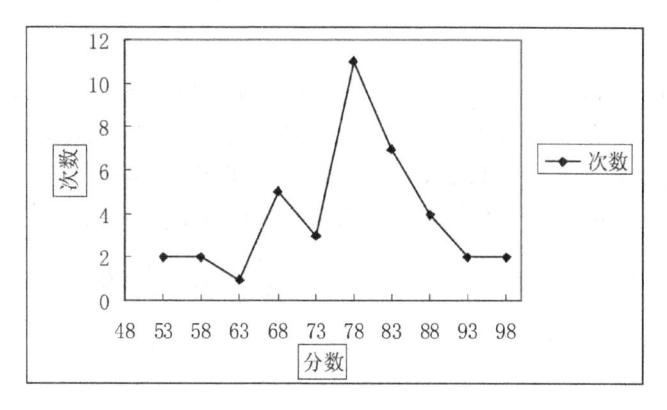

图 2-5 40名幼儿测量成绩次数多边图

(三)计算数据的特征量

1. 集中量

描述一组数据的典型水平或集中趋势的量称为集中量。常用的集中量有算术平均数、中位数和众数等。

(1) 算术平均数 $\bar{X}$

算术平均数(简称平均数)是所有数据的总和除以数据的个数的商,即 $\bar{X} = \frac{x_1 + x_2 + \cdots + x_n}{n}$,其中 $x_1, x_2, \cdots, x_n$ 为所有数据,n 为数据的个数。

(2) 中位数 M_d

中位数(或中数)是指按大小顺序排列的一组数据中居于中央位置的数。若数据个数为单数,则最中央的一个数据就是中位数;若数据个数为双数,则以最中央的两个数据的平均数为中位数。例如,2,3,6,7,10,11,14,15 这八个数的中位数 $M_d = \frac{7+10}{2} = 8.5$。

(3) 众数 M_0

众数是一组数据中出现次数最多的那个数。

2. 差异量

描述一组数据变异程度或离散程度的量称为差异量。差异量越大,表示数据分布的范围越广,越不整齐;差异量越小,表示数据分布越集中,变动范围越小。常用的差异量有方差和标准差等。

(1) 方差 S^2

方差就是每个数据与平均数之差的平方和除以数据个数的商。即 $S^2 = \frac{\sum_{i=1}^{n}(x_i - \bar{X})^2}{n}$,其中 $\sum$ 为总和,x_i 为数据,$\bar{X}$ 为平均数,n 为数据个数。

(2) 标准差 S

标准差就是方差的算术平方根。

3. 相关量

描述两组数据之间的变化关系或相关程度的量称为相关量。例如,智商与学习成绩的关系,性别与学习成绩的关系等等都要用相关量来描述。常用的相关量有积差相关系数等。

积差相关系数:积差相关系数是由英国统计学家皮尔逊(Karl Pearson)提出的。当两个变量都是正态连续变量,而且两个变量之间的关系可接近于直线关系,则表示这两个变量之间的相关称为积差相关。计算公式为 $r = \dfrac{\sum(x-\overline{X})(y-\overline{Y})}{nS_xS_y}$,其中 n 为成对数据的个数, S_x 为 X 分布的标准差, S_y 为 Y 分布的标准差。

4. 相对地位量

相对地位量表示一组数据在按顺序排列的情况下,任何一个分数在该团体中的相对地位。利用它可以比较所有数据的分布情况。常用的相对地位量有标准分数等。

标准分数:标准分数是原始分数与平均数之差除以标准差的商,即 $Z = \dfrac{x - \overline{X}}{S}$。它可以将不同单位的原始分数转换成具有相同计量单位的数值,便于进行科学的比较与运算。

三、对研究数据的统计分析

统计分析是指通过对研究群体中的部分对象进行研究,然后以这部分研究对象的信息和特征,依据一定的概率,对研究群体作出估计和推断的方法。它主要包括均值分析、方差分析、相关分析、回归分析、计数数据分析和非参数分析等内容。本节只介绍常用的均值分析、方差分析和计数数据分析中进行假设检验的相关内容。

(一)基本知识

1. 假设检验及其基本原理

假设检验是统计推断的基本内容之一。其实质就是根据来自总体的样本,依据一定的概率,对所作假设作出判断的一种方法。

根据实际情况,通常可以对总体作出两种类型的假设。一类是对总体参数作出某项假设,并用取自于总体的样本对此项假设作出拒绝或接受的判断,称这一类为参数假设检验。例如,对正态总体可提出数学期望等于 μ_0 的假设。另一类是对总体分布作出某项假设,同样需通过样本对该假设作出取舍,称这一类为分布假设检验。例如,对总体提出是否服从正态分布的假设。其基本原理实质上就是"小概率原理"——指在一次试验中,小概率事件是不可能发生的。在假设检验中把小概率的界限记为 α,称为"检验水平"或"显著性水平"。一旦指定,那么概率值小于 α 的事件,就是小概率事件。因此,经常取 α 为接近于零的正数如 0.1,0.05,0.01 等。不同的问题检验的显著性水平不一定相同。

2. 假设检验的基本思想

首先提出一种假设 H_0,称为原假设,在承认 H_0 正确的前提下,构造适当的统计量,然后根据样本值进行计算。如果计算结果确实是小概率事件,就说明原假设不成立,应拒绝 H_0,而接受 H_0 的对立假设 H_1,称为备择假设。

3. 临界值

为检验提出的假设,通常需要构造检验统计量。当检验统计量取某个区域 W 中的值时,我们拒绝原假设 H_0,则称区域 W 为拒绝域,拒绝域的边界点称为临界值。

4. 假设检验的三种形式

以平均数 μ 为例:

(1) 双侧检验: $H_0:\mu = \mu_0$, $H_1 \neq \mu_0$。

(2) 右侧检验: $H_0:\mu \geq \mu_0$, $H_1 < \mu_0$。

(3) 左侧检验: $H_0:\mu \leq \mu_0$, $H_1 > \mu_0$。

5. 假设检验的一般步骤

(1) 提出原假设 H_0 及备择假设 H_1;

(2) 选择检验统计量;

(3) 计算统计量的值;

(4) 给定显著性水平,并确定临界值;

(5) 对假设 H_0 作出拒绝或接受的判断。

(二)均值分析

均值分析是对一个研究总体或两个研究总体平均数差异进行分析的方法。通常用 U 检验法和 T 检验法。

1. U 检验法

U 检验法是对大样本($n \geq 30$)总体平均数差异进行假设检验的一种方法。

(1) 单正态总体 U 检验法(总体方差 σ^2 已知)

设总体 X 服从正态分布,即 $X \sim N(\mu, \sigma^2)$,选择检验统计量

$$U = \frac{\overline{X} - \mu_0}{\sigma / \sqrt{n}} \tag{公式2.1}$$

则 $U \sim N(0,1)$。其中 $\overline{X}$ 为样本平均数, μ_0 为总体平均数, σ 为总体标准差, n 为样本容量, $N(0,1)$ 为标准正态分布。

(2) 双正态总体 U 检验法(总体方差 σ_1^2 与 σ_2^2 已知)

设总体 X 与 Y 均服从正态分布,即 $X \sim N(\mu_1, \sigma_1^2)$, $Y \sim N(\mu_2, \sigma_2^2)$,选择检验统计量

$$U = \frac{\overline{X} - \overline{Y}}{\sqrt{\sigma_1^2 / n_1 + \sigma_2^2 / n_2}} \tag{公式2.2}$$

则 $U \sim N(0,1)$。其中 $\overline{X}$ 与 $\overline{Y}$ 分别是两个样本的平均数, σ_1^2 与 σ_2^2 分别为两个总体的方差, n_1 与 n_2 分别是两个样本的容量, $N(0,1)$ 为标准正态分布。

2. T 检验法

T 检验法是对小样本($n < 30$)总体平均数差异进行假设检验的一种方法。

(1) 单正态总体 T 检验法(总体方差 σ^2 未知)

设总体 X 服从正态分布,即 $X \sim N(\mu, \sigma^2)$,选择检验统计量

$$T = \frac{\overline{X} - \mu_0}{S / \sqrt{n}} \tag{公式2.3}$$

则 $T \sim t(n-1)$。其中 $\overline{X}$ 为样本平均数, μ_0 为总体平均数, S 为样本标准差, n 为样本容量, $t(n-1)$ 为 t 分布。

(2)双正态总体 T 检验法(总体方差 σ_1^2 与 σ_2^2 未知)

设总体 X 与 Y 均服从正态分布,即 $X \sim N(\mu_1, \sigma_1^2)$,$Y \sim N(\mu_2, \sigma_2^2)$,选择检验统计量

$$T = \frac{\overline{X} - \overline{Y}}{\sqrt{S_1^2/n_1 + S_2^2/n_2}} \qquad \text{(公式 2.4)}$$

则 $T \sim t(n-1)$。其中 $\overline{X}$ 与 $\overline{Y}$ 分别是两个样本的平均数,S_1^2 与 S_2^2 分别为两个样本的方差,n_1 与 n_2 分别是两个样本的容量,$t(n-1)$ 为 t 分布。

为了便于记忆与应用,现将 U 检验和 T 检验列表对比如下,表 2-4 是单正态总体均值的假设检验对比表,表 2-5 是双正态总体均值 μ_1、μ_2 的假设检验对比表。

表 2-4 单正态总体均值的假设检验对比

类型	检验法则	原假设 H_0	检验统计量	H_0 为真时统计量分布	备择假设 H_1	拒绝域
σ^2 已知	U 检验	$\mu = \mu_0$	$U = \dfrac{\overline{X} - \mu_0}{\sigma/\sqrt{n}}$	$N(0,1)$	$\mu > \mu_0$ $\mu < \mu_0$ $\mu \neq \mu_0$	$u \geq u_a$ $u \leq -u_a$ $\lvert u \rvert \geq u_{\frac{a}{2}}$
σ^2 未知 $n < 30$	T 检验	$\mu = \mu_0$	$T = \dfrac{\overline{X} - \mu_0}{S/\sqrt{n}}$	$t(n-1)$	$\mu > \mu_0$ $\mu < \mu_0$ $\mu \neq \mu_0$	$t \geq t_a(n-1)$ $t \leq -t_a(n-1)$ $\lvert t \rvert \geq t_{\frac{a}{2}}(n-1)$
σ^2 未知 $n \geq 30$	U 检验	$\mu = \mu_0$	$U = \dfrac{\overline{X} - \mu_0}{S/\sqrt{n}}$	$N(0,1)$	$\mu > \mu_0$ $\mu < \mu_0$ $\mu \neq \mu_0$	$u \geq u_a$ $u \leq -u_a$ $\lvert u \rvert \geq u_{\frac{a}{2}}$

表 2-5 双正态总体均值的假设检验对比

检验法及类型	原假设 H_0	检验统计量	H_0 为真时统计量分布	备择假设 H_1	拒绝域
U 检验 σ_1^2,σ_2^2 已知	$\mu_1 = \mu_2$	$U = \dfrac{\overline{X} - \overline{Y}}{\sqrt{\dfrac{\sigma_1^2}{n_1} + \dfrac{\sigma_2^2}{n_2}}}$	$N(0,1)$	$\mu_1 > \mu_2$ $\mu_1 < \mu_2$ $\mu_1 \neq \mu_2$	$u \geq u_a$ $u \leq -u_a$ $\lvert u \rvert \geq u_{\frac{a}{2}}$
T 检验 $\sigma_1^2 = \sigma_2^2$ 未知	$\mu_1 = \mu_2$	$T = \dfrac{\overline{X} - \overline{Y}}{S_w \sqrt{\dfrac{1}{n_1} + \dfrac{1}{n_2}}}$ $S_w^2 = \dfrac{(n_1-1)S_1^2 + (n_2-1)S_2^2}{n_1 + n_2 - 2}$	$t(n_1 + n_2 - 2)$	$\mu_1 > \mu_2$ $\mu_1 < \mu_2$ $\mu_1 \neq \mu_2$	$t \geq t_a(n_1 + n_2 - 2)$ $t \leq -t_a(n_1 + n_2 - 2)$ $\lvert t \rvert \geq t_{\frac{a}{2}}(n_1 + n_2 - 2)$
U 检验 $\sigma_1^2 \neq \sigma_2^2$ 未知	$\mu_1 = \mu_2$	$U = \dfrac{\overline{X} - \overline{Y}}{\sqrt{\dfrac{S_1^2}{n_1} + \dfrac{S_2^2}{n_2}}}$ n_1, n_2 都很大	近似 $N(0,1)$	$\mu_1 > \mu_2$ $\mu_1 < \mu_2$ $\mu_1 \neq \mu_2$	$u \geq u_a$ $u \leq -u_a$ $\lvert u \rvert \geq u_{\frac{a}{2}}$

(三)方差分析

方差分析是对多个研究总体方差差异进行分析的方法。

F 检验法:F 检验法是基于 F 分布进行的统计检验,是对总体方差差异是否显著的一种检验方法。

设总体 X 与 Y 均服从正态分布,即 $X \sim N(\mu_1,\sigma_1^2)$,$Y \sim N(\mu_2,\sigma_2^2)$,选择检验统计量

$$F = \frac{S_1^2}{S_2^2} \tag{公式2.5}$$

则 $F \sim F(n_1-1,n_2-1)$,其中 S_1^2 与 S_2^2 分别为两个样本的方差,$F(n_1-1,n_2-1)$ 为分布。

(四)计数数据分析

计数数据分析是对研究总体分布状态进行分析的方法。前述所涉及的假设检验具有以下三个特点:第一,样本的原始数据属于连续性随机变量;第二,要求样本所来自的总体服从正态分布;第三,是对总体参数或几个总体参数差异所进行的显著性检验。然而,在许多场合,总体分布的类型事先并不知道,这就需要我们首先根据实际情况对总体分布作出某种假设,然后根据样本提供的信息来检验此项假设是否成立。这就是所谓的分布假设检验问题。分布假设检验是属于非参数假设检验问题。这里,只介绍 χ^2 检验法。

χ^2 检验法:χ^2 检验是在总体 X 的分布未知时,根据来自总体的样本,检验总体分布假设的一种检验方法。

选择统计量 $\chi = \sum \dfrac{(f_0 - f_t)^2}{f_t}$ (公式2.6)

其中,f_0 为样本出现的实际频数,f_t 为样本出现的理论频数,当 H_0 为真,n 充分大(至少为50)时,上式近似地服从自由度为 $k-1$ 的 χ^2 分布,其中 k 为样本分组数。

例1:从某高校抽取54位教师进行学历调查,其中博士学历的有15人,硕士学历的有23人,学士学历的有16人,问该校教师博士、硕士、学士学历的人数比率是否是1:2:1?

第一步　提出假设:

H_0:该校教师博士、硕士、学士学历的人数比率是1:2:1

第二步　选择检验统计量并计算:

已知博士、硕士、学士的实际频数分别为:15、23、16,

则理论频数分别为:$54 \times \dfrac{1}{4} = 13.5$,$54 \times \dfrac{2}{4} = 27$,$54 \times \dfrac{1}{4} = 13.5$,

于是,

$$\chi^2 = \sum_{i=1}^{k} \frac{(f_i - f_{ki})^2}{f_{ki}}$$

$$= \frac{(15-13.5)^2}{13.5} + \frac{(23-27)^2}{27} + \frac{(16-13.5)^2}{13.5}$$

$$= 1.22$$

第三步　确定临界值并作出判断:

依显著性水平 $\alpha = 0.05$,查自由度为 $k-1 = 3-1 = 2$ 的 χ^2 值表,得 $\chi^2_{0.05}(2) = 5.99$。

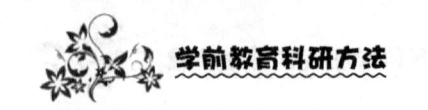

由于 $\chi^2 < \chi^2_{0.05}(2)$，所以接受 H_0 即该校教师博士、硕士、学士学历的人数比率是 1:2:1。

四、数据处理中统计工具的运用(Excel 和 SPSS)

在科学研究中，经常要对收集到的数据进行各种统计分析，由于运算量比较大，所以常使用一些统计分析软件，如 Excel 2003 和国际公认的 SPSS 统计软件。

(一)运用 Excel 进行数据处理

Excel 是一种计算机数据表格处理软件，包含数据处理、制表和图形等功能。其应用举例如下：

1. 描述统计

例2：某班 18 名学生的数学成绩为：82,86,78,77,93,66,82,80,83,76,76,74,85,86,83,84,86,79。试用 Excel 2003 了解有关的统计信息。

(1)打开 Excel 2003 应用程序，系统会默认新建了一个工作簿，选择一个工作表输入数据(成绩)，一般以列为一组；在"工具"下拉菜单的"数据分析"工具组中选择"描述统计"工具，按"确定"，出现如图 2-6 所示的对话框。

图 2-6

(2)将光标移到输入区域栏，然后选中要分析的数据组，"分组方式"选"逐列"；选择适当的输出区域后按"确定"，就会出现有关平均数、中位数、众数、标准差、方差、求和等的统计结果。如图 2-7 所示。

2. 推断统计

例3：为了研究男女幼儿口语发展水平有无差异，随机抽取男女幼儿共 13 名测试，成绩如下：男童 68,71,68,78,78,72,71；女童 76,72,71,76,77,75。试分析男女幼儿口语发展水平有无明显差异。

(1)先进行方差齐性检验(显著性水平设为0.1)

在"工具"菜单中选择"数据分析"工具组中检验双样本方差,如图2-8。

将光标分别置于变量1和变量2栏中,选中要分析的数据组,设为0.05(由于检验的计算结果只给出单侧临界值),选择适当的输出区域后按"确定",就会出现计算结果(如图2-9)。

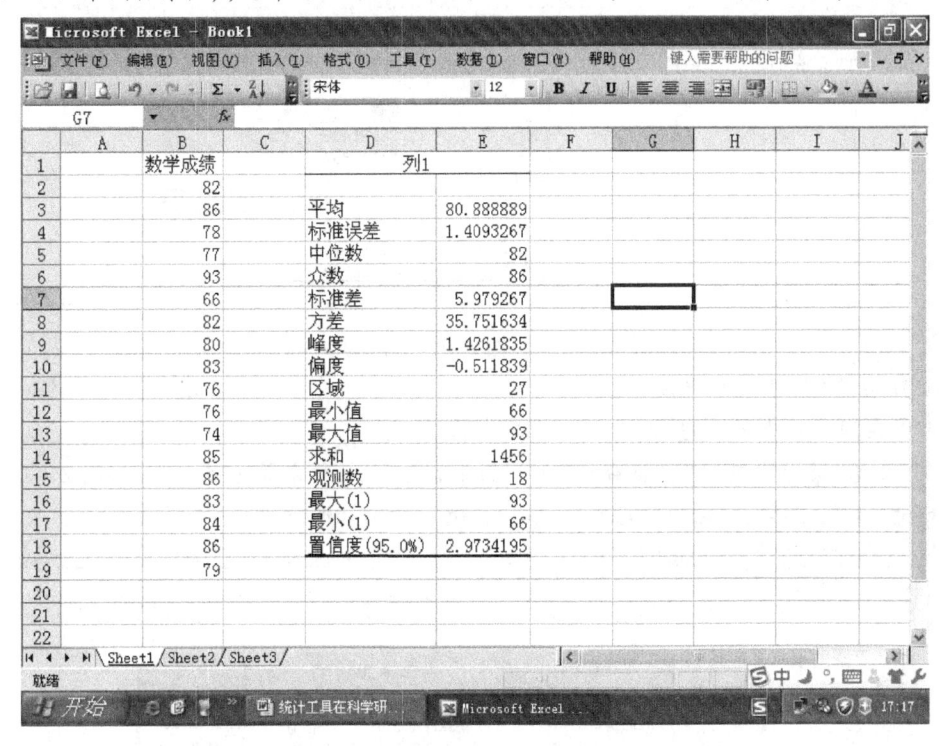

图2-7

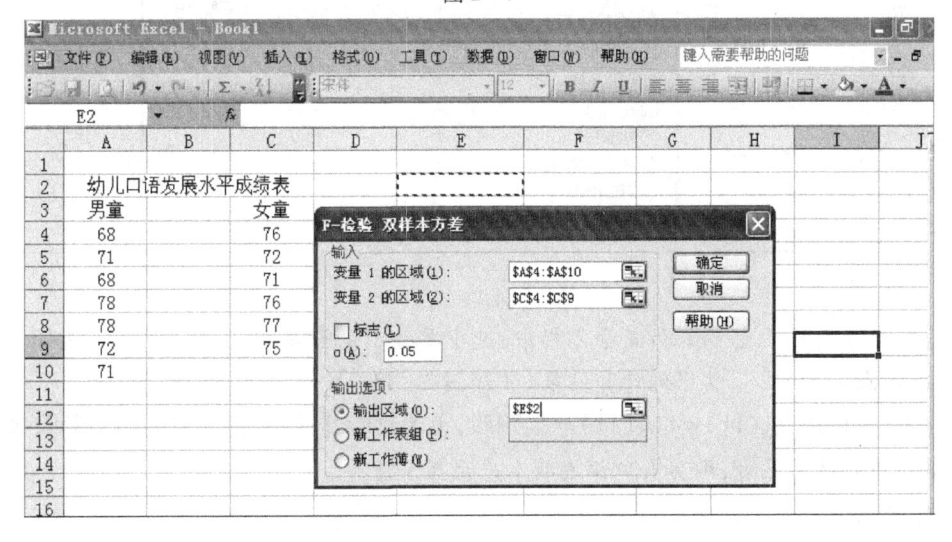

图2-8

可见 $F=2.98$，$F_{\frac{\alpha}{2}}(6,5)=F_{0.05}(6,5)=4.95$，由于 $F<F_{0.05}(6,5)$，可以认为两样本的方差齐性，可以进行 t 检验。

图 2-9

(2) t 检验（显著性水平设为 0.1）

可以在同一张表格上进行，也可以另建表格进行。

在"工具"菜单中选择"数据分析"工具组中 t 检验：双样本等方差假设，如图 2-10。

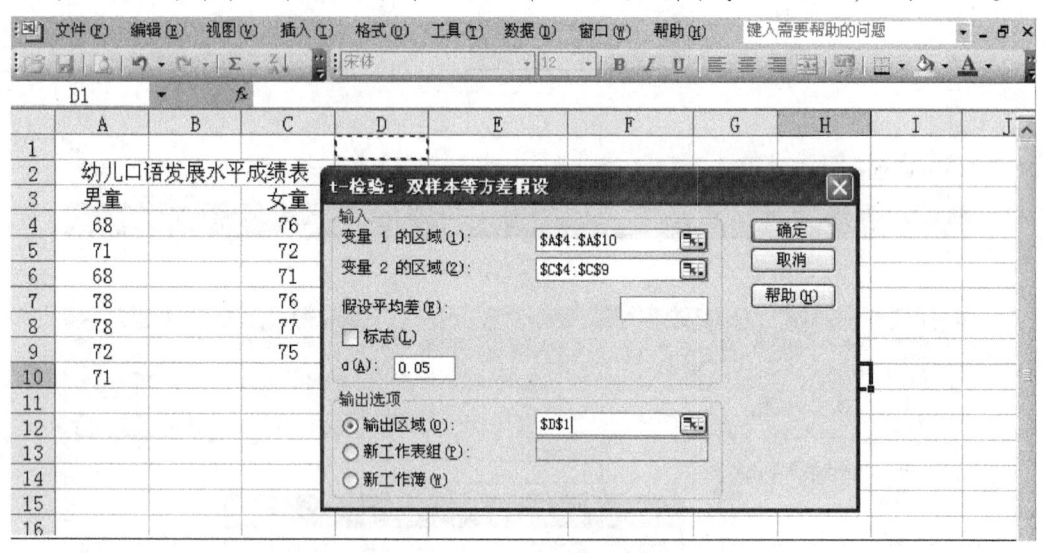

图 2-10

将光标分别置于变量 1 和变量 2 栏中，选中要分析的数据组，α 设为 0.05，选择适当的输出区域，点击"确定"，就得到计算结果。（如图 2-11）。

即 $t=-1.14$，$t_{\frac{\alpha}{2}}(11)=t_{0.05}(11)=1.7959$，由于 $|t|=1.14<t_{0.05}(11)=1.7959$，可以认为样本均值差异不显著，即男女口语发展水平无显著差异。

3. 有关函数

Excel 2003 为我们提供了非常丰富的 13 类包括 80 多个统计函数在内的计算函数，为我们的计算提供了极大的方便。

图 2-11

例 4：某研究机构测得 10 名幼儿的操作能力成绩和笔试成绩分别为：89，78，75，80，90，95，98，85，88，82 和 76，91，78，77，90，93，75，82，98，80。求该 10 名幼儿的操作能力成绩和笔试成绩的相关系数。

在已录入数据的表格中选择一个单元格作为输出结果的单元格，点击编辑栏的"fx"，在出现的对话框中函数类别选"统计"，在"选择函数"框中选择"CORREL"，点击"确定"后出现"函数参数"对话框，分别在 Array1 和 Array2 中选择两列数据的区域，此时，在对话框的"计算结果"行就可以看到计算结果为 0.129…。如图 2-12 所示。点击"确定"就在输出单元格出现 0.13。小数点可通过单元格格式的设置来确定。

图 2-12

（二）运用 SPSS 进行数据处理

1. SPSS 的基本操作

（1）打开 SPSS，出现对话框，如图 2-13。

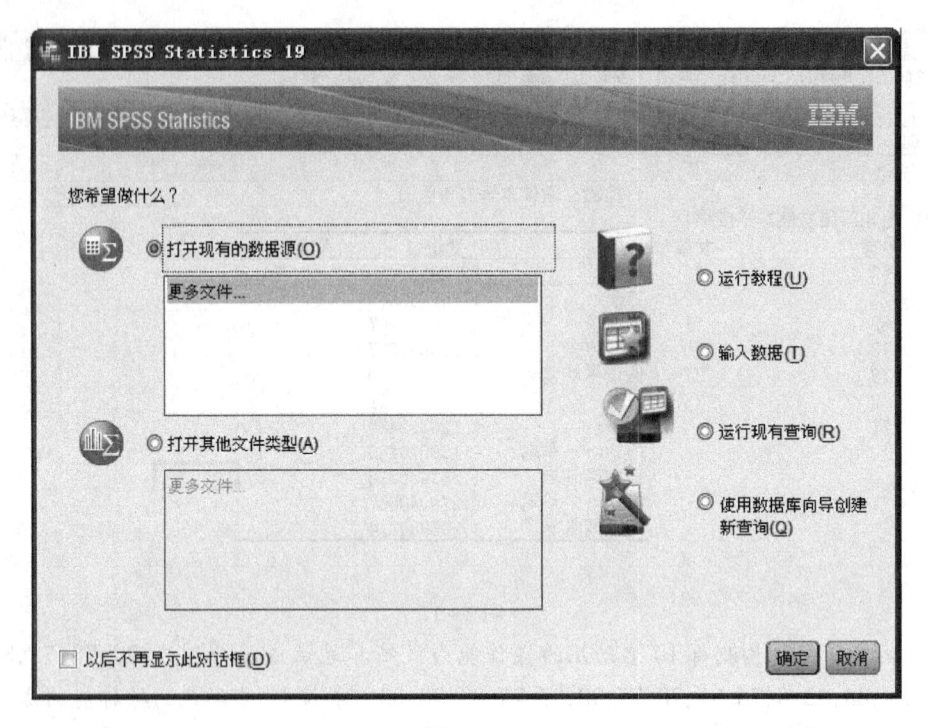

图 2-13

(2)选择"输入数据"选项,进入新建数据文件的编辑界面,如图 2-14。

图 2-14

(3)建立数据文件。

变量定义:点击左下角"变量视图"或双击某一个变量名,自动转入变量视图编辑界面。可供编辑定义的参数包括变量名、变量类型、变量长度、小数长度等。

输入数据:点击左下角"数据视图",录入数据并保存。

不同的数据处理,对建立数据文件有不同的要求,具体情况可参阅有关 SPSS 的专门书籍。

2. 描述性统计分析

描述性统计分析是进行其他统计分析的基础和前提,是统计学最基本、最常用的统计方法。在描述性统计分析中,通过各种统计图表及数字特征量可以对样本所来自的总体特征有比较准确的把握,从而选择正确的统计推断方法。

点击"分析",选择"描述统计",在出现的下拉菜单中选择某项,在出现的对话框中按提示操作,即可完成相应的统计工作。如图 2 - 15。

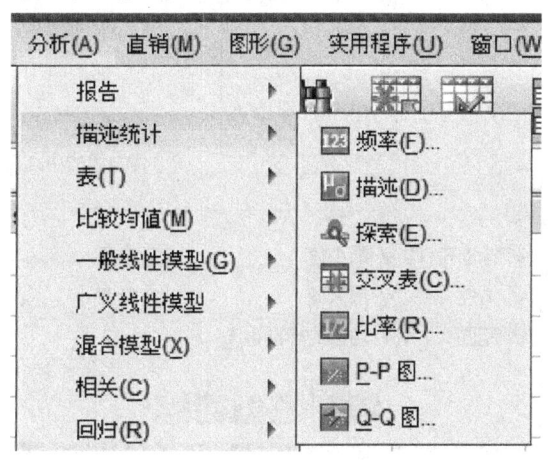

图 2 - 15

描述统计菜单的基本统计分析功能包含:

(1)频率过程:适用于连续型和离散型的随机变量,除可以输出均值、中位数、众数、标准差、方差、全距等样本统计量外,还可以生成频数分布表和条形图、饼图、直方图等常用的统计图。

(2)描述过程:适用于连续型随机变量,可以输出均值、标准差、方差、全距等样本统计量。此外,还可以将原始数据标准化后得到的数据保存在一个新变量中,以便进一步统计分析。

(3)探索过程:该过程主要用于对数据分布特点不清时的探索性分析。

(4)交叉表过程:适用于离散型随机变量,可以输出其频数分布表,同时还可以进行检验和相关分析等。

(5)比率过程:该过程用于对两个连续性随机变量计算相对比指标。

(6)P - P 图和 Q - Q 图的用途完全相同,只是检验方法存在差异。P - P 图是根据变量的累积比例与指定分布的累积比例之间的关系所绘制的图形。Q - Q 图是用变量数据分布的分位数与所指定分布的分位数之间的关系曲线来进行检验的。

例 5:某班 18 名学生的数学成绩为:82,86,78,77,93,66,82,80,83,76,76,74,85,86,83,84,86,79。用 SPSS 对成绩进行描述统计分析。

新建数据文件,输入成绩。在"分析"菜单"描述统计"中选择"频率",在弹出的对话框

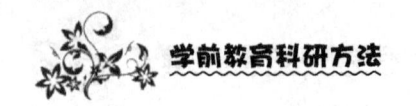

中,将"数学成绩"选为变量,单击"统计量"按钮显示如图2-16的对话框。

图2-16

根据需要选中复选项,之后单击"继续"返回主对话框,单击"确定",程序自动后台运算并以表格输出结果。如表2-6。

表2-6 统计量

数学成绩

N	有效	18
	缺失	0
均值		80.89
均值的标准误		1.409
中值		82.00
众数		86
标准差		5.979
方差		35.752
全距		27
极小值		66
极大值		93
和		1456

3. 统计推断分析

例6：某幼儿园幼儿以往某项测验的平均成绩是27，后进行教学实验，实验后期随机地对12名幼儿进行该项测试，成绩为：28,32,36,22,34,30,33,31,25,33,29,26。该园教学实验有无效果？

（1）启动SPSS，建立数据文件，如图2-17。

图2-17

图2-18

（2）在"分析"菜单"比较均值"中选择"单样本T检验"。

（3）在随后出现的对话框左框中选中"实验成绩"，点击中间向右的箭头，"检验值"中填27，点击"确定"后，输出结果，如表2-7、表2-8。

表2-7 单个样本统计量

	N	均值	标准差	均值的标准误
实验成绩	12	29.9167	4.10007	1.18359

表2-8 单个样本检验

	检验值 = 27					
	t	df	Sig.（双侧）	均值差值	差分的95%置信区间	
					下限	上限
实验成绩	2.464	11	0.031	2.91667	0.3116	5.5217

结果显示：自由度为11，双侧检验显著性概率为0.031，明显小于显著性水平0.05，由此，可以推断该园教学改革具有显著性效果。

例7：有甲、乙两所幼儿园分别进行了A试验和B试验。两所幼儿园6岁儿童某项测验成绩分别为：甲园：8,11,10,12,9,11,9,10；乙园：12,11,13,9,14,13,12。那么A试验和B试验有无明显差异？

（1）建立数据文件，如图2-18。

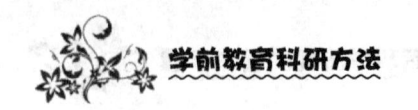

(2)在"分析"菜单"比较均值"中选择"独立样本T检验"。

(3)在随后出现的对话框中"X",放入"检验变量"栏(方法同上),将"group"放入"分组变量"后,点击"定义组"。

(4)在出现的对话框中分别填入1.2后点击"继续"后返回到上一步的对话框。

(5)点击"确定",输出结果,如表2-9(部分)。

表2-9 独立样本检验

		方差方程的 Levene 检验		均值方程的 t 检验						
									差分的95%置信区间	
		F	Sig.	t	df	Sig.(双侧)	均值差值	标准误差值	下限	上限
X	假设方差相等	0.0491	0.767	-2.633	13	0.021	-2.000	0.760	-3.641	-0.359
	假设方差不相等			-2.592	11.523	0.024	-2.000	0.772	-3.689	-0.311

结果显示:$F=0.0491$,概率值为$0.767>0.05$,所以认为方差齐性。$t=-2.633$,双侧检验概率为$0.021<0.05$,所以,可以推断,两园实验的效果差异是显著的,且乙园的测验成绩高于甲园。

第六节 研究结果的呈现

研究结果的呈现,是学前教育科学研究的最终表现形式,是研究者用书面形式对研究过程进行分析与总结、补充与发展完善的过程,是形成教育智慧的过程。它可以是针对某一项具体的调查或实验研究所做的终结性报告,也可以是针对某一理论或问题进行探讨和分析所做的学术论文。为了行文及逻辑安排的方便,本书将两者并成为研究报告。

一、研究报告的撰写

学前教育科学研究报告是用观察、实验和调查等实证性方法收集学前教育科学中的实际材料,以事实和数据来呈现研究的结果,并就研究结果进行科学的理论上讨论的表述形式。

(一)撰写研究报告的意义

1. 有利于交流和推广研究成果

研究报告最为显著的特点是其占有客观的事实材料和确凿的具体数据。研究报告要求研究者对研究方法和材料做具体、清楚的描述,客观地呈现研究过程,合理地解释研究结果。从某种意义上讲,它有利于进行学术交流和推广研究成果。

2. 有利于训练和提高研究者的科研能力

研究报告既反映研究工作的全过程,又反映研究者的观点、立场和方法,是研究者专业水平、研究能力、写作能力和创造能力的综合体现。撰写研究报告可以使研究者的科研水平得到提高,科研能力得到提升。

3. 有利于理论与实践共同发展

研究报告既是在理论上对研究全过程进行的高度概括与总结,又是在实践中对研究过程进行探索的成果结晶。它揭示了一定的教育规律,实现了理论与实践的共同发展。

(二)撰写研究报告的原则

1. 实事求是原则

研究报告以事实和数据为主要内容,因此,研究者要客观公正,实事求是,以实际研究工作的真实情况为依据,反映真实的过程、方法与结果,切忌夸张、猜想和主观臆断地歪曲实际结果。

2. 科学性原则

研究报告是以揭示教育规律为根本目的,因此,研究者要以科学的态度对研究报告中的概念进行准确表达与界定;科学地选择研究方法与步骤;论点、论据、论证要符合逻辑顺序;内容、结果要真正揭示教育规律。

3. 规范性原则

研究报告是以文字形式展示研究成果的,因此,语言文字要简明准确,层次清晰,行文符合语法规范,必要时可利用形象直观且规范合理的图表形式来呈现数据分析结果。

4. 创新性原则

科学研究的核心就是创新。创新性原则要求研究者学会在他人研究的基础上,与他人方法和结果做对照,提出新观点、新思想,体现其结果的先进性;学会在理论学习的基础上,推广已有的研究成果;学会从不同的角度发现新问题,研究新方法。

(三)研究报告的结构与写作方法

学前教育科学研究报告的基本结构主要包括三大部分:一是题目、作者名、摘要和关键词;二是正文;三是参考文献和附录。其中,正文是研究报告的主体部分,它又包括"问题的提出(导言)、研究的方法、研究的结果、分析与讨论、研究的结论"等五个相互联系的部分。

1. 题目、作者名、摘要和关键词

(1)题目

题目是撰写研究报告的第一步,目的是点明题意。题目必须能概括全篇的内容,反映研究的主题,明确表达研究的对象、研究的方法、研究的内容等三层意思。一篇好的研究报告的标题,应该新颖、确切、简练、醒目,让人一看就明白研究报告要表达的中心意思。例如"学前教育专业专科生职业价值观的调查"[①]清晰地表达出研究的对象——学前教育专业专科生;研究的方法——调查;研究的内容——职业价值观。

---

① 宋妍萍.学前教育专业专科生职业价值观的调查[J].学前教育研究,2009(7):7.

(2)作者名

在研究报告题目的下面一行,应署上作者姓名,并在姓名下一行用括号注明作者的工作单位。

(3)摘要

摘要是用高度概括的文字介绍教育科学研究报告的主要内容,是对研究报告的高度浓缩和简要概括。摘要的表达要求用简洁、精炼、准确的语言表达研究报告研究的问题、研究的方法和研究的结果,字数一般在200字左右。

(4)关键词

关键词是研究报告的重要信息点,是表达研究报告主题要点的词或词组,数量一般为3~8个。

2．正文

正文是研究报告的主体部分。正文的内容是研究者学术理论水平和创造才能的集中体现。

(1)"问题的提出"

"问题的提出(导言)"是正文的开始,目的是要表达三层意思:一是研究的背景。就是要回答这个问题是在什么情况下展开研究的?这个问题过去有过哪些研究?当前存在的一些倾向性的问题及分歧是什么?二是研究的目的意义。就是要回答为什么要进行这项研究?通过研究要达到什么目的?这项研究有什么理论意义和实践意义?三是研究报告中一些关键概念的界定。特别是专业术语或容易引起歧义的概念都要在此处进行说明,包括这些概念的内涵和外延都要在此处作出界定。

(2)"研究的方法与过程"

在"研究的方法与过程"这一环节,要表达清楚三方面的内容:一是研究对象的选择与确立。就是准确描述研究对象的选择条件、选择数量、具体的抽样方法等。二是研究的方法,就是详细介绍采用了什么研究方法。如果是调查研究,就要说明调查的过程与步骤;如果是实验研究,就要说明实验条件、实验材料和实验步骤;如果是经验总结报告,就要说明经验是如何取得的,实际效果如何等。三是研究的过程(步骤)。就是详细说明研究工具及其使用过程、研究资料的收集与整理过程等。因此,要条理清晰、表达准确,保证研究的方法与步骤科学合理。只有方法科学,步骤合理,所得到的结果才可靠,由此得出的结论才符合客观实际。

(3)"研究的结果"

"研究的结果"就是用客观的数据和事实材料呈现研究成果,它是研究报告的核心。这部分内容是研究过程中所获取的第一手资料的集中的、有条理的反映。研究的结果一般有定性资料和定量资料两种情况。对定性资料,通常用文字形式加以表述,如访谈结果、观察结果、座谈会纪要、典型案例等等,并且通过比较、归纳、抽象、概括等思维方式对这些结果做出定性分析。对定量资料,通常用图和表将这些数据表达出来,并且用统计分析的方法对其进行定量分析。需要注意的是,设计和制作图表要遵循一定规则,尽量采用三线表来制作统计表,而且图与表的序号要分别进行编排。

(4)"分析与讨论"

研究报告中的"分析与讨论"是对研究结果所进行的深入评价和进一步的论证。这一部分是研究者将感性认识上升到理性认识,充分展示专业水平、学术观点和创造力的地方。这一部分要表达两层意思:一是回答问题。就是研究者从已有的教育理论或经验出发,对研究结果进行解释,用获得的研究结果回答"问题的提出"里面的问题,目的是"合乎逻辑","自圆其说"。二是理论探讨。就是研究者依据教育理论,科学严谨地进一步揭示研究结果,目的是"不但知其然,还要知其所以然"。

(5)"研究的结论"

"研究的结论"是整篇研究报告的归宿,是研究者基于一定的学前教育理论,总结全文、深化主题、揭示规律并对研究成果做出最终推论的部分。这一部分要表达两层意思:一是概括本研究的成果,就是本研究说明了什么,有什么结果。二是提出下一步研究的方向,就是下一步应深入研究什么问题,对今后发展的建议和展望等。

3.参考文献和附录

任何科学研究活动都是在前人研究的基础上进行的,学前教育科学研究也不例外。在撰写研究报告时,常常需要引用其他研究资料的原文、主要思想或基本观点,因此,在研究报告正文的后面,通常附有参考文献与附录,作为正文的补充材料。这既是对他人劳动成果的尊重,又便于读者理解和查阅相关资料。

(1)参考文献

参考文献指研究者在研究过程中阅读过哪些文献,它的排列顺序通常以对本研究所起作用的大小来决定,作用大的排在前面。所列参考文献目录须包括作者姓名、书名或论文题目、出版社名称或期刊名称、出版时间或期号等。

(2)附录

附录是用来补充正文中不便出现、但与正文有密切关系的内容。附录的内容主要包括研究中关键的原始材料,如测试表格、提纲、实验操作方案等。

(四)研究报告的类型与案例

根据研究方法的差异可将研究报告分为调查报告、观察报告、实验报告、经验总结报告和学术论文等不同的类型。

1.调查报告(考察报告)

(1)含义:调查报告是对学前教育某种现象进行调查,并将调查情况加以整理分析,以探究教育规律,找出解决问题的方法与途径的一种研究报告。

(2)特点:调查报告是从大量的事实以及数据中找出规律,具有真实性、新闻性。

(3)结构要求:调查的形式一般为问卷及访谈。内容一般包括调查的目的、对象、时间、地点、方法、结论等等。调查报告语言要准确生动,简洁明快,可以叙述、说明及议论,也可以借助于图表进行辅助。

2.观察报告

(1)含义:观察报告是对某种教育现象在较长一段时间内进行观察,将情况进行记录和分类整理,并分析、探求其原因或规律的一种研究报告。

(2)特点:观察报告是表现具体教育环境、情境、境遇和气氛下各种生动的、具体的教育事实和变化过程。

(3)结构要求:观察报告应详细描述研究者进入现场的方式,或进行观察时所充当的角色。

3. 实验报告

(1)含义:实验报告是为了印证某种理论或假设而实施实验,从中发现问题的实质和规律,用书面形式反映实验的全过程和结果的一种研究报告。它包括终结性的实验报告和阶段性的实验报告两种类型。

(2)特点:实验报告是以实验为主体,对实验做总结,显著特点是客观性。

(3)结构要求:

问题的提出——对实验的背景、动机、理论依据和预期目标等进行说明。

实验的方法和过程——实验是怎么操作的,分几个方面、几个阶段展开,被试的选取、变量的控制等。内容要翔实、清晰,便于仿效操作。

实验的结果——尽可能量化,最好用图表说明,这样更有说服力。

分析与讨论——揭示实验结果的原因,要有深度和广度,逻辑性要强。

结论——对本实验研究的误差、显著性的分析等进行必要的反省,对研究成果的可靠程度和适用范围做进一步的说明。

4. 经验总结报告

(1)含义:经验总结报告是在学前教育实践过程中,通过积极探索,将积累起来的经验,经过筛选加工,分析研究,寻找规律,从一定的理论角度得出有指导意义的结论,使其具有更广泛应用性的一种研究报告。它可以是对某一阶段全部工作的回顾,也可以是专题经验总结。

(2)特点:既要有具体的经验和典型的事例,又要通过分析加以理论概括。它具有实践性、概括性、规律性和指导性等特点。

(3)结构要求:经验总结报告可以总结活动(经历),也可以总结认识(体验)。根据写法的侧重点不同,可以采用描述性写法、概括性写法和论述性写法等三种表达形式。

描述性写法——重"经"轻"验",着重描述亲身经历中成功或感受深刻的环节等。在描述经历的基础上对成功的体验加以概括,包括这些环节的意义、作用或所体现的某些原则、规律,给人以启示。该写法多用于一事一得或多事一得,适宜于总结亲身经历的一次或n次有意义的教育教学活动。

概括性写法——轻"经"重"验",着重从多次经历的实践中概括出共同的原则、方法。这些原则和方法是在归纳了实践中取得良好效果的共同环节后体验到的,撰写中要结合描述这些环节、步骤来予以实证说明。该写法一般是多事一得或多事多得,适宜于总结一段教育教学实践,具有一定的普遍性。

论述性写法——在概括性写法的基础上超出具体的"经"和"验"的范围,运用一定的教育理论对概括出的原则、方法等做系统的分析、阐释,并揭示其所蕴含的深刻道理。这种写法已完全摆脱具体实践环境与条件的局限,具有更广的普遍性与应用价值。

5. 学术论文

（1）含义：学术论文是用概念、判断和推理等思辨的方法来证明和解释教育教学中的现象和问题，并从理论上加以分析和讨论的一种研究报告。

（2）特点：以理论分析为主要方式，要求能够提出新认识、新思想、新的理论体系。

（3）结构要求：学术论文以阐述对某一问题或观念的理论性认识为主要内容，主体部分由绪论、本论、结论三部分构成，在本论部分要求研究者论证自己的基本思想和独创性见解。表达方式可以有评论性论文，也可以有深入探讨和说明性论文两种方式。

6. 一份完整的研究报告案例[①]

幼儿师范专科学生心理健康状况微观分析

兰州城市学院幼儿师范学院　李兰芳

[摘要]文章通过对幼儿师范专科学生心理健康状况进行微观分析，提出教育者应重视学生的情绪问题，积极关注"被忽视型"学生，适当满足有特殊需求的学生，让学生获得心理调适实用技术，以促进学生心理的健康发展。

[关键词]幼儿师范；专科学生；心理健康状况；微观分析

一、引言

幼儿师范专科学生处在个体一生中心理变化较为剧烈的重要时期。在这个特殊的年龄阶段，个体的生理发展已经接近完成，已具备了成年人的体格及各种生理功能，但其心理尚未成熟。心理发展会因出现一系列问题而影响他们的健康成长，近几年来，幼师专科学生的心理健康状况表现出一些不同于往届的特点。

二、研究过程

（一）研究对象

本研究的对象为甘肃省幼儿师范专科在校学生。为了保证样本的代表性，采用分层随机抽样的方法，在每班随机抽取10名学生，共60名，剔除无效卷3份，整理后的有效卷57份。

（二）研究工具

1. 心理测验量表。研究数据的收集采用测验法，用以查明幼儿师范专科学生的心理健康状况。

测验采用的心理健康量表为国内外广泛使用的《症状自评量表》（SCL-90）。该量表共有90个项目，包含有较为广泛的精神症状学内容，从感觉、情感、思维、意识、行为直至生活习惯、人际关系、饮食睡眠等均有涉及。它的每一个项目均采用5级评分制。"无"表示自觉无该症状；"轻度"表示自觉有该症状，但对受检者并无实际影响，或影响轻微；"中度"表示自觉有该症状，对受检者有一定的影响；"较重"表示自觉常有该症状，对受检者有相当程度的影响；"严重"表示自觉该症状的频度和强度都十分严重，对受检者的影响严重。该量表的具体内容包括躯体化、强迫、人际敏感、抑郁、焦虑、攻击性、恐惧、偏执、精神病性以及主要反映睡眠及饮食情况等10个因子项目。

---

① 李兰芳.幼儿师范专科学生心理健康状况微观分析[J].当代教育论坛,2011(12).

2. 统计工具。本研究采用SPSS10.0版统计软件包进行数据的录入与处理。

(三) 研究方法

采用量化研究与质性研究相结合,量主质辅的综合性研究方法。在资料的处理上适当采用教育与心理统计的方法,以求获得科学、量化的结论。

三、研究结果

(一) 幼儿师范专科学生心理健康状况

测验结果显示,与全国常模比较,除恐惧因子外,其他各项因子得分均高于全国常模分数。经统计学处理,除恐惧和躯体化因子外,其他各项因子得分与全国常模相比均具有显著差异;且强迫、偏执、抑郁、攻击性、焦虑和精神病性的得分差异非常显著。按得分程度由高到低分别为强迫、人际敏感、偏执、抑郁、恐惧、攻击性、焦虑、其他、精神病性和躯体化。(见附表1:幼儿师范专科学生SCL-90各因子与全国常模比较)(略)

(二) 与往届幼儿师范专科学生心理健康状况的比较

测验结果显示,在校幼儿师范专科学生与往届相比,虽然各项因子得分均未见显著性差异,但除抑郁、恐惧、人际敏感和精神病因子得分有所下降外,其余因子得分均有不同程度的上升。(见附表2:往届幼儿师范专科学生与在校幼儿师范专科学生SCL-90各因子分值的比较)。

附表2 在校学生与往届学生SCL-90各因子分值的比较

位次	因子	在校幼师学生(57人)	因子	往届幼师学生(347人)
1	强迫	1.81±0.47	强迫	1.80±0.47
2	人际敏感	1.80±0.54	人际敏感	1.80±0.50
3	偏执	1.72±0.39	偏执	1.69±0.39
4	抑郁	1.67±0.49	抑郁	0.69±0.56
5	恐惧	0.60±0.56	恐惧	1.66±0.49
6	攻击性	1.58±0.85	攻击性	1.55±0.86
7	焦虑	1.54±0.37	焦虑	1.52±0.33
8	其他	1.45±0.13	其他	1.44±0.10
9	精神病性	1.40±0.27	精神病性	1.40±0.29
10	躯体化	1.40±0.34	躯体化	1.33±0.31

提示:幼师专科学生的心理健康水平与往届相比有所下降。

四、分析讨论

(一) 关于幼儿师范专科学生心理健康水平较低的原因分析

从研究结果来看,幼儿师范专科学生的心理健康状况低于全国常模,且低于往届学生的水平。造成这一状况的主要原因可从以下两个方面做出分析。

1. 生源心理素质的普遍低下。幼儿师范专科生源多为由于学业不佳而高考成绩不甚理想的学生,基本属于学业及心理素质相对较低的人群。当这些学生集中到一起时,自然显现出整体心理健康状况不佳的状况。

2.单性环境的负面影响。目前,幼儿师范专科院校基本上以女生为主,男生寥寥无几。长期处于单性环境之中,既缺乏男性同伴的角色榜样,又相对缺失与异性交往的环境。由于缺乏男性同伴的角色榜样,使学生在性别角色继续社会化的过程中缺少异性角色的行为参照,从而影响到性别角色社会性行为的顺利获得。同时,由于异性交往环境的相对缺失,使学生原本处于青春期强烈的异性交往需要不能得到顺畅的满足,造成内心的焦虑、压抑和失落,在心理反应上表现出诸如躯体化、强迫、人际敏感、抑郁、攻击性等种种心理不适状态。

(二)关于幼儿师范专科学生各项心理问题分布情况的原因分析

1.青春期的体像问题仍然是困扰学生心理健康的主要内部因素。青年期是从儿童真正走向身心成熟的重要过渡阶段,此期的学生既有别于成人,又非昔日的幼稚顽童。处于这一阶段的学生,身上交织着诸多的矛盾,既有与学校、社会、家庭等客观环境之间的冲突和不适应,又有在自身成长过程中身体和心理之间的不协调以及某些心理因素的成熟化问题。其中,最为显著的表现就是"体像烦恼",即表现出对自己外貌的格外关注。当一个人对自己的外貌特征充分地自我接纳时,他的自我意象是完整和稳定的,自我感觉是良好的,这时,他的情感、举止、才能等会有最大限度的发挥;相反,当一个人对自己的外貌特征缺乏应有的自我接纳时,他的自我意象是模糊和混乱的,心理和行为会受到严重的干扰。而当个体对自己的体像有了超乎一般的关注,并做出否定评价时,与此有关的思想、观念等就会潜移默化地进入他的内心图像,成为诱发其躯体化倾向的心理基础。这正是学生在心理健康状况测验中躯体化因子分值明显居高的主要内部原因之一。

2.生活环境的变化是影响幼儿师范专科学生心理健康的主要外部因素。造成幼儿师范专科学生躯体化因子分值较高的主要客观因素是生活环境的变化。进入高校后,学生的生活环境发生了重大的变化,从原来以家庭为中心的生活范围变为以学校班级集体为中心、以学生自主学习为特征的生活范围。这种变化导致的直接结果就是被关注的缺失,因为即使是一位很有爱心的老师,也不可能像父母亲那样完全接纳和关注每一位学生,总有一些学生或多或少地被忽视、被冷漠。这种被忽视状态可能会使学生产生失落感,表现出过度的自我怜惜、自我同情和自我关注,在心理上的集中表现就是躯体化倾向,并由此滋生出不良的心理反应,表现出心理健康水平的下降。

3.不恰当的人际交往方式使幼儿师范专科学生不良情绪不断产生和放大。在进入高校之前,学生的人际交往范围虽然已经有所扩大,但仍然局限于以家庭成员交往为主的生活方式。从进入高校那一刻起,生活方式发生了巨大的变化,与同伴的交往不只是局限于学习活动,更有生活活动。这样,学生已有的人际交往经验便不能适应新的形势,表现出人际交往经验的缺乏和人际交往能力的不足。人际交往经验的不足,会使他们在人际交往中遇到更多的挫折,而在人际交往中长期体验挫折感,会造成学生出现更多的不良情绪,并使这些不良情绪不断地放大,最终导致心理问题的发生。

4.自我心理调适能力的不足使幼儿师范专科学生的心理困惑无以缓解。心理问题一旦出现,就要靠外部力量的干预和当事人的自我心理调适来解决。自我心理调适能力的不足,使学生缺乏解决心理问题的合理手段和恰当方法。当出现不良心理反应的时候,他们不会使用有效的自我防御、自我校正方法去应对问题,使心理困惑长期得不到有效地控制和缓

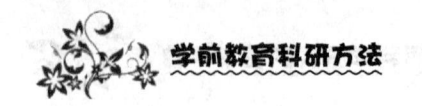

解,甚至导致某些心理问题的加剧。

5. 个性差异也是幼儿师范专科学生心理健康水平差异的主要原因。在研究的过程中,笔者还同时做了一项个性心理测验(EPQ),作为对心理健康测验结果的补充与验证。通过比较发现,出现心理问题的往往是性格较为内向、气质类型为抑郁质或黏液质的学生。这表明,幼儿师范专科学生的个性因素也是他们心理健康水平呈现出个体差异的主要原因。

五、结论与建议

(一) 研究结论

通过对以上研究结果的分析发现,幼儿师范专科学生心理健康问题主要表现在以下两个方面。

1. 幼儿师范专科学生心理健康水平低于全国正常水平。心理健康程度由低到高分别为强迫、人际敏感、偏执、抑郁、恐惧、攻击性、焦虑、其他、精神病性和躯体化。应当引起有关方面的高度重视。

2. 幼儿师范专科学生的心理健康水平比往届学生有所下降。心理健康水平下降程度由高到低分别为躯体化、攻击性、偏执、焦虑、强迫和其他。应当引起有关方面的高度关注。

(二) 教育建议

幼儿师范专科学生心理健康方面的表现为教育者提出了一系列的问题,也为教育者提供了施加教育影响的基础,使教育者不得不重新反思自己的教育思想和教育行为。处于信息社会的高等学校,不仅在其内部形成了错综复杂的校园环境,与外部社会也存在着千丝万缕的联系,应设法整合多要素、多系统的不同作用,形成整体大于局部之和的合力。

1. 重视学生的情绪问题。情绪反应往往是一个人心理健康与否的晴雨表,一旦出现心理问题,首先会反映在一个人情绪的强度、性度、动力度、激动度、紧张度和快感度上。积极健康的情感是有效学习的前提,是激发学生有效学习的动力。如果要让学生在学习上有显著的进步,在行为规范的遵守上有良好的表现,就不能只是把眼光放在督促学生学习和行为规范的养成上,而应当把眼光放得更远些,要在重视学生积极健康的情绪上下工夫。所以,教师不但要重视学生的学习活动和对行为规范的遵守情况,更应关注学生的情感世界,细心观察学生的情绪反应并尝试帮助,使学生不良情绪的危害降至最低程度。

情绪管理的关键是要做到表达方式适当、反应适度。在日常的教育教学工作中,学校可以利用各种机会,开展多种形式的情绪辅导活动,引导学生认识自己情绪发生的特点、性质,帮助学生学会调节情绪的有效方法,带领学生充分体验良好情绪,鼓励学生及时感受克服消极情绪后的成功感,激励学生为积极情绪的保持而做出努力。

2. 积极关注"被忽视型"学生。从班级区域来看,学校不但要重视表现好的学生和表现差的学生,更应关注那些容易被忽视的学生。在一个班级里,所谓"被忽视型"学生将近占全班的40%左右,是班级的主力,只有他们的进步,才能带动班级的整体性进步和班级心理健康水平的整体性提高,这才是班级的实质性发展。在一个学生团体中,"表现好的学生"和"表现差的学生"的心理健康情况往往容易被教育者观察到,心理干预也相对较为容易;而"被忽视型"学生一旦出现心理问题,往往是非常内隐的,表现为持续的亚健康状态,这种亚健康状态对学生的学习、生活等活动将产生持续的不良影响,造成学生各种活动效率的降低和质量的下降。如果教师能不失时机地为他们提供各种锻炼的机会,并鼓励他们勇敢表现,将会使他们在接受锻炼的过程中发掘潜质,提高能力,体验成功的乐趣,从而促进他们心理的健康发展。

3. 适当满足有特殊需求的学生。学校不但要照顾全体学生,更应顾及个别具有特殊需求的学生。单亲家庭由于家庭结构和家庭性质的特殊,极易成为问题家庭,这种家庭的学生往往容易成为问题学生,表现出明显的心理问题。所以,单亲家庭的学生是具有特殊需求的学生,这些学生心理健康与否应该成为关注的重点。另外,已经存在有心理问题的学生是明显具有特殊需求的学生。学校应把足够的工作精力放在对这些学生的心理辅导和教育上,使他们及时摆脱心理困扰,恢复健康的心理。

4. 让学生获得心理调适实用技术。学校不但要教给学生科学的心理健康知识,帮助他们积累生活经验,更应帮助他们获得应对挫折、调适心理的合理、有效的方法,如,情绪调解技术、冲突应对方法及生涯规划技术等,这样才能真正帮助他们心理自我成长。

总之,在幼儿师范教育领域中,教育者应当充分了解和认识到学生存在的各种心理健康问题,并在此基础上积极寻找各种有效的方法和途径,帮助学生逐步适应生活,为他们进入社会后的良好适应奠定基础。

二、研究报告的评价

研究报告的形成是一个非常复杂的理论思维过程,要求从纷繁复杂的事实材料中提炼出科学观点,以论点论据的形式,形成有内在逻辑的研究报告体系。因此,研究报告的评价应以报告体系中的选题、文献质量、研究方法、研究过程、研究结果等内容作为评价指标,采用适当的评价方法实施评价,促进学前教育科学研究质量的提高。

(一) 评价指标

评价指标是指对研究报告的各个环节质量的优劣所制定的评判标准。

1. 研究报告的选题

研究报告的选题是研究过程的重要环节,对选题的评价与监控,可以有效地保证研究目标的顺利实现。选题的评价要点是:

(1)切合实际。即选题是否真实、切实可行,以保证研究的顺利实施。

(2)针对性强。即选题是否典型、准确,研究范围的限定是否恰当。

(3)有实用价值。即选题是否新颖、合理,具有现实的实践价值。

2. 研究报告的文献质量

研究报告的文献质量是研究过程的理论保障,对文献质量的评价与把握,能够在一定程度上认识研究成果的优劣。文献质量的评价要点是:

(1)理论构造完备。即文献是否全面系统地反映国内外某领域在某阶段的历史、现状和发展趋势。

(2)理论基础科学。即文献能否用充分的论据和严密的论证为研究选题的进行提供有力的服务,对重要名词术语是否有必要的解释。

(3)理论系统性强。即文献是否与研究课题密切相关,并能在分析研究的基础上统领研

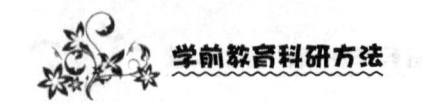

究的进展,凸显研究的重点。

3. 研究方法

研究方法的选择是与研究报告的类型相一致的,研究方法的运用注重科学、合理、规范。研究方法的评价要点是:

(1)合理性。即研究方法的选择是否恰当合理,方法与选题是否匹配。

(2)科学性。即研究方法能否为研究结果的解释和理论的构建提供充分的依据。

(3)规范性。即测量工具是否标准、抽样过程是否规范、变量控制是否严格等。

4. 研究过程

研究过程是研究报告的核心,评价研究过程能确保研究的质量。研究过程的评价要点是:

(1)研究过程要严密。即数据整理、分析过程要严密。

(2)研究过程要科学。即科学收集研究资料,科学使用研究工具等。

(3)研究过程要完整。便于形成研究报告的逻辑结构,形成有力的论证条件。

5. 研究结果

研究结果是研究报告的最终成果,研究结果的评价能最大限度地交流和推广研究成果,促进科研能力的提升。研究结果的评价要点是:

(1)指导性。即研究成果是否对当前学前教育具有理论引领和实践指导意义。

(2)创新性。即研究成果是否着眼于前人未解决或未完全解决的问题,具有内容和思路上的新颖性、独特性。

(3)正确性。即研究成果是否证据充分、实事求是,理论观点表述是否准确、系统和完整。

(4)可读性。即研究成果的文字表述是否简洁流畅,能否准确地反映研究者的专业知识基础、分析综合能力及写作能力。

(二)评价方法

评价方法是指依据一定的评价指标对研究报告进行综合评价的一种科学方法。常用的评价方法有两种。

1. 定性评价法

定性评价法是指由评定委员会每位成员依据一定的评价指标对研究报告进行逐项的、独立的分析,对给出的评语进行集中评价,从而确定质量等级的评定方法。这种方法是先由评定专家说明个人对研究成果的分项和整体评价等级或评语,然后进行集体讨论,统一认识,并在此基础上,由评定委员会归纳全体专家的意见,给出初步鉴定意见,最后再集体讨论,确定评价意见。

2. 等级评价法

等级评价法是指对评价体系中的各项指标赋予权重,按四个或五个等级对研究报告确定分值的评价方法。这种方法是先由评定专家对研究报告的各项指标按等级记分,然后统计评定委员会全体成员的评分,在这个定量评价结果的基础上,再利用定性语言进行全面评价。

思考与实训

1. 如何保证选题的有效性和科学性?
2. 查阅文献的常用方法有哪些?各有什么利弊?
3. 制订教育研究计划应遵循什么原则?它一般由哪些部分构成?
4. 了解数据处理工具 SPSS 的基本功能和操作程序。
5. 简述撰写研究报告的基本要求和格式。
6. 在两所不同的幼儿园中,搜集这两个园中大班女孩的身高、年龄两项数据,分别求出身高及年龄的平均数与方差。

本章参考文献

[1]裴娣娜.教育科学研究方法[M].沈阳:辽宁大学出版社,1999.

[2]威廉·维尔斯马,斯蒂芬·G.于尔斯.教育研究方法导论[M].袁振国,译.北京:教育科学出版社,2010.

[3]刘晶波.学前教育研究方法[M].北京:人民教育出版社,2006.

[4]张宝臣,李志军.学前教育科学研究方法[M].上海:复旦大学出版社,2007.

[5]陶保平.学前教育科研方法[M].上海:华东师范大学出版社,2006.

[6]乔伊斯·P.高尔,M.D.高尔,沃尔特·R.博格.教育研究方法实用指南[M].北京:北京大学出版社,2007.

[7]侯怀银.教育研究方法[M].北京:高等教育出版社,2009.

[8]秦金亮,吕耀坚,杨敏.幼儿教师学做研究:学前教育研究方法新视野[M].北京:新时代出版社,2008.

[9]王坚红.学前儿童发展与教育科学研究方法[M].北京:人民教育出版社.1991.

[10]张燕,邢利娅.学前教育科学研究方法[M].北京:北京师范大学出版社,1999.

[11]张宝臣,李兰芳.学前教育科学研究方法[M].上海:复旦大学出版社,2012.

[12]宁虹.教育研究导论[M].北京:北京师范大学出版社,2010.

[13]孟万金,官群.教育科研:创新的途径[M].上海:华东师范大学出版社,2004.

[14]张民生,金宝成.现代教师:走进教育科研[M].北京:教育科学出版社,2006.

[15]吴亚萍.统计分析指导[M].北京:教育科学出版社,2003.

[16]张建.研究报告撰写指导[M].北京:教育科学出版社,2003.

[17]吴赣昌.概率论与数理统计[M].北京:中国人民大学出版社,2006.

第三章　文献法

学习要点

1. 掌握文献法的概念和特点。
2. 理解文献法的意义。
3. 了解教育文献的类型以及主要分布。
4. 学会按照文献综述的基本要求撰写学前教育研究文献综述。

文献法是一种历史悠久且富有生命力的研究方法，被广泛运用于教育科学研究。源远流长的人类历史沉淀着丰硕的教育文献资料，为文献法的广泛运用提供了宝贵的资源财富。作为一名学前教育工作者，掌握和运用文献法，能够发掘和继承前人的精神宝藏，更好地开展保育教育及相关研究，不断学习先进学前教育理论，了解不同时期国内外学前教育改革与发展的经验和做法，优化知识结构，提高文化素养，不断改进保教工作，推进学前教育事业发展。

第一节　文献法概述

一、文献法的概念

（一）文献的概念

文献在教育科研过程中占有非常重要的位置。文献查阅是进行教育科学研究十分重要的一个环节。"文献"一词最早出现于《论语·八佾》。宋代理学家朱熹注："文，典籍也；献，贤也。"古人以"文"为典籍记录，献就是贤者及其学识。后来发展为专指著述。文献，是把人类的知识用文字、图形、符号、音像等手段记录下来的有价值的典籍，包括各种手稿、书籍、报刊、文物、影片、录音录像、磁带、幻灯片及缩微胶片等。国家标准局于1983年批准颁布的《检索期刊编辑总则》(GB3468-83)中，将"文献"界定为"记录有知识的一切载体"。

（二）文献法的概念

文献法，又称历史研究法或资料研究法，是指研究者搜集、整理、分析各种有关的文献资料，由此借鉴和比较不同时代、不同社会背景、不同国家的教育经验、教育措施与效果，从而达到某种研究目的的方法。文献法不仅是一种独立的科学研究方法，也是任何教育学科研究必不可少的重要环节和前提条件。

二、文献法的意义

在学前教育科学研究中使用文献法,具有以下重要意义:

(一)帮助研究者提高研究效率

首先,通过查阅文献,研究者可以对有关研究领域的情况有一个全面、系统的认识和了解,确定在该领域其他研究者已经做过哪些研究,以及他们是如何开展各自的研究的,准确把握该领域的研究水平、研究重点、难点、方法和经验以及存在的问题,从而帮助研究者选定研究课题,形成研究假设,避免一些重复性的、低效的研究。

其次,通过文献查阅,研究者可以更进一步进行研究课题的设计和论证,形成研究方案的基本框架。实践证明,研究者如果较好地参考前人的研究方案,分析其具有的优势与存在的不足,并适时地借鉴到自己的研究中,将有助于研究者取得较好的研究效果。

再次,查阅大量的文献有助于研究者依据已有的理论以及他人的研究成果来解释自己的研究结果。对有关文献资料了解越详细,研究者在解释自己的研究结果、下结论时就越恰当,相应的,撰写的研究论文或研究报告的质量以及价值均会有很大提高。

(二)文献法可以作为一种独立的研究方法

文献法不仅是一种重要的搜集资料的方法,还是一种独立的和专门的研究方法。这一点也是文献法与其他研究方法之间最大的不同。例如实验法、测量法、问卷法、访谈法、观察法,主要的功能就是搜集资料,而对它们搜集到的资料进行整理、分析和研究则是用一些通用的专门方法来完成。文献法与这些研究方法不同,它可以独立完成某些课题从搜集资料到分析研究的全过程。例如一些旨在再现或分析既往学前教育现象的课题,或者是研究不可能重现的现实社会的某些教育事件,以及时间跨度大的纵贯性课题等,都只能通过文献法完成。

三、文献法的特点

文献法由于其资料获取方式的独特性,具有自身的特点:

(一)历史性

文献法的资料获取来源主要是已经形成的各种手稿、书籍、报刊、文物、影片、录音录像、磁带、幻灯片及缩微胶片等。这些资料是通过其他研究者已经做过的研究积累下来,并且大多已经形成文字性资料。研究者需要做的就是根据前人积累的这些史料重新开展自己的研究。从这一点来看,研究者在运用文献法进行学前教育科学研究时,主要是与"史料"打交道,对前人的研究成果进行搜集、整理、分析和研究,其研究结果较少因为各种主客观因素的干扰形成误差。

(二)逻辑性

文献法并不仅仅是将前人的研究成果简单地拼凑在一起,它要求学前教育科学研究者在整理、分析文献资料时,根据研究主题的需要,用富有逻辑性的框架和语言将文献资料重新整合,运用逻辑分析的方式呈现理论研究成果。

（三）灵活性

文献法由于较少受到时空限制,具有很强的灵活性。从研究时间上看,研究者可以花少则几天,多则数载来开展研究;从研究空间上看,研究者可以在办公场所、图书馆,甚至自己的家里完成研究。

（四）批判性和创造性

前人的研究成果仅仅代表当时人们对教育现象和规律的看法,随着教育理论和实践的迅速发展,教育文献也呈现出不断更新的态势。这就要求学前教育科学研究者对前人的研究成果进行批判性的借鉴和继承,而不能盲目地照单吸收,也不能武断地全盘否定。

此外,研究者在搜集、整理、分析、研究文献的过程中,还应该在合理批判的基础上对原有文献进行创新,形成自己科学独到的观点。

第二节 教育文献的类型与分布

一、教育文献的类型

教育文献数量庞大,内容丰富,形式多样,按照不同的标准,可以把教育文献分为以下几种类型。

（一）按加工程度划分

按照加工程度的不同,文献可以分为三种类型:

1. 一次文献

一次文献也称作原始文献,主要包括专著、论文、调研报告、档案材料等以作者本人的实践为依据而创作的文献,是直接记录事件经过、研究成果、新知识、新技术的文献,具有创造性,有很高的直接参考和借鉴使用价值。但由于一次文献比较分散,因此研究者在搜集和查阅的过程中会遇到一定困难。

2. 二次文献

二次文献即对原始文献加工整理,使之系统化、条理化的检索性文献,一般包括题录、书目、索引、提要和文摘等等。二次文献常常由文献工作者承担完成,具有报告性、汇编性和简明性等特点,是对一次文献的摘编、分类或合辑以及再认识,是检索工具的主要组成部分。

3. 三次文献

三次文献即在二次文献的利用基础上,对某个学术领域内的一次文献进行广泛地、深入地分析研究后,通过综合、浓缩的方式形成的参考性文献。主要包括动态综述、专题述评、进展报告、数据手册、年度百科大全以及专题研究报告等。此类综述性文献具有覆盖面广、浓缩度高、信息量大、内容新颖等特点。

三种类型的文献之间的关系可以用图3-1来表示①。

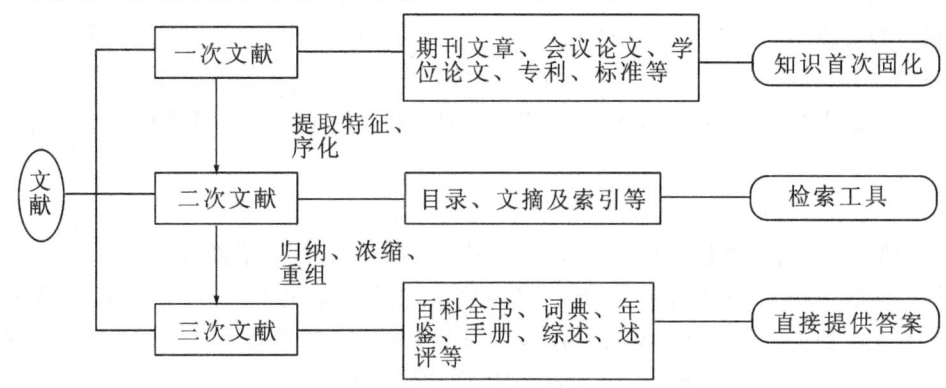

图3-1 按照加工程度划分的三种文献类型

(二)按出版形式划分

按照出版形式,可以把教育文献分为以下几种类型:

1. 图书

图书是获得某一领域一般性知识的首要选择,是指以传播知识为目的,用文字或其他信息符号记录在一定形式的材料之上的著作物。作为人类社会实践的产物,图书处于不断发展更新中。联合国教科文组织对图书的定义是:凡由出版社(商)出版的不包括封面和封底在内49页以上的印刷品,具有特定的书名和著者名,编有国际标准书号,有定价并取得版权保护的出版物称为图书。与其他出版物相比,图书最大的优势就是内容相对系统、全面、成熟、可靠。

2. 连续性出版物

连续性出版物即若干种具体的定期连续刊行物的总称,如期刊、报纸、公报、通报、丛刊、年报(报告、年鉴、名录等)、学会汇刊以及专著性丛刊等。

3. 特种文献

特种文献即出版发行和获取途径都比较特殊的科技文献,一般包括会议文献、科技报告、专利文献、学位论文、标准文献、科技档案、政府出版物七大类。特种文献特色鲜明、内容广泛、数量庞大、参考价值高,是非常重要的信息源。

(三)按载体形式划分

按照文献的载体形式,将文献划分为以下四种类型:

1. 印刷型文献

印刷型文献即以纸张为载体,主要通过印刷手段(诸如铅印、石印、胶印、油印等)所形成的文献。印刷型文献虽然是最为传统的一种文献形式,但也是迄今为止最主要的文献形式。主要包括各种纸质的书籍、期刊等。其优点是便于阅读与传播;缺点是篇幅过于庞大,体积笨重,需要占据大量的储藏空间,难以实现自动输入和自动检索。

---

① 王彩凤,庄建东.学前教育研究方法[M].北京:北京师范大学出版社,2011:46.

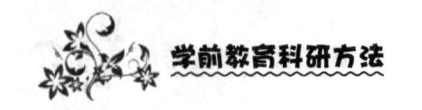

2. 缩微型文献

缩微型文献即印刷型文献的缩微复制品，是利用照相复制的方法，把文献资料的记录缩小，感光复制而成的一种文献形式。目前的缩微型文献主要包括缩微胶卷、缩微胶片和缩微卡片等。其优点是体积小，存储密度高，传递方便。缺点是不能直接阅读而必须借助缩微阅读器。

3. 电子型文献

电子型文献又称为机读型文献。是一种采用高新技术手段，把资料存储在磁盘、磁带或光盘等一些媒体中，形成多种类型的电子出版物。主要包括电子图书、电子期刊、各种联机信息库和光盘数据库产品或软盘、磁带等产品，以及电传文本和电子邮件等。其最大的优点是开启了人类历史上最便捷、最高效的知识生产和传播方式。

4. 声像型文献

声像型文献又称为视听文献或直感文献，是一种以磁性材料或感光材料为存储介质，借助特殊的机械装置，直接记载声音或图像信息而产生的一种文献形式。主要包括唱片、录像带、录音带、幻灯片、电影片、电视片等。其优点是存储密度大、直观、真切，给人以如闻其声、如见其形、身临其境的感受，容易被人接受和理解。

二、教育文献的主要分布

研究者通常以这样几种方式来呈现自己的研究成果：书籍、学术期刊文章、报纸、学位论文、年鉴、政策报告与学术会议。此外，也有一些研究者以论文的形式发表在专业学会的会议上。这些研究成果大多可以在大学或学院的图书馆中找到。

（一）书籍

书籍包括名著要籍、教育专著、教科书、资料性工具书等。它是教育科学文献中品种最多、数量最大、历史最长的一种信息源。

1. 名著要籍

名著要籍指一个时代、一个学科、一个流派最有影响的权威著作，古今中外诸多教育家、哲学家的教育著作都属于这个范畴。例如卢梭的《爱弥尔》，杜威的《民主主义与教育》，蒙台梭利的《蒙台梭利早期教育法》，福禄贝尔的《幼儿园教育学》以及我国的《论语》《大学》等。名著经历了时代的洗礼有着历久弥新的魅力，也因此成为教育研究者进行教育研究的基本知识储备。

2. 教育专著

教育专著是指就教育领域某一学科、某一专门问题进行系统全面深入的论述，内容专深，大多是作者多年研究成果的结晶。专著中通常阐明作者本人的独到见解，介绍新颖的材料，通常反映学术研究的最新进展，论述较为系统，形式规范。专著往往就某个问题发展历史和现状，研究方法和成果，不同学派的观点和争论，以及存在的问题和发展趋势加以论证，并附有大量的参考文献和书目。此外，论文集作为汇集了大量教育学者学术论文的专著，其信息容量大、学术价值高等优点也使其成为教育研究者青睐的重要文献来源。

3. 教科书

教科书作为一种专业性书籍，具有严格的科学性、系统性和逻辑性等特点。其内容涵盖了教育科学的基本理论、基础知识、学科领域内的科研成果、已经讨论的问题。要求学术的稳定性，名词术语规范，结构系统严谨，文字兼具学术性与通俗性。幼儿教师在职前教育中，会学习大批学前教育专业教科书，例如《学前教育学》（黄人颂主编）、《学前心理学》（陈帼眉著）、《学前卫生学》（万钫著）、《简明中国学前教育史》（何晓夏编著）、《比较学前教育》（李生兰著）等。

4. 资料性工具书

资料性工具书主要包括教育辞书和百科全书。首先，教育辞书主要提供教育科学名词术语，规范精确，以条目形式呈现。辞书的格式为第一句破题，后面是基本论点，如《幼儿教育百科辞典》。其次，百科全书是对人类一切门类或某一门类知识的完备概述，除了提供定义，还详细阐述了原理、方法、历史和现状、统计和书目等各方面的资料，着重反映当代学术的最新成就，如《中国学前教育百科全书》等。百科全书既能提供最新的学术信息和科研成果，又能提供系统性的知识，内容全面、精准、新颖，文字规范、严密。由于有众多专家学者撰稿，又使其具有较强的权威性。

5. 科普读物

科普读物把复杂的科学理论用简明易懂的语言深入浅出地加以说明，使一般读者能够明白其中的道理。学前教育的科普读物多为普及学前教育科学知识而编写的通俗读物，一般来说，具有内容简单、文字精练、配图释义、浅显易懂等特点。

(二) 报刊

报纸和期刊都属于连续性出版物，有出版周期短，更新速度快，内容新颖，论述深入，及时反映研究活动动向等特点，是教育研究者重要的参考文献类型。

1. 报纸

报纸以刊登新闻和评论为主，主要包括日报、周报等。目前，我国出版发行的有关教育方面的专业性报纸多达几十种，例如《中国教育报》《中国教师报》《教育周刊》《教育文摘周报》《上海教育报》等。再比如一些地方性教育报纸，《江苏教育报》《湖北教育报》等。此外，还有《光明日报》《文汇报》等大报的教育科学版刊载教育方面的理论性文章。报纸发行广泛，信息传递迅速，但材料分散不系统，不易保存。

2. 期刊

期刊是定期出版的刊物，例如旬刊、月刊、季刊等。期刊最大的优点就是拥有数量庞大的投稿者和读者群，出版周期短，内容新颖，论述深入，发行量大，通常反映相关学科领域研究的前沿动态和最高水平，是教育研究者查阅文献最有效且简便的重要途径。

目前我国有400多种教育专业期刊，研究者在开始着手进行文献检索时，面对众多类型的期刊，很容易产生困惑。实际上，在熟练文献检索后，可以将众多类型的期刊分为以下几种：①为普通大众准备的大众市场报纸和杂志；②大众化的社会科学杂志；③知识分子争论和表述观点的杂志；④研究者呈现研究发现或向科学共同体提供其他交流的学术期刊。虽然前三类期刊中的文章偶尔也会谈论发表在别处的研究发现，但只有第四类期刊——学术期刊，才有以完整形式出现的、经过同行评议的经验研究发现，因而它也理所当然地成为研究者获得文献的重要来源之一。

教育科学领域内的期刊主要有三类：一类是杂志。刊载有关科学论文、研究报告、文摘、综述、评述与动态，兼容性较强。例如《学前教育研究》《幼儿教育》《早期教育》等杂志。一类是汇报、集刊、丛刊、汇刊及高校的学报。例如《中国教育：研究与评论》《华东师范大学学报教科版》《湖南师范大学教育科学学报》等。还有一类是文摘及复印资料，这是一种资料性及情报索引刊物。例如中国人民大学分科的报刊复印资料，经过专门人员精心选编成册定期出版，有重要文章，并附有一定时期内主要文章的篇目索引，可帮助研究者及时掌握某一特定课题的文献概况。

（三）教育档案

档案是直接形成的历史记录，它继承了文件的原始性和记录性，是再现历史真实面貌的原始文献。档案也因此而具备凭证价值的重要属性，并以此区别于图书情报资料和文物。教育档案主要包括教育年鉴、教育法令集、教育统计、教育调查报告、学术会议论文、资料汇编、名录等。

1. 教育年鉴

教育年鉴是以全面、系统、准确的语言记录上年度重要教育事件、学科发展状况与各项统计资料的工具书。年鉴集辞典、手册、年表、图录、书目、索引、文摘、表谱、统计资料、指南、便览于一身，年鉴内容完备翔实，项目齐全，查阅方便，因此它是研究新课题的信息密集型工具书。以《中国基础教育学科年鉴学前教育卷2010》为例，该年鉴是由教育部基础教育课程教材发展中心和全国教育科学规划重点课题"基础教育学科资源保护开发与应用研究"课题组委托左志宏和宋占美组织编写，北京师范大学出版社于2011年出版发行，对该年度中国学前教育领域的理论与实践做全局性的回顾和总结。

2. 手册

手册，通常汇集了经常需要参考的文献资料，就某一分支学科有关问题的历史和现状、方法和结果以及各种争论观点进行广泛客观的叙述，不涉及作者本人见解。手册以记事为主，通常包括专论、综述、统计资料和附录等。手册具有类例分明、资料具体、叙述简练、查阅方便等优点。例如美国教育研究协会出版的《教学研究手册》，就是教育学领域非常权威的手册类文献。

3. 政策报告与学术会议文献

教育研究者要想获得全面的文献资料，都会考察这两大文献来源。但是这两种文献来源对于所有研究者而言，都不易获取。研究机构和政策中心也出版论文与报告。一些主要的研究图书馆会购买这些报告，并将它们与专著摆放在一起。研究者要想确定这些机构已经出版了哪些报告,唯一的方法就是直接联系这些机构或者研究中心,索取已出版的报告目录。

此外,每一年,教育学界的专业学会以及拥有教育学专业的高校都会举行教育学年度会议。数以百计的研究者齐聚一堂,发表、听取或讨论最新研究的口头报告。与会者可以在会议召开前向主办方提交学术论文,并且在参会时大都可以取得口头报告的书面资料。这些学术论文集结成册,成为重要的文献来源。

4. 学位论文

学位论文是研究生进行专题研究后为取得某种学位而撰写并提交的科学论文,是带有一定独创性的一次文献,一般选题论证充分,文献综述较全面,探讨问题通常比较专深。对于教育研究者而言,在开展研究之前,如果能搜到与自己研究相关的高质量博士论文,将对自己的研究非常有帮助,因为博士论文往往有较强的原创性与学术前瞻性。

在我国,学位论文多数不公开发表,由研究生招生单位保存,国务院学位委员会指定北京图书馆、中国科技情报所和社会科学研究所分别负责收藏各个级别的学位论文。一些专门性的索引会列出已完成的博士论文及授予其博士学位的大学。例如,《全球博士论文摘要》(Dissertation Abstracts International)列有博士论文的作者姓名、题目和学校,该索引依据博士论文的主题加以编辑,并且附上每本博士论文的摘要。

(四)电子文献

随着信息时代的到来以及网络技术的迅速发展,网络成为研究者获取信息资源的重要来源之一。在网络上进行信息交流,可以不受时空限制,从网络上获取的电子文献主要包括以下四种。

1. 网站

研究者通过互联网,可以登录国内外各个著名大学、研究机构、图书馆信息系统获取最新的文献信息。例如哈佛大学网站(http://www.harvard.edu)、世界学前教育组织网站(http://www.omepuk.org.uk)、中国学前教育研究会网站(http://www.cnsece.com)、联合国儿童基金会网站(http://www.unicef.org)、北京大学图书馆网站(http://lib.pku.edu.cn/portal)等。通过网站获取信息是一种非常高效、便捷的文献资料获取方式。

2. 电子邮件

电子邮件作为研究者之间进行信息交换的通讯方式,方便研究者之间进行信息的交流和数据的传递,使不同研究者在信件、文件、图像等资料传递时更加迅速便捷。

3. 电子期刊

电子期刊又称为电子出版物、网上出版物。从广义上讲,任何以电子形式存在的期刊都可以称为电子期刊,涵盖通过联机网络可检索到的期刊和以 CD – ROM 形式发行的期刊。目前电子期刊已经进入第三代,和电子杂志一样,以 flash 为主要载体独立于网络存在。

电子期刊从投稿、编辑出版、发行订购、阅读乃至读者意见反馈的全过程都是在网络环境中进行的,任何阶段都不需要用纸,它与传统的印刷型期刊有着本质的区别。电子期刊是以高新技术,包括光盘、网络通讯技术为载体,经过信息技术人员加工处理,运用现代技术检

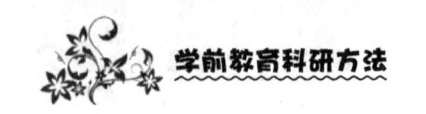

索手段，以满足信息需求的出版物。融入了图像、文字、声音、视频、游戏等相互动态结合来呈现给读者，此外，还有超链接、即时互动等网络元素，是一种非常节省成本又令人享受的阅读方式。

4. 电子公告板

电子公告板是因特网提供的一种信息服务，为用户提供一个公用环境，以寄存函件、读取通告、参与讨论和交流信息。它为人们提供一块公共电子白板，每个用户都可以在上面书写，自由地发布信息或提出个人看法，有助于教育研究者和世界各地的同行进行学术交流。

教育文献的分布极其广泛，搜集渠道更是多样。教育研究者在检索教育文献时，应该主要检索一级文献，特别是有较高学术价值，在教育学领域中权威性高、信息量大、使用率高、受到学界公认的文献资料。

第三节　文献的查阅步骤与方法

一、文献的查阅步骤

（一）界定和细化主题

研究者在开始一项研究时，首先应有计划、明确界定出一个主题与研究的问题，开始着手文献回顾时，也必须从一个定义清楚、焦点明确的研究问题与搜寻计划开始。一个好的文献回顾主题要有一个和研究问题一样明确的焦点。研究者常常是在回顾了所有文献之后，才决定最后准备锁定的研究问题。文献回顾会带出比这个研究问题更为宽泛的焦点。

（二）制订搜寻资料的计划

在选出研究焦点问题准备进行回顾之后，下一步就是规划搜集资料的策略。研究者需要决定从事的是哪一类的文献回顾、回顾文献的广度以及准备回顾的资料类型。达到目标的关键在于谨慎、系统和组织。设定搜集的参数：需要花多少时间、最远搜寻多久以前的文献、最少回顾基本研究报告等等。

同时，还要计划好如何记录找到的每一个参考书目的出处，以及如何记笔记，例如记在笔记本内，还是记录在卡片或电脑文档中。最好事先制定出时间表以使资料的搜寻更有计划性。同时，必须建立一个资料夹或电脑档案，尽可能记下所有相关的资料来源，以及临时想到的新资料来源。随着文献回顾的进展，研究焦点会越来越明确。

（三）加工处理文献

搜寻到大量文献之后，接下来需要做的就是对这些文献进行加工处理，主要包括对文献的分类整理、筛选鉴定、剔除重复和价值不大的文献，核对重要文献的出处以及来源。对研究有参考价值的文献要做好摘要、笔记或卡片，以备后用。

二、文献的查阅方法

(一)检索工具查阅法

检索工具查阅法是指利用已有的检索工具来查阅所需文献的方法。可以进一步分为手工检索工具和计算机检索工具。

1. 手工检索工具

手工检索通过采用手工方式来查阅文献线索和文献资料,以获取所需要的文献资料。常用的检索工具有书目、目录卡片、索引、文摘、辞书、百科全书和年鉴等。虽然手工检索较为费时费力,需要花费大量的人力和时间,而且容易误检和漏检,但是因其简单、灵活、容易掌握等特征,有助于研究者查阅到原始资料。

(1)书目

书目即图书目录,是揭示与记录一批相关文献的工具书,统计和反映某一时期正式出版的图书总目。优秀的书目能反映某一时期某一学术领域的概貌,具有重要的参考价值;书目传递目录信息,报道较全面的研究成果,介绍图书内容,反映出版和收藏情况,供查参考书的流传和存佚。

(2)目录卡片

目录卡片是指藏书机构(图书馆、资料库等)简要记录文献资料要点的卡片。从1861年美国哈佛大学图书馆首创使用卡片目录,至今已有一百多年历史。目录卡片一般记载文献分类、书名、著者、出版信息、年代、页数、尺寸、规格、国家标准图书号以及馆藏索书号和馆藏登录号等信息。图书馆目录卡片的种类有分类目录、书名目录、著者目录以及主题目录。分类目录是以图书分类编码为检索标志的目录体系;书名目录是以图书书名为检索标志的目录体系;著者目录是以作者姓名为检索标志的目录体系;主题目录是以图书内容的主题为检索标志的目录体系。研究者可以根据各自的需要进行文献查阅。

(3)目录索引

目录索引是将一定时间内各类文献中具有检索意义的特征(如词语、人名、书名、刊名、篇名、主题等)分别摘录,按时序、字序分类排列的一览表,便于文献资料检索。

(4)文摘

文摘是检索刊物中描述文献内容特征(文献提要)的条目(也包括题录部分),是一种文献著录的结果。具体地说,文摘是简明、确切地记述原文献重要内容的语义连贯的短文。文摘具有这样几个显著作用:一是通报最新科学文献;二是节省阅读时间;三是引导检索原文;四是能够获取因语言障碍无法得到的文献。

(5)参考工具书

参考工具书是专供读者检索查找有关知识、资料或事实,按一定排检次序加以汇编的书籍。字典、辞典(词典)、百科全书、统计资料、年鉴、手册、大事记、传记等都是参考工具书。

2. 计算机检索工具

计算机检索工具是指由计算机程序人员编制的、储存于计算机中帮助研究者查阅文献

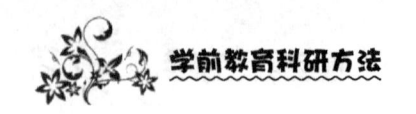

资料的软件。一般分为两种：一种是图书馆或资料中心使用的文献检索系统，它和该图书馆或资料中心的数据库连接，研究者能利用它从数据库中检索出所需资料；另一种是互联网上各种网站提供的搜索引擎，如谷歌、百度、新浪等，研究者可以利用搜索引擎从互联网上搜索需要的文献。

(1) 利用网络数据库检索文献

以中国期刊全文数据库为例，要检索《学前教育研究》2012年以来刊载的文章，在中国期刊全文数据库界面中，左侧查询范围勾选"教育与社会科学综合"，页面上方检索项选择"刊名"，检索词输入"学前教育研究"，时间范围选择"从2012到2012"（如图3-2），然后点击检索按钮即可出现《学前教育研究》杂志2012年以来刊载文章情况（如图3-3）。

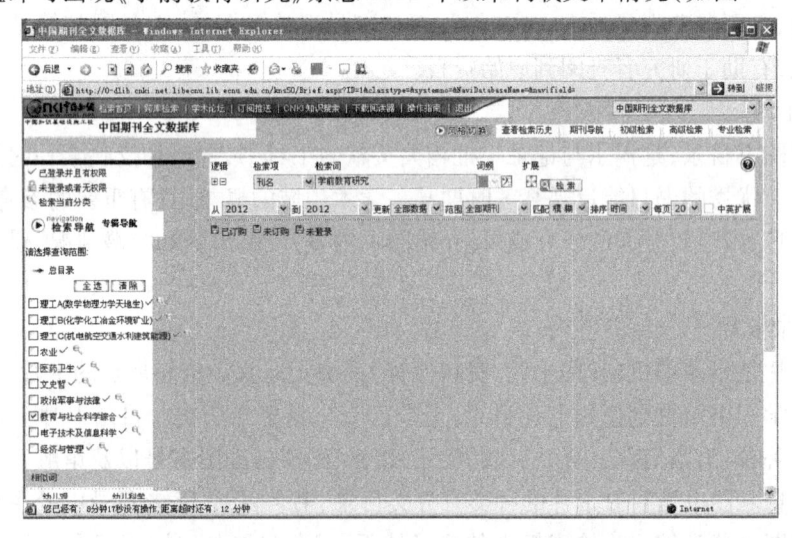

图3-2 中国期刊全文数据库检索界面

图3-3 中国期刊全文数据库检索结果

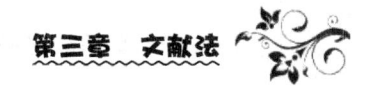

(2)利用搜索引擎检索文献

以百度为例,搜索关于"幼儿园教育指导纲要"的信息,可以在检索输入框里输入"幼儿园教育指导纲要"(如图3-4),单击"百度一下"按钮,就可以出现关于"幼儿园教育指导纲要"的信息(如图3-5)。

图3-4 百度搜索界面

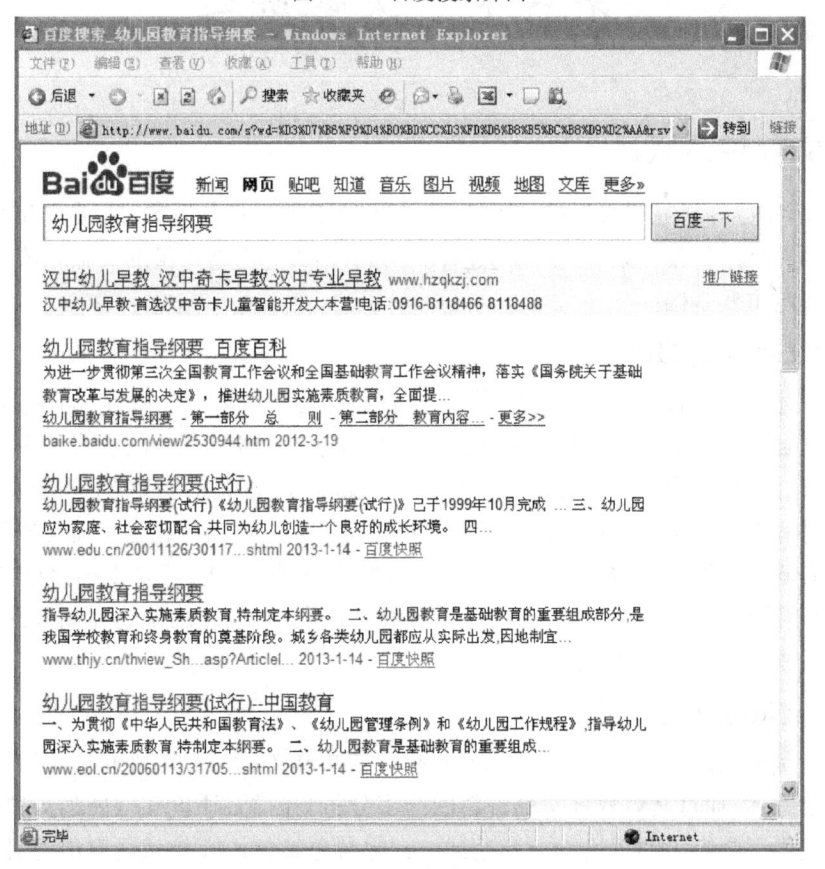

图3-5 输出结果

(二) 参考文献查阅法

参考文献查阅法又称为引文查找法、跟踪查找法，即以已掌握的教育科学文献中所列出的引用文献、附录的参考文献作为线索，追踪查找有关主题的文献。采用这种方法通常是从研究者自己掌握的最新研究资料或者某一课题研究中最具有权威性和代表性的文章开始，根据其后所列的参考文献或引言注释去查阅过去的相关文献，再根据查阅到的过去的文献资料的引文和参考文献查阅更早一些的相关文献，以此类推，追根溯源。

利用这种文献查阅方法，其优点在于通过回溯方式，能够找出有关研究领域中重要而又丰富的原始文献资料，并且文献相对集中，方便研究者在较短时间内高效地获得大量的文献资料。缺点是会在很大程度上受到文献资料原作者引用资料的局限性和主观性影响，资料杂乱缺乏时序性。因此，在使用参考文献查阅法时，一定要注意查阅相对权威的综述或专著，并且结合其他检索方法的使用。

在实际的文献检索过程中，研究者往往不只采用一种检索方法，而是将手工检索、计算机检索以及参考文献检索结合起来使用，以便能够全方位获得文献资料。

第四节 文献综述

一、文献综述概述

在搜集、阅读并研究了大量的文献之后，为了便于进一步开展研究，研究者需要对相关研究主题的文献进行较为系统、全面的述评。因此，形成一份高质量的文献综述将为研究的顺利开展奠定重要基础。

(一) 文献综述的概念

文献综述是指教育研究者在确定了选题后，在对选题所涉及的研究领域的文献进行广泛阅读和理解的基础上，对该研究领域的研究现状（包括主要学术观点、前人研究成果和研究水平、争论焦点、存在的问题及可能的原因等）、新水平、新动态、新技术和新发现、发展前景等内容进行综合分析、归纳整理和评论，并提出自己的见解和研究思路而写成的文章。它要求研究者既要对所查阅资料的主要观点进行综合整理、陈述，还要根据自己的理解和认识，对综合整理后的文献进行比较专门的、全面的、深入的、系统的论述和相应的评价，而不仅仅是相关领域学术研究的"堆砌"。

(二) 文献综述的意义

研究者撰写文献综述，具有以下几个方面的重要意义：第一，对研究具有指导作用。一篇好的文献综述，通过其对教育文献资料的严密分析与总结、评价和发展趋势预测，为新课题的确立提供了强有力的理论支持和论证。它起着总结该研究领域研究历史、指导提出新课题和推动理论与实践新发展的重要作用。第二，为其他想要从事相关研究的研究者提供某一领域的信息资料。逻辑严密的文献综述能够为某一领域的后继研究者提供该领域的最新动态和最新进展,为后继研究者节省时间和精力,使他们可以凭借某一领域的文献综述进一步搜集资料,完善研究。

(三)文献综述的特征

1. 综合性

综述既要以某一学科领域的发展为纵线,反映该学科领域当前的进展情况,又要进行国内外的横向比较,要做到"纵横交错"。只有如此,文献综述才会在占有大量素材的基础上,经过综合分析、归纳整理、消化鉴别,使材料更精练、更明确、更有层次和更有逻辑,进而把握本专题发展规律和预测发展趋势。

2. 评述性

在进行文献综述时,首先应该尊重文献作者的本意,以客观中立的态度描述文献作者的观点。但文献综述并不是将现有文献简单地加以"堆砌",而是要求研究者在描述他人观点的同时,表明自己的学术观点与立场,同时,对前人的研究做出合理的评价。一篇好的文献综述,应当是既有观点,又有事实,是一篇"有骨又有肉"的好文章。

3. 先进性

综述不是写学科发展的历史,而是要搜集最新资料,获取最新内容,将最新的信息和科研动向及时传递给读者。

二、文献综述的类型

依据不同的划分方式,可以把文献综述划分为以下几种类型。

(一)按文献综述信息含量划分

1. 叙述性综述

叙述性综述是围绕某一问题或专题广泛搜集相关的文献资料,对其内容进行分析、整理和综合,并以精练、概括的语言对有关的理论、观点、数据、方法、发展概况等做综合,客观地描述信息分析产物。叙述性综述最主要的特征是客观性,即研究者必须客观地介绍和描述原始文献中的各种观点和方法,一般不提出撰写者的评论、褒贬,只是系统地罗列。叙述性综述的特点使得读者可以在较短时间内,花费较少的精力了解到本学科、专业或课题中的各种观点、方法、理论、数据,以便研究者把握全局,获取资料。

2. 评论性综述

评论性综述是在对某一问题进行综合描述的基础上,沿纵向或横向做对比、分析和评论,提出作者自己的观点和见解,明确取舍的一种综述类型。评论性综述的主要特征是分析和评价,因此也有人将其称为分析性综述。评论性综述在综述各种观点、理论或方法的同时,还要对每种意见、每类数据、每种技术做出分析和评价,表明撰写者自己的看法,提出最终的评论结果,可以启发思路,引导研究者寻找新的研究方向。

3. 专题研究报告

专题研究报告是就某一专题(一般是涉及国家经济、科研发展方向的重大课题)进行反

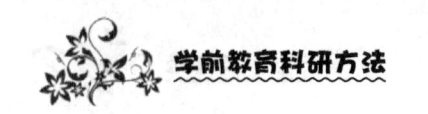

映与评价,并提出发展对策、趋势预测,是一种现实性、政策性和针对性很强的情报分析研究成果。其最显著的特点是预测性,它在对各类事实或数据、理论分别介绍描述后,进行论证、预测的推演,最后提出对今后发展目标和方向的预测及规划。专题研究报告对于科研部门确定研究重点和学科发展方向,政策制定者制定各项决策、有效实施管理起着参考和依据的作用。这一类综述主要表现为预测报告、可行性研究报告、专题调研报告、建议、对策与构想报告等。

(二)按文献综述报道时间划分

根据文献综述报道内容的时间范围划分,可以分为动态性综述、回顾性综述和预测性综述三类。

1. 动态性综述

动态性综述主要以描述近期各类现实动态为主,如政治动态、科研动态等。新闻综述是最为典型的动态性综述。这类综述的时效性强,反映某一研究领域的最新发展态势。

2. 回顾性综述

回顾性综述描述过去一定时期内的成果和发展历程,总结性较强,以作为当前研究的参考。

3. 预测性综述

预测性综述是在综述的基础上,对未来一定时期内某一学术领域或者研究主题的发展方向和目标提出预测的文献综述。

(三)按综述报道的时空范围划分

按照综述报道的时空范围划分,可以把文献综述划分为横向综述和纵向综述两类。

1. 横向综述

横向综述不分时序,按照主题或地域、国家、产品等展开叙述,有利于同一研究主题在同一水平上对比。

2. 纵向综述

纵向综述按时间发展的顺序展开叙述,可揭示综述主题的发展速度,反映各个时间段同一研究主题的研究水平。

三、文献综述的基本格式

文献综述的基本功能就是向读者介绍某一学科领域的有关研究的详细资料、动态、进展、展望以及对以上方面的述评,其格式与一般研究性论文的格式有所不同。文献综述的格式多样,但总体而言,一般都包含了前言、正文、结论和参考文献四个部分。

(一)前言

这一部分主要阐明综述的对象,说明写作目的,介绍有关的概念、定义、文献的范围及其基本内容提要,使读者形成对文章综述对象的初步轮廓。文献综述的前言部分要求语言精练、简明扼要,还应该力求突出重点。

（二）正文

正文部分是文献综述的主体部分，主要包括论据和论证两个部分。其写法多样，没有固定的格式，既可以按照年代顺序综述，也可以按照不同的问题进行综述，还可以按照不同的观点进行横向比较。但是无论采用哪种格式进行综述，都要将搜集到的文献资料加以归纳、整理及分析比较，阐明有关主题的历史背景、现状和发展方向，以及对这些问题的评述。文献综述的正文部分正是研究者通过提出问题、分析问题和解决问题，在比较不同学者对同一问题的看法及其理论依据时，进一步使问题明晰化并提出自己见解的过程。在文献综述的正文部分，需要特别注意应用并评述某一学科领域具有较强代表性、科学性和原创性的文献。

（三）结论

结论部分是对正文部分所做的简明扼要的归纳小结，对某一学科领域不同学者的观点进行综合评价，在此基础上提出自己的观点、见解或建议，并指出存在的问题，展望未来发展的方向。

（四）参考文献

在文献综述的最后，一定要列出参考文献。这样做有两个好处：第一，方便后继研究者回溯查找某些相关文献；第二，表达对被引用文章作者的尊重，同时也表明自己文献资料的来源依据。参考文献的格式要按国家标准 GB7741－87 规定，统一用阿拉伯数字顺序编号，一般序号用方括号括起。

四、撰写文献综述的基本要求

文献综述在一份研究计划中可能会超过三分之一的篇幅，可以说是开展研究最重要的一步，它帮助研究者选择、界定研究问题，避免无效或者低效的研究，同时获得有效的研究方法。具体而言，撰写文献综述有以下几个要求。

（一）全面搜集文献

掌握全面、大量的文献资料是写好综述的前提，一篇好的文献综述能使读者从中了解到某一学科领域或某一课题研究的全貌，这就要求研究者尽可能多地占有相关文献资料。一般来说，相关文献都不止"一块"，文献综述的视野不能太狭隘。如果查阅的文献资料有限，甚至犯了以偏概全的错误，就会误导读者，传递错误信息。

（二）学会鉴别文献

在占有大量文献资料之后，最为关键的一步就是如何在浩瀚的文献资料中筛选出具有代表性、权威性、可靠性、科学性、前瞻性和针对性的资料。一些文献属于某一学科领域或某个课题的核心文献，另一些文献属于边缘文献，要学会识别。如果有与本研究非常类似的，甚至研究同一问题的研究，则需要介绍，并给出需要再做一次类似研究的充分理由。同时，对一些有关研究方法和研究视角的文献也要给予必要的关注。

（三）科学抒发己见

在撰写文献综述时，并不是将已有观点进行简单的罗列，而是在仔细地阅读、分析、研究

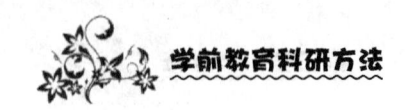

已有文献之后,系统、全面、客观地总结某一学科领域或某个研究课题的研究进展,并对已有研究做出批判性的分析和评价。这就要求研究者在撰写文献综述时,不仅要善于发现问题,还要敢于创新,科学发表个人观点。

思考与实训

1. 什么是文献法?
2. 文献法的意义与特点有哪些?
3. 按照加工程度可以将文献划分为哪几种类型?每个类型各举一个例子。
4. 按照文献查阅的步骤与方法,结合学前教育专业,选择一个感兴趣的主题搜集相关文献资料。
5. 利用第4题中搜集到的文献资料,按照文献综述撰写的基本要求,写一篇文献综述。

本章参考文献

[1]陶保平.学前教育科研方法[M].上海:华东师范大学出版社,2006.
[2]张万兴.课程改革中的教育科研方法[M].北京:中央民族大学出版社,2004.
[3]杨世诚.学前教育科研方法[M].北京:科学出版社,2007.
[4]邱小捷.中小学教育科研方法[M].北京:高等教育出版社,2004.
[5]威廉·维尔斯马,斯蒂芬·G.于尔斯.教育研究方法导论[M].袁振国,译.北京:教育科学出版社,2010.
[6]魏薇,王红艳,路书红.教育研究方法[M].济南:山东人民出版社,2012.
[7]杨小微.教育研究的原理与方法[M].上海:华东师范大学出版社,2010.
[8]刘良华.教育研究方法专题与案例[M].上海:华东师范大学出版社,2007.
[9]梅雷迪斯·D.高尔,沃尔特·R.博格,乔伊斯·P.高尔.教育研究方法导论[M].许庆豫,译.南京:江苏教育出版社,2002.
[10]贺祖斌,王屹.职业教育研究方法[M].北京:北京师范大学出版社,2010.
[11]张红霞.教育科学研究方法[M].北京:教育科学出版社,2009.
[12]刘全礼,邓猛,熊琪.实用特殊教育研究方法概论[M].长春:东北师范大学出版社,2012.
[13]朱德全,李姗泽.教育研究方法[M].重庆:西南师范大学出版社,2011.
[14]李方.现代教育研究方法[M].广州:广东高等教育出版社,2010.
[15]胡中锋.教育科学研究方法[M].北京:清华大学出版社,2011.
[16]格伦达·麦克诺顿,等.早期教育研究方法:国际视野下的理论与实践[M].李敏谊,滕珺,译.北京:教育科学出版社,2008.
[17]刘电芝.现代学前教育研究方法[M].重庆:西南师范大学出版社,1999.
[18]刘晶波.学前教育研究方法[M].北京:人民教育出版社,2006.

[19]王彩凤,庄建东.学前教育研究方法[M].北京:北京师范大学出版社,2011.

[20]张宝臣,李兰芳.学前教育科学研究方法[M].上海:复旦大学出版社,2012.

[21]裴娣娜.教育研究方法导论[M].合肥:安徽教育出版社,1995.

[22]张燕,邢利娅.学前教育科学研究方法[M].北京:北京师范大学出版社,1999.

[23]劳伦斯·纽曼.社会研究方法:定性和定量的取向[M].郝大海,译.北京:中国人民大学出版社,2007.

[24]劳伦斯·马奇,布伦达·麦克伊沃.怎样做文献综述:六步走向成功[M].陈静,肖思汉,译.上海:上海教育出版社,2011.

[25]花芳.文献检索与利用[M].北京:清华大学出版社,2009.

[26]陈玲.学前教育成本分担文献综述[J].教育导刊,2012(2).

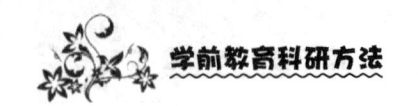

第四章　观察法

学习要点

1. 理解并掌握观察法的概念、意义及特点。
2. 了解观察法的类型。
3. 掌握观察法的具体方法及实施步骤。
4. 学会运用观察法开展学前教育科学研究。

用感官去感知世界是人类共有的早期心理发展特点,以感官为主要工具的观察是人类认识世界的主要方式之一,也是教育科学研究的主要方法之一。在教育科学研究中,通过观察可以发现问题,提出问题,可以收集资料和验证资料等等。由于幼儿行为外显性的特点,观察法尤其适用于对学前教育相关问题的研究。本章主要从观察法概念、类型、具体方法和实施步骤等方面进行阐述。

第一节　观察法概述

一、观察法的概念

观察法是指研究者凭借自身的感觉器官和其他辅助工具,在教育活动的自然状态下,对研究对象进行有目的、有计划地考察和研究的方法。所谓"自然状态",即对所观察的现象或行为不加以人为地控制,使它们以本来面目客观地呈现出来。但是,作为科学研究的方法之一,观察现象的过程又不是毫无控制的,例如,为尽量减少误差、增强研究结论的可靠性,研究者一般将观察步骤、途径、方式等在一定程度内纳入控制。因此,科学研究中的观察法应是一种有目的、有计划、有一定控制的研究方法。

二、观察法的意义

观察法在幼儿研究中具有悠久的历史,发展心理学早期的许多研究大多采用这种方法,例如,达尔文的《一个婴儿的传略》主要就是通过观察法收集资料的。许多著名的教育家、心理学家也都曾用观察法研究幼儿,例如,瑞士教育家裴斯泰洛齐(J. H. Pestalozzi)早在18世纪下叶就开始用观察法记录他3岁半儿子的发展情况;我国著名幼儿教育专家陈鹤琴自儿子陈一鸣出生起就开始观察,持续观察了808天,并用日记方式记录下儿子的发展;瑞士心理学家皮亚杰(J. Piaget)通过详细观察和记录,为我们提供了关于进一步理解幼儿认知发展规律的大量事实与说明。因此,观察法具有特别重要的意义。

第一,获得其他研究方法无法测量的信息。采用观察法可弥补幼儿理解能力和反应方式等的局限,能观测许多用其他方法无法测量的行为。观察法特别适合于对幼儿行为的研究,旨在考察幼儿的实际行为,并不要求幼儿做出特定的反应,所以可避免在其他测试方式中有可能发生的诸如不理解指示语,做出反应时取悦于成人,或以自我为中心的思维方式等现象的干扰,能观察到许多真实的行为现象。尤其在社会、感情领域内,使用观察法更为合适。

第二,适宜于对幼儿的研究。幼儿一般不像成人那样把测试看作是一件严肃的事,他们还不很理解在测量中要认真做出反应的重要性,而往往像玩游戏一样。观察法则主要考察幼儿在自然状态下的行为,因而不需要幼儿有意识地认真做出反应,只是记录其真实、自然的表现。所以,观察法比较适应于幼儿,并可克服其他正式测试中所测结果不稳定、不可靠的缺陷。

第三,获得客观真实的研究资料。与成人和年龄较大的幼儿比较,幼儿更少受到观察过程的影响,较少对观察产生敏感,即使在不相识的观察者面前,幼儿仍能表现其自然行为,我行我素,因而观察所得资料通常比较真实可靠。

此外,观察法还有助于我们深入理解和进一步发展有关幼儿教育方面的理论观点。在学前幼儿教育研究领域中,观察法的运用范围极广,几乎适用于各方面的各种课题。如身体发育、动作、表情、口语表达、非言语行为、情绪反应、与成人或同伴的相互交往、独立性与自我服务能力、个性性格、认知发展、课堂行为的管理、教育效果的评价、环境评价、教学方法的比较、对幼儿特殊需要的诊断等等。观察法还可为实验研究提出假设做事实、经验上的准备,为形成见解,建立理论,或进一步实验研究奠定必要的基础。从某种角度可以说,实验就是在严格控制条件下进行观察。对于教师来讲,借助观察法能及时了解教与学双方的思想、行为变化情况,能及时地获得幼儿对教学情况的反馈,使教师能及时地调整教学策略,所以,善于运用观察法是保证高质量的学前教育所必不可少的。

总之,科学研究始于观察,观察是研究的基础。在学前教育研究中,观察法是最基本、最常用的一种方法。

三、观察法的特点

(一)观察主题的特定性

观察主题的特定性表现在针对某一主题,观察所要解决的问题、所要获取的资料有预先明确的决定,并对所要观察的问题或变量做出明确的操作定义。人总是有选择地根据主观因素观察一定的目标。假如无确定的观察主题和计划,人根据主观意愿随机地选择观察对象,就难以说明一个固定的问题。科学研究总是以能够系统地说明一个或几个特定问题为出发点的,因此,明确观察主题是运用观察法的基本要求。明确观察主题,不仅指明确观察内容,而且要求详细规定所要观察的具体行为。例如,要研究某个班级幼儿的攻击性行为,可规定所要观察的具体攻击性行为的类型和性质,是言语攻击、工具性攻击还是身体攻击等等，并注意记录这些活动的数量、频率、持续时间、结果和影响等信息。这样有助于观察者集中注意，系统地研究这个班级"幼儿攻击性行为状况"这一主题。

（二）观察对象的自然性

观察对象的自然性是指被观察的对象必须处在自然状态之下，而非实验室状态，对所发生的现象或行为不加人为控制，使他们以其本来的面目，客观、真实地呈现出来。

（三）教育观察过程的计划性

观察过程的计划性是指观察活动的时间、顺序、过程、对象、仪器、记录方法与表格等都有预先的计划、安排和准备。这些计划安排可以使观察的效率和质量大大提高，并增强所获资料的准确性和可靠性。

此外，观察法还具有客观性、可靠性、系统性等特点，以此区别于随意的日常观察。观察过程与目的相符，能针对目的进行观察，使观察结果能够真正代表客观情景中所要观察的东西。由于观察过程在一定控制和安排规定之下进行，各次观察或各个观察者之间的观察结果的一致性较高，能克服日常观察中的随意性与不稳定性，获得比较可靠的信息。在科学观察中，可以对特定的行为情景做反复多次的观察研究，有助于集中系统地解决问题。

第二节 观察的类型

一、根据观察情境，可分为自然观察与实验室观察

按观察的情境条件，观察法可分为自然观察和实验室观察。自然观察也称现场观察，指在现场自然情境中，对观察对象不加以控制的一种观察。通常采用纸和笔对偶然现象或系统现象做描述性的记录和分析。实验室观察又称控制观察或条件观察，指在研究者控制条件的过程中，对现象或行为进行的观察。通常要求观察程序标准化，观察问题结构化。

自然观察是最古老的，也是最基本的观察，适用于对幼儿发展和教育的研究。这种观察能系统地记录幼儿的发展变化，能收集到较为客观真实的资料，具有生态效应。但这种观察需要花费较多的时间和精力，观察所得材料往往是观察对象的外部行为表现，难以确定内在因果关系。另外，观察难免带有主观选择性，只记录观察者感兴趣的行为表现，而忽略一些重要的行为细节。实验室观察是在严格的条件控制下进行观察，能克服因观察者主观选择而产生的误差，但由于对环境条件的人为控制难度较高，实施起来较困难，另外也有可能会影响研究结果的真实性和可推广性。

二、根据观察对象是否参与被观察者的活动，可分为参与性观察与非参与性观察

按观察者是否直接介入被观察者的活动，观察法可分为参与性观察与非参与性观察。参

与性观察是一种独特的观察方式,它要求观察者不暴露自己的真实身份,加入到被观察者的群体或组织中,进行隐蔽性的观察。例如,为了了解某农村地区幼儿的社会文化、生活习惯等,研究人员长期生活在某村庄,作为其社区成员进行观察研究。非参与性观察指观察者不介入观察对象的活动,以局外人或旁观者的身份进行的观察。这种观察可以是公开的,即被观察者知道有人在观察;也可以是隐蔽的,即被观察者在不知晓的情况下被观察,如通过观察屏或暗中设置的仪器进行的观察。一般来说,绝大多数的观察是采用非参与观察进行的。

参与性观察的好处是能掌握第一手材料,可以缩短观察者与被观察者的心理距离,可以深入到被观察事物的内部,并可以追根究源,明察原委,发现用其他方式难以了解的问题。但是,参与性观察的主观性较强,研究结果难以重复验证。另外,如果观察者过分参与,没有摆正自己的位置和所扮演的角色,成了左右活动的人物,那就会影响观察的客观性。非参与性观察由于不干预观察对象的发展和变化,只是从旁对正在发生的行为现象进行记录,因此所得的结论相对客观,但观察内容易表面化,不易获得深层次的信息。

三、根据观察对象的范围和广度,可分为全面观察和抽样观察

根据观察对象的范围和广度,观察法又分为全面观察和抽样观察。全面观察指详细、完整地观察在自然状态下所发生的行为或者事件,然后对所收集的原始资料进行分类,并加以分析的方法。众所周知,幼儿的行为表现复杂多样,并且总是处在不断地发展变化之中,要在有限的时间内全面、系统、全天候地进行观察、记录幼儿的行为表现往往是难以做到的,因此抽样观察应运而生。抽样观察即按事先确定的标准,在研究总体中抽取部分对象作为样本,然后以样本的结果推论总体状况,抽样观察的方法又分为时间抽样法和事件抽样法。抽样观察既可以节省时间、人力、物力,又可收集到可靠的观察资料,使观察具有客观性。

四、根据观察准备的程度,可分为结构式观察和非结构式观察

按观察过程是否事先确定具体观察项目和观察程序的严密程度,观察法可分为结构式观察和非结构式观察。结构式观察也称正式观察,它是一种计划严谨、周密,操作标准化的观察。这种观察的基本特征是:观察指标体系明确具体;严格对观察行为分类、下操作定义;预先制定细致的观察记录表;在一定控制程度下进行观察;范围较大的观察,需要培训观察人员,建立信度;用量化方式分析材料;所得结果较为可靠;多用于验证性研究。非结构式观察也称非正式观察,是一种无周密的观察计划,没有记录表,记录内容往往是文字描述和质的分析,结构较为松散,但易于实施的观察。它适合于教师获取日常教育、教学等方面的信息和对幼儿身心发展各种特点的认识,多用于探索性的观察研究。

结构式观察由于采用标准的观察程序,能控制因观察者主观因素造成的误差,相对来说科学性更强,更具说服力。它对观察者和观察手段都有较高的要求,常用于描述性研究和实验资料的搜集。非结构式观察在科学性上略显欠缺,但它在教育、教学的自然情境中实施,方法灵活,有较好的可行性,常被实践工作者采纳。

五、根据观察时间的安排,可分为追踪观察和定期观察

根据观察时间的安排,观察法可分为追踪观察和定期观察。追踪观察指研究者在较长

的时间阶段内,反复观察幼儿的行为,持续记录变化,记录新的发展和新的行为。它主要用于研究幼儿的成长和发展的变化,常用于追踪研究,着重注意和记录幼儿新的行为的出现,观察其发展变化的情况。对于年龄越小的幼儿,观察记录的时间间隔应越短。例如,幼儿出生后的第一年,心理发展变化较快,成长迅速,因此,通常需要以"天"或"周"为时间单位进行日记记录;以后,随着幼儿发展日益趋向稳定或发展速度逐渐减缓,则可以渐渐延长记录的时间。研究者可以预先规定出所需观察的范围,如可以广泛观察研究对象的行为,或侧重观察其特定的行为。例如,要研究婴儿语音的发展,可以用录音机对一名婴儿做一定时间的追踪记录,从出生到13个月,每天或每周记录5—10分钟。可以依婴儿发音的兴趣,确定究竟需要记录多长时间及记录的时间间隔。定期观察是在某个指定的时段内对社会现象进行反复的观察,观察内容一般比较集中,而且可以通过重复观察对初步的研究结果进行验证。但是这种观察是研究者在某个时间段内,观察幼儿的行为,记录行为的特点及影响等,主要用于研究幼儿的行为特征或者现状。研究者还可以定期摄下幼儿动作发展的镜头,录下幼儿语言发展的资料,如何时咿呀学语,何时出现单词句,何时有完整连贯的语言以及表达和交流的资料等,这些物质资料便于长久地保留,以便日后分析和与其他材料印证等。

长期观察的优点是可以比较全面、细致地了解被研究的对象,但比较费时、费精力,对被观察者的干扰也比较大。定期观察相对来说精力和时间比较集中,可以在较短的时间内对研究对象获得一个即时的了解;但其弱点是只能对研究的现象获得一个片刻的印象,很难获得比较全面、深入、整体性和过程性的了解。一般来说,如果条件允许的话,研究者大都进行比较长期的观察,以便对研究对象的社会文化情境以及现象的运动过程有一个比较整体性的、深入的、动态的了解。

第三节 观察的具体方法

一、定性观察

1.日记描述法

日记描述法又称幼儿传记法,是对观察对象进行长期的跟踪观察,以日记形式记录观察对象行为表现的方法。日记描述法是对幼儿进行研究的传统方法,能系统地获取幼儿身心发展的连续变化;能提供较长期的、较详细的第一手资料;由于观察是在自然情境中持续进行的,资料较真实可靠。另外,日记描述法常用于个案研究和人种学研究,有利于对行为进行定性分析。

在早期的自然观察中,很多教育家、心理学家都曾用日记描述法对幼儿的发展进行过研究。最早的是1774年裴斯泰洛齐(J. H. Pestalozzi)用此法跟踪观察其子三年,写了《一个父亲的日记》。接着,达尔文(C. Darwin)写了《一个婴儿的传略》,记叙了他儿子的行为和发展,引发了人们对幼儿身心发展进行观察研究的兴趣。之后,幼儿心理学的创始人普莱尔

（W. Preyer）对他的孩子从出生3岁连续记录三年，并将每日观察记录的结果加以整理，于1882年写成了著名的《幼儿心理》一书。现代幼儿心理学家皮亚杰（J. Piaget）也用观察日记法描述自己孩子的认知发展过程，写了《幼儿心理学》。我国最早采用日记描述法进行观察研究的是著名幼儿教育家陈鹤琴，他对他的第一个孩子从出生之日起，就逐日对其身心发展变化以及各种刺激的反应进行观察，记了详细的观察日记并拍了几百幅照片，持续808天。在大量原始资料的基础上，1925年他写成了《幼儿心理之研究》一书，开创了中国儿童心理研究的先河。

用日记形式描述记录幼儿的行为表现，可以采用综合日记，即记录幼儿身心发展各方面具有重要意义的行为现象；也可采用主题日记，即主要跟踪记录幼儿某一方面的新进展，如语言、认知、情绪等。皮亚杰就是以主题日记形式对自己孩子的认识发展进行观察研究的。

日记描述法着重注意和记录幼儿新的行为的出现，观察其发展变化的情况。对于年龄越小的幼儿，观察记录的时间间隔应越短。例如，幼儿出生后的第一年，心理发展变化较快，成长迅速，因此，通常需要以"天"或"周"为时间单位进行日记记录；以后，随着幼儿发展日益趋向稳定或发展速度逐渐减缓，则可以渐渐延长记录的时间。注意记录要细致完整，要有系统，善于抓住关键性的行为和语言。随着时间的延续和资料的积累，进而做出系统分析，了解幼儿的行为模式、发展中的问题及问题形成的原因等。

日记描述法的局限性是：往往只对个别被试进行观察，缺乏代表性；一般是以自己的孩子或亲属作被试，被试的选择具有偏向性；观察记录很有可能带有感情色彩或主观偏见。另外，此法要求观察者持之以恒，长期跟踪观察，需要花费大量的时间和精力。

2. 实况详录法

实况详录法指详细、完整地记录被试在自然状态下所发生的行为，然后对所收集的原始资料进行分类，并加以分析的方法。它可以是被试的行为进行连续的定期观察，也可以是定点的持续观察。传统的实况详录法是在观察现场采用手工的纸笔记录。现代的实况详录法更多地利用录音、录像等设备，将观察行为和事件全部实录下来，供以后分析处理。例如，有人采用实况详录法研究1~3岁幼儿言语的发展，他用录音机记录被试的言语，每周一次，一次10分钟，然后对每次收集的幼儿语句、词汇进行分类整理，最后概括出3岁前幼儿言语发展的阶段。在实况详录法的实施过程中，观察者的任务就是尽可能对行为进行详细客观的描述，不做主观推断和分析，犹如绘画中的素描。在连续记录过程中，要注意不要将描述与解释、评价混为一谈。一般来说，先忠实地观察记录，客观地描述事实；记录完后，再对描述的事实进行解释和评价，两者必须严格地区分开来。下面是实况详录的经典案例节选。①

观察对象：丽丽

幼儿年龄：4岁

观察地点：幼儿园教室

观察时间：上午9:24—9:30

活动内容：自由游戏

---

① 本曾. 观察幼儿指南[M]. 德尔玛出版公司，1985：97-98.

时间	幼儿行为	解释与评价
9:24—9:29	丽丽慢慢地走到图书角。乐乐、冬冬和天天已经坐在那儿看书了。她坐下来,但没有和任何人说话。天天对丽丽的到来立刻做出了反应,说:"嗨!丽丽,来和我一块读书好吗?"丽丽说:"我不会读。"天天说:"我们先看画画吧!"丽丽慢吞吞地表示同意:"好吧。"天天高高兴兴地走过去取书。丽丽没有跟乐乐和冬冬打招呼,乐乐和冬冬也没对丽丽说什么。	看起来,丽丽是个胆怯、羞涩,近乎有些畏缩的孩子。她没有答理天天的招呼,甚至连看也没有看别人一眼。她回避天天的靠近,似乎拒绝别人身体与心理上的接近。丽丽易分散注意,不能集中目标进行社会交往,因为在天天邀请她一块儿看书时,她却东张西望,心不在焉。但她行为并不表现出对天天的敌意,或任何不喜欢的迹象。我觉得丽丽缺乏丰富的情感,对与别人的交往不大感兴趣。
9:29—9:30	天天拿了一本书回来,想靠近丽丽坐下,但丽丽却往边上移了移,使他们之间保持了一段距离。乐乐问:"你们两个在干什么呀?"天天回答说:"不用管,我们忙着呢!"丽丽却一语不发,站起身来慢慢地走向积木角。	

实况详录法可以提供较为详尽的行为信息和行为发生的背景信息,实录下来的资料可较完整地保存所发生的行为或事件,可供反复观察与分析用。实况详录的局限性在于对记录的技术要求较高,通常要用现代化的观察设备,代价较昂贵,另外需要花费较多的时间和精力来加工处理原始的记录资料。

3.轶事记录法

轶事是指独特的事件。轶事记录法是观察者将感兴趣的,并且认为有价值的、有意义的行为和反应以及可表现被试个性的行为事件,随时记录下来,供日后分析用的一种观察方法。轶事记录法观察记录的内容可以是典型的行为表现,也可以是异常的行为表现,可以是表现幼儿个性的行为事件,也可以是反映幼儿身心发展某一方面的行为事件。当然所记录的行为或轶事必须是观察者本人直接观察到的,而不是道听途说的。

轶事记录是有主题的,记录的是被试独特的行为或事件。通常要求将行为或事件发生的过程客观、准确、具体、完整地记录下来,不仅要记录被试的行为、言谈,还要记录被试行为发生的背景以及与之联系的其他在场幼儿的活动,记录的词句要准确、客观,如实反映情况。另外,观察者的主观评价和解释与行为事实的客观描述要严格地区分开来,以免将客观事实与主观判断相混淆。由于轶事记录往往是在事件发生后的追记,因此一定要及时记录,以免时间长了,受记忆误差的影响,危及所记事实的客观性。下面是一位幼儿园教师的轶事记录。

观察对象:乔宇晨

幼儿年龄:5岁

观察地点:表演活动区

时　间:16:50

下午的区角活动时间,乔宇晨和几个小朋友在表演活动区玩王子和公主的游戏,乔宇晨说:"刘子宣的照片在我们家,我的女朋友是刘子宣,老婆是高宇佳"。我说老婆、女朋友只能是同一个人,乔宇晨说:"那就高宇佳吧,刘子宣太牙,我长大后用一枚戒指,九十九朵玫瑰,一百件事听高宇佳的。"旁边一小胖子说我也喜欢高宇佳,乔说你这么胖还喜欢人家?小胖子说你这么丑还喜欢人家。……

轶事记录法是教师常用的一种方法,因为它运用简单、方便、灵活,无需编制观察记录表格。另外,它可以帮助教师了解幼儿的个性特征,了解幼儿的成长和发展,探讨影响幼儿发展的各种因素,有助于有针对性地进行教育干预。但由于轶事记录是记录观察者认为有意义的事件,所记录的事件常会带有主观倾向。另外,轶事记录往往不是现场记录,而是事后追记,回忆的内容与事实可能会有出入。

二、定量观察

1. 时间取样法

时间取样法是以一定的时间间隔为取样标准来观察记录预先确定的行为是否出现以及出现次数的一种观察方法。它与描述性观察方法的不同之处在于不必详尽地记录、描述被试的行为表现,只需要在预先确定的时间段里观察记录确定的行为发生与否、发生的次数以及持续时间。时间记录法所记录的是行为所经历的时间长度。一种行为的发生总有一定时间,对持续时间的把握,有利于了解幼儿的心理和行为特点。例如,注意的持久性、看书的持续时间、自言自语的时间等。有时,为了了解幼儿在一段时间之内,各种活动的时间分配情况,也要用到时间记录法,例如一节课之中,有多少时间在游戏,多少时间在听讲,多少时间在练习。为了记录各种活动所花费的时间,要预先划分好时段,比如每30秒为一时段,如果每30秒做一次观察记录,则30分钟的一节课就可划分为60个观察时段。按照此划分,预先绘制好观察记录表格,待进行观察时只需在相应的位置打"√"即可。观察结束后,参照记录表格便可知各种活动所用的时间了。

时间取样法的典型例子是帕顿(M. B. Parten)在20世纪20年代中期进行的一项有关学前幼儿在游戏中的社会参与程度的研究。她根据幼儿在游戏中的社会参与程度,将游戏分成6种活动类型:无所事事、旁观、单独游戏、平行游戏、联合游戏、合作游戏(表4-1),并对每一类型赋予操作定义,并设计了观察记录表,见表4-2。

表4-1 帕顿关于游戏的6种类型划分

游戏类型	操 作 定 义
无所事事	幼儿没有做游戏,只是碰巧观望暂时引起他们兴趣的事情,如没有可注视的就玩弄自己的身体,或走来走去,爬上爬下,东张西望。
旁观	幼儿基本上观看其他幼儿的游戏,有时凑上来与正在做游戏的幼儿说话,提问题,出主意,但自己并没有直接去参加。
单独游戏	幼儿独自一人游戏,只专注于自己的活动,根本不注意别人在干什么。
平行游戏	幼儿能在同一处玩,但各自玩各自的游戏,既不影响他人,也不受他人影响,互不干涉。
联合游戏	幼儿在一起玩同样的或类似的游戏,相互追随,但没有组织与分工,每人做自己想做的事情。
合作游戏	幼儿为某种目的组织在一起进行游戏,有领导、有组织、有分工、每个幼儿承担一定角色任务,并且互相帮助。

表 4-2 时间取样法观察记录表

被试＼类型	无所事事	旁观	单独游戏	平行游戏	联合游戏	合作游戏
1						
2						
3						
4						
5						
……						

帕顿在规定的游戏时间内，依次观察每个幼儿1分钟，并根据幼儿社会参与程度和6种游戏类型的操作定义，判断每个幼儿这1分钟的行为属于哪种类型，记入观察记录表。通过对一系列观察资料的整理分析，表明2～5岁学前幼儿的社会参与程度随年龄的增长逐渐发展到平行游戏，再发展到社会化程度较高的联合游戏和合作游戏。

时间取样法在学前教育研究中应用较广，它适用于经常发生的行为和外显的易于观测的行为，如幼儿遵守纪律情况、幼儿分享行为、幼儿依赖行为、师生交往活动类型等。幼儿不常出现的行为、不易观测的内在行为不适用此法，如幼儿的同情心、成功、失败等。时间取样法的具体实施要事先做大量的准备工作，如确定所要观察的行为；抽取具有代表性的时间；确定观察时间的长度、间隔；规定观察行为类型和操作定义；制定观察记录表格等。这些工作在一定程度上克服了观察者的主观偏见，使观察到的行为具有客观性。另外，时间取样法可以收集到关于行为频率的资料，供定量分析之用。

时间取样法的不足之处在于：研究范围只限于出现频率高的外显行为和事件；只能获取行为的频率资料，不能保留行为的具体内容；观察内容较零碎，难以从整体上揭示行为的因果关系。

2. 事件取样法

事件取样法是以特定的行为或事件的发生为取样标准，从而进行观察的一种方法。与时间取样法不同的是：事件取样法不受时间间隔和时段规定的限制，在自然情境中一旦所要观察的行为或事件出现，便立即进行观察记录；而时间取样法必须遵守事先规定的观察时间，在规定的时间段里进行观察记录。事件取样法注重的是特定行为或事件的特征和全过程，关心的是行为如何发生、如何变化、结果如何等问题；而时间取样法则注重在规定时段中预订的行为呈现与否、呈现的频率以及持续的时间；在记录方法上，事件取样法既可采用时间取样法的行为分类系统，也可将这种分类系统与实况详录法的描述性记录结合起来使用。

事件取样法的实施准备工作大致是：首先确定所要观察的行为或事件的类型，通常这些行为呈现频率应比较高，如幼儿的争执行为、伙伴之间的友好行为、对成人的依赖性、幼儿的社交能力等；然后对选择的行为进行分类，设计行为观察记录表；最后到观察现场，守株待兔式地等候所选行为或事件的发生。

事件取样法的典型例子是达维（H. C. Dawe）在20世纪30年代初进行的一项有关学前幼儿争执行为的研究。该研究的观察行为是幼儿园幼儿在自由活动时间内自发产生的争执事件,观察对象为40名2~5岁的幼儿,其中男童19人,女童21人,观察过程是争执事件一发生便用秒表计时,并按事先拟定好的观察记录内容填写观察记录表(表4-3)。

表4-3 幼儿争执事件记录表

幼儿	年龄	性别	争执持续时间	发生背景	行为性质	做什么说什么	结果	影响

记录观察表的主要内容包括以下几点:
①争执者的姓名、年龄、性别;
②争执持续的时间;
③争执发生的背景、起因;
④争执什么(玩具、领导权等);
⑤争执者所扮演的角色(侵犯者、报复者、反抗者、被动接受者等);
⑥争执时的特殊言语或动作;
⑦结局如何(被迫让步、自愿让步、和解、由其他幼儿干预解决、由教师干预解决等);
⑧后果与影响(高兴、愤恨、不满等)。

经过3个多月58小时的观察,共记录了争执事件200例,并对观察结果进行了分析:200例争执事件中68例发生于室外,132例发生于室内;平均每小时发生争执事件3—4次;争执时间持续1分钟以上的只有13例;平均争执持续时间不到24秒;室内争执持续时间比室外争执持续时间短;男孩争执多于女孩,攻击性水平也高于女孩;争执常发生在不同年龄组、相同性别的幼儿之间;随年龄增长,争执事件减少,侵犯性质增强;几乎所有的争执都伴有动作,如冲击、推拉等;争执中偶尔有大声的喊叫或哭泣,但无声争执占大多数;导致争执发生的原因往往是对占有物品的不同意见;大多数争执自行平息,往往是年幼幼儿被迫服从年长幼儿或年长幼儿自愿退出争执;争执平息后,恢复常态很快,无耿耿于怀、愤恨的情况。

事件取样法是在自然情境中进行的观察,它比时间取样法的研究范围更广泛。它既可获取有代表性的行为样本,又可观察行为事件的全过程,还可得到与行为事件有关的背景材料,有助于分析行为事件的因果关系。另外,研究者根据预先制定好的行为事件编码记录,目标明确,资料集中,整体化程度较高。但是,幼儿在不同时间、不同场合发生的同类行为有时具有不同的含义,因此,运用事件取样法应特别注意记录与分析行为事件发生的情境与背景。

3. 等级评定法

等级评定法是对观察对象进行观察后,用等级评定量表对所观察的行为事件的特征加以评定的一种方法。等级评定法不必对每次观察的具体事实进行描述或记录,而是在观察之后,按评定量表规定的项目,凭借总体印象,对观察对象的行为特征给予数量化的评定,即用数量化的形式来判断行为事件在程度上的差异。此法简便易行,实践中运用比较广泛。

等级评定量表法的优点是量表比较容易编制和使用,与现场观察记录相比,可在较短的时间迅速做出判断,易于进行定量化分析,常用于测量其他方法所难以测量的行为或特征。

量表法的局限也是显而易见的。它是依靠评定者个人做出判断,而非实际行为的客观记录,因而主观性较高,而且容易带有个人偏见;而且,评定量表所用术语较模糊,易造成因评定者对术语理解的不一致而出现评定等级的偏差,且不能说明行为的原因。

运用等级评定法应注意的问题:

(1)等级评定法本质上是主观的,它关注的是事物质的方面,常会伴有观察者的主观偏见。另外,由于观察者对等级评定标准的理解不一致,容易造成评定等级的误差。因此,针对等级评定法主观成分强易带偏见或成见的弊端,克服的办法是要求在实地观察的基础上做出评定。

(2)进行必要的重复评定。可以在规定的时间期限内,在不同时间进行多次观察评定,最后求出平均值;或由多个评定者给出判断进而计算平均值。观察者最好与被试有较长时间的直接接触,以排除观察的偶然性和片面性,增强观察的客观性和可靠性。一般来说,接触时间越长,观察次数越多,就越能全面认识观察对象,评定的等级就越准确。

(3)对评定等级尽可能拟定具体标准,如对表明评定等级的数字或词语应附有意义说明,降低术语的模糊性。如果两个评定者给出的评分有差异,可通过第三者重新评定或两者商量讨论达成一致。多个评定者的评分差异,可采用平均分来平衡,也可去掉一个最高分,去掉一个最低分,再求平均分。

(4)研究者应重视量表的设计和编制,要以能够全面真实地反映观察对象实际情况为目标编制量表,要使词语及其意义与被评价的特征相一致,能够对所考察的问题做出较准确的表示。一般地,需经反复试用和多次修订后,再正式确定和运用。如:幼儿园公开课评定量表。

表4-4　幼儿园公开课评定量表

时间:_____　执教者:_____　班级:_____　课题:_____

评教内容	评教等级					备注
	1	2	3	4	5	
符合《纲要》精神,能体现多元化						
目标定位明确,渗透品格教育						
教材处理得当,领域相互渗透						
活动延伸合理,实践内容丰富						1.评教人根据评教内容要求给执教者在相应的分值栏打"√",然后将各分值相加得出总分值。 2.不用普通话一票否决。
课前准备充分,学习目标明确						
活动环节紧凑,突出教学难点						
方法灵活多样,媒体运用恰当						
教学思路清晰,教态亲切自然						
语言准确生动,引导点拨得法						
按时完成任务,达到教学目标						

评教者:_____　日期:_____

4. 频率计数法

频率计数法指在观察记录中只对确定的行为发生的频率计数,或行为持续的时间计数的一种方法。使用频率计数法有两个限定条件:一是所观察的行为必须是经常出现的,频率较高,每 15 分钟不低于 1 次的行为才适合用这种方法来记录;二是必须是外显的容易被观察到的行为。频率计数法不对行为内容做连续的描述记录,但它要求明确规定所要观察的行为指标,行为要有明显的辨别特征,并要事先制定记录行为发生次数的记录表格。例如,要对幼儿课堂行为进行观察研究,举手发言、提问、做小动作、东张西望、离开座位、与别的小朋友讲话等就是一些比较容易辨别的行为,而思想开小差、注意力不集中等作为观察目标就很难观测,因为这些行为没有明显的辨别特征,观察者只能凭经验来进行判断,观察的准确性较差,如果把思想开小差改为做小动作,视线离开目标,就比较容易观察了。

国外有人研究 6 岁幼儿在课堂中的捣乱行为,从幼儿的行为中概括出捣乱行为的 9 个方面,每一方面分别定义,列出具体的行为表现,并根据这 9 个方面制定频数观察记录表,如表 4-5。

表 4-5 6 岁幼儿捣乱行为

序号	类别	行 为 表 现
1	粗鲁行为	离开位子、站起来、走动、跑动、蹦跳、摇动椅子
2	跪	跪在椅子上、坐在脚上、横躺在课桌上
3	侵犯别人	投掷、推、撞、拧、拍、戳及用东西打其他同学
4	扰乱别人	抢夺他人东西、破坏其他同学所有物
5	说话	和其他同学讲话、叫喊老师、唱歌
6	叫嚷	哭闹、尖叫、咳嗽、吹口哨
7	噪声	发出咯咯声、撕纸、鼓掌、敲击书桌
8	转方向	把头和身子转向其他同学、向别人显示东西
9	做其他事	玩弄东西、解自己鞋带等

观察记录表中,行为发生次数以划"正"来表示,行为持续时间以秒为单位,每次时间累加。记录表中的例子表明:粗鲁行为发生 3 次,每次持续时间分别为 10 秒、28 秒、5 秒。

表 4-6 6 岁幼儿捣乱行为频数观察记录

幼儿园_____ 班级_____ 幼儿姓名_____ 性别_____
观察时间_____ 活动内容_____ 教师姓名_____

行为类型	次 数	持续时间	备 注
粗鲁行为	正	10+28+5	
跪			
侵犯他人			
扰乱他人			
说话			
叫嚷			
噪声			
转方向			
做其他事			

记录者:_____ 日期:_____

(资料来源:陶宝平.学前教育科研方法[M].上海:华东师范大学出版社,2006:82-83)

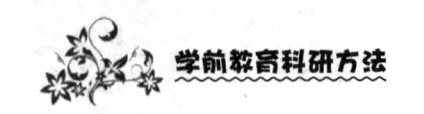

频率计数法可以看作是时间取样法与事件取样法的简化,它不必去描述记录行为的全过程,只需在现场记录规定行为的次数或持续时间,这样可大大简化记录内容,提高观察的效率。在纸笔记录的观察方法中,它是最简便实用的方法,特别适合于教学第一线的教师运用。其局限性在于:所得行为信息仅限于明显外露行为的频率和次数,行为发生的前因后果等背景信息则随时间的推移而逐渐遗忘、消失。例如,研究幼儿区角活动中的合作性行为,如果我们将活动情境用录音、录像全部实录下来,观察过后仍能通过原始记录再现当时情境,如谁和谁合作、为什么要合作、怎么合作、合作的后果如何等。而采用频率计数法,我们得到的可能只是活动中合作的次数,事后无法再现合作事件的全过程,时间久了,甚至连谁和谁合作、为什么要合作等信息也无从知道。

第四节 观察法的实施步骤

观察法是单向性的研究方法,总是从观察者到被观察者。观察法运用的好坏,主要取决于观察者,取决于观察者的知识经验、记录方式、推论能力。因此,观察法要求观察者既要具备有关目标行为的足够知识,不抱任何偏见,保证收集资料的客观性和可靠性;又要具有准确的推论能力,对观察结果做出合理的、科学的解释。一般来说,实施观察法要求具备以下几点:

①具有明确的观察目的;
②具有说明行为现象类型的指标体系;
③具有具体、合适的观察方法;
④具有明确的观察对象;
⑤具有一定的观察地点;
⑥具有确定的观察时间;
⑦具有简明的观察记录表和合适的观察工具;
⑧具有一定的处理和分析材料的方法。

依据观察实施的时间顺序,可以从观察前的准备工作、观察中应注意的问题、观察结果的分析与评价等三方面具体阐述。

一、观察前期的准备工作

(1)制订严密的观察计划

在实施观察之前,研究者首先应该确定观察的问题。观察的问题是一个次级问题,与研究的问题是不一样的。"研究的问题"是研究者在所要探究的研究现象中提炼出来的、学术界或实践界尚有疑问的、研究者个人认为有必要回答的问题;而"观察的问题"是研究者在确定了"研究的问题"之后决定选择使用观察的方法,根据观察的需要而设计的、需要通过观察活动来回答的问题。提出"观察的问题"的目的是为了回答"研究的问题",前者是完成后者使命的一个工具。例如"从幼儿教育看中国农村社会的变迁",这是一个研究问题。我们可以使用多种研究方法(包括参与型观察、访谈、实物分析、收集统计数据等)对这个问题进行研究,在这个研究设计中,需要设计很多具体的观察问题,其中包括:农村孩子平时穿什么衣服,吃什么食品,玩什么玩具,看什么电视节目,在哪里上学,和谁一起玩耍,孩子平时读什么课外书,等等。从这个例子中,我们可以看出,研究问题可以是一个比较抽象的问题,而观察的问题则应该比较具体。根据这些具体可操作的问题,研究者才可能设计自己的观察计划和观察提纲。

观察计划包括观察范围、内容、重点、材料、仪器、行为单元的划分、行为指标的操作定义以及观察时间、地点、次数、记录方式等。因此,在观察计划中,应设定观察目的,明确观察内容,确定观察方式、观察设备和记录手段,如要研究幼儿的动作发展,则应运用追踪观察的时间间隔与步骤安排等一切事项。还应根据观察目的和人力、经费确定观察对象,包括范围和数量等,例如,要研究教师期望对师生交往的影响,就需要考虑在什么样的学校、在哪个年龄班进行,要观察哪些现象等。在制订研究计划时,必须明确问题的性质,考虑研究的重点应放在哪里,例如,研究一名问题幼儿,需要着重考察其目前的心理状况和以往的发展史。

对观察行为进行界定是观察法必不可少的一步。观察行为的界定必须符合可操作性这一原则,也就是所界定的行为必须是客观的、可观察的、可测量的。当行为目标比较抽象、笼统,不能直接观测时,通常要给行为下操作定义。如,在幼儿依赖性观察评定量表中,6项行为目标都较抽象,观察者难以下手,经过给予操作性定义,观察者可以比较容易地对幼儿的依赖性程度进行等级评定了。

表4-7 幼儿依赖性观察评定量表

行为目标	操作性定义	评定等级				
1.要求权威者的承认	常向老师询问"这样好不好",始终按照老师的要求去做	5	4	3	2	1
2.身体靠近或接触	常喜欢站在老师身旁或依偎着老师的身体,和同学、朋友也是常拥靠	5	4	3	2	1
3.求他人帮助	积极求人帮助,自己会做的事也要求别人帮助,常哭泣	5	4	3	2	1
4.求他人支配	常问别人怎样去做,照着人家的话去做	5	4	3	2	1
5.模仿他人行为或作品	模仿长辈或群体中最有影响人物的言行,模仿别人图画作品	5	4	3	2	1
6.讨好别人	别人叫他做什么,就很快很乐意去做,别人要借什么,就立刻出借	5	4	3	2	1

评定按5点等级量表进行,即每一项内容分5个等级,并赋予等级分:极多见(5分),常可见(4分),普遍(3分),不常见(2分),极少见(1分)。

(资料来源:陶宝平.学前教育科研方法[M].上海:华东师范大学出版社,2006:86)

在确定重点观察对象时,可考虑每种类型的各取一个代表。例如,不同性格类型的,动作、智力、语言、社会性、美感诸方面发展正常或低常、超常的,有着不同的家庭背景或成长经

历的。观察时,应围绕所确定的目的,捕捉有关典型的行为,并通过对这些行为的追踪,发现一般规律。如有特殊情况或意外情况发生时,则随机应变,对临时出现问题或有异常表现的应给予特别的关注。

(2)选择观察记录方法

记录贯穿于观察的全过程。客观的观察记录是获得正确结论的基础和保证。记录尽可能做到具体、详尽、系统、真实,能准确反映行为事实。采用什么样的记录方法对研究的成功至关重要,在制订观察计划时,必须依据研究的问题考虑相应的记录方法。

常用的观察记录方法有四种:一是连续记录法,用于实况详录、时间取样等方法。连续记录法可以用纸笔在现场进行连续的描述性记录,也可用录音、录像等辅助设备将观察情况摄录下来,再转记到记录纸上。二是频数记录法,用于时间取样、频率计数等方法中。频数记录法是将观察内容列成表格式清单,以符号形式对某项行为出现的次数进行记录,以打"√"或划"正"等形式记录频数。三是回忆记录法,用于日记描述、轶事记录等方法中,即对已发生的行为事件进行描述性地追记、补记。四是评定记录法,用于等级评定法,即根据一定的等级标准评定或评定量表,对观察到的行为表现进行评定,如用等级"优、良、中、及格、不及格"或用数字"1、2、3、4",字母"A、B、C、D"表示不同的等级。

一般来说,要获得完整的、全方位的信息,就要重视观察情境,最好采用开放性的观察记录,即将行为表现及情境全部实录,尽可能保留原始信息,供以后反复观察、分析记录用,例如要了解某一地区的幼儿园的教育教学现状即可采用这种开放性的观察记录,将幼儿园的教育教学活动实录下来进行分析。如果观察项目明确、单纯,是事先确定的行为,则可采用封闭性的观察记录,即用表格、符号记录行为发生的频率,例如,对幼儿上课回答问题行为的观察即可采用此种记录方法。封闭性程度越高,观察的视点越集中于目标,获得的信息则较少。反之,开放性程度越高,获得的细节、背景信息越多,但观察的注意范围扩散,视点不易集中。

不同的观察记录方法,对观察者的主观推断会有不同的要求。有些方法不需要做推断,只需如实地描述,推断是以后分析的事,例如轶事记录法。有些方法则要有一定的推断,要求观察者判断观察到的行为是否符合操作定义,是否要记录,属于哪个等级,如对幼儿攻击性行为的记录,如果研究幼儿的攻击性行为,课堂观察中发现甲幼儿推了乙幼儿一下,这算不算攻击性行为?这时就需要观察者做出判断,以决定是否要记录在案。

(3)制定观察记录表

在选择记录方法的同时,应考虑观察记录表的制定,观察记录表应根据研究的目的要求和选择的记录方法来设计。首先要确定记录什么信息,然后要确定观察的行为单元。记录表要便于实际观察,要易于观察材料的归纳整理。如要对幼儿教师对幼儿的表扬行为进行研究,可先给幼儿教师的表扬行为分类,下操作定义:教师对幼儿的言语表扬(儿歌表扬、口头表扬)、非言语表扬(微笑、点头、拥抱等)和物质奖励(小贴画、小零食等)等,并制定观察记录表(表4-8)。

表4-8 幼儿教师表扬行为的观察记录表

班级_____ 教师_____ 观察者_____ 时间_____

时间＼表扬行为	儿歌	口头	点头	拥抱	鼓掌	小微笑	小零食	小贴画	总计
1									
2									
3									
4									
……									
合计									

用摄像机将中班的一节语言课(15分钟)全部实录下来,然后对录像中教师的表扬行为进行观察记录,凡是出现表扬的行为就打"√",连续观察15分钟。

一份好的观察记录表,可以准确记录观察内容,简化记录手续,节约记录时间,提高观察的效率。

(4)安排观察时间和次数

在现场观察中,为了提高观察结果的客观性和可靠性,可安排数次预备观察。因为不熟悉的人进入教室对幼儿进行观察,幼儿可能会有意无意地改变自己原有的行为。为了消除这种干扰,安排1~2次预备观察是必要的。一般幼儿能很快地适应新的情境,旁若无人地以自己本来面目行事。

时间和次数是观察研究中的两个重要指标。安排好观察时间指在什么时间进行观察,观察多少时间以及记录行为的持续时间是多少和反应时间是多少。有些观察如时间取样法,每次观察时间是事先确定的,有些观察并非只记录行为出现与否,还需记录行为的持续时间,如幼儿的探索行为、合作行为等,还有些观察要记录刺激呈现后被试做出反应的时间。研究者可以预先规定出所需观察的范围,例如,要研究婴儿语音的发展,可以用录音机对一名婴儿进行一定时间的追踪记录,从出生到13个月,每天或每周记录5~10分钟,可以依婴儿发音的兴趣,确定究竟需要记录多少时间及记录的时间间隔。总之,由于时间是一维的、线性的,因此具有直接可比性,时间是观察记录中很重要的一个指标。

观察记录中的另一个指标是次数,指在实施中需做多少次观察以及观察行为在一定时间内发生或重复的频数。重复观察多少次为宜,应以研究的精确程度而定。一般来说,在相同条件下,观察次数越多,观察的精确程度越高。通常观察行为应是经常反复出现的行为,行为次数的多少往往反映了行为质量的不同程度或水平。次数与时间一样也是一维的、线性的,因此也具有直接可比性。

观察记录的时间和次数作为量化的重要指标,可用图表形式直接地呈现观察结果,相对来说时间和次数比较客观,可避免定性分析可能引起的歧义。

(5)对观察人员进行培训

当有多个观察人员时,应当对他们进行培训,使观察人员了解观察目的和重点,明确观察方式,熟悉观察设备和记录方法,统一观察标准,避免不同的观察人员对相同行为做出不同的

判断和解释,减少观察的误差,以提高观察的信度。培训观察人员一般采用尝试性模拟观察,即让不同的观察人员按确定的观察标准或操作定义对模拟对象进行观察记录,然后对所得的观察记录进行信度分析,求得观察人员的相互同意度,即观察一致性程度。一般观察人员的一致性程度要求达到0.80以上才能实施正式观察。还可以在正式观察前做几次观察练习。

(6) 进入观察环境,培养良好的关系

观察人员首先要与有关部门和单位取得联系,获准进入观察现场,然后与观察对象接触,根据观察计划定位,与观察对象建立适当的联系,需要防止因观察人员的介入而改变观察对象的正常活动。

二、观察过程中应注意的问题

研究者在观察之前要做好必要的知识准备。例如,观察幼儿的自主性行为,要预先对这方面的问题有一定的认识。又如,要观察幼儿园活动室的环境,就应预先对环境中的影响因素及其教育作用有所研究,并对幼儿园教育实践中的环境创设的现实状况有所了解。有学者认为,观察结果的正确率与研究者是否明确观察的目的和对所观察的问题有比较清楚的认识成正比,这是很有道理的。做好知识的准备才能使观察者具备一双"发现的眼睛",才有可能发现值得研究探讨的问题。在实施观察的过程中应把握以下五个要点。

第一,应严格而灵活地执行计划。一般情况下,观察活动应不脱离原来内容,也不超出原定范围,并做好观察记录,可利用记录表格或录音、录像设备等。但是,如果预定的观察计划在执行中确实不够妥善,或者观察对象有所变更,尤其是在观察中发现一些新奇而重要的现象时,则要及时修订原计划,以便更加符合研究的目的,取得最佳成果。

第二,不干预被试的活动。在观察过程中,观察者应尽可能避免与被观察者直接交流意见,不要对被试的行为表现进行肯定或否定的评价。不干预被试活动的目的是不影响被试自然行为的产生,从而能获得真实、可靠的信息。例如,我们要观察幼儿的侵犯性行为,当两位幼儿在游戏过程中因争夺玩具而争吵起来,在没有危险行为发生的情况下,观察者没有必要去制止他们,因为研究目的就是要观察幼儿的侵犯性行为,获取侵犯的类型、程度、持续时间、如何解决纠纷、最终结果等信息。如果制止事件发生,我们将无法获得这些信息,因此,这时观察者的任务就是抓紧时机仔细观察、如实记录所发生的行为,或者借助摄像等辅助工具进行记录。至于对争吵幼儿的教育批评可在观察结束后予以适当处理。当然,两位幼儿打起来了,结果可能会导致身体伤害或危及生命安全,这时制止是必需的。

另外,不干预被试的活动还有另一层意思,即观察者应尽量不让被试知道有人正在观察他们,不让被试了解研究的真实意图,这样才能有效地避免被试虚假行为的产生,才能获得真实可靠的观察材料,一般观察者会采用参与式观察来达到不干预被试的目的。而且,在不影响被观察者正常活动的前提下,研究者应处在最佳位置上,努力使内容全部清晰地落在视野中,以便全面获得有关资料。在实际观察中,观察者的注意范围要广,既要抓住重点和中心,又不忽略那些偶然出现的,或是新奇的现象。

第三,客观地进行观察。客观性是观察的基本原则。观察的客观性要求确定合适的"行为单位",即观察测定中所用行为成分的大小。观察记录很小、很具体的行为单元,往往不需要主观推论,这有助于在不同的观察者之间取得较高的观察一致性,但观察会变得机械、刻板、缺乏灵活性。而过大的行为单元则要求观察者做出较高程度的主观推论,可能会使不同的观察者对相同行为得出不同的、甚至相反的观察结果。因此,行为单位的大小不是绝对的,这要与研究目的、观察内容、观察者的经验等综合起来进行考虑,进而选择合适的行为单位。布兰德(Brandt,1972)对想使用该方法的研究者提出了如下指引(这些对于一线教师来说同样非常有用):①在事件发生之后尽可能及时地将它们记录下来。尽管对一些忙碌的教师而言有些勉为其难,但尽可能准确地记录各种信息是非常重要的。②确认关键人物的基本行为以及他们所说的话。努力将幼儿说过的话和反应记录下来。有时,将幼儿周围其他人的话加以解释也许是必要的,但谈话的基调要尽量保留。③记录中应该包括这样的陈述,说明场景,一天中的什么时候,以及事件的一开始幼儿在从事哪些活动。如果发生的与预期的不符,则要将发生的情境记录在案。④保留事件发生的原来顺序。每一件事都要有开始、中间和结尾。⑤对任何事件的记录都应包含3种水平的活动:首先,描述事件中的主要活动;其次,记录主要活动中更为特殊的一些信息;最后,对活动做定性的描述。

观察的客观性还要求观察者避免掺杂着个人的主观偏见,不要把个人的主观推测和客观事实相混淆。例如,我们在观察时看到一个小女孩将一块桌布盖在一个布娃娃身上。这种时候,我们在记录中应该把这块布称为"桌布"还是"被子"呢?很显然,从这个小女孩的角度看,这是一床"被子";但是,从我们观察者(大人)的角度来看,这应该是一块"桌布"。因此在记录实地笔记中应该写下:"一块桌布"(或者"一块布"),然后在个人笔记中写下:"我想她是把这当成一床被子了。"

要增加观察的客观性,可利用仪器设备进行观察,如照相机、录音机、摄像机、计时器、计数器等,尽可能利用可量化指标进行观察。如果没有合适的仪器可用,则可采取两个以上的观察者同时观察记录,然后互相核对记录以达成共识来增加观察的客观性。

第四,观察的记录。在观察中,记录的作用十分重要。首先,人的记忆是有限的,不可能将所有看到和听到的事情都回忆起来。即使我们认为"回忆"是一种"重构",时间先后和地点差异也会对"重构"的质量产生影响,记录下来的内容可以为研究者事后分析问题提供一个基本的文本。其次,记录可以使我们对自己所观察到的事情更加熟悉。通过逐字逐句地将自己看到的东西记录下来,我们对这些东西的印象会更加深刻。记录实际上是一个将现象变成文字等符号的编码过程,被用文字符号编码过的现象有利于我们在记忆中进行归类和储存。再次,记录本身便是一个澄清事实、组织思路的过程,书写本身便是一种思考。我们将观察到的现象在自己脑子里过滤了一遍,经过了思考和筛选以后才记录下来,因此,我们在从事观察活动时,不应该放弃这样一个宝贵的思考机会。此外,记录不仅可以帮助我们对手头的资料进行整理,而且记录这一过程本身便是一个十分有价值的资料来源。如果我们在进行记录的同时对自己的这些决策活动进行反思,不仅可以了解自己的决策依据和决策逻辑,而且这种反思本身可以为研究提供十分有意义的资料。

有学者认为,在记录中要体现六个W:谁(Who),行为对象;什么地方(Where),行为发生的场景、地点;什么时候(When),行为发生的日期和具体时间;什么事(What),发生哪种行为了;怎样(How),行为的具体表现和过程如何;为什么(Why),观察者判断思考行为的原

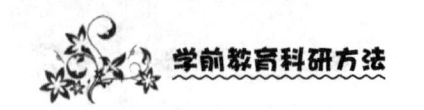

因,这部分属于主观推断,应当和客观事实的记录加以区分,可以用括号括出。也有学者认为,完整的观察记录一般应该包括四个部分:目的、实录、分析和措施。①目的:指通过本次观察,希望能解决的问题。②实录:在如实记录幼儿行为表现的同时,应重点注意两点。第一,体现幼儿的发展变化;第二,抓住幼儿的独特行为。③分析:围绕观察目的分析观察到的现象。第一,分析幼儿的心理特点;第二,分析形成这种心理特点的原因,可以从家庭、教师、幼儿园等多方面寻找原因。④措施:在透过现象挖掘原因的基础上,考虑加强或改善哪些教育行为,制订或调整哪些教育计划,从而促进幼儿健康发展。

如下面的观察记录:

观察对象:中班幼儿高××

观察时间:2009年11月2日

观察目的:帮助幼儿建立活动规则,并自觉遵守规则

观察实录:早晨入园时,高××与爷爷说了声"再见",就到活动室里抹小椅子。抹完椅子后,他在油泥组玩了一会儿,什么也没做成,又到剪纸组。在剪纸组玩的时间比较长,可是由于他不会用剪刀,剪不起来,就和小朋友说话,看他们玩。

老师组织活动时,高××一直和旁边的小朋友讲话,别人不理他,他仍然不停地讲,忽然,他跑开了,去厕所小便,然后一蹦一跳地回到了座位上。

分析:从观察中看出,高××参加活动的规则意识较差,原因主要有两点:①他是这学期刚从其他幼儿园转来的,以前的幼儿园老师可能对他没有这方面的要求,因此他觉得想做什么就可以做什么;②他对一些活动的方法和技能掌握得不好,这就影响了他参加活动的动机和兴趣,以至于像蜻蜓点水一样,什么都玩,什么也玩不好。

措施:

①通过个别教育,帮助高××尽快学会使用工具和材料,如学会用剪刀,学会玩油泥,会团、分、搓。

②在晨间体育活动及游戏活动中,增强高××的规则意识。

③与高××的家长联系,通报他在幼儿园的情况,争取家长配合,如建议家长在家中为高××多提供一些练习、操作的机会。

实际上,观察的记录应该根据观察的目的、任务,选择适宜有效的记录方式。观察记录的方式有很多种,常用的方式主要有:

①文字描述记录。这种记录方式运用最多,所获资料可长久保留而不失其价值。通常是现场实况详录。在观察现场,由于观察对象的行为往往是呈动态的,且转瞬即逝,研究者要边观察边记录,会觉得十分紧张,顾及不暇,因而可能会遗漏一些内容或错过某些细节。为了使记录达到快、细、全,可以采用速记法或用电报语言,也可以采用自创的简化记录的方式,迅速及时地把握全部重要信息,事后注意趁印象仍新鲜时,将记录补充详尽完整。文字描述记录一般包括如下内容。A.记录做种种事情的时间、地点。B.记叙行为发生的背景:在什么情况下出现该行为。C.记叙做种种事情的方法行为方式,特别是行为方式的变化和新行为。D.描述行为的感觉:表情、心情、神态。E.记录行动时所说的话。文字记载应较好地保留行为事件的本来顺序和真实面目,应客观、翔实。这部分文字一般构成观察笔记的第

一部分。例如下面的文字描述记录：

    幼儿姓名：东东（3岁3个月）

    时间：11月7日上午9:16

    地点：操作区

    东东拿着穿线玩具玩，他先穿了一个椭圆形，一拉绳子，圆形片漏了下来。他看了看绳子的尾部，又穿了一次，没拉到头时就停住了，他从绳子的尾部和头部两端拉起绳子，连续穿了三个图形片后，左手一拉绳子，三个图形片都漏了下来。他愣了一下，想了想，又穿了一个图形片，从绳子的两端拉起，尝试着把绳子的两头交叉打结，试了一会儿没有成功，他就拉着绳子的两头向身体内侧甩了起来，看着图形片绕着绳子上下荡着，头也跟着晃动起来。

（资料来源：教育部基础教育司.幼儿园教育指导纲要（试行）解读[M].南京：江苏教育出版社，2002）

    ②列表查核式记录。这是将所要观察的行为预先列出项目清单，观察时，对照行为项目打钩或填某一符号进行记录。

表4-9　行为次数记录表

观察行为：幼儿上课注意力分散			
观察对象：黄豆	观察者：张老师		
幼儿年龄：5岁	观察地点：中班教室		
观察时间：2008年5月10日9时10分至9时40分			
行为	画记	小计	备注
上课东张西望	正正 丨	6	
上课时骚扰邻座同学	正正 正正	9	推挤同学
上课自己玩	一	1	玩水彩笔

    ③等级评定式记录。预先列出行为标准，观察者要在观察的基础上，对幼儿的行为或教育现象加以评定。

    ④图示记录以及录音、照相、录像等通过仪器加以记录的方式。

    研究者应注意无论采用哪种记录方式，都应力求做到快、细、全，尽可能全面迅速准确地将与所要研究的问题有关的内容记录下来，以便日后的分析研究。观察中，记录要及时、全面、详尽，不要依赖记忆。如有特殊情况，应客观地加以记录，如一时无法详细记录，应在记录表上做个记号，一旦观察结束及时补记。当观察过程中对有关行为或现象产生新的看法或解释，也可在记录表边上用言简意赅的几个字做个小注，以供日后分析时参考。

    第五，及时处理观察材料。在每一项观察告一段落时，首先，应在对观察情境有比较清晰印象和尚未完全遗忘的情况下，及时对所记录的资料进行整理、补正和分析，以免时间长了无法看懂资料；其次，对初步整理的材料做进一步的考虑，如所需的资料是否都收集到了，是否都有效，是否还要继续观察等；再次，如果观察内容比较多，观察周期比较长，应及时将资料分类归档，以便日后查阅；最后，整理记录资料时，需要解释的内容必须详细加以说明，以免时间久了而遗忘。

    在观察中，呈现在我们面前的主要是自然发生的一些日常行为和现象，大多是很琐碎繁杂的，经常使人感到头绪很乱而不得要领。这就要求观察者善于辨别生活中常见现象里隐

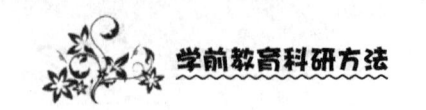

藏的重要信息,不被那些无关紧要的因素所纠缠,并且,整个观察过程中,始终要保持积极的思考和高度的注意,从而揭示出特定行为和事件的本质原因。

三、观察结果的分析与评价

观察一般是在日常生活、游戏、教育活动过程,直接用自己的眼睛、耳朵等感觉器官去感知观察对象,所观察到的是外显的行为表现:动作、表情、语言、行为方式等。对观察结果的分析在于透过这些外在表现,剖析幼儿的心理状况如发展水平、心理需要、存在的问题等或者教育现状及问题等。如同医生透过外在症状诊断有无疾病、生的是什么病一样,观察法,其实质是对行为的性质所做出的一种判断。判断必须根据年龄特点和教育原则来加以分析,正确理解行为的性质,如果判断错了,就会开出错误的或无效的"教育处方"。正确分析观察资料,是根据观察记录,对行为的性质做出正确判断,得出结论,并对为什么出现这样的行为进行原因分析,例如,根据观察记录,我们不仅仅是对幼儿的攻击性行为做出正确的判断,还要对幼儿为什么会在某种情况下出现攻击性行为进行原因分析,才能得出正确而科学的结论。

对观察结果的分析,首先需要对观察结果进行归类,可以将材料按横向联系或纵向联系做一番梳理、汇总,进而加以分析,考察研究其行为、心理特点,比较各因素之间的关系。在此基础上,可以形成一定的观点、理论,对幼儿心理发展的规律及其行为心理形成的原因加以解释、说明,进而得出有价值的结论。例如,对幼儿语音发展做观察研究,就要在收集了大量的观察资料中加以归纳总结,寻求幼儿语言准备期语音的发展规律。

一般说来,对于幼儿的行为分析,可从幼儿的生理生物因素、文化家庭背景、心理社会因素等方面进行分析。如幼儿的基本情况包括:姓名、性别、年龄或出生年月、身体发展情况、生活习惯以及语言、运动、感知觉和情绪等有关幼儿在不同领域的发展情况的主要信息;家庭背景:父母职业、文化或受教育程度,家庭中其他兄弟姊妹的情况,家庭所处的地理位置,所在社区环境、自然、人文、社会与经济发展等条件;学校或教育机构情况:学校所处的地理环境与社会环境,学校内师生的构成情况等;幼儿的活动模式:幼儿一天生活的基本情况,如何安排一天时间,空闲时间从事的活动等;幼儿在学校或教育机构的行为表现;研究者要注意在不同的时间和不同情景下,观察幼儿,考察了解幼儿在不同活动中是如何表现的,比较他在室内与室外,校内与校外,家庭内与家庭外的情况的差异,以及幼儿在小群体与大群体中,或是独自一人时的表现有什么不同,注意幼儿在一周内不同时间以及一天内不同时间,如早上、中午、下午、晚上的情况怎样等等。

例如下面的观察记录及分析:

观察对象:中二班　田田

观察记录:2009 年 11 月 8 日

早晨,田田和妈妈来了。她哭着对妈妈说:"妈妈,你天天来接我回家睡觉。"妈妈说:"不行,妈妈要上班挣钱呀。姥姥会来接你的。""不行,姥姥走不动了。"见妈妈转身走了,田田拉着我的手:"老师,你抱抱我吧! 我发烧了。"尽管忙,我还是把她搂在怀里,她两只小手紧紧地抱着我,把头贴在我的胸前。过了一会儿,她的情绪慢慢稳定了,说:"老师,放下我

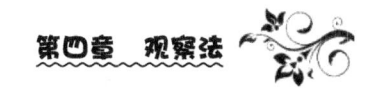

吧!我好了。"

分析与措施:田田的父母离异了,妈妈工作忙没有时间照顾她,她跟着姥姥、姥爷一起生活。姥姥、姥爷年纪太大了,没有精力每天接送,就全托了。可以看出,今天田田未必是真的感冒,只是长期的亲子关系的缺失使孩子处在情感饥饿状态中,她在寻求成人的爱和关怀。

措施:教师应该尽可能地体谅、理解孩子,给予孩子亲情的关爱,帮助她度过亲子情感的"饥荒"。

从以上事例可以看出,教师抓住了观察法的三个基本环节:①现场观察;②记录观察结果;③分析、利用观察资料。

首先,从现场观察看,教师抓住田田的分离焦虑,进行深入的观察。其次,从记录观察结果看,通过母女之间对话的记录,对田田的神态、心情、语言的描写,以及与田田直接接触的追忆,使观察记录较好地保留了行为事件的本来顺序和真实面貌,客观、翔实,为进一步提示这个单亲家庭分离焦虑的原因提供了线索,也为问题的解决找到了切入点。第三,从分析、利用观察资料看,透过"来园时哭闹"这个表面现象,看到了家庭变异后给孩子心灵造成的创伤。教师并不费心地去琢磨"我感冒了"是真是假,而是首先给予情感上的安抚,并由此而确定了"帮助田田度过情感饥荒"的教育策略。制订教育工作计划应基于了解,也就是"理解先于教育"。理解是正确教育的前提,理解不仅仅是指教师了解的日常表现以及比较外露的情感愿望,更重要的是理解的过程,即了解发展的顺序、认识发展的趋势、掌握幼儿的个性特点。研究者在对所观察的行为的性质做出判断时,必须根据年龄特点和教育原则来加以分析,正确理解行为的性质,从而确定相应的教育措施,这样,才能改善所有的成长环境,创造适合个人发展的教育方式。

思考与实训

1. 观察的类型有哪些?
2. 观察法的基本步骤有哪些?
3. 采用实况详录法对幼儿在建构区角活动中的交往行为进行观察、记录和分析。
4. 采用时间取样法观察幼儿园语言教学活动中的师幼互动行为并进行分析。
5. 采用事件取样法观察幼儿在自由活动中的攻击性行为,并用文字描述法记录。

本章参考文献

[1]陶保平.学前教育科研方法[M].上海:华东师范大学出版社,2006.
[2]张燕,刑利娅.学前教育科学研究方法[M].北京:北京师范大学出版社,1999.
[3]刘晶波.学前教育研究方法[M].北京:人民教育出版社,2006.
[4]张宝臣,李兰芳.学前教育科学研究方法[M].上海:复旦大学出版社,2012.
[5]陈向明.质的研究方法与社会科学研究[M].北京:教育科学出版社,2000.

第五章　调查法

学习要点

1. 理解并掌握教育调查法的概念、特点与功能。
2. 了解教育调查法的基本类型。
3. 学会编制调查问卷,并能运用问卷法进行学前教育科学研究。
4. 学会拟定访谈提纲,并能运用访谈法进行学前教育科学研究。

第一节　调查法概述

在学前教育研究中,调查是搜集和整理资料的基本方法。调查法作为描述研究的方法,注重对教育现实状况进行研究,区别于以教育历史为研究对象的历史研究法。此外,它所研究的是自然状态下的教育现象和问题,不对研究对象加以干涉,有别于严格控制和操纵的实验研究。作为研究者,理解和掌握调查法对于提高研究水平是十分必要的。

一、调查研究法的特点与类型

调查研究是研究者为深入了解教育实际情况,借以发现存在问题,探索教育规律而采取的一种研究方法。

教育调查研究法是在科学的教育理论和思想指导下,通过问卷、访谈、座谈、列表、测验以及个案研究等方法,有目的有计划地搜集和整理有关教育现象和问题的原始材料,从而对教育现状做出分析,并得出科学结论的一种研究方法。

调查研究法是社会科学研究基本的也是重要的方法。教育史上,最早在教育研究中使用调查研究法的是美国研究者 Kendall·N。1910 年 Kendall·N 主持了为期一周的关于 Roise 地区学校制度的调查,首次将调查法用于教育研究。紧接着,1911—1912 年哈佛大学的韩纳士采用调查法为新泽西州两个地区的学校做了调查。1925 年,斯坦福大学编辑出版了《学校调查》一书。在当时的美国,调查研究的发展很快,不仅有个人主持的小型调查,也有政府和团体组织的大规模调查,到 1933 年,美国学校调查报告已经达到 400 多份,这为调查法的形成和发展提供了重要的实践基础。

(一) 教育调查法的特点

教育调查可以帮助研究者发现问题和探寻原因,可以为教育行政部门的决策提供事实依据。

与其他研究方法相比,调查法更适用于对现实教育问题的研究。教育调查法的基本特点有:

1. 间接灵活

调查法不像观察法那样必须在教育现场进行即时的观测研究,而是采用间接的方法,从几个侧面对研究对象进行间接考察,不受现场时空条件的限制,更加灵活、简便,收集资料的速度也比较快。

2. 途径多样

调查研究的手段、方式多种多样,既可以通过问卷、测验等书面方式和手段进行大范围的调查研究,也可以通过访问、座谈等口头调查方式深入了解有关事实,也可以将两者结合起来使用。通过不同途径的调查,可以提高资料收集速度,扩大资料搜集范围,保证研究资料全面、真实和有效,从而提高研究的效率和科学性。

3. 系统严密

调查法是采用科学手段,有目的、有计划地对教育现实问题进行研究,有着系统严密的程序和步骤。调查环节建立在科学理论的基础之上,调查前对可能遇到的情况和外来、偶发因素都有一定的预见性,保证了调查结果的科学准确。

4. 简便易行

调查法的被试都是处于自然状态下的研究对象,不同于严格控制的实验法,不需要对研究对象和研究变量进行干预和控制,更易于操作。

5. 时空自主

调查法属于间接调查,不受时空条件的限制。在时间上,调查法可以在事后从当事人或相关人员处获得关于过去事实的资料;在空间上,根据研究需要,既可以进行校、区等小范围的调查,也可以进行跨省、跨国的大范围调查;在研究对象的数量上,既可以进行全面调查,又可以进行抽样调查或者典型调查。因此,与观察法等研究方法相比,调查法具有更大的时空自主性,能够大大提高研究的效率。

(二)教育调查法的局限

虽然教育调查法有以上优点,但是它也不是十全十美的方法,与其他方法一样也有一定的局限性。

1. 难以确定因果关系

调查法所获得的资料往往是表面的,可以发现事物之间的联系,但难以进一步确定事物之间的因果关系。例如我们通过调查可以发现两现象之间具有密切的联系,但是究竟哪一个是原因,哪一个是结果,却难以确定。要进一步确定因果关系,还需要严格的实验和更深入细致的分析。

2. 调查结果依赖于研究对象

调查法的间接性决定了研究结果的可靠性要取决于被调查对象的合作态度和实事求是的精神,调查结果的准确性在很大程度上受制于研究对象。由于调查是向别人间接了解情况,被调查者所反映的事实的客观性和真实性决定了调查资料的可靠性。

3. 调查具有人为性质

教育调查像教育实验一样，具有一定的人为性质。调查的可靠性有一定限制，被调查者会受到调查者主观倾向和态度的影响，从而使调查的客观性降低。

(三) 调查法的类型

调查法多种多样，按照不同的标准可以划分为不同的类型。

1. 按调查范围分

(1) 普遍调查。普遍调查是对特定范围内的所有研究对象进行调查。普遍调查是一定时间和空间内的全面调查，可以是单位性或地区性的，也可以是全国性的。

普遍调查是宏观的调查方法，能够得到关于研究对象的全部情况，可以为重大教育政策、方针和规划提供重要依据。其优点是具有普遍性，能够全面地反映研究对象的发展变化状况，能够保证研究资料的全面。但是，普遍调查往往只能得到表面材料，难以进行深入研究，调查手段往往局限于问卷、列表等书面方法，收集的材料比较单一，难以获得生动材料。此外，由于调查范围大，所以需要耗费巨大的人力、物力、财力。

(2) 抽样调查。抽样调查是从被调查对象的总体中抽取一部分个体来进行研究，并根据样本来推论总体特征的一种调查方法。抽样调查具有较好的代表性，又能够克服普遍调查的局限性，是被广泛采用的一种调查方法。

(3) 典型调查。典型调查是在对研究对象进行分析的基础上，选择最具代表性的典型对象进行调查。

典型调查容易组织，调查方法比较灵活，能够在较短时间内对研究对象进行深入细致的了解。但是，典型调查结果在进行推论时要慎重，不能轻易把结论推广到总体。

(4) 个案调查。个案调查是在对被研究对象进行深入分析的基础上，有意识地选择某个现象或对象进行调查。个案调查能够对某一现象或对象进行具体、深入、细致的研究，可以更详细地了解事物的发展过程，能够获得比较深刻的材料。但是，个案调查的代表性不大，很难把结论推论到总体。

2. 按调查目的分

(1) 现状调查。现状调查的目的是研究学前教育领域中某些现象和问题的现实状况。如"3～5岁幼儿语言发展状况调查""幼儿教师专业发展状况调查""处境不利儿童生存状况调查"等。

现状调查是调查研究中经常采用的方法。通过现状调查，研究者可以了解到事物或现象的基本情况，便于发现新问题，提出改进策略，并进一步采取相应的措施。

(2) 区别调查。区别调查的目的是比较两种教育现象之间有无关系以及关系的性质。区别调查又可以分为一般比较调查和相关调查。

一般比较调查，旨在比较两个群体、地区或者两个时期的教育状况。如"城乡学前教育发展状况调查""中美学前教育投入的调查比较"等。

相关调查是指分析两种现象的情况，考察两种现象或变量之间关系的性质和程度的一种方法。通过对两种现象特征的调查，确定是否相互关联，关联程度如何。如"父母教养方式与幼儿性格之间关系的研究""教师态度与幼儿心理健康关系的调查""攻击性行为与收看电视关系的调查"等都属于相关调查。

进行相关调查时,首先要获得有关现象或变量的数据资料,然后计算两组数据的相关系数,最后根据计算结果(正值、负值或零)来确定两者的相关情况(正相关、负相关或不相关)。

(3)发展调查。发展调查旨在考察某种教育现象或教育问题随着时间的推移而变化发展的状况。这类调查常用于考察不同年龄段儿童的发展特点和规律。如"儿童同伴交往能力发展的年龄特点""不同年龄段幼儿科学教育内容的特征""不同年龄段儿童游戏形式和内容研究"等。

根据时空条件,又把发展调查分为横向调查和纵向调查两种。

横向调查是指在同一时间段对不同的研究对象进行调查。如研究不同年龄段儿童同伴交往能力,可以选出3岁、4岁、5岁儿童各一组,同时对三个年龄段的儿童进行研究,求出各年龄段的平均数,然后进行比较或画出发展曲线。横向调查所用时间较短,操作简单方便,但由于不同研究对象间的影响因素存在差异,所以结果需要进一步验证。

纵向调查,也称为追踪调查,是在不同的时间段对同一组对象进行研究。如研究不同年龄段儿童同伴交往能力发展特点,可以找一组幼儿,在其3岁、4岁、5岁时分别进行研究,然后做出比较或画出发展曲线。纵向调查的研究对象固定,能够比较科学地了解被调查者某一方面特征的发展变化。但是,研究时间较长,可能会面临研究对象的流动或流失等问题,操作起来有一定困难。

两种调查方法各有利弊,研究者可以根据自身情况进行选择,也可将两者结合起来使用,如先用横向调查,再用纵向调查,以此增强研究结论的准确性和说服力。

(4)原因调查。原因调查旨在通过调查了解导致某一现象或问题出现的原因。研究者可以对某一教育现象的相关影响因素进行比较分析,然后探讨其可能的原因。严格地说,很难通过调查法确定现象之间的因果关系,因此在进行原因调查之前,研究者有必要对特定的教育现象进行深入分析,寻找可能的原因,然后再有针对性地、有方向地进行实验验证,最终确定因果关系。

例如,郑美玲等曾对108名独生与非独生幼儿的性格特征做了调查,调查发现在"对别人的态度,对自己的态度""对劳动和劳动成果的态度"方面,"表现好"的独生幼儿人数少于非独生幼儿。为探讨此现象的原因,研究者又对家庭周围环境风气、父母文化修养、幼儿的物质生活条件等7个项目进行了调查,最后发现独生幼儿之所以在上述性格特征方面异于非独生幼儿,可能原因在于独生幼儿的家长较多关注幼儿的物质生活条件,对子女迁就溺爱多,对幼儿的不良特征缺乏良好的教育方法等。[①]

3.按调查手段分

(1)问卷调查。问卷调查,是通过被调查者填答书面问卷进行调查的一种方法。问卷是研究者为了解某些事实或意见,向被调查者发放的问题表格。问卷调查结果可靠与否,往往取决于被调查事实的态度和合作精神。

---

① 王坚红.学前儿童发展与教育科学研究方法[M].北京:人民教育出版社.1991:101-102.

(2)访谈调查。访谈调查又叫谈话法,是研究者和被研究者通过面对面交谈收集材料的方法。根据访谈方式不同,访谈有面谈、信访和电话访问等。通过谈话可以搜集到详尽、真切的研究资料,了解有关细节问题。

(3)座谈会调查。座谈会调查是通过召开会议,由研究者主持会议,根据事先列好的调查提纲,向被调查者进行提问,并展开讨论,以此获得相关资料。通过座谈会,研究者和被调查对象可以直接对话、共同讨论、相互启发和核实,能获得符合实际情况的资料。为保证良好的调查效果,要求参会人员必须有一定的代表性,并且对研究问题比较熟悉,能够提供可靠信息。另外,参会人数要适当,以3~8人为宜,座谈应围绕问题进行讨论,确保问题的清晰、准确,避免被调查者产生误解。

二、调查研究法的主要功能

调查法是教育研究的重要方式,是认识和改进教育的重要手段。因此,在教育科学研究中应用极为广泛。调查研究具有以下功能:

第一,调查研究能够揭露教育发展中存在的问题、暴露矛盾,并通过不断解决内外部的各种矛盾而促进教育发展。

第二,调查研究能帮助一线的幼儿园工作者和教育研究者发现、总结和推广先进的教育思想,教学经验,提高教育教学工作的质量。

第三,调查研究能够为不同层次和要求的教育管理和预测服务,通过调查搜集有关教育现象的事实材料,为各级教育行政部门制定教育政策、法律法规和教育发展计划提供现实依据。

我国目前正处于变革时期,为适应社会政治、经济、文化等的发展需要,教育内部体制必须进行变革,从而会出现各种新问题和新矛盾。只有通过调查研究,才能摸清情况,认清方向,从而避免决策制定中的失误和工作上的盲目性。

三、调查研究法的步骤

调查研究法包括问卷、访谈、列表等不同的具体方法,程序上也各有侧重,但是总体上都要经过确定调查课题、制订调查计划,实施调查,整理分析调查资料,撰写调查报告四个环节。

(一)确定调查课题,制订调查计划

1. 选定调查题目

调查前,必须确定调查课题,明确调查方向。明确调查课题能够减少调查的盲目性,提高调查的自觉性和调查效率。

调查课题不是随意确定的,需要注意满足以下几个要求:

(1)价值性。调查题目必须具有研究的必要性,包括现实的必要性和理论的必要性,还包括微观的必要性和宏观的必要性。要确保研究题目是有价值和有意义的。

(2)可行性。除了考察题目的研究价值和意义之外,还要考虑研究题目是否具有可行

性。即考察调查的主客观条件。主观条件是指研究者自身条件方面的限制,如研究者的生活经历、知识结构、研究经验、组织能力、操作技术等。客观条件指研究的外在环境或条件,如研究时间、经费、文献资料、法律政策、社会伦理、生活习俗与宗教信仰等,以及研究对象及其单位等是否支持与合作。

(3)清晰性。调查题目必须是界定清晰的,对研究中的关键术语、核心概念有明确的定义,特别是操作化定义。对问题的清晰界定有助于我们明确调查内容和方向,为下一步制订调查计划和实施调查提供保证。

(4)题目的选择要从小处着手,以小见大。提倡小题大做,切忌大题小做。

(5)在确定题目的过程中,要始终伴随着对文献资料的查阅和整理,以便了解已有研究的内容、程度等,避免重复劳动。

2. 制订调查计划

制订调查计划,是调查工作顺利进行的重要保证。调查计划一般包括以下内容:

(1)调查课题和目的

写明调查课题的具体名称和主要内容,以及调查目的和意义。

(2)调查对象和范围

表明调查的对象,包括调查对象的年龄、性别、抽样方法以及样本容量等。

(3)调查手段与方法

写明采用何种调查方法,可以是一种方法也可以几种方法结合使用。除了表明总的方法之外,还要指出每种具体方法的目的和操作过程。

(4)调查步骤和时间

对调查研究的时间进行规划,指出每一步的具体内容和时间安排。

(5)调查经费的使用安排

指明调查经费的来源和预算。

(6)调查工作的组织领导

任何调查工作都要有明确的分工,规模较大的教育调查研究更是如此。调查工作的领导组织工作主要包括以下内容:

首先,根据调查课题的要求,选择和分配调查人员。调查人员需要熟悉课题的研究内容和目的,具备独立工作能力和高度的工作责任感。其次,要对调查人员进行培训,特别是关于调查工具的培训,此外要通过培训统一调查标准。再次,要做好与被调查对象和调查单位的沟通联系工作,争取得到被调查对象和被调查单位的支持与合作。

以上就是调查研究的计划,但是在具体实施调查过程中有很多不确定的影响因素,因此不可能完全按预先制订的计划,计划是为具体实施研究提供保证,不能成为研究的限制。在具体实施调查的过程中,可以根据实际情况灵活调整。

(二)实施调查,收集资料

实施调查,即根据调查计划,采用问卷、列表、访谈、测验等手段开展教育调查,全面收集资料的过程。为保证所收集材料的可信度和准确度,在实施调查中要注意以下几点:

(1)保证调查过程的客观性。在调查过程中,研究者不能带有主观偏向和倾向性,应该

实事求是,保持客观中立的态度。

(2)正式调查之前,要对调查人员进行选拔和集中培训,保证采用统一的标准,统一的表格做调查记录,确保调查材料的信度和效度。

(3)注意区分意见和事实,分别对调查者提供的材料进行核实,保证材料的真实性。

(4)尽可能采用多种途径收集材料,保证材料的全面性和系统性。注意资料的典型性、客观性和真实性。调查者要善于辨别资料的真伪,做到实事求是。

(三)整理分析调查资料

调查过程中,研究者收集到的材料属于原始资料,调查后必须对原始资料进行整理分析,使之系统化、条理化。只有在对资料进行整理分析的基础上,研究者才能够认清事实,发现资料之间的联系,从而发现教育现象和问题发展的规律。

整理资料的目的是便于分析,而分析必须建立在整理的基础上。资料的整理包括检查、汇总、摘要和分析。

1. 检查

在进行深入分析之前,必须首先检查资料的完整性、一致性、真实性和可靠性。

首先,要检查资料是否完整,对于遗漏的调查项目要进行补充;其次,要检查资料的填答标准、记录方式、评价标准等是否一致,剔除不一致的材料;最后,要检查资料来源是否真实可靠,发现矛盾或可疑的资料要重新调查。

2. 汇总

原始资料往往是分散的、零碎的,因此要对资料进行归纳、汇总和分类,使其系统化和条理化。根据材料的不同可以选择计算机汇总或手工汇总,随着现在计算机技术的发达,我们现在多采用计算机汇总。经过汇总后的资料更加条理化,便于进行比较和分析。

3. 分析

汇总后的资料必须进行分析才能发现资料背后事物或本质。分析调查资料要从定性分析和定量分析两个方面着手,即从数量方面进行统计分析和从质的方面进行理论探讨,以求更准确、更深刻、更全面地掌握教育现象和问题的本质和规律。

总之,对资料的整理分析是一个去粗取精、去伪存真、由此及彼、由表及里的过程。

(四)撰写调查研究报告

教育调查研究报告是反映教育调查过程和结果的一种研究报告,它是用一定的形式将教育调查研究的过程、结果、结论、观点和理论表达出来。它是在一定教育思想指导下,通过对教育调查资料的整理、分析而撰写成的有事实、有分析、有理论观点的文献。

撰写调查报告是教育调查研究的最后一步,也是十分重要和关键的一步,因为研究的所有结果和结论都要通过调查报告来体现。撰写调查报告和调查研究本身一样重要。根据研究形式和目的的不同,调查报告分为描述性报告、解释性报告和建议性报告;根据报告目标读者的不同,调查报告有通俗性报告和专业性报告。但是不论是何种类型的调查报告,都是对研究问题做出解释,提出问题解决的策略和建议。调查报告一般包括题目、引言、正文、总结和附录5个部分。

1. 题目

题目是对研究主题的概括,是要反映研究的核心内容。题目要简练、概括、明确,一般以20字左右为宜,如果主标题表达不到位或者范围过大,可以用副标题加以限定。

2. 引言

引言也叫"前言"或"问题提出",在引言部分要交代清楚三个问题:研究了什么,为什么研究,如何研究。具体说,要指明调查的主题、目的、意义、方法等。引言部分虽然在整个报告中分量不大,但是作用却十分重大,对整篇文章起着提纲挈领的作用。前言要写得简明扼要,紧扣主题,既要突出中心,又要考虑正文的需要,为展开正文提供基础和方便。

3. 正文

正文是报告的主体,是充分表达主题的重要部分,正文写得如何直接决定着调查报告的质量高低和作用大小。正文部分要详细介绍调查内容、调查方法和调查结果。可以采用叙述、图表和文献资料进行表述。从行文结构上可以采用纵式结构、横式结构或纵横交错式结构。

正文部分的重点应该放在对调查过程和方法的介绍,以及调查结果的呈现上。

4. 总结

总结也可以叫作结论或讨论,该部分内容着重强调调查研究的结论,是在对调查资料进行定量和定性分析的基础上,进一步对调查结果进行分析、概括,归纳出教育现象的本质和规律,并提出有针对性的建议或意见。

总结部分通常有这样几种写法:一是概括主题,深化主题,即概括说明全文主要观点,进一步深化主题,增强说服力和感染力。二是总结经验,形成结论,即根据调查实况,总结出工作经验,得出结论。三是提出问题,提出建议,即根据调查实况,指出存在的问题,提出改进建议。四是展望未来,说明意义,即由此及彼,由近及远,指出调查问题的重要意义。

5. 附录

调查研究往往要借助问卷、列表、访谈提纲等工具,一般要把这些调查工具附在调查报告的最后,即附录部分。添加附录便于进行成果鉴定和学术交流。

第二节 问卷法

问卷是调查研究中用来收集资料的一种工具,是用于测量一系列变量的状态及其相互关系的工具。源自高尔登(Galdon),自霍尔(G. Stanley Hall)用此法研究儿童和青少年心理以后,这种方法才开始盛行。

一、问卷法的含义

问卷(Questionnaire)是指研究者将其所要研究的事项,制成问题或表式,而以邮寄的方式寄给有关的人们,请其照式填答寄回的一种形式。它的原意是"一种为了统计或调查用的

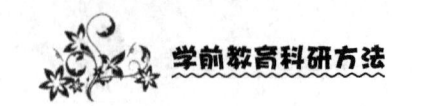

问卷表格",也可翻译为"问题表格"或"访问表",现在大家习惯用"问卷"一词。

问卷法是研究者把一系列事先设计好的问题组合起来,以书面的形式征询被调查者的意见,通过对问卷的回收、整理和分析,获取有关资料信息的调查方法。

问卷法要求被调查者具有一定的书面理解能力和文字表达能力,所以,问卷法往往用于对幼儿教师、幼教工作者以及幼儿家长的调查,一般不直接用于对儿童的调查。调查时,可由调查者直接面对面地将问卷发放给被调查者,也可通过邮寄等间接方式发放给被调查者。

二、问卷法的优缺点

问卷虽是心理与教育研究的重要方法,在研究中受到广泛应用,但由于其方法本身还有很多限制,应用上也会出现一些问题。了解问卷法的优点与缺点,在实际应用过程中注意发挥其优点,克服其缺点,问卷法在心理与教育研究中才能发挥更大的作用。

(一)优点

1. 利用问卷调查法有统一的标准

统一的提问方式、回答形式与内容,对于所有被试都以同一种问卷进行询问,以同一种方式发放与回收问卷,从而反映出同一地区、阶层或不同地区、阶层被调查者对某个问题的看法,具有统一的衡量标准。

2. 通过问卷调查法获得的资料具有客观性、真实性

问卷调查一般不要求作答者在问卷上署名,这就减少了作答者的顾虑,可以针对某些敏感性的问题,说出自己真实的想法,从而使得答案具有客观性、真实性。

3. 问卷调查者应用范围广、省时省力

问卷调查可以让被试现场填答,也可以邮寄给被试,这就使得问卷调查法不受时间、地点,不受人数和地区的限制,适用范围广泛。而且,问卷资料适于计算机处理,节省了整理分析资料的时间,从而可以节省调查用工与经费。

(二)局限性

1. 难以获得一些深层次的资料

通过问卷调查,可能得到的书面信息比较多,却很难获得被调查者更深层次的想法。

2. 问卷的有效性在很大程度上依赖于被调查者是否真实作答

进行问卷调查时,调查者无法控制被调查者问卷填写时的情境,如是否有外界干扰、受人诱导、敷衍了事等,因此问卷的有效性在很大程度上依赖于被调查的作答态度。如果作答者敷衍了事或受人诱导,会影响问卷的回收率和有效性。

3. 问卷难以适应不同调查对象的实际情况

问卷难以适应不同调查对象的实际情况,难以根据具体情境灵活、深入地了解问题,调查者无法保证问卷中的答案是否涵盖了真正适合被调查者的答案,其弹性不足。

另外,问卷调查法对问卷的设计要求比较高,如果问卷在设计上不够恰当,可能会造成问卷调查的有效性很低。

三、问卷的类型

依据问卷的功能、形式或回答方式等不同的标准,可把问卷划分为不同类型。每种类型的问卷其设计不同,施测对象选择上、功用上都可能不同。了解不同类型的问卷,会有助于更好地发挥问卷法在教育研究中的作用。问卷法的诸多类型中,最普通的是以题目及答案有无固定格式分为非结构型问卷和结构型问卷。

(一)非结构型问卷

非结构型问卷又称为开放型问卷,多用于探索性研究中。研究者为了控制问题的方向,必须事先准备好一些题目,然后,再对每个被调查者用相同的或不同的说法,表述同一个问题,让被调查者回答。这包含两个意思:一是题目的用语可以不同,二是被调查者的回答形式较为自由。例如,要研究什么样的幼儿教师会受到儿童的喜爱,可以设计这样的问题:"你最喜欢幼儿园里的哪一位老师?为什么喜欢她呢?"再如,要调查有关幼师毕业生适应幼教工作的情况,可编制以下问题:"你走上工作岗位后,感到最困难的是什么?"如欲调查幼儿园开展游戏的状况,可设计由教师回答的问题:"你在指导幼儿游戏中,感到最大的问题是什么?"

非结构型问卷多用于研究者对某些问题尚不清楚的探索性研究中。因为作答者回答自由,答案也会因人而异,所以使用这类问卷整理资料时会比较费时费力。非结构型问卷的优点是:①可以获得某些研究者未曾预料到的结果。②它给回答者较多的创造性或自我表达的机会,可获得比较深入的资料。③非结构型问卷的问题容易设计,易于做定性分析。它的缺点是:①它可能导致搜集到与课题研究无关的资料,因为回答者发表的意见与看法不一定与所问的主题相关。②回答的内容非标准化,难以进行量化处理。③回答者要花费较多的时间和精力,所以容易引起拒答。非结构型问卷的测试结果往往为编制结构式问卷提供参考。

(二)结构型问卷

结构型问卷又称为封闭型问卷,是对所有的被调查者测试相同的题目,并且对被试的回答方式有严格限制的问卷类型,即在研究者事先设计好的各种答案中,由作答者选择符合自己意见或态度的一个或几个答案。

结构型问卷的优点是:①答案设计标准化,易于统计分析。②结构型问卷的问题具体清楚,所得材料的可信度较高。③容易作答,有助于提高问卷回收率。

缺点是:①结构型问卷对问题的答案进行了限定,没给回答者留下自由发挥的空间,不利于研究者获得深层次的资料。②它容易使一个不知如何回答或对该问题没有看法的回答者随便作答。③回答者可能由于问卷题内没有适合自己的答案而不作答。

(三)对幼儿使用的问卷

上述介绍的结构型问卷和非结构型问卷均适用于成年人,或至少是有阅读能力的儿童,在以幼儿为调查对象时,有时也可采用问卷法。但是只能当面实施,并加以言语指导。有资料显示,曾有人试用脸谱等级法对 5 岁幼儿进行关于玩具选择性的问卷调查,结果表明,幼

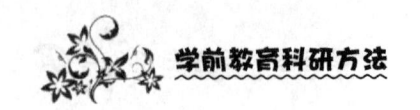

儿能理解指示语,并能根据实际情况按要求作出回答。该项调查向每个幼儿单独呈现一系列脸谱(见图5-1),实施调查时,主试与幼儿面对面就座。

图5-1　脸谱等级法对幼儿进行关于玩具选择性的问卷调查

首先,主试用7根长短不一的木条,让幼儿从长到短(或从短到长)排列起来,不会排列的儿童取消其测试资格(该研究中有3名幼儿被取消资格)。这是正式调查前的预测,为使所有参加调查的儿童都能掌握排序这一基本认知功能。

正式调查时,主试逐一提问幼儿喜欢玩哪种玩具(小船、布娃娃、汽车、积木等),并要求用脸谱中脸的表情来表示其喜欢程度。调查者向每个儿童详细解释每个脸的意思:第一个笑得最高兴,表示最喜欢;最后一个脸的表情很不高兴,表示最不喜欢;中间那个表示无所谓,玩具玩不玩都可以等等。然后,提出几个问题,看幼儿是否理解。例如:"小明最喜欢玩手枪,他觉得手枪比任何玩具都好玩。他应该指哪张脸?""小刚一点也不喜欢玩布娃娃,该指哪张脸呢?"如果幼儿还有些不明确,可再继续解释,直至幼儿完全理解之后,才让幼儿正式为几组玩具评定等级。①

四、问卷的结构

不管是结构型问卷还是非结构型问卷,都应该包括以下几部分:封面信、指导语、问卷题和结束语四部分。尽管问题及答案选项是问卷的主体部分,但前面两个部分也不容忽视,因为当调查者不能与被调查者当面进行交流时,是封面信和指导语在代为履行职责。此外,封面信还是调查者人品、学识的化身,有时也直接影响被调查者的填写态度。

(一)封面信

封面信又称为说明信、卷首语,写在问卷开头的一段话,主要向被调查者说明调查者的身份、调查的目的等,主要为了消除被调查者的顾虑,争取被调查者的合作。如果是邮寄问卷,还要注明最迟寄回问卷的时间。

封面信主要包括以下内容:介绍调查方的身份,简要说明调查的内容、目的,承诺对被调查者填写的信息采取保密措施,以及对被调查者的合作与支持表示感谢。封面信篇幅应尽量短小,但同时必须体现对被调查者的尊重。如果是一项研究课题的封面信,最好能够体现课题的权威性,因此必要时可以加盖公章。下面是一份封面信的例子:

尊敬的老师:

您好!首先感谢您在百忙之中填写"幼儿教师职业道德素养调查问卷"。本问卷的目的绝不是要对老师们的个人素养进行评价,而是以统计的方式找出群体的特点,为我们今后编写有关幼儿教师职业道德素养培训教材提供可靠的依据。教师个人即使存在许多问题,也不是教师自己的责任。让我们共同努力,找出问题,正是本调查的目的所在。因此,问卷以

---

① 王坚红.学前儿童发展与教育科学研究方法[M].北京:人民教育出版社.1991:101-113.

匿名形式填写,我们保证对每位教师的答案保密。如果因我们的失误导致问卷中任何信息的泄漏而使您的名誉受损,我们将承担相应的法律责任。

为了使调查能够获得真实、有效的数据,请您注意以下几点:

1. 大概需要20分钟左右可完成问卷,请不要查资料、不要讨论,自行答题。

2. 我们希望您能回答所有问题。但是,如果您发现有些问题实在不知道,就选"不知道"选项;对于没有"不知道"选项的题目,请给出您猜测的答案,不要不答。

3. 除极少数注明"可多选"处外,大部分题目只能选一个答案。

谢谢您的合作与支持!

×××研究所

×××课题组(公章)

×年×月×日

(二)指导语

指导语是用来指导被调查者填写问卷的一组说明或注意事项,有时还附有样例。指导语应放在显赫易见之处,常可用黑体字或用方框标出,表示与题目相区分。指导语要简明易懂,主要有四种类型:

①关于选出答案做记号的说明。一般用圆括号或方框来限定答案前的空间,并要求作答者在所要选的答案前的括号或方框内做记号。如果答案前不留空间,一般要求回答者圈出他所要选择的答案的序号。

②关于选择答案数目的说明。这种指导语一般写在问题的后面,如选择一项或其中的某几项等。

③关于填写答案要求的说明。如"凡在回答中选择'其他'一项的,请在后面的下划线'_____'上用简短的文字注明实际情况。"

④关于答案适用于哪些被调查者的说明。问卷中有的问题可能并不是普遍适用的,而只适用于某些人。当这类问题出现时,可说明由特定人群填写,其他人可跳过这些问题。

(三)问卷题

问卷题是问卷的主体部分。问卷题的类型应因问卷类型的不同而有所不同。对于非结构型问卷来说,问卷题以开放式题目为主,例如"您如何看待当前我国幼儿园入园难这一问题?"

而对于结构型问卷来说,根据问卷中题目答案形式的不同可分为:是否式、选择式、排序式、等级式和数量式等几类。

在结构型问卷中,根据问题答案的不同形式,有以下几种题目类型:

1. 是否式

每个问题均提供两种答案,即是或否,由调查对象从中选择一个作答。例如以下问题均属于是否式:

您认为幼儿必须服从老师吗? 是□ 否□

您喜欢幼儿教师的工作吗? 是□ 否□

您认为幼儿园开英语课是否必要？是□　否□

再如，对儿童自卑感的调查问卷，可设计以下题目：

你小时候和别人摔跤或角力时,你会经常输给人家吗？是□　否□

兄弟姐妹中,你的成绩是最差的吗？　　　　　　是□　否□

你常常会羡慕别的孩子的家庭吗？　　　　　　　是□　否□

2. 选择式（单选或多项选择）

被调查者从问卷所提供的答案中选择一个或几个答案。以下是多项选择题举例。

例如，在关于教师择业动机及其对职业认识的调查研究中，可设计如下问题：您为什么选择幼儿教师的职业？请在适合您情况的答案前打√(可多选)。

1. 幼儿教师职业有意义

2. 本人性格适合从事幼师工作

3. 接受他人的建议或忠告

4. 当教师工作稳定,有假期

5. 干不成别的,只有干这一行

6. 其他

您对幼儿教师职业的看法如何？请在适合您的答案前打√(可多选)。

1. 幼儿教师是为社会培养人才。

2. 当幼儿教师责任大,受限制多。

3. 幼儿教师待遇低,工作辛苦。

4. 幼儿教师的工作就是看孩子、琐碎、乏味。

5. 幼儿教师工作富于创造性,有利于发挥个人才干。

以下是单项选择题,举例说明：

您认为幼儿教师应达到哪种文化程度？（请在合适答案后的方框内打√）：

1. 初中及以下　□　　2. 高中　□

3. 大专　□　　　　　4. 本科以上　□

3. 排序式

让被调查者从备选答案中选出部分或全部答案，让被调查者按问题的重要程度或符合自己情况的程度对答案排列顺序。

例如：调查幼儿师范学校学生的学科倾向时,可出这样一道题：

请将下列的课程按照你的喜爱程度(由喜爱到厌恶)依次排序。

语文　历史　数学　化学　英语　美术

音乐　舞蹈　心理学　教育学　教学法

对于建立幼儿园的必要性，请依您的看法在下列8项原因中找出3项最重要的，并按1、2、3标在项目前面。

A. 在学业上给儿童一个好的开端

B. 减少父母的宠惯

C. 使儿童有机会和其他儿童一起游戏

D. 解放父母,使他们能够从事工作

E. 使儿童获得作为集体一员的经验

F. 培养儿童的独立性和自信心

请排列儿童在幼儿园学习的3件最重要的事。

A. 坚持性

B. 合作以及成为集体中的一员

C. 同情或关心别人

D. 创造性

E. 开始学习阅读和计算

F. 文雅

G. 自主性和自信心

H. 艺术或文化

I. 语言技能

J. 体育技能

K. 良好的健康、卫生和文明行为习惯

4. 等级式

等级式指列出对某种事物的倾向或态度的两个对立概念,其中分几个级别,让被调查者选出符合自己实际倾向的等级。等级式问题一般有两种形式。

例如,形式一:

请您就以下问题发表您的意见。(在每一行的适当方框中打√)

	太多	较多	合适	较少	太少
教师对儿童活动和游戏的指导	□	□	□	□	□
教师对儿童行为的限制和约束	□	□	□	□	□
儿童自己处理同伴间发生的问题	□	□	□	□	□

再如,形式二:

请您就以下问题发表您的意见。(在每一行的适当方框中打√)

等级 问题	太多	较多	合适	较少	太少
教师对儿童活动和游戏的指导					
教师对儿童行为的限制和约束					
儿童自己处理同伴间发生的问题					

5. 数量式

要求在规定的地方填写有关的具体数字。例如:您从事幼儿教育工作已有_____年?

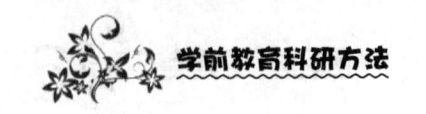

此外,在结构型问卷中还有一类半定案式的题目。半定案式的题目指的是在某种情况下,调查者不可能将答案全部列出,或需留有一定余地,让被调查者补充填写,故在备选答案中列出"其他"一项。

例如,您认为幼儿教师应具备的基本素质有(　　　)。

A. 热爱儿童

B. 对孩子有耐心、细心和爱心

C. 会唱歌、跳舞、弹琴

D. 其他

(四)结束语

结束语一般有三种表达方式。一是通过一段话对被调查者的合作再次表示感谢,及关于不要漏填的要求。二是提出1~2个关于本次调查形式与内容感受等方面的问题,征询被调查的意见。如"您还有需要补充的问题吗?如果有,请写在下面_____。"三是提出本次调查研究中一个重要的问题,以开放式问题的形式放在问卷的结尾。

五、问卷题目的编制要求

问卷题是问卷的主体部分,也是设计好一份问卷的关键环节。问卷问题的表述、问题答案的设计都要遵循基本的原则。

(一)表述问题的原则

1. 具体性原则

具体性原则,即问题的内容要具体,不要提抽象、笼统的问题。例如,"您认为大众传媒会对儿童产生影响吗?"

该题的题意不够清楚明确,而且所包含的范围太大。如对儿童的影响是指积极的影响还是消极的影响?或者指哪方面的影响呢?认识能力方面的?还是道德品质方面的?大众传媒有很多,如报纸、电视节目等,究竟指哪种?

再如:"您认为目前的教育制度需要进行怎样程度的改革?

A. 全面迅速　　B. 全面缓慢　　C. 部分迅速　　D. 部分缓慢"。

在该题目中,首先,问题笼统,"教育"这个概念内涵太丰富,不同层次、不同类型、不同地区的教育很不一样。其次,选项看似设计得很精确,但实际上非常模糊、故弄玄虚。

2. 单一性原则

单一性原则,即一题一问,不要把两个或两个以上的问题合在一起提问。例如,您的孩子是否喜欢唱歌和跳舞?(　　　)

A. 很喜欢　　　B. 较为喜欢　　　C. 较不喜欢　　　D. 不喜欢

在这道题目中,一道题目包含了两个问题,令被调查者无从作答。像这类题目,要分别以两个题目表示,可改为"您的孩子是否喜欢唱歌?"和"您的孩子是否喜欢跳舞?"

再如,"有人认为我国目前幼儿教师收入偏低,应该改变这种状况,您是否同意这个观点?"它等同于两个问题,一是有人认为我国目前幼儿教师收入偏低,您是否同意这个观点?

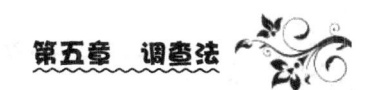

二是我国目前幼儿教师收入偏低,有人认为应该改变这种状况,您是否同意这个观点?

3. 通俗性原则

通俗性原则,即表述问题的语言要通俗,不使用被调查者感到陌生的语言,特别是不要使用艰深难懂的词句或学术上的专业名词。出题时,应尽可能迁就受测者的知识范围或文化程度。

4. 准确性原则

准确性原则,即表述问题的语言要准确,不要使用模棱两可、含混不清或容易产生歧义的语言或概念。例如,你读过蒙台梭利的《童年的秘密》吗?在这道题目中,哪种情况算"读"过?读过目录?还是读过部分章节?再如,"您认为当前我国幼师的素质够高吗?""够高"的含义不清。

5. 简明性原则

简明性原则,即表述问题的语言应该尽可能简单明确,不要冗长和啰唆。

6. 客观性原则

客观性原则,即表述问题的态度要客观,不要有诱导性或倾向性语言。

应注意避免"社会认可效应"——被调查者依社会评价标准作答,而非提供自己的真实想法。填答者往往希望自己的回答是可接受的,能得到社会认可,而不愿选择那些看起来就是违背社会规范或易于受到他人指责的答案。带倾向的问题有两种,即权威倾向性问题和叙述倾向性问题。

例如,大多数学者认为,幼儿教师应具备必要的学前心理学知识,您的看法是(　　)。

A. 同意　　　　B. 不同意　　　C. 不知道

大多数学者是一个权威群体,他们提倡幼儿教师应具备学前心理学知识的观点已经很明确,这就使题目带有明显的倾向性。

叙述倾向性问题,指研究者提问时,只陈述多种观点或事实中的一种观点,从而使问题带有某种倾向性。例如,"现在幼师很愿意用体罚的方式对待犯错的儿童,您认为是吗?"

为了避免在问卷中出现诱导性或暗示性语言,我们可以采取以下措施:

(1) 使题目或答案涉及"一般人"而非强调调查对象本人。例如:

有时候,孩子会和父母产生不同意见,而发生争执或冲突。遇到这种情况,父母应该怎么办?(而不是"你该怎么办?")

A. 决不允许这种事发生

B. 通常禁止此事发生,但有时也可不必在意

C. 试用平和的方式制止这种事情发生

D. 不必放在心上

(2) 在题目中阐明这类问题为客观存在,因而没有什么不正常,打消被调查者的顾虑。例如:

许多家长说,他们觉得自己很难与孩子交流思想和感情,你认为这种情况是否真的存在?(　　)

A. 肯定存在　　　　B. 有时存在　　　　C. 几乎不存在　　　　D. 根本不存在

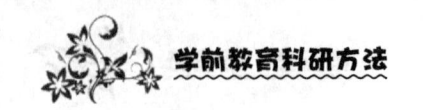

(3)采用列举形式设计问题。例如"有人认为……,还有人认为……,您认为如何?"

7. 非否定性原则

非否定性原则,即要避免使用否定句形式表述问题。例如,您是否赞成不进行课程改革?可改为"您是否赞成课程改革?"

8. 艺术性原则

艺术性原则,指善于使用容易被人接受的措辞与表达方式,消除容易引人反感的句子或词汇。方法主要有以下几种:

一是委婉法。使用委婉的词代替刺激性的词汇提问。例如,"您的孩子有自闭症吗?"等问题是比较敏感的问题,应该委婉的提问。

二是间接法。提出问题后,先提供他人的回答,然后要求被试对他人的答案做出评价。如"教师接受学生家长和学生本人的礼物,有人认为这是不应该的,它带有受贿的性质;有人认为要做具体分析,其中有些属于受贿性质,而有些不是。您同意哪种看法?"

三是消虑法。在正式提问前加一段引用权威性或普遍性事实的文字,以消除答题者的顾虑。如"按照义务教育法的有关规定,我国要在20世纪90年代基本普及九年义务教育,请问今年您所在地区的适龄儿童入园率是多少?"

四是虚拟法。即先假设一种情境,然后要求在情景下回答问题,如"假如您的孩子不适应幼儿园的生活和学习,您怎么看待此问题?"

五是援助法。表明调查者可以针对被调查者存在的某些问题在提供帮助的情况下要求被调查者回答问题。如"失眠、精神恍惚等现象是由心理失调引起的,这些问题会影响您的身心健康,您是否有这种状况,如果有,我们可以义务提供心理咨询。"

(二)设计答案的原则

①相关性原则,即设计的答案必须与询问的问题具有相关关系。

例如,您认为您是否有从事幼儿教师工作的可能?(　　)

A. 不可能　　　B. 比较困难　　　C. 不很难　　　D. 很困难

以上问题答案的设计与问题关系不大。

②同层性原则,即设计的答案必须具有相同层次的关系。

例如,您对孩子的期望是(　　)?

A. 学文化　　　B. 学技术　　　C. 经商　　　D. 做个好人

以上问题答案的设计不在同一个层次上。

③完整性原则,即设计的答案应该穷尽一切可能的、起码是一切主要的答案。

例如:当你有问题时,你通常先找谁谈?(　　)

A. 父母　　　B. 老师　　　C. 同学　　　D. 朋友

在上述题目中,由于列举不完整,有的填答者会找不到回答项目,如有的填答者,遇到问题时会找亲戚谈话,在上述题目的选项中却没有此项。因此,在问题答案很多而很难覆盖全部项目的情况下,必须加上"其他"一项,以免作答者找不到适合自己情况的选项。

④互斥性原则,即设计的答案必须是互相排斥的,没有重叠现象。

例如:你比较赞成下列哪种类型的分班?(　　)

A.男女分班　　　B.男女合班　　　C.男女分组　　　D.男女合组
　　再如:你比较喜欢下列哪种职业?(　　)
　　A.工人　　　　B.教师　　　　C.大学教师　　　D.中学教师
　　E.医生　　　　F.农民　　　　G.其他
　　上述两题中的选项都不是完全排斥的,存在重叠现象。两个例子中的第三、第四个选项都分别包含于第二个选项之内。遇到这样的问题,可采用"有条件的题目"方式撰写。
　　例如,上述第一个例子可改为:
　　你比较赞成下列哪一类型的分班?(　　)
　　A.男女分班　　　B.男女合班
　　(若选B项,请回答下一个问题)你比较赞成哪种类型的分组?(　　)
　　A.男女分组　　　B.男女合组
　　第二个例子可改为:
　　你比较喜欢下列哪种职业?(　　)
　　A.工人　　　　B.教师　　　　C.医生　　　　D.农民　　　G.其他
　　(若选答案B项,请回答下一问题)如果喜欢教师职业,你比较想成为(　　)。
　　A.小学教师　　B.中学教师　　C.大学教师　　D.中专教师　　E.其他

(三)问卷题目的排列要求

　　一份问卷包含许多题目,其中有些题目容易回答,有些不易回答;有些题目使人看了很感兴趣,而有些题目则索然无味。题目的排列顺序会影响作答者的作答思路,进而影响问卷的有效性。所以,科学安排问卷题目的顺序在一定程度上可以提高问卷的有效性。
　　一般来说,安排问卷题目的顺序要考虑到以下几方面的问题:
　　①被调查者熟悉的、易懂的问题放在前面,比较生疏、较难回答的问题放在后面。
　　②把能引起被调查者兴趣的问题放在前面,把容易引起他们紧张和顾虑的问题放在后面。
　　③先问事实性问题,再问态度性问题。事实问题可分为两部分:有关行动的问题和个人基本资料。行动方面的问题,如上课有哪些行为、有几次发言等。个人基本资料,如性别、年龄、学历、收入等。有的作答者对个人基本资料问题较为反感,因此,填写之前可加一个说明语,告诉被试这些资料的用途。另外,有的研究者认为,问卷开始问这些个人资料问题,会增加拒答的人数,可以把这类问题放在问卷最后。态度问题是教育研究中经常遇到的问题,包括两个层次,一种是有关意见方面的,如:对一名教师的评价、对一堂课的感受及建议等。另一种是有关价值或人格方面的观念,如:一些有关世界观、人生观、道德观念的问题等。
　　④回答方式相同的问题放在一起,使同一内容或内容相近的一组问题相对集中,且有内在逻辑联系。
　　⑤若连续几道题的答案都是划分水平程度的,这些问题之间要随机处理答案顺序,如前一道题的答案是由高到低,后一道题的答案则建议由低到高排列,以免产生定势而不认真作答。

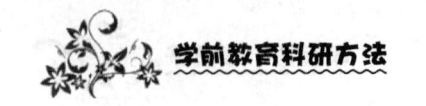

六、问卷法的实施步骤

（一）问卷的设计程序

1. 确定研究目的，提出研究假设

应用问卷调查是要从事某项研究，凡从事研究必先确定研究问题是什么。研究问题确定之后，就要根据已有的资料，提出该研究的研究假设，研究假设可以帮助研究者明确自变量、因变量以及一些无关变量，也可进一步明确通过问卷需要搜集哪些事实材料。例如，幼儿参与游戏的类型可能因性别不同而存在差异这一研究假设，就需要在问卷中列出性别这一事实项目。

2. 了解施测对象的特征及选择施测的被试样本

施测对象的特征，关系到问卷的形式以及文字的表述要求等问题，如果施测对象是文盲或儿童，最好用图画来表述问题，如果施测对象文化水准较高，问卷问题表述上可以更专业一些。如果问题的形式与施测对象的特征配合得较好，可大大缩小施测误差，提高问卷的信度及效度。

3. 初步拟定问卷题目

问卷题目是一份问卷的主体部分，确定问卷题目也是设计问卷的关键一环。确定问卷题目一般可用卡片法和框图法。

卡片法是把每个问题和答案写在卡片上，然后按照主题内容把卡片分类，按照排列顺序，最后把整理好的卡片问题编排到纸上形成问卷。

框图法是先勾画问卷的各个部分及其先后顺序的框架图，然后具体写出每一部分的问题及答案，最后经过检查、筛选、调整、补充形成问卷。

4. 问卷的试测

一份好的问卷，应经过多次反复的修改才能定型。在试测过程中，研究者可发现一些新问题，如题目的顺序、问卷的内容、测验时间等方面的问题。试测是将问卷初稿打印若干份，从研究对象的总体中抽取 30～100 人进行测查，检查问卷的问题是否清晰、问卷内容与形式是否存在错误等。也可把设计好的问卷初稿送给相关专家、研究人员，请他们提出意见。

5. 问卷的修订和定稿

根据试测情况，计算出问卷的信度和效度，并对问卷进行修订，必要时可进行再次试测，直至问卷完全符合要求，最后定稿打印。

（二）问卷的发放

首先，通过间接的文献资料查阅或直接接触，或通过各种中介人（如上级领导、朋友、熟人）的牵线，对调查对象（样本）的近期活动安排有所了解。然后，如果有必要的话，与调查对象的组织领导进行沟通和协商，以确定最佳调查时间。同时，应考虑被调查者的劳动报酬问题。

对于涉及多个抽样点的大范围的调查工作，由于一两个人难以完成，往往需要聘用许多课题外的人员参与调查，这时对调查人员进行培训是非常必要的。培训的内容主要有两个方面,一是培训与被调查者的沟通方法和沟通内容;二是统一发放问卷的具体时间、程序等操作上的规则,如当场回收问卷、20分钟内完成问卷以及怎样解答被调查者的疑问等。

问卷的发放方式一般有以下几种:

①集中填写。此法针对有组织的较为集中的全体,如教师、学生等。因此,教育研究课题的问卷回收率往往较高。

②网上填写。这种方法节省了调查者与被调查者的时间,但限于有网络和对网络熟练的人群。因此,如果调查对象的总体中包含大量没有上网条件和上网习惯的个体,此种方法不太适合。

③登门拜访。采取这种方式往往是因为调查对象不会主动填写,如文化水平较低或平时工作繁忙的人群。这种方式适用于小样本调查。

④邮寄。邮寄适用于大范围、多地区的调查研究。从好的方面来说,邮寄问卷可以节省经费,用少量经费就可以调查大量样本;被试可以自由填写,不受时间地点限制,不受他人干扰。然而,邮寄问卷最大的弱点是回收率低,而且问卷回收后,无论发现什么地方错了,或误解了题目意思,均无法补救;被试如对问卷题有疑问,无法获得合理解释,只能乱填,或空着不填,造成问卷无效。

⑤行人路遇。此法一般适合于社会学的研究课题。

(三)问卷的回收、整理与分析

1. 问卷的回收率

回收率 = 总回收量/总发放量。

有效回收率 = 有效回收量/总发放量

有效回收量 = 总回收量 - 废卷

一般情况下,废卷指超过大约1/3的内容为空白的返回问卷。当然,根据不同的调查内容可制定不同的标准。回收率虽然重要,但没有统一的最小回收率标准。因此,本书中提供一些美国学者的经验性资料作为参考。对于社会调查而言,艾尔·巴比(2000)认为:50%是必要的,60%为较好,70%则是相当好。对于教育研究而言,威尔斯曼(1997)认为,在教育研究中,对教师调查一般可以达到70%~90%,对学生家长调查一般可以达到60%,对毕业生调查则较低,一般为60%~70%,甚至更少。

2. 提高问卷回收率的方法

提高问卷回收率的方法有很多,因为更多的是技术甚至是艺术问题,而不仅仅是科学方法的问题。概括起来主要有以下几条:

①提高问卷质量,这是最根本的方法。

②写好封面信,以及充分利用其他与被调查者的沟通渠道。

③随问卷寄上回信的信封及邮票,并写上地址。

④附赠小礼品。礼品不在于贵重,而在于能够表达对被调查者的感谢与尊重。

最后,对有效问卷进行统计分析,可采用直接描述的方式,如"有60%的被调查者支持某种行为"。更正规的调查还需进一步的统计分析,这些过程可通过SPSS统计分析软件进行分析。

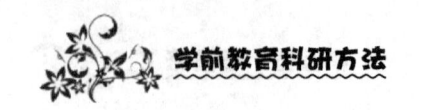

对于人数较多的大范围调查来讲,问卷调查可以节省人力、物力、财力,能在较短时间内收集到丰富的研究资料,但是问卷调查也有缺点,如可能存在不回答或粗心回答的现象。

第三节 访谈法

一、访谈的概念和特点

访谈,是一种研究性交谈,是调查者与被调查通过谈话获得资料的一种方法。

访谈法是调查研究中常用的方法之一,尤其是在研究比较复杂的问题,需要向不同的人了解不同类型的材料时,常需要访谈法。访谈法最基本的方式或手段是运用口头语言来收集资料,它的一般程序是由调查者访问或约谈被调查者,调查者根据研究目的和需要逐一提出问题,被调查者根据要求一一作答;同时,调查者把被调查者的答案、观点和意见等及时记录下来,然后对访谈记录进行整理,最后对访谈记录进行分析,得出调查结论。

访谈法不同于问卷调查,它不追求以标准化的形式和过程来获取预定的信息,而是强调访谈双方通过面对面的言语交流来获取更多的信息,与其他研究方法相比,访谈法有以下特点:

(一)访谈法的优点

1. 简单灵活,适用范围广泛

访谈法是通过研究者与被研究者交谈来收集资料的,简单灵活,可以研究范围较广的课题。例如关于兴趣爱好、家长对孩子的教育态度,社会对学前教育的看法,教师的教学经验和方法等都可以采用访谈法来研究。

此外,当有些研究对象不善于或者不会用文字表达自己的思想时,通过访谈可以解决此类问题。例如学前教育的主要对象是幼儿,他们往往还没有掌握完备的文字表达能力,因此在对幼儿进行研究时,常常会用到访谈法。

2. 直接获取信息资料,回答率高

访谈中,调查者与被调查者往往是面对面的直接接触,不需要任何中间环节,调查者可以获得最直接的信息资料。在访谈中,当调查者发现被调查者的回答不够完整或不明确时,可以进一步进行追问,所以相对于问卷调查而言,访谈调查的问题回答率更高。

3. 可以观察到被调查者的非语言行为

访谈大多是研究者与被研究者的面对面交谈,在交谈过程中既可以通过谈话了解到被研究者对某一现象或问题的看法、观点、意见等语言材料,同时也可以观察谈话中被访谈者的表情、动作等非语言行为,这些非语言行为同样可以传达给我们很多的信息。

(二)访谈法的局限性

虽然访谈法具有很多的优点,但是与其他任何一种方法一样,访谈法也不是十全十美的,它也具有一定的局限性。

1. 研究时间长,样本小

访谈需要研究者和被研究者之间进行面对面的交流,因此,相对于问卷调查等方法而言,需要花费更多的时间、人力、物力。访谈的这一特点限制了研究的规模,决定了不可能通过访谈进行大样本的研究。

2. 访谈过程受到多种因素的影响,容易产生误差

首先,访谈过程是由访谈者控制的,访谈结果的准确性和可靠性受到访谈者知识水平和访谈能力的影响。

其次,访谈的顺利完成还需要被访谈者的全力配合,被访谈者的合作态度和实事求是的精神同样会影响到访谈结果的准确性。

最后,访谈的环境、时间,访谈者和被访谈者的态度、语言、表情、性格、社会阶层等等也都会对访谈过程和访谈结果产生影响。

综上所述,访谈过程受到很多因素的影响,其中很多因素是偶然的、不可控的,这些因素可能会降低访谈结果的准确性和可靠性,使研究出现误差。

3. 难以对资料进行量化处理

访谈是通过谈话来收集资料的,所收集到的都是语言资料,很难对资料进行形式上的统一、量化处理和统计分析。

4. 被访谈者的心理状况难以进行调控

与问卷不同,访谈不具有匿名性,很难消除被访谈者的思想顾虑,对于一些敏感的、涉及个人隐私的问题,被调查者往往不愿回答或不能够提供真实的信息。这就要求访谈者要慎重提问,注意提问的方式方法。

二、访谈的类型

访谈法也是多种多样的,为了更好地理解和正确地运用访谈法,我们对访谈法进行了如下划分。

(一)结构化访谈和非结构化访谈

根据访谈内容和过程的标准化程度,把访谈分为结构化访谈和非结构化访谈。

结构化访谈,又叫作标准化访谈,是严格按照预先设定的访谈内容和访谈计划对被访谈者进行提问,并要求被访谈者按照规定标准进行回答。结构化访谈在访谈之前已经对访谈中需要提出的问题、提问方式、提问顺序、被访谈者的回答方式、访谈记录方式,以及访谈的时间、地点、环境等进行了严格设计。

结构化访谈能够收集到比较客观、全面和准确的材料,所获得的资料具有一定的系统性和条理性,便于对访谈材料进行统计分析。便于对不同的回答加以比较和分析,能够提高访谈结果的准确性和可靠性。但是,结构化访谈过于死板缺乏灵活性,不利于对问题进行深入分析,不利于发挥访谈者和被访谈者的积极能动性。

非结构化访谈,又称为非标准化访谈,是按照粗略的访谈提纲进行的自由式访谈。非结构化访谈比较自由、随意,对访谈的内容、时间、方式等没有严格规定。

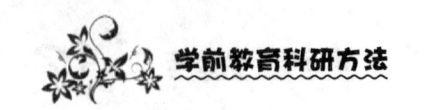

在非结构化访谈中,访谈者可以根据实际情况灵活选择访谈方式和追问访谈问题。能够充分发挥访谈者和被访谈者的主动性和创造性,有利于对问题进行深入分析,可以收集到很多生动的材料。但是,访谈材料比较零散,不够系统,难以对材料进行量化分析。同时,非结构化访谈中偶发因素多,对访谈者的谈话技巧要求很高。

(二)直接访谈和间接访谈

根据访谈是否是面对面进行的,把访谈分为直接访谈和间接访谈。

直接访谈,是指访谈者和被访谈者进行面对面的交谈,也称为面对面访谈。

直接访谈中访谈者不仅能够了解被访谈者的思想、态度、观点、看法等语言信息和材料,还能够直接观察被访谈者的表情、动作、情绪等非语言信息,有利于访谈者判断访谈材料的真实性。但是,直接访谈中被访谈者也会受到访谈者非语言信息的影响,访谈者的态度、情绪等可能会对被访谈者造成心理压力。直接访谈要求访谈者具有较高的谈话技巧,能够很好地控制访谈过程。

间接访谈,是指访谈者与被访谈者借助电话、网络等中介物进行的非面对面的交谈。

间接访谈,大大提高了访谈的效率,既扩大了访谈的范围,又节省了访谈的时间,还在一定程度上避免了访谈者对访谈对象造成的心理压力,特别适用于一些敏感话题、隐私问题等不宜于直接交谈的问题。但是,间接访谈要依赖于中介物,所以要求访谈双方都要具备电话、网络等条件,适用范围有限。此外,间接访谈不利于对问题进行直接探讨,也难以观察访谈过程中被访谈者的非语言信息。

(三)个别访谈和集体访谈

根据访谈对象的多少,访谈被分为个别访谈和集体访谈两种。

个别访谈,是一对一的访谈,是由访谈者对访谈对象逐个地进行单独访问。

个别访谈有利于访谈双方进行深入的交流沟通,便于双方根据实际情况灵活处理访谈中的问题,同时能够保证访谈的保密性,可以收集到一些关于敏感问题和隐私问题的材料。但是个别访谈效率低,需要耗费大量的人力、物力和时间。

集体访谈,是一对多或多对多的访谈,是一名或多名访谈者对一组访谈对象进行访谈。

集体访谈,不仅提高了访谈效率,节省了时间,而且由于访谈对象人数增加了,大大缓解了访谈对象的心理压力。此外,由于访谈对象的观点各不相同,访谈对象之间、访谈对象和访谈者之间都能相互促进,从而使访谈材料更加全面和深刻。但是,集体访谈属于公开性访谈,因此,对于敏感话题或涉及隐私的问题不能进行深入调查。由于访谈对象之间的个体差异性,比如性格上有开朗外向的,有敏感内向的,所以不同的被访谈者所获得的表达自己观点的机会是不均等的,同时也对访谈者的组织、调动能力提出了更高的要求。

集体访谈的人数不宜太多,一般以 6~12 人为宜,具体人数要根据研究目的、访谈内容多少和问题的复杂程度来决定。

三、访谈法的实施

(一)访谈提纲的设计

尽管访谈调查不要求事先做出严密的设计,强调根据实际情况灵活调整,但是,为避免

4. 以"幼儿入园适应状况调查研究"为题,编制一份针对幼儿教师的调查问卷。

5. 自拟访谈主题,自定对象,设计一份访谈提纲。根据设计好的访谈提纲进行实地访谈,并予以记录。

6. 采用问卷法或访谈法,完成一项调查研究,并撰写研究报告。

本章参考文献

[1] 裴娣娜.教育研究方法导论[M].合肥:安徽教育出版社,1995.

[2] 刘良华.教育研究方法专题与案例[M].上海:华东师范大学出版社,2007.

[3] 张燕,邢利娅.学前教育科学研究方法[M].北京:北京师范大学出版社,1999.

[4] 由显斌,左彩云.学前教育研究方法[M].北京:高等教育出版社,2010.

[5] 王坚红.学前儿童发展与教育科学研究方法[M].北京:人民教育出版社,1991.

[6] 杨世诚.学前教育科研方法[M].北京:科学出版社,2007.

[7] 张景焕,陈月茹,郭玉峰.教育科学方法论[M].济南:山东人民出版社,2000.

[8] 杨小微.教育研究方法[M].北京:人民教育出版社,2005.

[9] 张红霞.教育科学研究方法[M].北京:教育科学出版社,2009.

[10] 孟庆茂.教育科学研究方法[M].北京:中央广播电视大学出版社,2001.

[11] 威廉·维尔斯马,斯蒂芬·G.于尔斯.教育研究方法导论[M].袁振国,译.北京:教育科学出版社,2010.

[12] 和建花,谭琳,蒋永萍.全国农村留守幼儿的状况、问题及对策[J].学前教育研究,2009(1).

[13] 徐新华,杨慧玲.留守幼儿安全认知的调查与分析[J].学前教育研究,2009(7).

[14] Samuel P. Putnam, Maria A. Gartstein, Mary K. Rothbart. Measurement of fine-grained aspects of toddler temperament: The Early Childhood Behavior Questionnaire[J]. Infant Behavior and Development,2006,29:386-401.

[15] 李哲天.父亲是孩子最好的玩伴[J].学前教育研究,2001(6).

第六章　测验法

学习要点

1. 理解并掌握测验法的概念、特点、功能及类型。
2. 领会一个好的测验工具应具备的特点和达到的标准。
3. 了解常用的几个测验工具。
4. 学会运用测验法开展学前教育研究。

测验法是运用标准化的测验量表，按照规定的程序对个体进行测量，从而研究人的心理发展特点和规律的研究方法。测验量表是发展心理学的一种重要研究工具，具有评估、诊断和预测的重要功能。要发挥这些功能，测验的编制需要有周密而具体可行的计划，一般要经过编制测验题目、预测、项目分析、信度与效度分析、建立常模等标准化过程。应用标准化测验量表的好处是可将儿童在测验上的得分与常模进行比较，从而了解其发展水平，既可用于比较同龄儿童之间的差异，也可用来了解不同年龄阶段儿童的差异。通过本章的学习，了解测验法的基本概念和原理，掌握几种常用的幼儿智力测验方法，学会进行测量研究。

第一节　测验法概述

在教育研究中，往往要对研究对象进行测量，测验法是运用标准化的测验量表，按照规定的程序对个体进行测量，从而研究人的心理发展特点和规律的研究方法。测验量表是发展心理学的一种重要研究工具，具有评估、诊断和预测的重要功能。有些项目可以直接利用现成的测验工具，有些可能要花时间和精力开发自编现成的测验工具，无论哪种情况，都是用测量工具准确、客观地测出研究中的变量、概念和现象，了解儿童发展水平，提供所需数据。

一、测验法的概念

（一）测验与测验法

1. 测验

测验是指遵循一定的标准和程序，受测者对编制得较好的一组刺激做出反应，施测者可借此引起对受测者所测的特质进行数量的描述。测验是进行测量的工具。

2.测验法

测验法指通过心理与教育测验来研究心理与教育活动规律的一种方法。即用一套标准化题目,按规定程序,通过测量的方法来收集数据资料。在教育研究中,往往对研究对象进行数量化的描述。如儿童的成绩、智商、语言、交往行为、态度、学习动机、兴趣、动作的熟练程度、注意力等都可以被测量。因此,测验法是学前教育科研的重要方法之一,对教育研究有重要的意义,有了测验法,事物的描述更加准确,结果更有说服力。

(二)测量与测量法

1.测量

测量是根据一定的规则对事物或现象的属性或者特征进行数量化描述的过程,简言之,测量就是对事物分派数字或者符号的一种方法。它表明被测对象通过作业或活动所达到的程度或量的多少。测量方式有间接与直接之分,对于行为的测量通常是直接测量,但对于态度、人格、能力等心理特性,由于其无法观察而不能直接进行测量,只能间接地测量。

2.测量法

测量法是运用测量工具、按照规定的程序,通过对研究对象的实际测定收集数据资料的研究方法。美国心理学家桑代克(E. L. Thorndike)认为,"凡是客观存在的事物都有其数量""凡是有数量的东西都可以测量"。物质存在差异,人的身心状况也不例外,如儿童的智力、能力有高低、强弱之别。差异的存在是测量的前提。因此,教育测量是可行的,也是必要的。

从测量的含义中可以看出,测量包括以下几个要素:

①测量客体。即测量的对象。测量的客体可以是人,也可以是教育研究中的事物或现象。

②测量内容。即测量客体的属性和特征。测量内容有些是外显的,如幼儿的身高、体重等,有些则是内隐的,如幼儿的兴趣、动机、知识等。

③测量规则。即测量的准则或方法。这是保证测量过程规范、标准化的依据。

④测量工具。即测量的标准体系。通常研究借助于标准化测验或量表工具进行测量。[①]

(三)测验与测量的区别

测验和测量是很容易混淆的概念。在现实中,人们常常混用。实际上,它们既有联系又有区别。测量,根据一定法则,对事物属性给予数字化的过程,采用量表和具体测验来实现,测量被用作定量研究的重要方法。测验是指测量的工具,测验法是教育和心理学测量的一项主要内容和形式。测验比测量的含义更广泛。

(四)量表

量表是一组符号或一组数量经过某种建构过程,使之依一定规则描述该量表所测量的行为特征。量表的量化水平有:名称、顺序量表、等距量表、等比量表。量表是测验的重要构成部分,但也可不用于测验。

---

① 陶保平.学前教育科研方法[M].上海:华东师范大学出版社,2006.

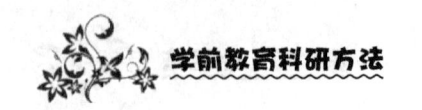

①名称量表:表示事物在属性与类别上的不同。在数据处理时,要对其进行数值化。如:"性别"是"男"时,编码为1;"性别"是"女"时,编码为0。

特点:数字仅仅是事物类别的标记符号,无大小之分、无零点、无单位、不能运算。

②顺序量表:也称等级量表,表示研究对象在某一属性上的顺序。如,根据学生的测试成绩进行排名,成绩优秀=4,良好=3,一般=2,差=1。

特点:数字无相等的单位,不能进行加减乘除运算,但有大小和先后顺序之分。

③等距量表:也称间距量表,取值具有"距离"特征的变量。如,三个儿童的身高测得分别100cm、105cm、110cm,前两者和后两者都相距5cm。

特点:等距量表有相等的单位,可以进行加减运算,但乘、除无意义。

④等量表:具有绝对零点和相等单位的量表。比率量表除了具有名称、顺序、等距量表的特征外,还有一个具有实际意义的绝对零点。零点是测量的起点和参照点。有些零点是人定的,称相对零点。如成绩0分,智商为0。有些零点有实际意义,称绝对零点,如身高、学生人数等。

二、测验法的特点

(一)间接性

研究者无法直接测量人的心理,只能通过测量人的外显行为来推论他的心理品质。心理测验的间接性大大增加了测量工作的难度。在测验过程中,受许多无关因素的影响,易产生测验误差,影响测验结果的准确性;对测验内容的界定比较困难。学前教育研究中,教育工作者、研究者不能直接测量幼儿的心理,只能通过测量幼儿的外显行为等推论出它们的心理特征。教育测量的间接性容易导致测量误差,增加测量的难度。

(二)相对性

测验的相对性,即测量的结果往往是相对的。由于测量有间接性,其参照系统往往是人为标准。在对人的行为做分析、比较时,没有绝对的标准,也没有绝对零点,只是一个连续的行为序列,测量的结果只能说明每个个体在群体中所处的位置。

(三)客观性

测验的客观性是关于测验系统化过程好坏程度的指标。心理与教育测验所测量的心理与教育现象是客观存在的;心理与教育测验在编制、施测、评分和解释方面都有一套严格的程序,无关变量的影响受到了尽可能的控制。测验量表的编制过程客观、严谨、效果准确可靠。标准化程度较高,施测、计分、评价等均有统一标准,容易控制,便于操作,结果更为可靠。

(四)可行性

研究者只需根据研究需要直接选择合适的量表施测即可。可以根据需要,在已标准化或修订过的测验量表中加以选择,而不用自己编制,方便省力。

此外,测验法也有自己的局限性。

第一,难以进行定性分析。测验法主要用数据进行定量的研究。

第二,难以揭示变量间的因果关系。

第三,难以排除非人为因素的影响。

需要指出的是,各种测验技术在实践中仍需不断地修订和完善,实施测验必须严格遵守心理学和社会学的原则,测验的结果须由受过科学训练的专家加以解释和应用。

三、测验法的功能

测验有诊断、预测两种功能。

一是预测,即通过测验,可知道不同类别的人之间的差异。根据这个差异,就可在某种程度上预见到不同类别的人在将来的活动中存在何种差异。

二是诊断,它注重的是个人的特性,即个人特性之间的差异。例如通过测验以诊断出某人是言语能力强还是操作能力强。

测验的这两种基本功能在实际中表现为:选材功能、安置功能、诊断功能、咨询功能。

四、测验法的类型

在教育研究中,测验的种类很多,可按不同的标准分类得出不同的测验类型。

(一)按测验的内容分

1. 智力测验

测量人的一般智力水平。如韦克斯勒(幼儿、儿童和成人)智力量表和卡特尔16种因素人格量表便是我国目前经常用以进行智力和人格测验的量表。

2. 能力倾向测试

测试潜在的某种能力,多为升学、职业指导以及一些特殊工种人员的筛选所用。如音乐、绘画、机械技巧,以及语言能力测验。

3. 成就测验

测试被试经过某种形式的学习后对知识、技能的掌握程度和熟练水平。它测量的是经过教育或训练后,学生所具有的知识能力的水平,通过测验了解学生已经学会了什么和能做什么。这类测验要求被试尽可能做出最好的回答,以供测验者对人的能力做出评定,智力测验、能力倾向测验、学绩测验等都属此类。

4. 人格测验

测量性格、气质、兴趣、态度、品德、情绪、动机、信念等方面的个性心理特征。如罗夏墨迹测验、卡特尔16种人格因素量表(16PF)等。

(二)按测验材料划分

①文字测验。所用的是文字材料,它以言语来提出刺激,被试者用言语做出反应,通常采用填空、选择、是非、简答等文字性材料的测验题,要求被试用口头形式作答。明尼苏达多相个性测验(MMPI)、卡特尔16种人格因素量表(16PF)及韦克斯勒儿童和成人智力量表中的言语量表部分,实施方便,但容易受被试者文化程度的影响,因而针对不同教育背景下的人使用时,其有效性将降低,甚至无法使用。

②非文字测验。通常采用图形、符号、仪器、模型、工具等实物性材料的测验题,要求被

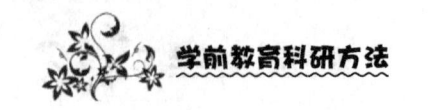

试用操作形式作答,无需使用言语作答,不受文化因素的限制,可用于学前儿童和不识字的成人。如罗夏墨迹测验、韦克斯勒儿童和成人智力量表中的操作量表部分,瑞文测验量表就属完全非文字测验。缺点是大多不宜团体实施,在时间上不经济。

(三)按测验方式划分

①个别测验,对一个被试单独进行的测验。

②团体测验,是在同一时间里对一组被试一起进行的测验。

(四)按测验的标准化程度分

1. 标准化测验

标准化测验指往往由专门机构编制,从施测条件到记分手段都有严格而明确的规定,从试卷编制、施测、评分记分到分数合成与解释全过程的标准化。测验标准化的目的在于尽量减少测量误差,测验的规模越大、越重要,要求的标准化程度越高。标准化测验比较客观科学。不过,标准化测验编辑的时间比较长,花费的人力、财力也比较多。

2. 教师自编测验

教师自编测验指教师根据自己在教学各个阶段的需要,运用标准化测验的一些原理,自行设计与编制测验。其特点是:应用范围小,制作过程简易,施测手续方便,但测验质量不如标准化测验,它是一种非标准化测验。尽管有一定的主观性,但教师可以根据教学进度随意编制这种测验,比较容易编制,用起来也比较灵活方便。教师掌握自编测验技能,能适应学科教程的多样性,促使教学更富有热情和针对性,是日常测定学生学习成就的主要工具。

(五)按解释分数的标准分

1. 常模参照测验

常模参照测验是以常模为标准来解释测验分数意义的测验。所谓常模是指一定群体在测验所测特质上的一般水平,它是解释分数的标准或参照点。常模参照测验的目的在于把测验成绩做横向比较,指出每个被测对象在某一参照群体中的相对地位的高低,如各种选拔测验。我国学前儿童常模的参照测验工具主要集中在智力测验和儿童身体发育测试方面,如:中国比内智力测验、韦克斯勒成人智力量表(WAIS)等。

2. 标准参照测验

标准参照测验是以预先确定的目标为标准来解释分数意义的测验。将每个被试的成绩与预定的标准比较,看其是否达标,以及达到什么程度。标准参照测验的目的在于测量学生达到预定目标的程度,而不是为了进行个人间的横向比较。比如:毕业考试、英语水平测试、教师资格考试、钢琴考级等都是标准参照测试。有时,同一个测验根据不同标准可以划分到不同类别中,因此测验的划分是相对的。

第二节　测验的选用与编制

测验是对事物或现象进行客观和标准的测量过程。测验中的客观性指要用数量化的指标筛选测验题目,并对整个测验进行信度和效度的鉴定。测验的编制需要有周密而具体可行的计划,一般要经过编制测验题目、预测、项目分析、信度与效度分析、建立常模等标准化过程。应用标准化测验量表的好处是可将儿童在测验上的得分与常模进行比较,从而了解其发展水平,既可用于比较同龄儿童之间的差异,也可用来了解不同年龄段儿童的差异。

一、好的测验应具备的特点和应达到的标准

测验是对行为样本进行客观的和标准化的测量。好的测验应具备:一是测验的正确性要高(效度问题)。二是测验的可靠性要高(信度问题)。三是教育测验还应有常模以便比较(测验结果的解释)。常模(norm)是测验取样的平均值,即正常的或平均的成绩。

(一)信度

信度(reliability)是指测验结果的可靠性或一致性的程度,也就是说,该测验测量其所意图测量的东西,个体几次参加测试后,得分等级具有一致性。比如,某幼儿经过几次智力测试,其智商均在115左右,结果基本保持一致,那么这种测量工具是可信的且可靠的。常用的信度有如下几种:

1. 重测信度

重测信度,即用同一种测验对同一组被试先后施测两次,被试两次测验分数间的相关系数即为重测信度。

2. 复本信度

复本信度也叫等值稳定性系数。用同一测验的两个版本(即A、B卷)在短时间内,对同一组被试施测两次,两次测验得分间的相关系数即为复本信度。

3. 同质性信度

同质性信度即内部一致性信度,测验内容的一致性或测验内部所有题目的一致性(项目同质性)程度。

好的测验,其信度要高。影响测验信度因素主要有:测验长度、测验的难度、测验内容的同质性、测试的区分度、测试变量的性质、评分的客观性、被试的差异性。此外,被试的主观态度、测验内容取样是否恰当、施测情境是否良好、测验时间是否充分、被试的身体健康状况等也都会影响测验的信度。

(二)效度

效度(validity)通常指测量结果的有效性或准确性,传统上被定义为一个测验能测出所要测量对象的程度。一次测验是否有效,主要看其是否准确测量了它所要测量的东西。效

度是测评工具最重要的必备条件,一个缺乏效度的测评工具是没有什么使用价值的。效度是个相对概念,任何一种测评工具只是对一定的目的来说才是有效的,我们不能笼统地说某测验有没有效,而应当说它对测量什么有没有效。效度可分为内容效度、一致性效度和预测效度。根据不同的需要,一个测验可以采用一种或几种效度。

测验的效度始终是对一定的测量目标而言的。判断某种测验效度的高低,就是看结果对目标测量到的程度。测验效度一般分为内容效度、关联效度和结构效度三种。效度不同,估计效度高低的方法也不同。

1. 内容效度

内容效度,即题目对所要测试的内容的覆盖程度,指测验试题对欲测量内容或行为目标的代表性程度。内容效度主要用于成就测试,通过对内容的逻辑分析,从而确定它们的代表程度。例如,学科测验所要测量的是教学大纲所规定的全部内容,如果测验的试题能较好地代表要测量的内容,那么测验的内容效度就高;反之,其内容效度就低。估计内容效度最常用的方法是专家评价的方法。

2. 关联效度

关联效度是把测试与某种外在的参照标准进行比较来确定的,以测量的某种行为特质为标准来衡量测验是否有效的数量指标,常用测验分数与某种行为特质测量值之间的相关系数来表示。如果两个相关的系数越大,则测验效度越高,反之,效度则低。如果把大学学习能力作为欲测量的行为特质,那么常用学生入大学后一年级的学习成绩与高考成绩的相关系数来估计高考的有效性。

3. 结构效度

影响测验效度的因素很多,凡能产生随机误差和系统误差、影响测验结果可靠性和准确性的因素,都影响测验的效度。比如测试的程序、样本和被试的特点等。

好的测验要求测验的信度和效度都要高。测验信度和效度的关系是,测验的信度不高,其效度也不会高,但效度高的测验其信度一定高。这是因为某测量工具,如果它对某事物的测量结果是有效的,那么测量的结果一定会真实地反映事物的某种属性或特征,因此必然是可靠的。

(三) 难度

难度(hardness)指测题的难易程度。在课堂教学测验中,通常用答对或通过测验的人数比例作为难度值。

难度值(P) = 答对人数(R)/被试总人数(N) × 100%

P值越大,难度越低;P值越小,难度越高。一般来说,难度值平均在0.5最佳,难度值过高或过低,都会降低测验的有效程度。不过,在实际的测评过程中,测验的难度水平多高才合适,要取决于测验的目的。如果教师要对学生的知识准备状况进行一次诊断性测验,为了真实、准确地了解学生的知识掌握情况,测验难度可以稍高一些。

二、测验的编制程序

(一)测验的编制

测验是一种标准化的程序。所谓测验的标准化,包括两方面的内容,一是测验必须经过标准化的程序进行编制,二是使用时必须按标准化的程序使用。

1. 编制前的准备

(1)根据测验目的确定测验目标,例如,是测验能力,还是测验态度,或是人格;是测成人智力,还是测儿童智力等。

(2)分析这些测验目标所包含的心理过程或心理特性,弄清这种过程和特性由哪些因素构成。例如欲测智力,首先应分析智力应包括哪些方面的能力。

(3)搜集相关的经验材料,例如欲测学生的学科成就,就要收集教学大纲、有关教科书、测验题目、现成的标准化教育测验以及心理学有关的论著等。

(4)编选测验项目,编选时应考虑的因素有:①测验时间。②测验项目的数量。③测验刺激的形式。④计分的方法。

(5)将编选好的项目先进行编排,制成测验草案。编排的一般原则是先按试题类型分类,然后由易到难地进行排列。

2. 试测

测验编写或选定后,需在少数特定群体中进行试测,以检验测验项目是否合格、所需时间多少、难度大小如何等。试测人数一般在500～1000人左右,试测群体应与欲测总体状况相近。

3. 对测验草案进行修正

试测结束后,应根据试测结果对草案中的项目难度与辨别度等逐一进行分析。通过项目分析,对不适当的项目进行修正或删除,最后定出正式测验的项目。

4. 正式施测

测验编成后,还要就实施这个测验的情景、具体步骤、要求与注意事项等制成测验手册,以便使用者遵循。施测样本一旦抽选出来,就可依测验手册施测。

5. 建立常模

常模也就是比较的标准,通常将样本的平均得分作为该测验的常模。它可作为判断个体差异的依据和比较的标准。

6. 对测验进行检验

用各种手段对该测验的客观性、信度、效度、辨别度等测验应具备的条件进行鉴定,并将结果记录在测验手册中,作为评价测验的客观材料。

(二)需要注意的问题

使用测验的过程中,研究者应注意以下几个方面:

①对主试进行训练,使其熟悉测验手册的内容,对指导语和施测程序有详细的了解。

②准备好所有测验用的材料,选择适当的环境,严格按照测验手册的规定包括指导语、

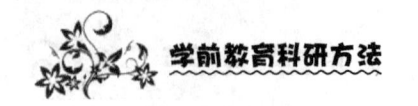

时间限制等进行施测。

③测验的形式应符合研究对象的特点,如对年幼儿童采用个别施测较为恰当。

④为保证测验的有效性和权威性,不得随意泄露测验内容。

第三节　国内学前教育领域常用的测验

进行教育测量需要借助一定的标准化测量工具。国内目前比较权威的、较多应用于儿童的测验有:中国比内智力测验、韦克斯勒智力测验、瑞文测验、学习能力测验、绘人测验、CDCC 中国儿童发展量表等。

一、中国比内智力测验

(一) 简介

中国比内智力测验源于法国的比内－西蒙智力测验。1905 年,法国心理学家比内(A. Binet)和其助手西蒙(T. Simon)出于鉴别智力缺陷儿童的需要,编制了世界上第一个专门的智力测验:比内－西蒙智力量表。1916 年,美国斯坦福大学的推孟(L. M. Terman)教授对比内－西蒙智力量表进行修订,称为斯坦福－比内智力量表。

1924 年,我国心理学家陆志韦对比内－西蒙智力量表进行了修订,叫中国比内－西蒙智力测验。1936 年,陆志韦和吴天敏教授又发表了第二次修订。1982 年,吴天敏教授对第二次修订本又进行了第三次修订,称为中国比内智力测验。

中国比内智力测验包括语言文字、数字、解图和机巧 4 类,共有 51 个项目,主要侧重于考察人的言语判断、推理等抽象思维能力,是对人的总体智慧的测量。测验范围广,适用于 2~18 岁的人。测验时间短,一般 30 分钟左右即可完成。此量表的使用与评定需要专业人员指导。

(二) 内容

①比大小圆形。

②说出物名。

③比长短线。

④拼长方形。

⑤辨别图形。

⑥数纽扣十三个。

⑦问手指数。

⑧问上午和下午。

⑨简单迷津。

⑩解说图物。

⑪找寻失物。

⑫倒数二十至一。
⑬心算(一)。
⑭说反义词。
⑮推断情景。
⑯指出缺点。
⑰心算(二)。
⑱找寻数目。
⑲找寻图样。
⑳对比。
㉑造词句。
㉒正确答案。
㉓对答问句。
㉔描画图样。
㉕剪纸。
㉖指出谬误。
㉗数学巧术。
㉘方形分析(一)。
㉙心算(三)。
㉚迷津。
㉛时间计算。
㉜填字。
㉝盒子计算。
㉞对比关系。
㉟方形分析(二)。
㊱记故事。
㊲说出共同点。
㊳语句重组(一)。
㊴倒背数目。
㊵说反义词。
㊶拼字。
㊷评判语句。
㊸数立方体。
㊹几何形分析。
㊺说明含义。
㊻填数。
㊼语句重组(二)。
㊽核正错数。

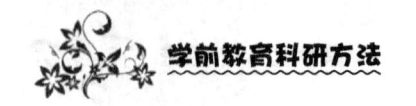

㊾解释成语。
㊿明确对比关系。
㊶区别词义。

(三)目的

学习使用中国比内智力量表(测查2~18岁儿童少年智力),重点掌握比内智力量表的使用方法。

(四)施测步骤

①开始之前,主试让被试或替被试填明记录纸上的简历,并签上自己的姓名。请主试签名是为了日后遇有情况不清之处,好请主试协助解决。

②施测时,先根据被试者的年龄从测验指导书的附表中查到开始的试题,如2~5岁儿童从第1题开始作答,6~7岁儿童从第7题开始作答,等等,然后按指导书的实施方法进行测验。

③对照着记录纸,一个题一个题地,熟读各试题的指导语,要求能在指导被试做每个试题时,自然而准确地说出,至少能在边读边说的情况下,不至张口结舌或自行编造。各试题附带的答案,有的是唯一的正确答案。如第36、43等题的答案,是不能牵强附会的。但例如第23题的答案,则只是代表性的答案。当邻居家的老奶奶突然病了的时候,一个儿童或青少年是可能有所表现的:例如去请医生,去买药。这是可行的,是可取的答案。此外,如"告诉妈妈去""送她去医院"等,都是可以通过的答案。至于"给她药吃"和"照顾她"一类的答案,则是不确切或不具体的,所以是不能通过的答案。判断不在试题后标明的答案之内的答案是否正确,主要应以试题后标明的答案为例,凡符合该答案的含义的答案,即使词句与它不同,也是可以通过的,否则就是不可以通过的答案。

④被试者连续有5题不通过时,停止测验,并对他说:"好了,就到这儿吧,谢谢你"。这句"谢谢你"很重要,它能解除受试的紧张情绪,也是对受试的礼貌。

⑤主试必须按照各试题的时限控制时间,不可随意延长或缩短。时限不包括主试用的时间。

(五)结果

①计分。通过1题记1分。各试题附带的答案,有的是唯一正确答案,是不能牵强附会的;有的则只是代表性答案,凡符合该答案含义的答案,即使语句与它不同,也是可以通过的。根据附表一,承认他能通过的试题的分数,即'补加分'。按一般习惯,智商在90~110之间,表示智力中等。从本测验得到的智商,表明一个受试在同年岁的儿童或青少年中的相对智力水平。

②主试将测试结果填入测验记分表。

③算出被试的原始总分,对照常模,得到被试的智商。

表6-1 西蒙量表的智商分布表

智力等级	智商范围	理论百分数
非常优秀	≥140	1.6
优秀	120~139	11.3

(续表)

智力等级	智商范围	理论百分数
中上	110~119	18.1
中等	90~109	46.5
中下	80~89	14.5
边缘状态	70~79	5.6
智力缺陷	≤69	2.9

另外,智力缺陷又可分为愚鲁(IQ为50~69)、痴愚(IQ为25~49)和白痴(IQ为25以下)三个等级。

二、韦克斯勒智力测验

韦克斯勒智力测验共有三套:分成人(WAIS)、儿童(WISC)、幼儿(WPPSI)及韦氏成人智力量表包括十一个分量。《韦克斯勒儿童智力量表》(WISC)1949年初版,实际上许多项目以W-BII型为基础。1974年修订,即为WISC-R,适用年龄为6~16岁的儿童,其编制原理和特点与WAIS相同。韦克斯勒把人的智力分为两大部分:一是语言能力,二是操作能力。语言能力包括六项测试项目:常识、类同、算术、词汇、理解和背数;操作有力包括六项测试项目:填图、排列、积木、拼图、译码、迷津。其中的背数和迷津两个分测验是备用测验,当某个分测验由于某种原因不能施测时,可以用之替代。

20世纪80年代初由我国心理学家引进、修订,并制定了中国常模。测验由言语和操作两个分量表构成,能够同时提供总智商分数、言语智商分数和操作智商分数以及十个分测验分数,能较好地反映整体的智力水平和各分项的水平。需个别施测,测验实施时,言语分测验和操作分测验交替进行,以维持被试的兴趣,避免疲劳和厌倦。完成整个测验需约50~70分钟。韦氏幼儿智力测验应用于4~6.5岁儿童智力发育水平的综合评估。由专业测评人员单独施测,花费时间较长,测评结果效度与信度较高。必做5个言语测验和5个操作测验,备用为数字广度测验和迷津测验。

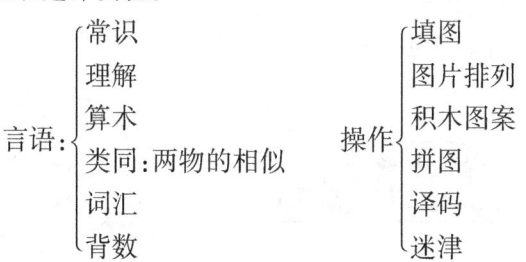

言语:常识、理解、算术、类同:两物的相似、词汇、背数

操作:填图、图片排列、积木图案、拼图、译码、迷津

图6-1 国际上通用的权威性智力测验量表

(一)常识

常识是要儿童回答一些日常生活中的问题,如会捉老鼠的动物有哪些、太阳落在什么方向等。

1. 内容与功能

共30个常识问题,包括历史、天文、地理、物品、节日以及其他知识,由易到难排列,主要

测量知识广度和记忆如:这个指头叫什么(竖起大拇指)？人有几个耳朵？

2.实施方法

6~7岁儿童和智力可能有障碍的较大儿童,从第1题开始;

7岁以上儿童则从第5题或以后开始;

若第5题或第6题失败,便回头做第1~4题;

连续5题失败(得0分),停测。

(二)类同

类同要求回答两个事物相似的地方,如电话和收音机有什么相同的地方。

1.内容和功能

由17对配成对的名词组成,要求找出两者的相似性;

主要考察推理和逻辑思考能力;

如:蜡烛与电灯、轮子与球。

2.实施方法

从第1项开始;

连续3项得0分则停测。

(三)填图

填图是让儿童观察许多不完整的图画,如狐狸缺少一只耳朵,钟表缺少数字8等,之后让儿童把画面补画完整。

1.内容与功能

共有26张不完整的图画卡片,由易到难排列;

主要考察运用注意力、推理、视觉组织、记忆以及视觉辨识和观察等能力以及区分重要特征与不重要细节的能力。

2.实施方法

6~7岁儿童和智力可能有障碍的较大儿童,从第1题开始;

8~16岁儿童从第5项开始。

本测验的时间限制为每图20秒。

图6-2 图画填充测验图例

(四)图片排列

10组图片,每组画面均有一定的情节,以打乱的顺序呈现给被试,要求被试按事情发生的先后顺序重新排序,以组成一个连贯的故事。用以考察儿童理解事物顺序的能力。

1．内容与功能

调整散乱的图片，使之成为有意义的故事；

主要考察逻辑联想、生活常识、视觉组织与想象力。

2．实施方法

6～7岁儿童和智力可能有缺陷的较大儿童，从例题开始，接着进行第1题；

8～16岁的儿童从例题开始，接着进行第3题；连续3题不能通过，停测。

图6－3　图片排列

（五）算术

算术主要测量运算技巧、数学推理解决问题、记忆及抗分心的能力。

1．内容与功能

由19题组成，由易到难排列；

主要测量数的概念、心算能力、注意集中、工作记忆等；

如果我把一个苹果切成两半，我有几块苹果？兰兰有8个玻璃球，姐姐又给她6个，她总共有几个玻璃球？

2．实施方法

1～15题由主试口述实施；

6～19题则呈现题卡由被试朗读作答；

6～7岁儿童和智力可能有缺陷的较大儿童，从第1题开始；

7岁以上从第5题或以后开始；

只能心算，连续3项得0分，停测；

注意时限，记录时间，读完题开始计时。

（六）积木

9块红白两色组成的立方积木，让被试按所呈现的图案拼摆积木。测量把整体分解成为部分的能力、知觉组织和视动协调能力。积木用以考察儿童的空间操作能力。主要材料为红白两色组成的木块四方体，让孩子按照图案要求，摆出一个图形。

1．内容与功能

用红白两色立方体木块复制平面图案；

主要考察视觉动作协调与组织能力、空间想象能力。

2．实施方法

6～7岁儿童和智力可能有缺陷的较大儿童，从第1题开始；

8～16岁的儿童从第3题开始；

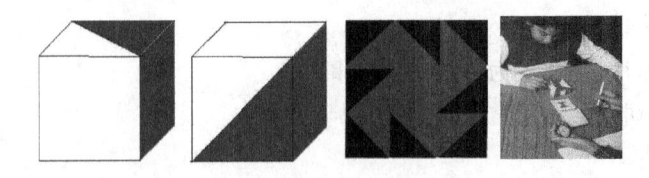

图 6-4 立方体木块

连续 2 题不能通过,停测。

(七)词汇

词汇部分则在 32 张小卡片上,每张写着一个词,如消灭、损害、危险等,让孩子说出词义,根据回答是否准确给分。

1. 内容与功能

由 32 个词组成,要求解释词义;

主要考察词语的理解、表达能力和认知功能;

如:什么是伞?勇敢是什么意思?

2. 实施方法

6~7 岁儿童和智力可能有缺陷的较大儿童,从第 1 题开始;

8~16 岁的儿童从第 4 题或以后开始;

连续 5 题不通过,停测。

(八)拼图

拼图要求被试把一套切割成几块的图形板拼成一个熟悉物体的完整画面,共四套,用以考察儿童空间秩序的能力。有苹果、女孩等组合板,让儿童拼成图形,根据速度和正确性给分。测量把握整体与部分关系和知觉组织能力,以及灵活性和视动协调能力。

1. 内容与功能

将物体碎片复原,共 4 项;

主要考察视觉组织能力、视觉动作的协调能力,知觉部分与总体关系的能力。

2. 实施方法

从例题开始,4 项全做;

例题及 1、2 题告诉被试名称,3、4 题不告诉被试名称。

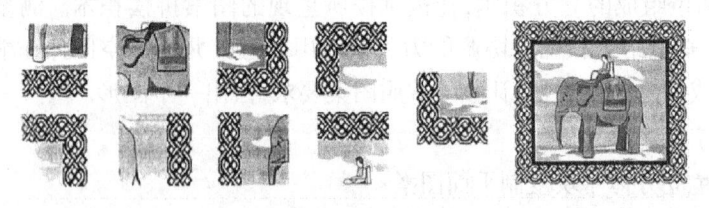

图 6-5 拼图

(九)理解

理解测试的是儿童对社会知识和生活知识的理解程度。比如,要回答如果把小朋友的皮球弄丢了,该如何处理?为什么人说话必须守信用?

1. 内容与功能

要求被试对自然、人际关系及社会活动等进行解释,共17题;

主要考察评价和利用已有经验的能力及文字表达能力。

如:如果你把小朋友的玩具弄丢了,应该怎么办?为什么要把罪犯拘留起来?

2. 实施方法

所有儿童均从第1题开始;

连续4题不能通过,停测。

(十)译码

译码是考察儿童的替代能力。如有一颗星、一个圆球和一个三角形图案,星的当中有一道竖线,圆球里面有两道横线,三角形中有一道横线,下面是星、三角、圆形组成的图案,请儿童把相应的符号填在这些图形中。

1. 内容与功能

要求被试按照所给的样子,把符号填入相应的数字下面或图形中间;

主要考察短时记忆能力,视觉—动作联系,视觉动作的协调和心理操作的速度。

2. 实施方法

先联系例题,然后正式测验;

8岁以下用译码甲,8岁以上用译码乙;

时限均为120秒。

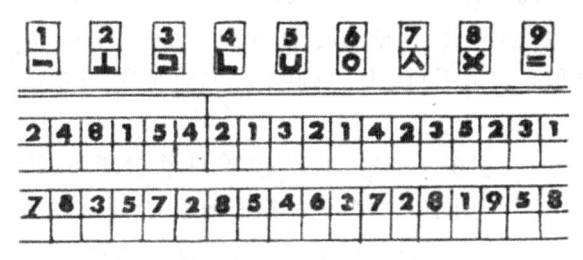

图6-6 数字符号测验

(十一)背数

背数包括顺背和倒背两部分,测量短时听觉、记忆能力和注意力。

1. 内容与功能

分顺背和倒背两种;

顺背有8个数字串,倒背7个数字串;

主要测量短时记忆、注意力。如:3-8-6、6-1-2、3-4-1-7、6-1-5-8。

2. 实施方法

主试以每秒一数的速度读给被试听,即时复述;

所有受试者均从第1项开始;

每个长度有2题,答对2式得2分,答对1式得1分,2式均错得0分;

两试均失败,停止测验;
本份测验为言语测验的备用测验。

(十二)迷津

迷津有迷津图。是视觉搜索、预见及知觉能力。用以考察儿童空间知觉的能力。有一些迷津图,让孩子用笔从中央向外面画出来。

1. 内容与功能

共有 1 个例题和 9 个正式测题;

要求被试从中心开始,不穿线,正确找出出口;

主要考察计划能力、空间推理及视觉组织能力。

2. 实施方法

6~7 岁儿童和智力可能有缺陷的较大儿童,从例题开始,接着进行第 1 题;

8~16 岁的儿童从第 4 题开始;

连续 2 题不能通过,停测。

三、韦克斯勒学龄前和学龄初儿童智力量表(WPPSI)

韦克斯勒学龄前和学龄初儿童智力量表(WPPSI)一般简称为韦氏幼儿量表,出版于 1967 年,适用于 4~6 岁半的儿童,它同样包括 11 个分测验,在 WISC 的基础上新编三个测验,即语句、动物房子和几何图形,另外 8 个则与 WISC 相同。[①]

WPPSI 给出言语智商、操作智商和总智商。以 0.5 岁为一个年龄水平,共六个年龄组。每年龄组取男孩和女孩各 100 名,依据性别、区域、种族、双亲职业、城乡来分层取样,共 1200 名被试。其常模团体取自美国不同地区、种族和家庭的儿童,没半岁为一个年龄组,每一年龄组都建立了常模表。

WPPSI 是 WISC 向小年龄的一个延伸。它包括 11 个分测验,其中 3 个分测验(句子复述、动物房子、几何图案)是为了适应婴幼儿特点而新编的,同时,取消了 WISC 中的背数、图片排列和物体拼配三个分测验,以动物房子测验取代译码测验。韦氏学龄前和学龄初期儿童智力量表包括 11 个测验,但只用 10 个分测验来计算智商,其中 8 个分测验是儿童智力测验向低幼儿童的延伸和改变,另外 3 个分测验是新编的。

四、瑞文测验

(一)简介

瑞文推理能力测验(Raven's Progressive Matrices)是非文字智力测验,是英国心理学家瑞文 1938 年设计的,简称瑞文测验。瑞文测验的编制在理论上依据的是斯皮尔曼的智力二因素论,主要测量智力中的一般因素,它渗入所有的智力活动中。瑞文测验有三个版本,1986

[①] 蒋京川,杜叶,张红坡.《心理测量工具手册》实验教学大纲与指导书[M].南京:南京师范大学心理学实验教学中心,2009.

年由张厚粲主持修订了瑞文标准推理测验,建立了中国常模,用于中国城市5岁半以上儿童至成人。现已发展出标准型、彩色型和联合型。

标准型:由A、B、C、D、E五个黑白色单元构成,每个单元包括12个测题,共60道题。

彩色型:是为了适应测量幼儿及智力低下者而设计的。将原有黑白标准型的A、B两个单元加上彩色,再插入一个彩色的AB单元,共3个单元36道题。

联合型:将标准型和彩色型联合使用,共6个单元72道题。即由彩色型A、B、AB三个单元和标准型的C、D、E三个单元构成,每单元12道题。

瑞文测验的适用范围很广,6岁以上任何年龄的被试、不同语言、不同文化背景、不同职业、有无心理障碍的人都能使用,常被用于跨文化研究。既可个别施测,也可团体施测,约需30~45分钟。

(二)内容

瑞文测验一共由60张图案组成,按逐步增加难度的顺序分成A、B、C、D、E五组,分为5组。A组主要测知觉辨别力、图形比较、图形想象力等;B组主要测类同、比较、图形组合等能力;C组主要测比较、推理和图形组合能力;D组主要测系列关系、图形组合、比拟等能力;E组主要测互换、交错等抽象推理。每一组包含12个题目,难度逐渐增加,每组内部题目也是由易到难排列,每组题目所用解释思路基本一致,而各组之间则有差异,也按逐渐增加难度的方式排列,分别编号为A1,A2,……A12;B1,B2……B12等。每个题目都有一个主题图,每个主题图都缺少一小部分,主题图下面有6~8张小图片,其中一张小图片若填补在主题图的缺失部分,可使整个图案合理与完整。测验要求被试根据主题图内图形间的某种关系,从小图片中选出最合适的一张填入主题图中。

适合年龄5~75岁(5~75岁以内的幼儿、儿童、成人及老年人),适用范围大,主试人员的培训简单,可以在幼儿园、学校等地对儿童进行较大范围团体施测。由于是非文字图形测验,测验对象不受职业、国家、文化背景的限制,既可个别进行,也可团体实施(特别适用于大规模智力筛选或对智力进行初步分等,具有省时省力的效果),可用作有言语障碍者的智力测量,也可用为不同民族、不同语种间的跨文化研究(是一般文字智力测验所没有的特殊功能),因此使用简便,用途广泛,便于组织。测验没有严格的时间限制,一般人完成瑞文标准推理测验大约需要半小时左右。测验结果解释直观简单,测验具有较高的信度与效度。

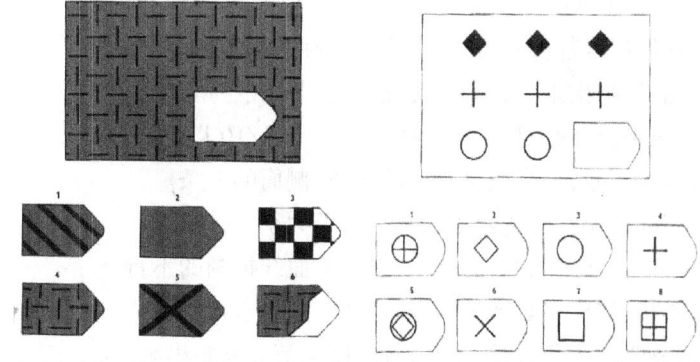

图6-7 瑞文测试示意图

测验结果可以计算出原始分数(满分60分),然后根据常模资料确定被试的智力等级,或者换算成智商值。

五、绘人测验

(一)简介

绘人测验,也叫画人测验,是一种能引起孩子兴趣而且简便易行的智力测验方法,在美国、日本等许多国家应用广泛。1885年,英国学者库克首先描述了儿童画人的年龄特点。此后,许多学者开始探讨通过儿童绘画来了解其智能发展情况。1926年,美国心理学家古迪纳夫首次提出画人测验可作为一种智力测验,并将这一方法标准化。1963年,哈里斯对画人测验进行了系统研究和全面修订,发表了"古氏-哈氏画人测验"。1968年,考皮茨也编制了画人计分量表,并首次提出了画人测验的30项发育指标。

绘人测验只要求儿童画一个人像,简单易行,能引起儿童兴趣,不易疲劳,因而能使儿童较好地表现出实际智能水平。测验一般不限时间,让儿童在记录纸上画一个全身的人,主试根据有关标准评定儿童的智商,一般在10~20分钟内可完成。研究发现,绘人测验与韦氏智力测验等测验的测量结果具有非常明显的相关性。该方法简便易行,不需要以文字为中介,适合幼儿智力检测。根据幼儿画出来的结果,即可评价其智力发展情况。绘人测验的适用年龄为4~12岁。既可以个别施测,也可以团体施测,根据儿童所画的人像,以及儿童对于问题的一些相应的回答,可以投射出孩子的很多心理状况,对于儿童的心理健康诊断有很大的参考价值。

(二)内容

给幼儿一支铅笔、一张白纸和一块橡皮,在良好的照明条件下,让其舒适地坐着,然后要求幼儿画一个"全身人"或两个"全身人"。

指导语可以是:"妈妈(爸爸、老师)最喜欢看你画人了,请你画一个全身的人,男人、女人都行,随便画。要记住,画一张全身的人像,可不是画机器人,也不要画跳舞的、演戏的人。要画一个平常的人。"说完之后,让孩子开始画。

对幼儿画出来的"全身人"的计分标准共有50项,每项凡与记分标准相符合的,即给1分。这50项计分标准如下:

(1)有头形,任何形状都行,但是没有头形轮廓的不给分。
(2)头形是有意识画出来的,不是大圆圈、椭圆形或三角状。
(3)头的比例正确,头的面积是躯干的1/2以下、1/10以上。
(4)有上肢,形状不限,但必须是正面的两条,侧面的一条。
(5)上肢比例合适,长要超过躯干、短于膝,长大于宽。
(6)上肢有关节,包括肩和肘,肘要求在中部,曲线描画的不行。
(7)有下肢,线状也行,但必须是两条腿,并在一起也行。
(8)下肢膝关节要在中部,曲线不行,骨及膝关节必须画出来。
(9)腿和脚都有轮廓,足的比例正确:足的长度大于厚度,足是腿长的1/2以下、1/10以上。

(10)上下肢比例正确,两者都要有轮廓,没有手指脚趾也可以,比例要求合适。

(11)上下肢轮廓不是圆形、长圆形,是有意识画出的。肢的轮廓与躯干相连处过细的不给分。

(12)上下肢的连接位置大致上要正确,上肢从胸廓上方出来,下肢从胸廓下方出来。

(13)上下肢位置正确,上肢从肩或相当于肩部出来,下肢由胸廓下边正确的位置出来。

(14)肩要明显地画出来,圆形也行。

(15)能看出是足跟的样子,是有意画出来的,给分要严格。

(16)有躯干,线形、圆形都行。

(17)有躯干,长大于宽,有轮廓,一根线不行,裙子边宽可大于身长。

(18)躯干是有意识画出来的,不是圆、方、环等形状。

(19)有衣服,表明非裸体即可,画了兜、扣的也可以,但没有表示出上衣样子的有扣、兜也不给分。

(20)两件服装不透明的:帽、袜、裙、上衣、裤等。

(21)全部服装不透明的,制服上衣要有纽扣(没上衣的不给分)。

(22)服装的标志在四个以上:鞋、袜、帽、衣、裤等,但必须是不透明的。

(23)服装齐全,全部没有不合理的描画,给分要严格。

(24)面形左右对称,眼、鼻、口都有轮廓,比例合适。每项画的都合理,侧位、头大小比例合适,要严格给分。

(25)有下巴及额。

(26)有意识地画出下巴及额部。

(27)有眼,点、圆、一线的都给分。

(28)有眉毛或睫毛的。

(29)双眼都有瞳孔。

(30)眼的长大于宽(两眼一致),不是圆、线形状。侧位时位置要求合适。

(31)眼光(瞳孔)的方向一致,侧位时瞳孔在前面。

(32)有鼻子,仅有鼻孔也行,一个也行。

(33)仅有鼻孔也行,正面两个或侧面一个,有凹形也行,位置要对。

(34)有口,位置无关,任何形状都行。

(35)有鼻、口轮廓,不是三角、圆和点的,口要有两片唇。

(36)有耳,形不限。

(37)耳有细节,位置、大小都合适,长大于宽,耳不超过头横径的2/3(侧位的要有耳孔)。

(38)有颈,形不限,根状、线状都行。

(39)颈有轮廓。

(40)有头发或帽,两者都有的也给1分。

(41)有头发的细节,比树状好些,全涂抹的也行。

(42)有手指,数、形无关,区别于上肢即可。

(43)双手各有五指,形无关。
(44)手的细节正确:有轮廓,长大于宽,两指间小于180度,形为主,数不限。
(45)拇指与其他指有区别,比上一项细节更进一步。手指的长短、位置要求正确。
(46)有手掌,能区别于上肢、手指就行。
(47)侧位时画出头、躯干、足的位置,要正确。
(48)侧位,除眼的形状外,一切完全是侧面的要求。关于眼的形状,侧位时可以正位看。
(49)画线清楚、干净利索的,没有重复、交叉、锯齿状及过线的。
(50)较上项更为优秀的,表现出艺术水平的,笔道优美、轻松有风格的。

  计算出总分后,可按照该测验的"智龄换算表"换算出智力年龄(月龄),最后用比率智商公式即可计算出受试儿童的智商。画人测验求解智力年龄的方法,不但可以求解出智力年龄,同时还可以较为直观地发现孩子绘画的技能和手眼协调等精细动作的发展。绘人测验适用于有一定绘画技能的儿童,对绘画水平过高或过低的儿童的评价应慎重。进行智能评价时,还应结合平时表现来考虑。

表6-2 儿童绘人及评分

部位	满分	得分
1. 头	3	
2. 眼	5	
3. 躯干	4	
4. 下肢	3	
5. 口	1	
6. 上肢	3	
7. 头发	2	
8. 鼻	2	
9. 上下肢和躯干连接	3	
10. 衣着	5	
11. 颈	2	
12. 手	5	
13. 耳	2	
14. 足	2	
15. 脸	4	
16. 画线	2	
17. 侧位	2	
总计	50	
IQ		

  最后,根据儿童的年龄和绘人的总分在绘人智商表中查出相应的智商。根据以下标准评价儿童的智力:

表 6-3 评分标准

智能	分数
高智能	$130 \leq IQ$
中上智能	$115 \leq IQ < 130$
中等智能	$85 \leq IQ < 115$
中下智能	$70 \leq IQ < 85$
低智能	$IQ < 70$

绘人测试适用于有一定绘画技巧的儿童,它只反映儿童对人体的认识,不能全面反映儿童的智能全貌。对绘画水平过高或过低的儿童的评价应慎重,还应结合平时的表现。

六、中国儿童发展量表(CDCC)

对幼儿发展的测验,自 20 世纪初期以来,已越来越受到人们的重视。但是,目前在国内流行的幼儿心理发展量表多是自国外引进修订的,多是用于幼儿智能的筛选,至今没有一个以我国儿童心理发展研究成果为基础的,适合进行儿童发展诊断的量表。

基于此,自 1985 年开始,在北京师范大学张厚粲主持下,全国十几个单位协作,编制了适用于我国 3~6 岁儿童的发展量表。量表内容涉及语言能力、认知能力、社会认知能力,由 11 项构成智力发展量表;运动发展能力构成运动发展量表,全部测验共 16 项分测验。具体包括:

看图命名(10 题)

量词使用(8 题)

看图补缺(10 题)

语言理解(7 题)

按例找图(10 题)

袋中摸物(8 题)

拼摆图形(12 题)

数数算算(16 题)

错误分析(6 题)

社会常识(8 题)

人物关系(11 题)

单脚站立(测平衡力)

立定跳远(测爆发力)

左跳右跳(测动作的灵活性)

蹲蹲站站(测耐久力)

快捡小豆(测手眼的协调和灵敏性)

中国儿童发展量表的内容适合于中国儿童,测验项目具有理想的难度和较高的区分度。该量表具有较高的信度和效度,能够有效鉴定我国 3~6 岁儿童发展的水平。

七、学龄前儿童 50 项智能筛查量表

这是一种测验学龄前儿童综合能力的量表,主要针对 4~7 岁儿童。它是根据卫生部的要求,由首都儿科研究所与全国协作完成,是适合我国学龄前儿童的特点,行之有效的筛查量表。其主要是由以下 50 个问题组成。

请小儿回答下列问题(按要求执行):

(1)指给我看,你的眼睛在哪儿?

(2)指给我看,你的耳朵在哪儿?

(3)指给我看,你的颈项在哪儿?

(4)告诉我,你叫什么名字?

(5)你的手指在哪儿?

(6)请把衣服上的扣子扣好。

(7)有一双鞋(鞋尖对着小儿),你穿穿看。

(8)请把裤子重新穿一下。

(9)指给我看,你的眉毛在哪儿?

(10)请你学我样,倒退走路(2 米)。

(11)你并住双足,往前跳一下(20 厘米)。

(12)你今年几岁(虚岁和实岁都可)?

(13)你自己会穿上衣服吗? 穿给我看看。

(14)你知道哪些东西是动物吗,请你说两种。

(15)指给我看,你的足跟在哪儿?

请小儿回答下列问题(按要求执行):

(16)重复说一个数目 4213(61976)。

(17)给孩子看一张未画腿的人物画像。请孩子指出哪些部分未画完,或请他补画上。

(18)指给我看,你的肩在哪儿?

(19)正确地说出下面的图形。

△ ○ □

(20)从 30 厘米高处跳下,足尖着地(示教)。

(21)请你按我说的次序做这三件事:

①把门打开。

②将那小椅子搬过来。

③用那抹布擦擦这桌子。(连说两遍)

(22)你能用筷子夹起这豆子(或花生米)吗? 做做看。

(23)说五个反义词(用相反事物提问)。

火是热的——冰是(冷)的。

大象鼻子是长的——小白兔尾巴是(短)的。

老虎是大的——蚂蚁是(小)的。

头发是黑的——牙齿是(白)的。

棉花是软的——木头是(硬)的。

(24)你会独脚站立吗?试试看(10秒)。

(25)足跟对着足尖直线向前走(2米)(示教)。

(26)你知道你自己属什么吗(生肖)?

(27)让孩子抓住弹跳到胸前的球(测试者和孩子相距1米,示教一次)。

(28)说出红、黄、蓝、绿四种颜色(图形或实物)。

(29)你用拼板照样拼椭圆形。

(30)看图,说出有什么不对的地方(鸡在水中游)。

(31)告诉我你姓什么?

请小儿回答下列问题(按要求执行):

(32)学我样,足尖对着足跟倒退走(2米)(示教)。

(33)请描绘下面图。

(34)看图,说出有什么不对的地方(雨下看书)。

(35)看牛、兔画说三处错误(牛尾、腿、兔耳)。

(36)你住在哪儿(要有路名、门牌号)?

(37)请用线绳捆住这双筷子,并打一个活结。

(38)用拼板拼图:圆形、正方形、长方形。

(39)指给我看你的膝盖在哪儿?

(40)你知道吃的蛋是从哪里来的?吃的青菜(或白菜)是从哪里来的?

(41)你知道吃的肉是从哪里来的?

(42)你想一想回答我:鸟、蝴蝶、蜜蜂与苍蝇有什么相同之处?

(43)你想一想回答我:毛线衣、长裤、鞋子有什么共同之处?

(44)请你用左手摸摸右耳朵,用右手摸左耳朵,用右手摸右腿(三试三对)。

(45)今天是星期×(说出星期几)?请告诉我后天是星期几?明天呢?昨天呢?

(46)工作人员讲一个短故事给孩子听,听完后要他回答:①小兔子借篮子干什么?②小鸭子请公鸡干什么?③小松鼠请公鸡干什么?④公鸡为什么又叫又跳?⑤都谁帮助公鸡修房子?

(47)倒说三位数:238(倒说832)、619(倒说916)、596(倒说695)(要求三试二对),可以换其他数。

请小儿回答下列问题(按要求执行):

(48)我说一句话,你仔细听着,并照样说给我听:妈妈叫我一定不要和小朋友打架。(连说两遍)。

(49)你想一想然后回答我:口罩、帽子、手套有什么共同之处?

(50)听故事后回答——小公鸡为什么脸红了?

思考与实训

1. 什么是测验法,其特点和分类是什么?
2. 请简要介绍几种常见的测验工具。
3. 利用绘人测验准确测定智商,应把握哪些重要环节,请说出操作要点。
4. 案例分析。

情景一:当前,有些幼儿园热衷于对准备入园的幼儿进行智力测验,在入园之前,要对幼儿进行选拔。邻居家有一个刚刚3岁的活泼可爱的小男孩,名叫航航。在孩子2岁时,航航和爸爸妈妈参加了亲子班,他们都重视对孩子进行早期教育,目的就是想把孩子送到一所示范幼儿园。可没想到入园竞争十分激烈,招收200名幼儿,可报名的却有800多名。更使他们想不到的是,面试时首先要对幼儿进行智力测验,结果孩子落选了。事后,孩子的父母懊恼不已,都怨自己事先没能对孩子进行相关的训练。

情景二:临近开学,即将入园的孩子纷纷到医院体检,其中一项"智力检测"的自选项目,家长们大都选择给孩子检测。从测试室出来的家长,有的开心,有的忧心。"我们家希希这么聪明,怎么智商测试只有75分?"希希的外婆拿着结果喃喃自语,满脸愁容;相反,辰辰的妈妈很开心,因为辰辰的智商测了142分,属于"天才儿童"。

希希的外婆告诉记者,智商测试题就是让小朋友快速辨认图册中的事物,希希只得了75分,刚过正常线,相当于及格分,主要原因是希希从没见过其中的一些图像,比如电扇,家里一直用空调,希希没见过电扇,还有热水瓶,家里也没有。"说不出这些从未见过的东西很正常,这样的测试能反映真正的智商水平?"希希的外婆表示质疑:"孩子的智力真的不如别人吗?"

通过以上情景,思考几个问题:智力测验有什么用?怎样看待儿童的智力测验?怎样看待测试结果?怎样对待被测儿童?

本章参考文献

[1] 陶保平.学前教育科研方法[M].上海:华东师范大学出版社,2006.
[2] 杨世诚.学前教育科研方法[M].北京:科学出版社,2007.
[3] 张宝臣,李志军.学前教育科学研究方法[M].上海:复旦大学出版社,2007.
[4] 张燕,邢利娅.学前教育科学研究方法[M].北京:北京师范大学出版社,1999.
[5] 人民教育出版社组编.教育研究方法[M].北京:人民教育出版社,2008.
[6] 郑日昌.心理测验与评估[M].北京:高等教育出版社,2005.
[7] 王坚红.学前儿童发展与教育科学研究方法[M].北京:人民教育出版社,1991.
[8] 许建钺,赵世诚,杜智敏,等.简明国际教育百科全书:教育测量与评价[M].北京:教育科学出版社,1992.
[9] 华国栋.教育科研方法[M].南京:南京大学出版社,2000.
[10] 丁伟,金瑜.考夫曼儿童成套评价测验的试用研究[J].上海教育科研,2006(6).
[11] 竺培梁.如何分析心理测验的内容效度[J].外国中小学教育,2004(5).

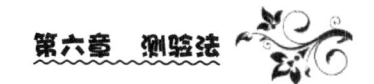

[12]张凯.测量是理论的组成部分:再谈构想效度[J].云南师范大学学报,2004(5).

[13]应心.如何分析心理测验的结构效度[J].外国中小学教育,2003(12).

[14]韩雪.标准化测验是一把错误的标尺:标准化测验在美国遭遇学者质疑[J].比较教育研究,2001(6).

[15]赵国栋.一种新的教学软件评价模式:客观测验评估法[J].外国中小学教育,1997(1).

[16]刘电芝.现代学前教育研究方法[M].重庆:西南大学出版社,2012.

[17]蒋京川,杜叶,张红坡.《心理测量工具手册》实验教学大纲与指导书[M].南京:南京师范大学心理学实验教学中心,2009.

[18]王小溪.幼儿情绪理解能力发展现状的测查研究[J].教育探究,2010(1).

第七章 实验法

学习要点

1. 理解并掌握实验法的概念、类型和过程。
2. 掌握实验变量的选择、假设及控制。
3. 学会运用实验法进行实验研究。

第一节 实验法概述

在学前教育发展史上,重大的发现和突破与科学实验紧密联系。实验法在学前教育研究中是最重要的研究方法之一,是一门必备的研究技术。实验法在学前教育研究中的兴起,为研究的科学化、精确化提供了有效的途径,日益被广大教育工作者所接受、应用。

一、实验法的概念

实验法是研究者按照研究目的,合理地控制某些影响实验结果的无关因素,创设一定的实验条件,观测与这些实验条件相伴随现象的变化,从而确定条件与现象之间因果关系的一种研究方法。

实验是一个被人们广泛应用的名词,有很宽泛的含义。实验的基本内涵就是在精心安排的一个或多个自变量的情景中,创设情境,尝试做,然后观察过程,当人们尝试用一种新方法或程序看效果如何,我们便可称之为一项实验或一个实验过程。幼儿园教儿童直接尝试将有关物品放入水中,知道哪些物品在水里是可溶解的,哪些物品在水里是不可溶解的,这也是在进行实验。

学前教育研究对象主要是幼儿。儿童生活及发展的生态环境比实验环境复杂得多。实验法多是研究儿童在自然状态下的实验。"自然状态"指被观察对象必须处于常态之下,以其本来面目客观、真实地呈现出来。

二、实验法的特点

实验研究法不同于调查研究等方法,它强调通过研究者主动操作和控制变量来得出研究结论,其特点主要表现在以下几个方面:

(一)控制性

实验法的精髓在于对实验条件的控制,不做任何控制的"实验",不能称之为实验。实

究,如涉及社会伦理道德、受教育者身心健康等方面的教育问题就不宜用实验来研究。

三、实验中的假设

(一)假设的含义

研究假设是研究者根据经验的事实和科学的理论,对所研究的问题预先赋予某种答案,是对研究结果的预测,对课题涉及的主要变量之间相互关系的设想。所以,实验法首先需要一个或几个有待检验的假设。假设指用来说明某种现象的未经证实的论题。比如"看暴力性电视会导致攻击性"就是一个假设。假设有几个特点:①假设具有推测性,是对所研究问题预先赋予的答案。②假设具有事实和科学的基础,并非虚妄的主观臆断。③假设是研究的出发点,是对研究课题的一个总的思考。

一个表述规范的研究假设,至少要符合三方面的条件:

第一,必须是陈述句,不能是疑问句。

第二,必须涉及两个以上变量的关系,指明变量之间关系的性质和变量作用的程度,应对两个或两个以上变量之间的关系做出预测。

第三,必须是可检验的,表述的语义是明确的、可操作的,为了适于实验检验,推论必须是客观的、可具体测量的,这直接影响到实验变量的选择。例如,《创造性思维与个性教学模式的实验研究》中提出的假设是"使用由上述10种教学方法(矛盾法、发散与集中法、定势打破法等)构成的创造性思维与个性教学模式,在培养和发展学生的创造性思维品质和个性品质方面,比常规的教学方式方法效果好。"这一假设比较明确地阐述了课题研究的目标,明确了变量之间的因果关系。课题的假设如果不明确,就会使研究具有很大的盲目性。

仅有假设本身还不能直接进入实验操作,研究者必须从假设出发做出某些适合于实验检验的推论。例如,从"看暴力性电视节目会导致儿童攻击性"这个假设可以进行推论:儿童平均每周观看暴力性电视节目的时间越长,则学校内对同伴的攻击行为频率将越高。这里就决定了实验的自变量将是观看暴力性电视节目的时间,而因变量将是攻击行为的频率。由此可见,合适的推论能将原本较为抽象的概念转化为实验直接可以采用的指标,为实验法的运用提供保障。也就是说,实验法其实是通过对基于假设的推论的检验,来判断最初的假设是否正确。

(二)假设的主要类型

按照假设的形成思路,可分为归纳式和演绎式。

1. 归纳式

这类假设是在观察的基础上概括而成的,是人们通过一些个别经验和事实材料的观察得到启示进行概括和推论提出的经验定律,是对已有的教育教学经验进行归纳、筛选、分析。

2. 演绎式

这类假设是从教育科学的某一理论和一般性陈述出发推出新的结论形成的。侧重从教育科学或其他相关学科理论出发,根据不可直接观察的事物现象或属性之间的某种联系的普遍性,通过逻辑推演提出的理论定理的假设。我国20世纪80年代以来许多教育实验假设都是从心理学、脑科学、系统论原理中引申而来的。

比如,儿童适不适合双语教学,在什么年龄适合学,是否符合幼儿的发展规律,可根据人法是在人为地创设或控制某些条件的情况下进行的，对变量的控制是实验研究的重要特点。实验要求根据研究的需要，借助各种方法技术，减少或消除各种可能影响科学性的无关因素的干扰，在简化、纯化的状态下认识研究对象。

(二)揭示因果关系

实验以发现、确认事物之间的因果联系为直接宗旨和主要任务，即要回答"为什么"的问题。在实验研究中，由于研究者可以有效地控制影响实验结果的无关变量。因此，研究者可以确定实验中所操纵的自变量的变化对因变量产生的影响，揭示出自变量与因变量之间的因果关系。比如，电视节目中的成人的攻击性行为对儿童攻击性的影响，通过观察和调查发现两者有联系，有人认为电视中成人的攻击性行为是原因，儿童的攻击性行为是结果，也有人认为具有攻击性行为的儿童更喜欢看电视节目中成人的攻击性行为，哪个是因，哪个是果，很难判断，要解决其中问题，只有用实验法来探究因果关系。可以找两种不同性格的儿童，给他们提供攻击性的电视节目，观察其行为表现。也可让两组儿童随意选择电视节目，通过比较来确立电视中的成人攻击性行为与儿童攻击性之间的关系。

(三)主动性

实验法的一个突出特点在于它能主动干预研究对象，人为地创设情境，特别是对某些自然状态下观察不到或不易观察到的情景，通过研究者主动操纵某些条件，以引起某种特定现象的发现或变化而对其进行研究，较好地体现人的积极作用。比如，在"教师的言语暗示对儿童行为影响"的实验中，人为创设条件，对儿童进行语言暗示，"你喜欢大家，你愿意与人合作……"研究的目的为了了解儿童的行为是否随教师言语暗示的不同而有不同的变化。

(四)可重复性

只要具备同样的实验先决条件，采用同样的实验措施，实验就可以重复进行，结果可以验证。这种重复验证的程度越高，实验研究的可靠性越大。可重复验证是实验研究结果推广应用的必要条件，是判断实验优劣的标准之一。比如，帕顿(Parten)关于儿童游戏的社会性水平研究观察了2~5岁儿童在游戏中的社会参与性行为，设计了6种反映儿童参与社会性集体活动水平的预定类型指导观察，并赋予操作定义，设计了观察记录表。帕顿通过对观察资料的分析发现：儿童的社会性行为发展随年龄的增加而表现出顺序性，即较小的儿童表现出单独游戏多，以后逐步发展到平行游戏，最后才是集体联合游戏和合作游戏。以后又有一些研究者运用其方法进行了重复验证。

在实验法的四个特点中，控制条件是实验研究的关键，揭示因果关系是探究变量之间的规律性实验，主动性是以操纵变量为手段，可重复性用来体现实验设计本身的科学性和严密性。

此外，实验法也有局限性：

第一，由于研究对象的特殊性、教育现象的复杂性，实验研究中所涉及的变量很多，有的甚至无法预料。

第二，实验控制有时使实验情境与实际生活情境存在一些差距，很难做到对所有无关变量的严格控制，不可能像自然科学实验的控制那样精确。难以完全排除无关变量对实验结果的影响，从实验情境中获得的结论并不完全适用于实际生活情境。

第三，实验还涉及受教育者的实验道德问题，不是所有的教育问题都可以用实验法来研脑科学研究关于左右半脑功能互相联系以及大脑潜能的最新观点,演绎出让儿童言语符号学习与动作形象学习交替进行,促进左右脑协调发展的实验假设。又比如,在大班的故事教学中,如果采用纸偶边讲边玩的方法,是否会提高故事教学的效果。通过实验,探索某一教育方案是否有效,是否存在一定的因果关系。经过探索并形成的实验假设,必须是合理的,有一定的事实材料和科学理论依据,能够解释已有事实;必须是新颖的,是针对某一教育问题所作的大胆设想,具有一定的创新意义;必须是可检验的、简明的,涉及的变量是可以操作的,切忌笼统、含糊不清。

无论是归纳式假设还是演绎式假设,研究者都需要事先提出关于解决某一问题的设想或方案。设想是建立在许多事实材料的基础上,实验是对假设的验证,通过实验确定假设所提出的关于热定问题的确切关系,实验中的假设是以自变量与因变量的关系形式变身的,是对因果关系的预测,整个实验就是一个提出假设、验证假设的过程。

四、实验中的控制

控制是教育实验的核心和精髓,实验法不同于其他方法最大的特点就是"控制"。实验的设计应能使自变量发生变化,引起因变量的变化,同时尽量地消除无关变量的影响,在无关变量难以消除的情况下,尽可能地加以平衡,使得研究结果准确可靠。实验控制的目的是为了尽可能减少无关因素的干扰,减少实验误差,提高实验的效度和信度。

实验条件的控制涉及在实验过程中对自变量、因变量及无关变量的控制。研究者需要在理论假设的指导下,操纵自变量,控制无关变量,观测因变量,以揭示教育的因果关系。

(一)实验控制的原则

实验控制有一个基本原则,就是最大最小控制原则,意思是使自变量产生最大变化,使其他干扰的变量与误差产生最小的影响。

(1)控制实验变量。要使实验变量有系统而且尽量地使前后的变化显出差异。

(2)控制无关变量。要控制自变量之外一切可能影响结果的其他变量,使其保持不变或达到最小变化甚至排除在实验情境之外,不致影响自变量与因变量之间的因果关系。

(3)控制测量工具。控制测量工具的选择与使用,使误差降低到最低限度。

(二)实验控制的方法

实验控制方法的思路是:对实验变量进行严格的界定,有效地操纵和运作。对无关变量和测量工具,则采用平衡对消法进行控制,即用综合平衡方式使非实验因素对实验结果的影响保持平衡,从而互相抵消。

1. 自变量的操纵

自变量指在性质上、数量上可以变化、操纵和观测的各种因素、现象和特征,是由研究者主动操纵而变化的变量。它是能独立地变化并引起因变量变化的条件和因素。这一变量又可分为以下两种:操作性自变量——研究者可以主动加以操作的变量,如"儿童语言能力的发展""课堂互动"等,非操作性变量——研究者无法主动加以操作的变量,如被试的年龄、性别、家庭结构、父母职业等。

自变量是实验因子,这里指作为研究对象,人为地加以变化、操纵的条件,以便引起因变量的变化。它是研究者创设的情境和操纵的情境和刺激物。自变量的控制也称作刺激变量的控制。实验的目的是看自变量的介入会引起被试什么反应和变化。例如，在"幻灯片和图片两种直观教具在幼儿故事中效果的比较"这个实验中，实验因子为两种教具，一种是多媒体教具——幻灯片，在屏幕上展现能活动的图像来配合教学，另一种是传统教具——图片，讲故事时配上图片，通过实验，考察直观教具之一实验因子（自变量）变动后，故事教学的效果——因变量是否发生变化。

自变量的变化等级称为水平，对自变量的再划分就是水平。一般来说，自变量至少有两种水平，出现或不出现。比如，儿童的年级有三种划分：大班、中班、小班。儿童性别有两种划分：男、女。儿童智力因素的划分有三种划分：高、中、低。

可见，对自变量的成功操纵是整个实验的关键。自变量就是研究者所要研究的问题，在实验过程中，研究者只是通过操纵自变量来观察或测量因变量的变化。自变量的操纵往往涉及实验处理的次数、强度、方式、程序、介入时间等，研究者应根据研究假设、实验设计的要求和实际情况进行考虑。因此，要保证实验过程的顺利进行和实验结果的准确有效，实验者必须在实验设计中选择和确定好自变量。

2. 因变量的测定

与某个特定研究目标无关的非研究变量，叫无关变量。不需要观察，不希望起作用的变量，对无关变量的控制高，说明实验设计水平高。例如"儿童的智力水平与学业成绩呈正相关"，自变量是"幼儿的智力水平"，因变量为"儿童的学业成绩"，可能涉及的无关变量是"情感因素""家庭环境"等，辨别的目的是控制无关变量，从而有效地确定自变量和因变量之间的关系。又比如，"家庭教养模式对幼儿社会性发展的影响"的实验，自变量为家庭的教养模式，因变量为幼儿的社会性发展水平，无关变量包括学校的教养水平、行为习惯、智力发展、社会交往等非家庭教养因素。

因变量是由自变量的变化引起研究对象行为或者有关因素发生相应反应的变量。因变量是实验所要观测的效果，这是随自变量的变化而改变的条件或因素，即被试对特定刺激做出的反应。因变量的一个重要特征就是通过直接或间接的方式可被观察和被测量，如以上实验，故事教学的效果，还有考试分数、答题的正确率等。

因变量的控制是指反应变量的控制，包括指导语和指标的确定。指导语的作用是引导被试的反应方向；指标是指被试反应的观测和对因变量的度量指标，涉及测量的方法、工具、材料、次数、反应时间、正确率等。实验研究中所选择的因变量要灵敏地反映出自变量所造成的影响。

3. 无关变量的控制

无关变量是指实验变量之外一切可能影响实验结果的变量，包括外部干扰的变量和中介变量。控制的方法有消除法、平衡法、恒定法、随机法、盲法、统计处理等。

（1）消除法。即把无关变量排除在实验之外，尽可能不让这些因素影响实验结果。比如，在应用试验启发式教学法和演讲式教学法时，如果认为智力因素会影响结果，则只选高智力生为实验变量（或只选中等智力生或只选低智力生为实验变量），这样智力因素对实验结果的影响就被排除了。同样，如果认为性别因素对实验有影响，则可采用单一性别（如只选择男生或女生为实验变量），这样性别因素对实验结果的影响便可排除掉。

在设计实验时，预先将可能影响结果的变量，排除于实验条件之外，使自变量简化。排除法能非常有效地控制无关变量,但所得的实验结果缺乏普遍的推论性。

(2)平衡法。设实验组和控制组,将无关变量的影响平均分配到两组中去,使各组之间的差异尽可能相等。具体方法有:①随机分组。不明确什么无关变量对实验效果有影响。②配对分组。根据前测成绩将相同分数的两个被试匹配成对,然后随机指派到实验组和控制组。在实验中控制被试变量配对分组法最好,最简单的是随机分组法。例如,研究发现学习和接受学习对儿童发散思维的影响,在选取被试时,特别要考虑两个班学生水平要一致。实验班学生采取发现学习,对比班学生采取接受学习,实验结束后,比较两班儿童,这种差异是由于不同的学习方式造成的,取样的方法要采取科学随机抽取样本。

(3)恒定法。恒定法指使某些因素在试验中保持恒常不变,把有些变量变为常量加以控制,使无关变量的影响在试验过程中保持不变,这样无关变量就不至于和自变量产生混淆,影响因果解释的结论。这也是心理学实验室一般都要保持恒定温度、照度,并让被试适应实验室环境后才开始实验的道理所在。

(4)随机法。随机法指将参与实验的受试者以随机分派的方式,分为实验组与控制组或各种不同的实验组。在实际使用时,随机分派法可分为两个步骤:第一步是用随机的方法将参加实验的所有学生进行均等分组;第二是以随机的方法决定哪一组为实验组,哪一组为控制组。随机控制的方法,虽然在事实上未必各方面都完全相等,但理论上它们相等的机会是比较多的。随机化是控制额外变量的最佳方法,不会导致系统性偏差,能够控制难以观察的中介变量(比如:动机、情感、疲劳、注意等)。随机法不仅能应用于被试,也能应用于刺激呈现和实验顺序的安排。

(5)盲法。盲法是采用隐蔽手段控制实验者的偏差或期待的一种方法,分为单盲控制和双盲控制。单盲指被试不知道自己存在参与实验或正在接受某种实验处理,双盲法指主试和被试均不知道自己在参与实验或不知道谁接受实验处理。

盲法控制的作用是实验组和控制组的实验情境同一化,避免被测可能产生的霍桑效应(被试由于知道自己正在被研究而引起的效应)和罗森塔尔效应(教师期望效应),以便准确地研究实验处理的真实效应。

(6)统计处理。统计处理是用统计方法对实验数据做一些处理,以排除或削弱无关变量的影响。如去掉最高分和最低分,或以统计方法将实验组和控制组的数据平均化等。例如,进行某项教学方法的研究,在无法以智力等同组实验时,可先行前测儿童智力,以智力不同的各组进行实验,实验之后,采用协方差分析之类方法把智力变量所造成的变异部分,从总的变异中予以排除。这样做的基本假定是:智力与该研究中的因变量具有某种相关。除去因变量中与智力有关的那部分变异之后,由实验处理所造成的组间差异会更加明显突出,使自变量与因变量之间的因果关系得以澄清。

4. 被试的自身控制

有时,实验误差是由于所取被试的不同质而引起的,即由被试自身引起的无关变量对实验结果产生影响。例如,不同班级的幼儿在能力上、态度上,或某种技能上已存在较大差异,那么,对这些班级施以不同的实验处理所引起的差异就不能说明是实验条件导致的。被试的自身控制,是指用同一组被试,经受 K 次($K \geq 2$)不同的实验处理,比较 K 次测验分数的差异。用同组被试,可使由被试间差异引起的无关变量的干扰得到一定的控制,从而在一定程

度上能说明,被试的反应差异或变化是由于实验条件引起的。

5. 实验人员的主观控制

在整个实验过程中,研究者自己应加强主观控制。例如,实验主试者应控制自己的主观态度和偏向,对所有的被试均应一视同仁,始终如一;指导语应标准化,避免主观意见和个人发挥;在有两个以上研究者或观测、评分者时,应集中练习或训练,在取得比较可靠的信度指标后再开始正式观测和评分,等等。

第二节 实验的类型与过程

实验法是学前教育研究中最重要的研究方法之一。实验法按不同的特点进行分类,有一套必须遵守的程序规则,包括实验准备、实施和总结三个基本阶段,应用的范围较广,排除了无关因素的干扰,所得的结论较为可靠。

一、实验的类型

实验的分类多种多样,从不同角度、不同层次有不同的分类方法。

(一)按实验场所划分

按实验场所划分,实验可分为实验室实验和自然实验(现场实验)。

1. 实验室实验

实验室实验是在人为设计的环境下,严格控制外界条件进行的实验研究。比如美国著名研究者安思沃斯(Ainsworth)创立的"婴幼儿对母亲依恋的研究",通过实验室的情景,对外界无关因素,如人、环境、活动等进行联合控制,旨在观察幼儿在陌生的环境中,当陌生人出现或不出现时,对母亲的依赖程度,探求幼儿对母亲的依恋是安全型依恋还是焦虑型依恋。该实验研究在一间铺有地毯,上面有一些玩具,旁边有两把椅子的"实验室"内进行,整个实验程序分8个步骤:①母子进房;②母坐椅子;③陌生人进房;④母亲离开;⑤陌生人离开(孩子独处);⑥陌生人回;⑦母亲回;⑧陌生人离开(母亲独处)。所有的被试均选用同一陌生环境,遇见同一陌生人,经历同样的8个步骤。研究者通过录像记录孩子的反应行为,设定孩子间的反应差异可以反映其母子间关系的性质。这一实验程序严格控制了众多的干扰变量,效度高,受到一致的好评,已被许多研究者采纳。该研究的目的是测定婴儿在陌生场合的反应,环境和陌生人都应是被试从未见过的,所以在实验室中进行特别合适。

实验室实验是将被试置于特定的环境中,由实验者设计特定的教学情境,通过被试在特定的教育情境中的表现,得出有关的因果关系。实验室实验能有效地控制无关变量,获得精确的结果,但由于实验室实验控制条件过于严格,而教育现象又是一个极其复杂的多因素系统工程,其结果的推广却受到限制。

2. 自然实验

自然情景实验是在现实的教育环境和教育条件下进行的实验研究。

自然实验从控制程度看,没有实验室实验严格,但自然实验立足于现实的教育,以教育实践中的问题为出发点,绝大多数的教育实验都是自然情景实验。比如,达维(Helen C. Dawe)关于"儿童争持事件的研究"。达维对学前儿童的200例争执事件的研究分析,是在自然情景中运用事件取样技术的经典研究。这项研究是在幼儿园的自由时间里,对儿童自发发生的争执事件做了观察描述。这段报告,对幼儿争执发生的频次和持续时间,特别是年龄差异,争执的行为类型,争执的解决及其后果进行了分析。

自然实验在实际自然的情景中进行,只能尽可能地控制无关变量,但能较长时间地持续进行。实验时间较长,但其结果便于推广。另一方面,由于在真实的教育环境中控制变量相对不够严格,因而易受各种无关变量的干扰而影响研究结果的有效性和精确性。幼儿教育研究具有明显的应用性、实践性,其结果运用到教育实践中去,指导更为自觉地科学的教育实践。幼儿教育实验往往不能脱离教育实际,因而,较多情况下采用自然实验的方法。

(二)按实验目的划分

按实验的目的划分,实验可以分为探索性实验、验证性实验两种类型。

1. 探索性实验

探索性实验是在一定的理论和实践研究的基础上,提出新的问题,检验新的假设是否成立的实验研究。探索性实验的特点在于求新,是研究一个新的课题,验证一个新的假设。

2. 验证性实验

验证性实验是对他人已经研究并得出结论的问题,再进行重复性研究。验证性研究并不是简单重复别人的研究,而是将一项研究在不同时间、不同地域或不同研究对象中进行研究,对已取得的认识成果用实践的经验再来检验、修正和完善。

(三)按实验控制条件的严密程度划分

根据实验控制条件的严密程度不同,实验可以划分为前实验、真实验和准实验三种。

1. 前实验

前实验是指不能随机分派被试,可以进行观察和比较,但对无关干扰和混淆因素缺乏控制,是误差程度较高的一种实验,其效度低,往往不能说明因果关系,常被称为非实验设计。但它毕竟具有实验研究的最基本要素——实验处理和测量,从比较严格的意义上说,是一种不合格的实验研究。

2. 真实验

真实验能够随机抽取与分配被试,被试具有同质性,能够系统操纵自变量,严格地控制无关因素,内部效度高,能够准确地揭示自变量与因变量的因果关系,相对于前实验和准实验,真实验的实验效度高,误差程度低。实验室实验一般属于真实验。但由于真实验控制因素过于严格,而教育科学本身又是多因素的,所以使用此法有一定的局限性。

3. 准实验

准实验是介于前实验和真实验之间的一种实验设计。在无关变量的控制上,它比前实验设计好,但不如真实验设计那样对无关变量控制得严格和充分,准实验是指研究者有一定的控制意识,采取了一定的控制措施,但不能随机分派实验对象,无法像真实验那样完全控制误差来源,只尽可能予以条件控制。这种方法非常适合现场实验,现场实验是在现实的教育情境中进行,较为真实,外部效度好。但教育情境因素多,无关变量多,在这种情况下,如

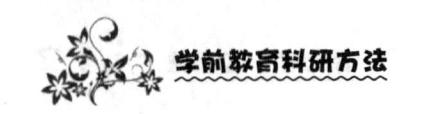

何最大限度地保证实验的内部效度,准实验能解决此问题,但在得出结论时一定要谨慎。

(四)按自变量因素的多少划分

根据自变量因素的多少,实验可分为单因素实验和多因素实验两种。

1. 单因素实验

单因素实验是指在同一个实验中只有一个自变量的实验。单因素实验因自变量单一,容易操纵,实验的难度相对较小。例如:教师职业倦怠对工作绩效的影响,自变量只有一个,即职业倦怠,这就是一个单因素实验。

2. 多因素实验

多因素实验是指在同一个实验中需要操纵两个或两个以上自变量的实验。这类实验由于涉及的变量多,实验过程相对比较复杂。例如:在"多媒体幻灯片和图片两种直观教具在幼儿故事中效果的比较"的实验中,研究的自变量有两个(幻灯片和图片),这两个自变量都有两个或两个以上的水平,就是一个多因素实验。

二、实验的过程

实验的全过程一般包括准备、实施和总结三个基本阶段。教育实验的全过程具体包括以下几个步骤:①确定实验课题,提出实验假设;②选择实验设计;③制定实验方案;④实施实验设计;⑤验证实验假设,形成研究结论;⑥总结研究成果、形成研究报告。

(一)准备阶段

准备阶段是教育实验研究最重要的阶段,实验是否具有科学性、可行性,在很大程度上取决于准备阶段在理论上的探索和具体方案的设计。一般来讲,实验的准备阶段包括以下几个方面的内容:

1. 确定实验课题,提出实验假设

确定恰当的课题并形成理论假设是教育实验研究的第一步,也是成功的教育实验研究不可缺少的环节。教育实验选题要遵循选题原则。选题要具有价值性、科学性、创新性、可行性。一是确定具有较高价值的研究课题。二是实验课题要具有可行性,包括理论上的指导、实验教师的队伍、实验学校的内部与外部条件等。三是教育实验要遵循科研育人原则。教育实验必须符合教育伦理要求。四是教育实验要有明确的实验假设。明确实验过程中改变哪些因素,进而对哪些因素的变化产生影响,在实验设计时要将这些问题表述清楚。

2. 选择实验设计

实验设计是指实验研究中被试的选择和分组的方式,以及自变量与因变量实施和测量的安排。比如,被试的选择是采取简单随机抽样还是其他抽样方式,是单组设计还是等组设计;是只有前测验的设计还是前后测验的设计等。不同设计方法,产生的研究效度也不同。

3. 制定实验方案

一个完整的实验研究方案,应该包括以下几个方面的内容:一是问题的提出,简要地阐明研究课题的来源,明确研究的基本假设等。二是实验的理论基础和指导思想。三是实验的对象和方法。四是自变量与因变量的操纵。明确规定实验处理的性质与操作方式,这是把实验所提出的假设具体化的关键。五是实验的具体步骤。规定完成实验研究的时间表,

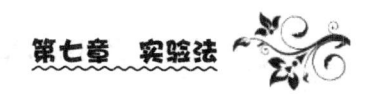

包括实验的准备阶段、实施阶段、总结阶段等具体的时间安排。六是实验的组织与领导。

以上几个方面的问题,在实验研究方案的具体表述上可以进行适当的整合和调整。表7-1是一个实验研究方案的摘录,从中可以体会实验方案的具体结构和表述方式。

表7-1 实验研究方案示例

步骤	内容
1	问题:多媒体幻灯片和图片两种直观教具在幼儿故事中效果的比较。 研究假设:采用多媒体幻灯片教学方式与图片教学相比,对幼儿的学习动机、学习兴趣方面将产生积极影响,但对学习态度、学生认知能力影响不显著。
2	处理1:教学课上,利用多媒体幻灯图像来配合故事教学。 处理2:传统教具图片,讲故事时配几幅图片。
3	目标总体:西安市幼儿园大班学生。 接近总体:西安市一所省级示范幼儿园的大班学生。 样本大小:80人。 取样方法:从接近总体中随机指派两个自然班,将两个班随机分成实验组与控制组。
4	因变量:学习成绩、学习兴趣、态度、认知能力。 因变量操作定义:幼儿语言能力的发展,包括复述故事,回答问题和相互交流。
5	采用的控制方法: (1)随机指派形成被试组;实验组与控制组认知能力、语言能力、初始状态前测,以保持两组均衡; (2)控制性别差异;(3)教学内容相同;(4)采用同样的后测;(5)设计补充实验:在幼儿园中班选取一个30人的中班小朋友,随机形成实验组和控制组,进行对照实验。
6	实验设计:不等组前后测设计。 统计假设:两个处理组得到的平均分之间差异没有显著性意义。

(二)实施阶段

实验方案的实施过程就是按照实验的设计方案搜集资料的过程。要通过培训,落实实验的各项措施,严格按照实验程序操作,做好各项实验记录,组织因变量的测验,随时对取得的数据进行初步的归类等。

(三)总结阶段

一是验证实验假设,形成研究结论,将实验过程中搜集到的资料进行整理和分析,发现有价值的结论,验证提出的实验假设;二是总结实验成果,撰写实验研究报告。

第三节 实验设计

运用实验法来研究学前教育问题,最重要的是进行实验设计。实验设计需要考虑的因

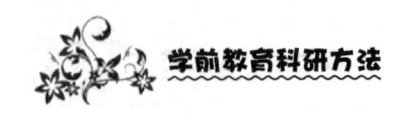

素包括:被试的选择与分组、实验处理和因变量的测量。被试的不同选择方法,实验处理安排在不同的位置,测验因变量的不同方法和次数,都会产生不同的设计方法。

一、实验设计概念

实验设计是实验研究的蓝图,是研究者为了解答研究的问题,对于如何操纵自变量、控制无关变量、如何分析资料、如何获得结论的一种构想、计划和策略。

(一)实验设计符号

为了简明表示各种研究设计的特征,用符号表示如下:

S:表示被试。

R:表示被试是经过随机选择和分配的。

X:表示一种处理,即研究者操作或变化的实验变量(自变量);在比较不同的处理时,用X_0,X_1,X_2……来表示。

O:表示因变量处理前或后的一种观测或度量。

……:由虚线所隔开的各组是非同质的,虚线表示不能随机选择。

自左至右:表示时间次序或先后。

同一横行的 X 或 O:表示这些 X 或 O 是对同一组受试者的实验处理。[1]

(二)实验分组

实验分组的种类一般有3种:

①单组:同一组被试先后接受所要研究的自变量的影响。

单组比较的优点是被试不变,避免了不同被试造成的差异,缺点是同一组被试先后实验,会带来练习误差,疲劳误差。

②等组:把被试按相似条件分成两组或几组,分别接受自变量的影响,等组可以是两组也可以是三组或更多组。

等组比较的优点是可以避免单组比较中的学习误差和疲劳误差,缺点是由于不同组,被试尽管做同质性实验,但不可能完全相等。

③轮组:以不同的顺序,使各组被试轮流接受所要研究的自变量的影响。结合了单组与等组的优点。

二、实验设计类型

实验设计的类型多种多样,每一种类型都有基本的设计模式。选择实验设计的类型与模式的时候,看哪种类型或模式更适合研究的需要,能验证实验的假设,达到控制无关变量的目的。

如前所述,按有效地操纵自变量的程度和实验结果的精确性,实验设计可分为三类:前实验设计、准实验设计、真实验设计。

前实验设计包括单组后测设计、单组前后测设计、不等组后测设计(固定组或静态组比较设计)。准实验设计包括不等组前后测设计、相等时间样本设计、时间序列设计、平衡设计

---

[1] 杨世诚.学前教育科研方法[M].北京:科学出版社,2007:161.

(轮组设计或循环设计)。真实验设计包括等组后测设计、等组前后测设计、多重处理设计、所罗门四组设计。

(一)前实验设计

前实验设计是最为原始的一种实验类型,它对任何无关变量都没有控制,因此效度很低,通常被称为"非实验设计"。尽管前实验设计有实验设计的基本成分,但缺乏对无关变量的控制,尚未达到实验设计的要求。前实验设计的主要模式如下:

1. 单组后测设计

基本模式为:S(X—O)

这种设计的要求是,首先选择一些受试者作为研究对象,并给予一种实验处理,然后测量实验处理的效果。其中 X 表示实验处理,O 表示观测。由于该设计没有控制无关变量的干扰和影响,因而难以下结论认为实验 X 引起了实验结果 O,其研究的内部效度很差。尤其该组被试不是随机抽取得来的,实验就更难以说明问题。

例如,某种新的记忆方法对于提高大班儿童英语记忆效果的影响。

实验假设:某种新的记忆方法对提高大班儿童英语记忆有好的效果。

实验处理:在英语课上,教师运用这种新的记忆方法讲授英语。

样本:大班一个班儿童。

因变量测定:一年后的学习成绩测验。

后测:使用新的记忆方法教学后进行测试。

一个学期后,测验学生的学习成绩,并凭研究者主观的判断下结论说:这种教学方法有助于学习成绩的提高。这个结论可能是不正确的,这个实验研究没有用不同的年龄组做对照,人们无法知道大班儿童的英语一定不如小班儿童的英语。又比如,某幼儿园老师每天午餐后给儿童放一段音乐(X),结果发现儿童午睡时入睡时间快,睡不着的人少了(O),于是就得出结论:午睡后音乐有助于幼儿午睡,这个实验设计有很多问题。比如,小朋友争夺小红花的活动,老师一直在午睡监督幼儿或者是上午运动量大容易疲劳都会导致儿童午睡入睡时间快。所以很难下结论说午睡行为的变化一定是由音乐引起的。

总之,这种设计虽然简单易行,但因缺乏控制组和可比较的量数,许多因素会混淆结果。在一般的教育研究中,这种设计已甚少采用,不过,能认识其优缺点,对于从事更适当的实验设计是必要的。

2. 单组前后测设计

基本模式为:S(O1—X—O2)

这种设计的要求是:对一组被试先进行前测验;然后实施实验处理;最后进行后测验。对受试者进行实验处理前的测验(O1),然后给予受试者实验处理(X),再给予受试者一次测验(O2)。通过比较前后两次测验的成绩来确定实验的效果。

两个实验因子的单组前后测验设计:

S(O—X1—O)—(O—X2—O)

例如,某种新的记忆方法对于提高大班儿童英语记忆效果的影响。

实验假设:某种新的记忆方法对提高大班儿童英语记忆有好的效果。

实验处理:在英语课上,教师运用这种新的记忆方法讲授英语。

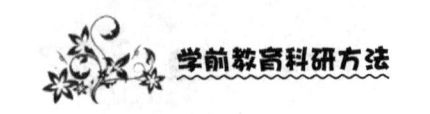

样本：大班一个班儿童。

因变量测定：一年后的学习成绩测验。

前测：在传统教学方法下，对儿童进行测试。

后测：使用新的记忆方法教学后进行测试。

如果采用新方法前，实验班平均成绩是80分，采用新方法后，测试成绩为90分，这样前后测比较，成绩提高了10分。如果统计检验证明存在显著性差异，说明实验假设成立，即新的记忆方法对提高中学生英语单词记忆有好的效果。

如上例，在午睡之前，先对幼儿的午睡情况进行观察，获得数据，增加前测，但前后测的比较仍无法解决上述问题，仍然不能确定午睡时放音乐与午睡行为改善之间的必然联系。

这种研究设计的优点是：相比单组后测设计增加了前测，相同的受试者都接受前测和后测，"差异的选择"和"受试的流失"两因素即可被控制，可控制选择偏差的影响。缺点则是：实验效果可能受到"历史""成熟""工具""选择与成熟的交互作用"的干扰，可见其内部效度也很差。

3. 固定组比较设计

基本模式如下：

S1（X—O1）

S2（　　O2）

实验结果 = O1—O2

这种设计要求选择一班学生作为实验组，另一班学生为控制组，给予实验组实验处理后，测验两班学生的成绩。

例如：幼儿园数学教学使用学具的实验研究。

研究问题：探索学具在幼儿园大班数学教学中的作用及使用方法。

实验处理：①实验班结合教材内容，注意选择和使用各种学具进行教学。

②对比班仍然按普通的教学方法进行教学。

样本：6个大班中通过摸底测验的，确定2个实验班和2个对比班。

因变量测定：基本的数学概念、基本的数量关系等方面内容的测验。

优点：由于有控制组，有前后测比较，因此科研控制成熟、历史、测验、工具、统计回归等因素影响，一定程度上控制被试的选择偏差，从而提高了研究的内部效度。

局限性：不是随机取样分组，选择与成熟交互作用可能会降低实验的内在效度。因此，实验结果不能直接推论到无前测的情境中，对实验结果的解释要慎重。

(二) 准实验设计

准实验是介入前实验和真实验的一种实验设计，具有一定的外在效度，但由于被试不是随机选择，对无关变量的控制还是不够的。它是在现实的教育情境中，对实验过程进行某种程度的控制，但不能采用随机方法进行被试分组的设计。

准实验设计通常难以或不可能在真实实验设计的情况下采用，比如，学校不允许拆班以提供等组样本，不允许实验处理只给予班上的部分学生，不愿意提供智力测验，不能随机分配被试等。

1. 不等组前后测设计

基本模式如下：

S1（O1—X—O2）

S2（O3—X—O4）

实验结果 =（O2—O1）—（O4—O3）

这种设计与固定组（静态）比较设计相比，唯一不同之处是：这种设计两组都有前测。而与等组前后测设计相比，区别在于：这种设计不是采取随机方法分派受试者，所以实验组与控制组的各方面条件未必相等。

运用这种设计的一般步骤是：①以班级为单位，将班级随机分派为实验组和控制组；②对两组实施前测；③实验组接受实验处理，而控制组则否；④实验处理后，两组进行后测。

2. 循环设计（轮组设计）

循环实验设计或轮组实验设计也叫作对抗平衡设计，就是把两个或两个以上的实验因子，轮流在两个或两个以上组试行，然后求每个实验因子的变化和效果的总和，并加以比较，简单地说，就是使两组被试都参与不同的实验处理。

基本模式为（以三种实验处理、三组被试前后测实验为例）：

S1（O1—X1—O2）—（O7—X2—O8）—（O13—X3—O14）

S2（O3—X2—O4）—（O9—X3—O10）—（O15—X1—O16）

S3（O5—X3—O6）—（O11—X1—O12）—（O17—X2—O18）

实验结果（X1）=［（O2－O1）+（O12－O11）+（O16－O15）］/3

这样的排列方法使每一种实验处理不但在各组中循环一遍，而且在实验次序的每一个地位上也都循环一遍。

例如，"游戏法与看图讲述法在故事教学中的效果对比"实验就是采用轮组法进行。实验前，用相同的内容对两组儿童进行初试，每轮实验处理之后进行一次复测，将两组游戏法（实验因素A）和看图讲述法（实验因素B）所得成绩分别相加，再来比较两种方法在效果上的差异。实验效果 +（A 实验1组 + A 实验2组）-（B 实验1组 - B 实验2组）。

在实际应用上，这种设计不必要求各组均等，因而省却了均等组别的麻烦。但各种实验处理被实验的次数增加，这就自然又增加了很多麻烦。

3. 时间序列设计

基本模式为：S（O1— O2— O3—X—O4 —O5 —O6）。

时间序列设计又称为重复观测设计，指在实验处理之前与实验处理之后，对被试进行一系列定时的重复观测，然后对前后系列观测的结果进行比较、分析，判别实验处理的效果。实验的效果是通过比较实验处理前后各个测验结果的差异得到的。[①]

设计方式是：

时间序列设计的基本形式如下：

一系列前测→实验处理→一系列后测

[①] 陶保平.学前教育科研方法[M].上海：华东师范大学出版社，2006：149.

时间序列设计的可能结果如图 7-1 所示。

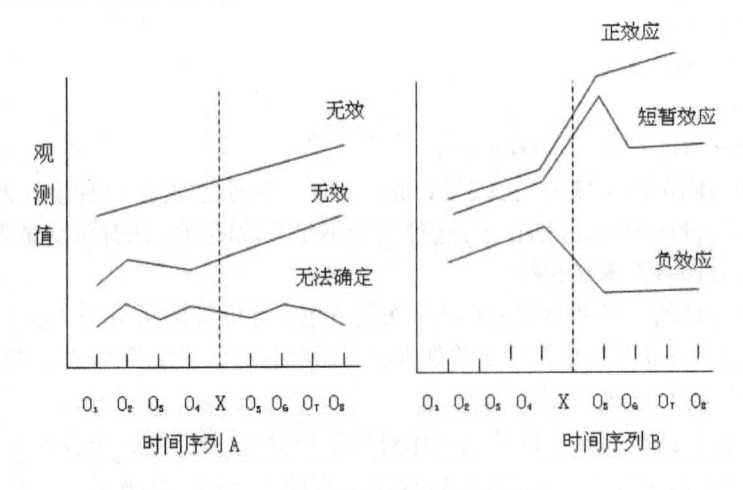

图 7-1　时间序列设计的可能结果

在图 A 中,实验处理前后测量结果基本上都是连续的,表示实验处理无效;在图 B 中,前后测量结果不连续,说明实验处理对测量结果有影响,而且三种情况下的影响是不同的。第一种情况表明实验处理有稳定的正效应,第二种情况表明实验处理有短暂的作用,第三种情况表明实验处理的负效应。

(三)真实验设计

真实验设计(等组实验设计)是被试为随机抽样和随机分组,并且都有一个控制组的设计。这种设计不仅保证被试具有代表性,也对无关变量进行有效的控制,因此,具有很好的内在效度和外在效度。

1. 等组后测设计

基本模式为:

R S 实验组(X_1—O_1)

R S 控制组(　　O_2)

这种设计与前述等组前后测设计比较,不同之处是两组在实验处理前都没有测验。这是一种十分理想的实验设计,因为它对影响内部效度的八个因素均可有效控制,而且,尚可避免因前测所产生的"测验的反作用效果"。

这种设计的局限性在于,它无法确定实验处理是否对不同层次的受试者有不同的效果。如果有前测时,则可据之以形成不同组别,从事进一步的分析。例如,假定要比较采用操作法和讲解法在自然常识教学中的效果,如实验前,两组都没有进行自然常识成绩的测验(前测),仅在实验后测量成绩,如经比较结果,发现两组没有显著差异,据此而确定实验处理没有效果。但是,如果有自然常识成绩的前测,我们就可根据成绩将学生分成高、中、低三个层次,进行 2(教学法)×3(自然常识成绩)的实验设计,实验结果,我们可能进一步发现两种教学方法的效果因前测成绩不同而异。

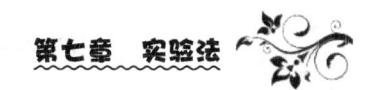

2.等组前后测设计

基本模式为：

R S 实验组（O1—X—O2）

R S 控制组（O3— —O4）

这个设计的主要步骤是：

①用随机方法选择受试者,并将其随机分派到实验组和控制组（R）；

②实验处理前,两组都接受前测（O1,O3）；

③实验组接受实验处理（X）,而控制组则否；

④实验处理后,两组都接受后测（O2,O4）；

⑤比较两组实验结果[（O2—O1）—（O4—O3）]。

这种实验设计可扩展到两个以上实验因子的比较研究：

R S1（O1—X1—O2）

R S2（O3—X2—O4）

例如：操作法和讲解法在自然常识教学中的效果对比。

实验假设：在教学中,操作法有助于提高自然常识教学效果。

实验处理：①实验班采用操作法进行自然常识教学。

②对照班中采用传统的讲解法进行教学。

样本：在幼儿园大班中随即抽取100名学生,随机编为两个班,其中一个为实验班,另一个为对照班。

因变量测试：幼儿园大班自然常识成绩测试。

前测：实验班和对照班在使用新方法前同时进行测试。

后测：实验班在采用操作法一个月后进行测试,对照班在相应时间同时进行测试。

条件控制：教师经验水平大致相同,两班儿童原有的水平、基础大致相同,教材内容、设备条件基本相等。

等组法被认为是实验法的基本形式。教育实验中采用"随机的方法决定控制组和实验组作对照的平衡"来控制无关因子的影响,这种实验设计的内部效度是很高的。由于采用相等的控制组,而且两组都有前后测,两个实验因子分别在两个组进行,不会相互干扰。由于采用随机方法,两组在各方面的特质相等,测查的内容两个班也是相同的,实验结果比较可靠。

可见,它是一种严谨控制的实验设计,在教育实验研究中常被采用。

3.多重处理设计

基本模式为：

R S1（O1—X1—O2）

R S2（O3—X2—O4）

R S3（O5—X3—O6）

R S4（O7—X4—O8）

多重处理设计是等组设计的扩展,是有三个或三个以上实验处理时的实验设计。在研究具体问题时,实验处理可能不止一个或两个,为了在几种不同方法之间进行比较研究,就

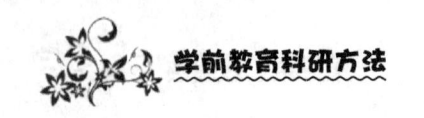

需要运用多重处理的实验设计。这种设计的方法是随机选取被试,并将被试分成与实验处理个数相同的组,对所有被试进行前测验(也可以不做前测验),分别在每一组被试中实施一种实验处理,对各组进行后测验。

4. 所罗门四组设计

基本模式为:

R S1(O1—X—O2)(实验组Ⅰ)

R S2(O3— —O4)(控制组Ⅰ)

R S3(　　X—O5)(实验组Ⅱ)

R S1(　　　O6)(控制组Ⅱ)

所罗门四组设计是针对前后测验设计和只有后测验设计的局限性而设计的。为了检验前后测验之间是否有交互作用,按照是否有前后测验,设计成四个组。

这种设计包含有两个实验组和两个控制组,四组受试者均由随机方法选择而来。其中,有两个组接受前测,两个组则无。实验处理后,四组均接受后测。

在一个促进幼儿数的守恒能力发展的实验中,实验者将两个中班分为两个组:一个班共32名幼儿为实验组,另一个班共34名幼儿为控制组。就幼儿的守恒能力同时对实验组和控制组进行前测确定其相似程度。而后在实验组实施系列教育活动一年后同时进行后测。通过前后测数据的比较来说明教育活动对幼儿数的守恒能力发展的效果。

这一方法的特点是将"有无前测验"这一变量纳入实验设计之中,将此变量所造成的方差从总的方差中排除出去,以检验实验处理所产生的影响是否显著。可见,这种设计是最严谨控制的实验设计之一。

实验设计各有利弊。在选择运用时,每种设计还可以根据实验情况而加以改进。儿童所处的社会生态环境往往比实验环境复杂很多,尤其在教育实验中,很多复杂变量很难控制,可能影响实验结果的推断能力与真实可靠性。同时,在学校抽样很难做到随机化,想确保除实验因子以外的一切条件和影响在班(组)保持完全相同是不容易的。而准实验设计,以原班级作为实验对象,并在可能的条件下尽可能进行控制,所以教育研究者常常愿意采用。

三、实验效度

实验效度是指实验的有效性和真实程度,是指研究结果的可靠性和普遍性,实验效度通常是衡量实验设计质量优劣的指标,实验设计也以提高实验效度为基本目标。实验效度包括两方面的内容:内在效度和外在效度。

(一)内在效度

1. 定义

内在效度(internal validity)又称为内部效度,指实验结果的解释能力及可靠性。实验研究的结果是否真实地反映了自变量和因变量的关系,是否由所操纵的变量引起。内在效度决定了实验结果的解释,没有内在效度的实验研究是没有价值的。

实验内在效度取决于对无关变量控制的程度。一个实验研究能有效地控制实验条件,能清楚地解释研究结果,能合理地推论因果关系,其内在效度就高;反之,实验研究的内在效度就低。

2. 影响因素

影响内在效度的因素很多,概括起来有以下八种:

(1)历史(或同时事件)。在实验过程中,发生的历史事件将把实验结果弄得混淆不清(临时事故)。

(2)成熟。参加实验的人们在实验期间,在生理或心理都会产生变化,比如:成熟、健壮、疲劳或没兴趣,这些好的或坏的改变都会影响实验结果。比如,研究者想测试一种新的阅读方法的效果,先进行前测,再经过一个学期新的阅读方法教学后,发现测验的分数高于前测的分数。需要注意的是,随着受试者年龄的增长在认识方面的自然发展和成熟,可能使得阅读水平提高,就不能单纯归因于新的阅读方法。

(3)测验。要注意一次测验对另一次测验的影响。为了比较实验前后的情况,常常在实验处理之前进行测验,但多次的测量可能使受测者对所测问题很敏感,或者记得上次所测结果(练习效应)。

(4)工具。在测量的过程中,测量的工具不同也可能影响实验结果。比如,测评工具不稳定(如前后测难度不同、评分标准宽严不等)会降低测评的分辨力,不能真实地反映实验组和控制组水平的差异。

(5)统计回归。统计回归指受试者的测量分数在第二次测量时,向团体平均数回归(趋近)的倾向。也就是说,高分组的受试者在第二次测量时,其分数由于向平均分数回归有降低的趋势。而低分的受试者,其分数有升高的趋势。

(6)差异的选择。选择的两组或几组受试者,在未用实验处理之前,各方面的能力有所偏差。比如,实验组本来就是一个高材生班,而控制组是一个普通水平班,实验结果的两组成绩不同,就不能说这种差异是单纯由于实验处理造成的。

(7)受试者流失。在实验的过程中,受试者由于迁居、退学、死亡等原因退出,有可能使得实验结果难以解释。

(8)选择与成熟的交互作用。前面的七个因素,彼此之间相互作用,构成了影响内在效度的另一个因素。由于取样不一带来的成熟程度不一致,在一项问题的实验中,选取初、高中数学班为被试,初中生比高中生更早地感到疲劳。

(二)外在效度

1. 定义

外在效度(external validity)又称外部效度,指实验结果的推广度和代表性,即实验结果是否具有代表性并能解释一般的情形,研究结果有多大的概括性,实验结果是否可以推广到实验对象以外的其他受试者,或实验情境以外的其他情境。外在效度决定了实验结果能否被推广到更大范围的程度。

具体来说,实验的外在效度就是指一项实验的发现能应用于被研究对象以外的个人和环境的程度。其结果的解释和推广度越高,其外在效度就高。反之,外在效度就低。外在效度反映研究所具有的社会价值。

2. 影响因素

（1）选择与实验处理的交互作用效应

前测和实验处理发生作用，并导致结果不能推广到未经过前测的群体中。在有前测和后测的实验设计中，有前测的经验往往会限制研究结果的推广性。有前测的实验结果，只能推广到有前测经验的情况，而不能推广到其他没有前测经验的团体中去。

（2）选择偏差与实验变量的交互作用效应

当研究者选择一些独特心理特质的受试者进行实验时，选择偏差与实验变量的交互作用容易产生。对新的阅读方法做实验处理时，选择能力低的班级进行实验，结果无法在能力水平各不相同的班上推广。

（3）实验安排的负效应

当被试者知道他们正在被观察或参加实验时，受到关注所表现的行为较平时有更佳的发挥，活动的积极性提高，但被试者在非实验情境的表现，可能会完全不同，这被称为霍桑效应。这种效应导致实验结果常不能适用于日常的生活情境，推广后其效应消失，影响实验的外在效度。

（4）多重处理的干扰

当同一受试者重复接受两种或两种以上的实验处理时，前面的处理会产生一种后遗效应，以致几项实验处理之间会产生干扰作用，不能推广到单独处理中。

（三）内在效度和外在效度的关系

实验的效度是一个实验必须考虑的问题。实验的内在效度越高，结果越容易确认，实验的外在效度越高，结果的推广度越大。一般来说，实验设计必须重视这两种效度。

①一定的内在效度是决定该研究的结果能否适用于同类研究对象的一个重要条件。

②内在效度越充分，实验的推广度越大，研究的社会价值越高。内在效度是保证外在效度的一个前提条件，但旨在提高内在效度的企图可能会降低外在效度，反之亦然。

内在效度是实验质量的保证，但内在效度高的实验不一定外在效度也高，要同时兼顾两种效度是很难做到的。在实验设计中，要综合考虑内在效度和外在效度的平衡，在保证实验结果可靠性的基础上，尽可能使实验有更大的推广价值。

四、实验设计要求

（一）要符合基本的道德准则

教育实验不同于一般自然科学实验的显著之处就在于前者的研究对象是人，因此，在提出一个实验课题或设计实验因素时，务必要注意不能使实验对学生（即使是个别学生）的身心健康产生不良影响。例如，有人进行"幼儿营养与生长发育"实验，在一定时间内控制AB两组幼儿所摄入的营养素，发现一旦缺乏某些营养素时，幼儿的身体发育速度便趋缓。这种剥夺儿童某些营养素的做法，或有意不给予某些必要的正面的教育影响等，这样在一定程度上就限定了实验法在学前儿童发展与教育科研中的运用。

（二）必须提出实验的假设

选择好课题以后，必须针对研究的目的，提出实验的假设。假设，就是根据已经掌握的一些事实和原理,对所要解决的问题的结果所做的"猜测",这种"猜测"虽然需要发挥充分的想象力和创造力,但毕竟不是单凭主观臆想而来的。它是以有关的事实材料和科学理论为基础的有根据的推测,是对所研究问题的本质和规律提出的初步设想,而这种设想尚未得到确切可靠的证实,需要通过实验研究加以确认或推翻。

(三)可比性要求

根据课题特点,选择适当的实验设计类型,设计必要的控制组、对照班,尽可能地平衡、清除主要的无关变量的影响,确保实验前后的可比性,或实验班与对照班的可比性,以便进行实验效果的归因分析。

思考与实训

1. 什么是实验研究法?具有哪些特点?
2. 比较前实验、准实验、真实验的不同特点。
3. 某幼儿园对本园4岁幼儿实施英语教学,一年后,幼儿的英语水平有明显提高。据此,研究者认为,幼儿从4岁开始学习英语为宜。请对本研究的不足之处提出改正意见。
4. 一项实验要探讨不同性别的幼儿教师对大班幼儿社会交往发展的影响,目的是为了更好地发展与培养幼儿的社会交往能力。研究者拟采用实验法对此进行考察。请指出实验的自变量、因变量、至少一种无关变量,说明你对它如何控制,请对实验设计方案进行具体描述。
5. 在一个促进幼儿数的守恒能力发展的实验中,实验者将两个中班分为两个组,一个班共32名幼儿为实验组,一个班共34名幼儿为控制组。就幼儿的守恒能力同时对实验组和控制组进行前测,确定其相似程度。而后在实验组实施系列教育活动,一年后同时进行后测。通过前后测数据的比较来说明教育活动对幼儿数的守恒能力发展的效果。请问:
(1)这项研究的自变量、因变量和无关变量各是什么?
(2)研究者采取何种方法进行的分组,这种分组的优缺点是什么?
(3)研究者采用了哪种实验设计模式请用字母图示出来。
(4)试评这种实验设计模式。

本章参考文献

[1] 胡育. 学前教育科研方法指导[M]. 上海:上海教育出版社,2005.
[2] 郭春彦. 教育科学研究方法[M]. 北京:人民教育出版社,2003.
[3] 谢春风,时俊卿. 新课程下的教育研究方法与策略[M]. 北京:首都师范大学出版社,2004.
[4] 华国栋. 教育科研方法[M]. 南京:南京大学出版社,2000.
[5] 孟庆茂. 教育科学研究方法[M]. 北京:中国广播电视大学出版社,2001.
[6] 陈向明. 质的研究方法与社会科学研究[M]. 北京:教育科学出版社,2000.

[7]张燕,邢利娅.学前教育科学研究方法[M].北京:北京师范大学出版社,1999.

[8]韦民.教师如何运用实验法进行教育科学研究[J].江西教育科研,2002(12).

[9]杨世诚.学前教育科研方法[M].北京:科学出版社,2007.

[10]张宝臣,李志军.学前教育科学研究方法[M].上海:复旦大学出版社,2007.

[11]人民教育出版社组编.教育研究方法[M].北京:人民教育出版社,2008.

[12]王坚红.学前儿童发展与教育科学研究方法[M].北京:人民教育出版社,1991.

[13]陶保平.学前教育科研方法[M].上海:华东师范大学出版社,2006.

[14]刘电芝.现代学前教育研究方法[M].重庆:西南师范大学出版社,2012.

[15]杨小微.教育研究的理论与方法[M].北京:北京师范大学出版社,2008.

第八章 个案研究法

学习要点

1. 理解并掌握个案法的基本概念和特点。
2. 了解个案研究的具体过程。
3. 了解个案研究的基本原则。
4. 掌握个案研究法实施的基本程序。
5. 学会运用个案研究法进行学前教育科学研究。

个案研究法,起源于19世纪的欧洲。到20世纪20年代,随着现代科学研究的蓬勃发展以及对研究对象的关注,研究者开始重视运用个案研究的方法追寻真理。个案研究法被广泛运用于法律、精神病学、医学、心理学、人类学、经济学、教育学、文化学、政治学、新闻工作、企业管理以及各种咨询与指导等各个领域的研究当中。在学前教育研究领域,个案研究一般是针对学前儿童成长过程中,表现的具体的教育现象或心理问题进行的研究,其目的是通过纵向的追踪以探明原因,用解释、推理等方法进行,最终提出具有针对性的改正和发展对策的研究活动。因此,它在学前教育研究领域,有着广泛的作用和意义,尤其在提倡重视幼儿的个体差异性,提倡因材施教的今日里,作用更是不可忽视。因为个案研究法是一种易于操作、便于使用的研究方法,所以它备受广大幼教领域的研究者、教师和教育管理者的青睐。

第一节 个案研究概述

个案研究属于质的研究方法中的一种。对于什么是质的研究,许多研究者从不同的视角进行了论述,质的研究是产生描述性的资料的研究(黄瑞琴,1999年);质的研究是指任何不是经由统计程序或其他量化手续而产生研究结果的方法(Anselm Strauss and Juliet Corbin,1990);我国最有影响力的研究者陈向明指出:"质的研究方法是以研究者本人作为研究工具、在自然情境下采用多种资料收集方法对社会现象进行整体性探讨、使用归纳法分析资料和形成理论、通过与研究对象互动对其行为和意义建构获得解释性理解的一种活动"。所以说,个案研究通常被看成是描述性的、自然主义的研究,与实证主义的、验证性的、量的研究相对应。

一、个案研究的含义和特点

(一)个案研究法的含义

个案研究指针对单一案例进行的研究。最初个案源于医学,是指具体的一份病例。也可以说个案研究法最早运用于医学,是指医生对病人进行深入的临床检查、分析,判断病理和病因,提出治疗方案的一种方法。后来许多领域按照此方法进行运用研究。心理学上的个案研究则是通过广泛收集和研究对象有关的家庭、社会环境、个人经历、健康状况、受教育情况等多方面的历史资料,来探索其心理活动的产生、发展过程和特征,提出心理训练方法或治疗方案。自19世纪后期以来,个案研究成为弗洛伊德精神分析学派的最重要研究方法,他运用这种方法对著名的艺术家进行了研究,如对达·芬奇、莎士比亚、拿破仑、牛顿等人的创作过程和人格特征进行了分析、探索研究。除了临床心理学运用个案研究法以外,现代认知心理学也普遍应用个案研究法来分析研究问题和解决问题;后来教育学、心理学应用个案研究对学生进行个别辅导等。总之,教育学、心理学的个案研究法是指选定一个典型的人(学生或教师)、一个突出的教育问题或一个有代表性的教育团体机构作为研究对象,以其发展变化的全部过程为主要研究内容,收集关于这个研究对象的一切资料,进行全面、详细、深入地分析研究,探索造成某种特殊状况的原因,提出解释,从中揭示其发展变化的基本规律,并在此基础上提出具有针对性的教育方法、内容和进行改进的措施,促进研究对象向着良好方向发展的研究方法。因此,在教育、心理研究的领域中,个案研究的对象可以是典型的学生或教师个体,如研究有暴力行为或智力障碍的儿童,研究智力超常或有艺术天赋的儿童,研究某位优秀教师的教学经验、教学方法、教学原则等,也可以是研究某一类教育团体的共同特性或教育机构发展的历史演变和规律,如某幼儿园的成立、发展和变化。由于个案研究常常需要追溯研究对象的背景材料,了解发展变化的具体历史经历,因此,个案研究又称为个案历史研究法。

(二)个案研究的特征

1. 研究对象的单一性

所谓个案就是指一个具体的事例,研究者通过翔实的描述某一现象,向读者展示理解这一现象的研究。个案研究的对象往往是个别的人、个别的事件或由个人组成的某团体,这种对象一般具有单一性、具体性。在教育或心理的个案研究中,这个研究注重的是个人或单个对象的心理、行为及有关的问题研究或现象研究,向读者展示为理解这一现象、过程、事件、人物而进行细致、翔实研究,如对某幼儿创造力的研究,对某天才儿童的智力和非智力发展影响因素的研究等。针对儿童行为或心理问题进行直接深入研究,比如某小朋友原来很听话,很乖,遵守纪律,乐于助人,团结同学,而最近上课却总是注意力不集中,爱做小动作,还经常攻击其他小朋友,抢玩具等。那么,该小朋友的攻击性行为就可以成为个案研究的对象,为了弄清原因,就要对该小朋友进行深度的描述,有针对性地收集相关资料,在自然的实地情景中进行深入细致的研究,从而进行转化教育。

2. 研究目的的针对性

个案研究的目的,不只是对问题的起因、发展变化过程、结果求得了解,而是希望经过对个案心理需求的细致了解,从而形成进一步帮助他解决困难的策略和方案。任何个案研究都是通过发现存在的具体问题并探索形成该问题的根源所在,以便更好地有针对性和目的性地进行矫正转化,从而促进其成长和进步。在教育或心理研究领域当中,个案研究的对象一般多是特殊的、有独特特征的社会性个人或群体,或在学校中有特殊表现的个别学生或个别群体,怎样才能使这些特殊的个体获得正常的、适合的、爱的需要的教育和发展,就是要通过个案研究,对其进行细致的诊断、分析、解释,然后提出有针对性和目的性的措施,从而对其进行补救或促进其向更好的方向发展。如某幼儿近来上课总是哭哭啼啼,乱搞小动作,打骂其他小朋友,烦躁不安,行为异常,研究者就要通过家访对其进行调查,不仅要了解其生活情况和环境的变化,还要对该小朋友在学校的学习生活状况进行细致的调查,找出产生该问题的症结所在,对该小朋友进行有针对性的、具体的教育和指导,使其重新振作,团结同学、遵守纪律、认真学习。因此,个案研究具有较强的针对性。

3. 研究过程的精密性

个案研究的对象数量少、目的具体明确,易于对研究对象进行精心、深入、细致的分析研究。而且,为了全面系统地了解该研究对象,常常要同时研究个人的行为、心理特征与社会环境的关系,如社会环境、家庭环境以及学校教育对个人的影响,这样才能正确认识研究对象的现状和产生问题的所在,分析反映研究对象的真实生活和实际状况,准确地把握研究对象的本质特征,便于提出具有针对性的建议、改正或纠正措施。同时,在个案研究中,时常用归纳的方法,对材料进行横向时空或纵向历史的精心分析,有利于从个别现象中概括出一般结论,还可以为以后的研究分析、理论概括做好准备,从而提高该研究效度和信度。由此可见,无论是研究内容还是研究方法都体现出个案研究精密性的特征。

4. 研究实践的长久性

个案研究常常是一种比较长期的跟踪调查研究。这是因为对研究对象要进行全面深入的细致了解,不仅需要了解其现状、发展变化的历史背景,还需要把握其发展的过程及发展过程中出现的各种问题,因此,其研究者常常需要持续较长的时间,甚至需要追踪研究。这样,研究才能更好地应用于实践。如对智力超常儿童或智力障碍的特殊儿童的个案研究,常常需要较长时间,在横向上和纵向上的实地情境中细致调查,甚至追踪研究几年或几十年,才能更好地提出具有操作性的策略和训练措施。

5. 研究的深入性

对个案研究对象多方位、多维度、多层次的研究,从空间上说,它要研究个案生活环境的所有因素,比如说学校因素、家庭因素、社会因素;从空间上说,主要是研究个案的过去、现在和未来。可以静态分析,也可以动态分析。研究的越全面、越透彻,针对性就越强,结论越具有说服力。

个案研究既可以研究个案的过去,也可以研究个案的现在,也可以追踪个案的未来发展。个案研究可以做动态的调查跟踪也可以做静态的分析诊断,由于个案研究的对象少,所以研究者就会有充裕的时间,进行透彻深入的、全面的、系统的分析与研究。

6. 研究的综合性

个案研究要综合应用多种研究方法,如测试学生智力的测量法,了解其行为表现的观察法,理解其社会历史背景的调查法等等。个案研究拥有自己的研究方法,但是又不具备完全独立的研究方法。为了搜集更多、更全面、更翔实的个案资料,就要从多个角度去把握研究对象的发展变化,就必须结合观察法、调查法、实验法、测量法等多种研究方法,综合各种研究手段。

(三)个案研究法在学前教育领域的应用

发展心理学的研究常常通过对一个或少数几个被试者进行细致入微的研究来解释儿童心理的发生和发展,如一些心理学家常常用记日记的方法对自己孩子的发展进行翔实观察记录。如我国的教育家陈鹤琴先生,通过对自己儿子生活的点点滴滴来呈现幼儿发展的一般规律,在细致入微的记录过程中发现了幼儿某些特征,对学前教育的发展做出了突出的贡献。皮亚杰(J. Piaget)早期的研究,也是采用个案研究法研究儿童心理的发展过程。后来在教育学、心理学研究中,个案研究曾局限于对适应不良问题的研究,如行为异常的幼儿、问题学生、不良家庭、不良团体等。现在个案研究的对象扩展到对学习优秀的儿童、有成就的社会团体、具有榜样性的个人等的研究。尤其是在强调学生心理健康的当今社会,个案研究所具备的独特的诊断作用,对于了解学生的心理问题和不良行为,提出有针对性的、具体的治疗措施和方案,实施因材施教是其他任何研究方法都无法比拟的。

个案研究在学前教育领域中一直是一种常用的方法。首先,学前教育历来重视幼儿的个体发展和个别差异,通过个案能够更明确、更翔实地描述幼儿的个体特征,有助于因材施教,促进全面发展。其次,学前教育研究应用个案研究能够用具体的事例来解释说明某种抽象的理论观点,为进一步丰富理论提供依据。最后,个案研究的结论在可能的情况下应适度地推广到更大的同类群体当中,更进一步地描述个体或事件的发展趋势和走向,为以后的研究做好准备。我国著名的教育家陈鹤琴、心理学家孟昭兰在研究中也常常采用个案研究法进行深入细致的研究。近年来,天才儿童、智力障碍儿童或行为、心理问题儿童的研究广泛应用此种研究方法。学前教育应用此方法研究儿童身心发展正处于迅速发展的时期,因为儿童的可塑性很大,各种因素都可能影响儿童的健康发展。因此,运用个案研究法不仅可以帮助教师及时了解儿童的发展变化情况,而且还能更好地矫正。此外,学前阶段是儿童个性心理发展的关键期,对其进行个案研究,既有助于了解发展丰富心理学的基本理论和观点,又可以丰富发展心理学的内容,为其理论研究提供良好的佐证。

二、个案研究的作用

(一)为教育对象提供帮助,有利于因材施教

通过个案研究,能提供研究对象各个方面的详细个案材料。如:录音、录像、照片、观察日记等翔实资料,为研究对象的发展和提高提出具有针对性的、具体的教育建议和训练措施,有助于因材施教原则的实施,使学生受到最适宜的、最需要的教育,使学生得到最大限度的发展,促进学生的全面发展。

(二)为理论的发展提供有效的佐证,丰富研究理论和内容,有利于教育科学的发展

个案研究所提供的典型翔实材料为描述概括性的教育、心理理论观点提供具体的佐证,能够丰富相关的教育、心理理论成果,为以后的相关研究分析、理论概括做好准备。在现代心理学的研究中,尤其是认知心理学的研究中,常常需要借助于个案研究材料来丰富一般研究的基本结论,完善理论。如关于儿童元认知的研究一般都借助了大量个案研究的具体翔实材料,来说明其研究所得出的一般结论,丰富儿童元认知研究的发展。

唯物辩证法告诉我们,特殊性与一般性、个性与共性是辩证统一的。个别事物与个别现象不但表现出自己的特殊性,总结研究其总体特征,来反映该类事物的普遍性特征,而且任何普遍性的特征都要通过特殊性表现出来。因此,对典型的对象进行个案研究分析,明确其性质和基本特征,有助于认识该类事物的本质和基本规律,从而促进教育科学的发展和对人的行为、心理的解释。同时个案研究通过搜集丰富而典型的个案资料,建立具体翔实的资料库,为该类对象以后的研究分析、理论概括发展做好了准备。此外,个案研究通过典型翔实的材料,以个案举例的方式来说明某种抽象的教育理论和教育观点,使理论既有概括性,又有实用性;抽象性和生动性并举,有助于推动教育研究成果的广泛运用,提高研究的效度和信度,从而有利于教育科学的发展。

三、个案研究的优势和局限

(一)个案研究的优势

1. 普遍性和特殊性相结合

个案研究注重普遍性与特殊性相结合,在研究中研究人员必须充分考虑研究对象的个性特点。它的独特性决定了因材施教原则的实施,并能根据研究对象的实际,提出有针对性的、可操作的建议和对策;同时,又强调研究对象的共性,把研究对象放到社会历史文化背景中去加以考察,注重共性和个性的结合,注意其社会属性,才可以保证研究的有效性。

2. 过去和现在相结合

个案研究既强调历史研究又强调现实发展研究,这样就能更好地揭示研究对象发展变化的基本特点和一般规律,从纵向上和横向上提供有关个别研究对象发展的具体材料,丰富感性认识,更有利于理性认识的发展;同时,通过多样同类问题的个案研究,所得的翔实材料建成的材料库,不仅能为以后研究假设的形成提供参考借鉴,而且为解释同类事物提供依据和做好准备。

3. 多样研究方法相结合

个案研究强调多种方法的综合应用以便获得更准确、详细的、更深入的个案资料。由于个案研究只是以单一的个案为研究对象的研究方法,因而在具体操作时,必须运用多样方法,才能收集到有深度、广度的、详尽的个案资料,如有关研究对象现状和历史背景方面的资料就需要运用调查法和访谈法,有关研究对象智力、性格、能力、心理方面的资料就需要运用测量法、实验法等等,为提出有针对性的建议和训练措施打下较好的材料基础,达到个案研

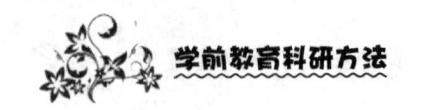

究的目的,促进教育科学的发展。

(二) 个案研究的局限

1. 样本小

和其他的研究方法相比,个案研究的对象数量少,其代表性有限,从个案研究中难以得出普遍性的规律和结论,因而推广应用具有局限性,所以个案研究得出的研究结果的适用性也常常受到质疑。

2. 主观性较强

个案研究结论具有很强的主观性,一般只能揭示研究对象的典型性,常常是定性的研究分析,其分析的方法很难做到标准化,再加上受研究者自身的知识结构、能力、社会经验等因素的影响,较容易做出主观的、不确切的结论,有时还会遇到伦理道德问题,所以结论也难以得到认可。

3. 费时费力

个案研究往往需要采用多种研究方法收集各方面的详细资料,对研究对象进行一定的训练和矫正,有时甚至需要追踪研究几年或几十年,不然对策很难具有操作性和可行性,因而耗时较多,投入的人力物力财力也较多。

4. 语言技能、洞察力要求高

个案研究要求研究者具有很高的语言表达能力,如在调查访谈的过程中,既不能触动研究对象的敏感话题,又要得到对自己研究有用的详细材料,这时研究者就要用较高的语言技能来获得深入的了解。并且调查时用的观察法,要求研究者具有较高的洞察力,才能够更深入地获得翔实资料信息,建立真正有用的材料库,更好地进行研究。

当今对于个案研究的局限和缺点,我们尽可能地克服,个案研究的运用一方面既要强调对个人个案进行详细的追踪研究,同时又对带集体性的个案研究同时进行分析。这样的个案研究常常成为集体性、系统性、整体性的个案分析法。这种分析方法对复杂的心理活动和行为研究十分有利。其优势是:"其一,集体性、系统性、整体性的个案分析是仔细、系统、整体的个案分析和基础材料的结合,既有纵向深入的研究,又有翔实可靠的概括;其二,其复杂的心理活动,不是单个'刺激',就能引起一个'反应',而是由多种'刺激'诱发的多种'反应',集体性、系统性、整体性的个案研究时间较长,有时还得几年或几十年的跟踪研究,只有更深入细致工作,才能反映出在一定的社会环境和教育条件下心理活动的变化发展的整个过程,才具有较高的科学性;其三,集体性、系统性、整体性的个案分析法,采用的是心理学各种方法相结合的研究法,其综合使用观察法、调查法、访谈法、作品分析和教育性的自然实验,定性研究和定量研究相结合的分析方法,是一种相对比较全面而且行之有效的方法。"因此,现代教育与心理研究中应用个案研究法,常常做个体或少数的个案研究和集体性的成组个案研究相结合的研究,这种个案研究能一定程度地弥补个案研究的局限和缺陷。

第二节 个案研究法的类型和研究例证

每一种研究方法根据不同的标准可以划分出不同的类型,个案研究也不例外,它根据研究对象的不同,可以分为个人个案研究、机构个案研究和社会团体个案研究等。

一、个人个案研究

(一)个人个案研究的含义

个人个案研究是以个人为研究对象,对特殊个体的现状、历史社会背景及发展进行的研究。最初的个人个案研究指医学领域中对精神病患者的研究,后来扩展到法学领域,指对犯罪人员的研究,再后来扩展到心理学领域则是指对个人进行心理分析、咨询、诊断、解释与治疗等一系列的过程。在教育领域中,个人个案研究主要指对特殊的学生、特殊的教师等进行研究。如对某儿童的成长发展过程进行研究,对智力障碍或智力超常儿童对象的研究,对问题儿童、情绪障碍儿童进行的研究,对某教师创造性教学和优秀的教学经验进行研究等等。个人个案研究可以通过调查访问、实际测查、个体和群体实验,也可以通过自传、传略或别人介绍的相关翔实材料进行研究。

在个人个案研究中,以下的20个问题可作为评价研究的准则,并可以作为团体或机构个案研究的参考。

(1)团体或机构个案研究是否忽略了任何重要的数据?
(2)团体或机构个案研究是否不知用一种方法收集资料?
(3)团体或机构个案研究在资料的解释中,是否考虑到所有学派的思想?
(4)团体或机构个案研究对数据的来源是否加以详细的说明?
(5)团体或机构个案研究是否运用测验、判断以及别人所提供的行为描述,作为独立判断?
(6)团体或机构个案研究是否提出了统计分析的参考点?
(7)团体或机构个案研究是否考虑到受试者可能作弊的可能性?
(8)团体或机构个案研究提出的文化情况是否详细?
(9)团体或机构个案研究是否提出了一份家庭情况说明?
(10)团体或机构个案研究是否说明了与个案有关的发展经历?
(11)团体或机构个案研究对于当前的行为趋势是否引起了足够的注意?
(12)团体或机构个案研究对于未来的计划是否有充分的考虑?
(13)团体或机构个案研究进行预测时,是否提出了作为证据的材料?
(14)团体或机构个案研究在说明受试者的动机时,是否予以充分注意?
(15)团体或机构个案研究是否为一般的类型提供了具体说明?
(16)团体或机构个案研究是否回避了检查项目?

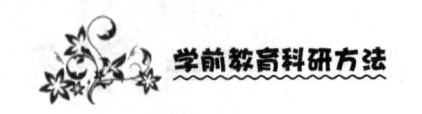

(17)团体或机构个案研究写作完整吗？
(18)团体或机构个案研究是否力求简明扼要？
(19)团体或机构个案研究前言是否与研究内容相一致？
(20)团体或机构个案研究当读完个案研究时,你是否感受到对该人有了真正的了解？

(二)个人个案研究的例证

1. 关于天才儿童的个人个案研究

有研究通过对智力超常儿童李某进行追踪调查研究,采用测量、调查、谈话、实验等方法,从各方面收集了许多关于其智力早慧发展的翔实资料。通过所收集的细致资料,从其心理超常发展的特点、行为表现及其发展水平等方面进行了科学深入的分析,探讨了其早慧的原因及教育经验,对其影响因素的各个方面进行探讨,为培养智力超常儿童提供了可靠材料。该研究共分为五个部分。第一部分"前言",主要介绍了该研究的目的、研究内容、研究方法和主要研究工具。第二部分"研究对象",简要介绍了李某的家庭教育及其学校教育和一些超常表现的基本情况和特征。第三部分"特点和表现"是该研究的主要内容。主要对超常儿童李某所具有的超常的认知能力和非智力特征进行具体分析。通过自己全面收集到的、别人深入介绍的经验材料和对具体的智力测验材料的分析,得出其认知能力发展的主要特点有以下几个方面:①记忆力较好,掌握了一定的记忆策略;②空间关系的理解、逻辑思维、想象能力强,洞察能力也强;③类比推理能力发展显著;④创造思维能力突出。非智力发展的特点是:①强烈的求知欲、广泛的学习兴趣,动手操作能力强;②好胜心强、生活中充满自信,进取心切;③喜欢冒险,勇于挑战自我;④保持有幼儿特点,不符合幼儿发展的基本规律。第四部分"分析与反思",对李某超常的智力发展的原因进行了分析,认为早期良好的家庭教育和外部环境条件是其超常发展的关键因素。具体表现为:①关键期进行了有效的早期教育;②教育思想正确,教育方向正面,重视全面发展;③早期教育策略佳,正确处理了"双基"的传授与智力开发,注重智力发展教育;④坚持因材施教的原则,教学方法得当;⑤提供了丰富的有利于智力开发的智力游戏和文化环境;⑥充分调动了李某自身的主观能动作用,积极参加有利于智力发展的游戏;⑦某些日常行为方式训练不够,导致其中学时仍然保留有幼儿的特点。第五部分"小结"。通过对李某的研究,最后得出了四点结论:①李某确实是智力超常儿童;②李某存在着智力的高水平发展和独立生活能力较差的"不一致现象",没能得到德智体美劳全面发展的教育;③李某的超常发展,和睦的家庭教育是其关键因素;④对李某的早期教育既有值得总结和推广的经验,但也有缺陷和值得改进的地方。

2. 关于语言障碍儿童的个案研究

有研究者运用此个案研究法对一幼儿进行了个案研究。研究对象为广东某幼儿园的一个小班小朋友,男孩,入园后近半年不爱说话,性格孤僻,不喜欢和小朋友交往,喜欢一个人玩。说话时口齿不清,上课回答问题时老师同学均不知道他说些什么。但是他上课能认真听讲,能理解老师和同伴的语言,回家也能很好地完成作业。笔者通过测试法、访谈法、观察法、实验法等收集了研究对象在幼儿园和家里的行为表现和心理表现特征及其语言表现等方面的资料,对其父母、老师以及与其接触的小朋友进行深入细致的访谈,收集其相关资料进行了分析处理,并对形成的原因、影响因素、意义进行归类再加以探讨,认为该幼儿的语言表现属于语言障碍,障碍形成的原因是家庭语言环境,还有就是天生存在遗传因素的影响,不利于儿童语言的顺利发展。根据具体情况,提出来矫正的方法和训练措施。半年后,幼儿的发音情况有了很大的改善。笔者认为,要促进儿童语言的正常顺利发展,为孩子创造一个良好的语言环境是非常重要的。

二、机构个案研究

(一)机构个案研究的含义

机构个案研究是以家庭、学校、幼儿园、工厂、培训部门、农场等单位作为研究对象进行研究。机构个案研究一般涉及该机构的基本情况、发展现状、社会历史背景,机构的主要目的、任务以及为实现目的所采取的一些典型做法、方案和改革措施。如某幼儿园课程改革的个案分析,某智力障碍儿童家庭状况的个案分析,某工厂在职教育发展状况的个案分析等。

(二)机构个案研究的例证

王雅君、钱雅威著《关于示范幼儿园教育教学情况的调查报告》一文就是对学校教育机构的个案研究的例证。该研究分为三个部分。第一部分"主要成绩",主要从幼儿园的课程培养模式、幼儿的学习活动、教育环境、家长工作、家庭教育、园所设施、教育教学管理、教学方法、方式等方面收集资料并进行分析。第二部分"分析存在的问题",主要从幼儿园教育目标、课程目标、教育环境、教育教学过程、课程评价等几方面进行分析。第三部分"几点建议",根据各个方面的全面分析,得出几点建议,指出办好示范幼儿园首先要"转变教育观念",树立正确的儿童观,调动幼儿的主观能动性;掌握幼儿发展规律,树立培养目标意识;不断提高教师素质,增加教师职后培训,充分发挥教师的作用。

曾有研究者对智力障碍儿童家庭状况的个案分析,主要有以下几个方面:首先,运用调查法、访谈法、观察法、测试法了解智力障碍儿童的相关情况,从学校方面、家庭方面收集大量关于智力障碍儿童的表现情况,对相关人员进行深入的访谈,建立相关资料库;其次,分析收集的资料,对其影响因素进行归类,发现家庭环境是其主要影响因素;最后,提出几点建议,营造良好家庭环境,父母在生活、学习以及人际交往中要多加指导和教育,再充分发挥教师的作用。

三、团体个案研究

(一)团体个案研究的含义

团体个案研究是指以某一类企业、学术团体、研究性团体、群众性组织或地区中一定数量的成员为研究对象进行的研究,揭示这一类企业、学术团体或地区中全体成员所具有的共同的特征。关于学校或班级中的非正式特殊帮派或组织的研究,如对班级中的小团体,就可以用团体个案研究法来研究。通过问卷法、调查法、观察法等方法收集资料,了解小团体的详细情况(如团体中成员的数量,平常组织活动的时间、次数,团体中有什么规矩等),分析形成的原因以及影响因素,然后提出有针对性的矫正方案和有效措施。

(二)团体个案研究例证

张燕的《对北京部分幼儿园园长素质及其面临问题的分析》属于团体个案研究。该研究涉及的对象是北京市29所幼儿园44位园长。该研究通过问卷调查和实际调查,收集了关于幼儿园园长的一般状况、受教育状况、基本素质、面临问题、未来趋向等方面的资料,并进行了深入全面分析。结果发现:北京市园长队伍整体素质较好,对教育有非常高的热情,喜欢幼儿教育岗位,但仍然存在一些问题需要注意解决和改进,比如,对于随着社会的进步,幼儿教育要与时俱进的改革方向迷茫,教师队伍的培养方向应如何应对学生的需求,怎样更好满足学生家长的需求。

有研究者进行的"关于中小学生问题行为的个案研究"也是运用了个案研究法,收集了全国各地优秀教师提供的620份中小学生问题行为的个案(其中小学生232份,中学生388份)资料,并对其进行总结归纳性研究。他们运用多种因素综合分析的方法,如访谈法、测试法、实验法、问卷法、观察法等,对所收集的大量个案实例进行原因分析归纳,把中小学生问题行为分为4种类型,即过失型、平等不良型、攻击型和郁闷型。并进一步分析指出:各种问题行为之间存在着相同的心理因素,在一定条件下是可以互相转换。每种问题行为都可以通过恰当的教育措施和方法得到改变。还提出了具有普遍意义的预防和矫正问题行为的一些规律性做法,即:①教育者要相信其向正面发展的可能性,采取尊重、宽容、信任、谅解、真诚、关切的态度,并抓住一切有利因素,激发其自尊心、爱心、自信心和积极向上的愿望,这是矫正一切问题行为的基础和前提;②正确认识和处理过失性问题行为,对预防各种问题行为和促进品德形成的重要意义;③培养健康的学生集体,改造不良的社会环境,是预防和矫正问题行为的必要条件;④把握学生的年龄特点、个性特征以及发展的基本规律,并针对问题产生的不同原因,采取说服、感化陶冶、实践锻炼、集体教育和个别教育相结合等多种方法,因材施教,防止"一刀切"和简单化,使每位问题学生不再有问题,促进其全面发展。

第三节 个案研究法的原则与程序

在学前教育的某些研究中,个案研究法使用的比较广泛,但是易受研究对象特殊性的影响和制约。为了保护研究对象的身心健康和隐私,避免对研究对象的学习和生活产生消极的影响,研究者在使用个案研究法时需要遵守以下几项基本原则。

一、个案研究的基本原则

(一)综合性原则

综合性原则,就是指研究者在运用个案研究法研究一个具体问题时,首先,受研究问题独特性的制约,在个案研究中,研究者常常需要运用调查法、测量法、文献研究法等多种方法,根据研究的需要将各种方法综合运用起来开展研究;其次,在收集相关的材料时,研究者常常需要收集研究对象各方面的材料,然后对占有的材料进行综合分析,而且,对材料的分析还需要运用定性和定量等多种分析方法,进行综合分析;第三,研究者对个案的诊断涉及身心问题与各种影响因素,必须有机地将各方因素综合考虑。

(二)灵活性原则

灵活性原则,首先,要求研究者要根据研究任务和研究内容的实际变化和需求,灵活处理研究中出现的各种变化,尤其是在研究者与研究对象进行个别访谈时,出现的各种没有预计到的变化。其次,对于学前教育研究中的不同问题、不同研究阶段以及不同的研究对象,研究者应根据需要和进展,及时调整下一阶段的研究任务和研究内容;再次,研究者要及时选择和变换更为恰当的研究方法。个案研究由于研究对象具有单一性,其研究进程可根据研究者的需要做调整,体现出主动、灵活的特点。

(三)谨慎性原则

在学前教育研究中,由于个案研究面对的是具体的研究对象,是建立在对个案进行全方位和深入分析基础之上的,所以整个研究的资料和过程必将涉及研究对象某些比较私密的内容,因此,研究者需注意,关于研究对象的报道和材料的处理是否已获得研究对象同意,是否涉及研究对象的一些隐私和秘密,如果已涉及,那研究者必须谨慎处理这些敏感信息或研究结果。在使用个案研究法时,研究者要坚持尊重、信任的态度细心询问研究对象,将明确提问和委婉了解两种方式相结合。这些都是研究者在个案研究中坚持谨慎性原则的具体体现。

二、个案研究的基本程序

研究者在运用个案研究进行科研活动时,首先需要在各种教育或心理现象中识别所研究的个案(对象),然后对研究对象进行深入细致的调查,收集比较客观和全面的资料和数据,并对收集到的资料进行分析鉴定,去伪存真、去粗取精,然后根据调查研究结果,制定具体的研究方案,并在实际活动中验证研究结论和措施的有效性。一个完整的个案研究由以下内容构成。

(一)认识对象确立个案

任何科学研究,学前教育领域的科学研究活动更是如此,研究的关键在于研究者发现和提出问题。认识对象确立个案就是指研究者发现、提出具体研究问题的过程,这个阶段比解决问题更加重要,需要研究者细心观察、认真思考才能完成。

在学前教育实践活动中,大量鲜活的教育现象、事例或师生的行为都可以成为个案研究的对象。例如,幼儿园中班的某个小男孩和同班其他男童相比,表现的特别调皮,特别喜欢欺负其他小朋友,总跟其他小朋友抢玩具,让老师和家长都感到头疼。这位小朋友就有可能是一个有价值的个案对象,研究者可以将该幼儿作为研究个案,分析总结其不良行为产生的原因。需要引起研究者注意的是,个案的设立必须要有明确的研究目的和任务,还需要考虑选题的价值和可行性。

(二)收集个案资料

个案研究能否取得好的研究成果,依赖于研究者能否收集到翔实的相关资料,所以必须重视收集资料的过程。

1. 个案资料的内容

个案资料所涉及的内容十分丰富。不同的个案方法,其所需的资料涉及的范围也不同,以个人个案研究为例,需要收集的资料内容主要包括:①研究对象本身的基本情况,如对象所在幼儿园、姓名、性别、年龄、班级、民族以及所在班级其他小朋友的总体情况(年龄分布、性别比例)等内容;②研究个体的身体健康资料,例如,个体的既往病史、生理发育基本情况、药物过敏史等;③个体成长及心理发展资料,例如,其母亲妊娠及生产的情况,个体自己出生后身体发育情况,个性心理、行为习惯的发展水平等;④个体家庭背景资料,如父母的姓名、年龄、文化程度、健康状况、职业,经济状况及居住环境,并且必须包括父母对研究对象的教养方式,亲子关系,家庭中的重大生活事件,家庭病史等;⑤研究个体当前被研究问题的资料,如幼儿园内某位大班幼儿攻击性行为的主要表现形式。

2. 个案资料的来源与收集

研究者在收集所需研究资料时,必须意识到个案资料的来源是十分广泛的,即可以来源于研究者对研究对象的观察分析,或由研究对象自己提供的资料,也可以是与研究对象相关的一些人提供的。例如,关于某位天才儿童的个案研究,研究者既可以通过直接询问研究对象本人来收集相关资料,也可以通过对该儿童相应的观察、调查谈话等获得资料,还可以向与该儿童有密切关系的人群或机构索取材料,包括该天才儿童的家长、亲友、同伴、老师、幼儿园等等。

研究者收集的关于研究个案的资料可分为两类,即主体资料和客体资料。主体资料就是指研究个案的自传日记、自己写给别人的信件、著作等。客体资料就指由对象自身之外的人群或机构提供的资料,包括研究对象的个人档案,社团或学校、机关的记录、照片、登记表格以及其家人、同事等人提供的证明材料。

3. 重视材料的鉴别工作

研究者收集、运用和个案有关的材料时,要重视对材料的鉴别工作,要注意到材料涉及的深度和广度,并仔细地核实个案资料真实及准确性,只有这样,才能保证获得资料的真实可靠,并为研究的进一步开展奠定基础。在学前教育研究领域,当研究者采用个案研究方法时,为了保证材料的真实性与可靠性,研究者不仅要广泛收集了解研究对象的历史及现实状况,还要重视相关资料的收集,如研究对象的家庭背景、主要经历、生活习惯、兴趣爱好、人际关系等等。在此基础上,还要进一步了解研究对象内在心理活动和个性倾向特征,如对某人某事的态度、期望、看法等等。

为了获得真实可靠的研究资料,研究者还需访问研究对象本身,尤其是对幼儿、教师或有关社会团体人员的访问。研究者在访问研究对象时,必须要重视建立融洽的交流氛围,增进研究者和访谈对象之间的了解程度,为以后的研究打下良好的基础。研究者需要注意的问题主要体现在三方面:第一,沟通交流的态度要诚恳友善,亲疏恰当,要努力通过言语技巧,消除研究对象不切实际的幻想,使谈话具有真实性;第二,研究者要耐心倾听,机智把握谈话方向并把谈话引向深入;第三,做好详细的谈话记录。

（三）分析整理资料

研究者必须对收集到的大量资料进行精细的整理和分析，以此发现并总结出某一特殊行为产生的问题及原因，最终得出结论并完成研究。学前教育研究领域中的大量研究活动都各有自身的特点，有些研究问题产生的原因比较容易发现，而有些研究问题的原因则不易察觉；有些行为的原因很单纯，有些行为的原因却很复杂；有些行为的原因可能是源于童年时代的生活经历，有些行为的原因可能是由于成年生活的重大事件的影响；有些行为的原因可能是曲折变化。文献与研究问题本身的复杂性，就要求研究者在收集与整理资料时，要以全面的、谨慎的态度进行深入的分析综合。这个过程可以划分为两步：

1. 个案资料的记录整理

对个案研究资料的记录和整理，要保证记录简便清晰，多采用简写、速记和表格等形式来处理。例如，关于某位儿童的个案研究资料，一般以比较简便的形式来记载和整理个案资料。

2. 个案资料的分析

当研究者面对详细而丰富的资料，怎么进行分析，从哪些具体的方面分析，将直接影响最终研究结果的质量。分析个案研究资料主要从以下两个维度入手：

（1）主观→客观

首先，从研究对象的主观角度分析，主要关注某个具体活动或者行为产生问题时的内在动力，如研究对象的人生观、价值观、内在动机、态度、情感等因素与问题的因果关系；其次，从影响研究对象的客观因素的角度分析，主要关注了解研究对象所处的教育环境、家庭背景、社区环境等因素与问题的因果关系，促进或阻碍儿童成长的具体表现形态是什么，并找出这些表象背后的原因。

（2）现状→过程→背景

这个维度主要包含了三个基本的步骤，首先是从研究对象的现状进行分析，然后要重视研究对象形成发展过程与现有水平的动态关系，最后通过进一步分析问题或现象发生的背景因素，以此来了解研究对象发展变化的基本特点和规律，以及影响研究对象发展变化的各种因素。

（四）个案的补救矫正与发展指导

个案的补救矫正与发展指导是研究者根据对研究个案的分析、诊断，针对问题提出恰当的解决措施或方案，对研究个案进行矫正或发展指导的教育。例如，在幼儿教育中根据研究个案的特点，通过个案研究提出具体可行的措施，设计一套因材施教的方案并加以实施，以帮助多动症儿童矫正过激行为的过程。

对于学前教育研究者而言，面向特定个案的补救矫正和发展指导行为，主要涉及两个方面的具体内容：

一是通过改善和疏导那些不利于研究个案发展的外部条件，发展并加强那些有利于促进个案发展的外在条件，使之能够获得更好地适应、满足个案发展的需要。例如，家长建立健康良好的家庭气氛，父母树立正确的教养态度，幼儿园采用正确的教育措施，儿童之间建

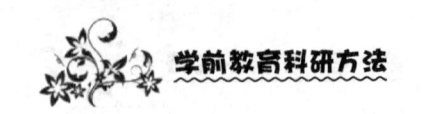

立良好的人际关系,重视社会文化环境中的积极内容等外部条件,这些都能对身处其中的幼儿发展产生正面影响。二是通过激发或引导儿童内在因素的积极发展,如通过心理咨询和治疗,提高儿童的心理健康水平,改善和发展儿童的良好情绪、情感和人格倾向及性格特征,克服过度焦虑和一些不良性格等来达到矫正和引导作用。

对某一个案进行矫正和发展指导的具体方法,要根据需解决的问题的性质来决定。如矫正儿童的问题行为,处理有偷窃行为的儿童的方法与处理行为异常儿童、情绪障碍儿童的矫正方法就不同,这是由问题行为的性质决定的。通常情况下,幼儿教师要矫正儿童的不良行为,需要根据生理学、心理学、社会学的原理,针对不良行为产生的根本原因综合实施,进行有针对性的矫正活动。

(五)追踪研究

由于对个案的发展指导是一件极其复杂的工作,研究者要受多种因素的影响,所以研究者对个案进行诊断矫正与发展指导,在短时间是不可能有效果的。而且,个案研究本身是一种深度研究,只有对研究对象进行长时间的追踪调查,研究者才有可能正确认识研究对象,了解其发展变化的规律。例如,美国心理学家特曼(Treiman,R.)从1921年开始进行一项著名的对天才儿童的纵向个案追踪研究,最初每隔5年,向被调查的天才儿童发放一次调查问卷,了解每个追踪对象的发展情况;后来每隔10年发放一次问卷了解被调查者的情况。该项研究至今还在进行中,最初追踪的对象已经进入晚年。该项研究的组织者和团队认为,只有经过长期的反复追踪调查,才能收集和积累较为系统的关于天才儿童发展的资料,才能科学揭示天才儿童的心理发展规律。所以,个案研究在实施矫正或发展指导教育之后,还要继续进行追踪调查,以考察矫正及指导教育的实际效果。如果问题已经解决,个案研究才能结束,如果问题仍然存在,个案研究还要重新进行诊断,修正教育措施和计划,具体的措施要随着个案的发展变化而不断进行修订和调整。

(六)撰写个案研究论文

撰写个案研究论文是个案研究的最后环节。一般是研究者通过对收集的个案资料进行精细的归纳整理,经过理论分析和逻辑推理,形成了对解决问题一定的观点,并根据分析、诊断的结果制定指导方案。对初步的感性认识进行探索性实践,并不断总结经验,是感性认识上升到理论认识,然后把整个过程用语言文字表达出来,撰写成个案研究论文的过程。

一份完整的个案研究报告,其基本构成内容有:

①概述。主要包括研究对象的基本情况。

②特殊表现的基本描述。主要包括研究对象的特殊表现,如问题儿童的问题行为表现、超常儿童的智力超常表现等等。

③特殊表现的原因探索。

④分析与讨论。通过对所收集的资料的分析,对结果进行原因分析。这一部分涉及对儿童具体的矫正辅导措施、方法和过程。

⑤小结与建议。通过分析,得出一般性的结论,然后有针对性地提出一些教育建议。这一部分涉及矫正、辅导效果的反馈及修正。

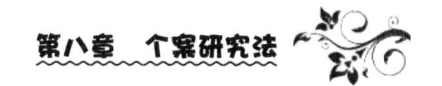

思考与实训

1. 运用个案研究法收集资料,需要注意哪些问题?
2. 个案研究法的类型、作用、基本程序是什么?
3. 试设计一个个案研究的基本提纲。
4. 在幼儿园大班选择一名儿童做儿童情绪情感发展变化情况的个案研究。

本章参考文献

[1]威廉·维尔斯马,斯蒂芬·G.于尔斯.教育研究方法导论[M].袁振国,译.北京:教育科学出版社,2010.

[2]刘晶波.学前教育研究方法[M].北京:人民教育出版社,2006.

[3]张宝臣,李志军.学前教育科学研究方法[M].上海:复旦大学出版社,2007.

[4]陶保平.学前教育科研方法[M].上海:华东师范大学出版社,2006.

[5]乔伊斯·P.高尔,M.D.高尔,沃尔特·R.博格.教育研究方法实用指南[M].北京:北京大学出版社,2007.

[6]王彩凤,庄建东.学前教育研究方法[M].北京:北京师范大学出版社,2011.

[7]由显斌,左彩云.学前教育研究方法[M].北京:高等教育出版社,2010.

第九章　实物分析法

学习要点

1. 了解实物分析法的概念及类型。
2. 理解实物分析法的原则与维度。
3. 掌握实物分析法的实施步骤。
4. 初步学会运用实物分析法开展学前教育科学研究。

随着我国教育研究的逐步深入，研究方法不断引介，越来越多的研究者开始关注质的研究方法。质的研究方法除了前面所讲的观察法、访谈法之外，实物分析法也是质的研究重要的组成部分，它可以让研究者从中获得与观察和访谈不同的信息与观点。本章主要从实物分析法的概念和特点、类型，分析的原则与维度，实施的步骤等三个方面进行阐述。

第一节　实物分析法概述

一、实物分析法的概念

实物分析法是通过收集能够正确反映研究对象情况的实物进行分析研究的方法。实物包括所有与研究问题有关的文字、图片、音像、作品等。它可以是人工制作的东西，也可以是经过加工过的自然物；可以是历史文献（如史料），也可以是现时的记录（如教育随笔、作息时间表、幼儿作品等）；可以是文字资料（如相关文件、教科书、课表、教育博客等），也可以是影像资料（如照片、录像、录音等）。

客观存在的实物中有研究对象自觉意识到的一些东西，也有传统文化等积淀于研究对象意识深处的观念，即使研究对象没有意识到，也必然地存在于实物当中。如通过对研究对象的笔记、作品、日记、文章等实物进行分析研究，可以了解特定背景下特定人群呈现出来的特定现状，了解研究对象的知识、对事物的态度、智力、能力的水平、技能、技巧等，从而发现问题，把握特点和规律。例如，作品是反映研究对象心理活动的重要窗口，通过对研究对象作品的分析研究，可以客观准确地把握研究对象的心理状态，深入地了解研究对象的精神世界，比如兴趣、爱好、理想、知识面等。

二、实物分析法的特点

(一)资料收集的间接性

实物不可能自己替自己说话,实物之所以有意义是因为经过了研究者的分析和解释。实物分析法是以与研究问题相关的实物为中介,通过对实物全面而深入细致的分析,从而推断出研究对象的现状、特点及存在问题等,因此实物分析法具有间接性。间接性可以超越时间和空间的局限,例如,对古人的心理活动或者思想特点的研究就可通过分析他们的活动产品如著作、书法、绘画、言论等来加以分析研究。幼儿虽然年龄比较小,但他们有自己的思想和行为,研究人员正面接触幼儿可能会使幼儿感到陌生,甚至恐惧和害怕,在研究过程中产生"掩蔽"现象,不易获取真实的信息。实物分析法可以有效避免"隐蔽"现象,从而获取真实而客观的信息。由于间接性的特点,研究对象在创作作品时并不知道要求他完成作品的真正意图,往往关注自己完成作品的过程和结果,这样可以降低防范心理,从而获取最原始和更加真实、可靠的信息。

实物是一种比较间接的资料,不像文字资料那样可以直接进行研究,需要对实物进行释义后研究,而实物的意义比较隐晦和含蓄,不同的研究者因为生活经历和价值观念等的差异对同一作品会有不同的理解,这使对作品的释义存在多重解释的余地,容易造成理解上的歧义,可能导致研究结果的可信度不高。由于间接性的特点,一方面,我们无法完全知道作品是否真正是研究对象本人独立完成,是否是他个人的科学方法与能力的体现;另一方面,因为是对实物而非本人的分析,研究者需要具备一定的专业知识和科研素养才能对实物做出科学的判断和分析。因此,实物分析法对研究人员的教育科研修养要求比较高,并且只有在研究对象独立完成作品的基础上才能获得真实可信的信息,从而做出准确的判断。

(二)资料分析的主观性

实物分析法研究的是已经存在的实物或者已经完成了的作品,是一种静态研究。实物的取样、数量、分析指标设计的科学性等因素都影响着研究结果。实物分析法虽然能够分析实物的内容、结构以及特点,但要解释却比较困难。由于实物分析法分析指标预先确定,分析维度固定,因此在实际运用中对于出现的新情况、新问题、偶发事件等较难灵活处理。实物分析法是以实物作为中介进行研究,由于研究者自身的阅历、专业知识与技能、教育科研素质存在个别差异性,对同一件作品可能会做出不同的判断,最终可能导致分析结果相差较大,所以实物分析法具有较大的主观性特点,这就要求研究者具有较高的素养。例如,要想通过实物分析法了解幼儿绘画技能的发展,就要求研究者具有美术的基础知识和基本技能。要想通过实物分析法了解幼儿的个性心理发展,要求研究者必须具备较扎实的幼儿心理学理论素养。

(三)宜于小样本研究

第一,由于实物分析法要对与研究对象有关的实物进行深入分析和研究,而分析和研究每一实物所需要的单位时间较多,如果研究的样本过大,必然导致研究周期延长,等到研究结果出现时,研究对象的实际情况已发生了新的变化,因此,实物分析法适宜于小样本的研

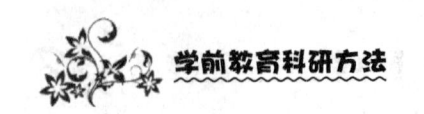

究或者个案研究。第二，由于研究对象存在显著的个别差异性，其作品之间的差异也比较大。一般的分析只能获得共性的认识，发现普遍存在的问题，只有通过对个体的作品进行深入分析和研究，才能找到特殊性，从而将共性与个性、普遍性与特殊性综合起来加以研究。最后，如果研究的样本过大，又必须在规定的研究周期内完成研究工作，则需要更多的人员参与分析和研究，这将会导致由于研究人员所持标准不同而出现较大误差，使材料真实性和可比性下降。

在学前教育科学研究中，观察法、实物分析法是非常适用的研究方法。如实物中的幼儿作品是幼儿内隐的但又不能很好表达和表现的知识、技能以及心理特点的外在表现形式，通过对幼儿作品的分析就能获得关于幼儿发展的一些信息。通过分析教师的教育随笔可以获得学前教育教学的一些现状。因此，实物分析法是学前教育研究非常适用的一种研究方法。

三、实物分析法的意义

实物分析法需要有明确的目的和计划，对要分析的实物确定范围和分析的重点，多用于个案研究或群体的心理品质和个性特征等方面的研究，在学前教育研究中具有特殊的意义。

（一）深入了解幼儿信息，促进幼儿健康发展

每一种研究方法都有其独特的优越性和局限性。一般来讲，在实际的研究过程中，往往根据研究的需要，科学而合理地选择和使用研究方法。同其他研究方法相比，实物分析法由于具有间接性的特点，更容易排除因幼儿防范心理所带来的信息失真。

在研究过程中，由于受时间、环境条件、人力资源等因素的限制，或由于研究的特殊要求，不能进行现场考察，则可以提出一个主题让幼儿在规定时间内完成，上交作品。通过他们所完成作品，分析其所具有的方法技术和能力水平。由于完成作品的过程大多需要一定的方法与能力，因此，各种探究方法与能力的评价几乎都可以运用实物分析法。例如，对幼儿续编故事进行分析，可以分析幼儿文学创作能力、幼儿思维和言语的发展，也可以分析幼儿的兴趣和理想的发展。观察能力、想象能力、创造能力可以从幼儿绘画作品中体现出来，动手操作能力可以从幼儿泥塑、积木、积塑作品中做出判断。

对幼儿作品的分析，可以是对一个幼儿作品的个案分析，获得关于某个幼儿发展的详细信息。古人说"字如其人"，就是说作品可反映出个体的典型心理特点。例如，研究人员通过分析发现部分幼儿的美术作品线条流畅工整，画面整洁，可以看出这类幼儿做事认真细致，踏实，性格属内向型；而另一部分幼儿美术作品线条凌乱、粗糙、随意，画面差，可以看出这类幼儿做事不够认真，多属外向型性格。实物分析法也可以是对一组幼儿的作品进行分析，获得某一群体幼儿的发展特征与现状，如把一组幼儿同一主题作品放在一起，依据设计好的评价指标进行分析，比较后做出科学判断。而且，在研究过程中实物分析法是以幼儿的作品为中介，推断幼儿的探究能力水平与心理特征的发展，实施研究时幼儿通常不知道老师要求他完成作品的意图，其注意力集中于作品的完成过程中，这样，可以达到降低幼儿防范心理，获得真实信息的良好效果。教师或心理医师一般通过观察幼儿的绘画作品，发现问题幼儿的心理疏导点，从而有利于准确有效地"对症下药"。例如，一般在大灾难后不久（一周到一个月），很多孩子还不能马上从惊恐、慌乱、悲痛中走出来，这时的他们可能会努力避免有关此

创伤的思想、感受或谈话。这时，可以给他们一张纸一支笔，让孩子在上面随意涂鸦，随意绘画，让他们想怎样画就怎样画，一方面可以通过这种非语言的方式让孩子心灵得到一定的释放，缓解心理的压力，同时，这种绘画往往能够反映出幼儿最隐秘的心理，投射出其潜意识的问题，可以作为一种参考指标作为其心理状态评估资料的补充。

（二）全面了解学前教育教学现状，提高学前教育质量

随着幼儿教育改革的深入，新的问题层出不穷，需要广大学前教育研究者不断地去发现和研究，从而提高学前教育质量。采用传统的观察法和访谈法固然可以获得一些学前教育的教学信息，若要深入了解教育教学中存在的问题，则对实物如教师的教案等的分析是必不可少的。例如，通过园长的工作总结、工作计划、会议记录、规章制度等可以反映出幼儿园的管理工作；通过教师的教学计划、工作总结、教育笔记、班级环境布置等可以了解教师的教育理念和教育方法特点、优点及存在问题，以便教师在以后的教育教学中加以改正，提高教育质量；通过幼儿的手工作品、绘画作品、建构作品等可以了解幼儿的学习和智力发展状况和存在问题等，使教师及时调整和优化教育教学策略，提高教育质量。例如，为了研究幼儿的发散思维能力发展情况，有研究人员为幼儿提供了9张卡片，让幼儿进行分解，分别摆成不同的组合。有的幼儿摆出了1、8和0、9等两个数的组合；有的幼儿摆出了1、2、6等三个数的组合；还有的幼儿摆出了1、2、3、3等四个数的组合；有的幼儿只摆出了一组数，而有的幼儿则摆出了多组数，由此可以看出幼儿发散思维能力存在发展水平上的差异，教育工作者在这个过程中间接地了解幼儿思维发展的情况，从而了解幼儿整个变化过程，如学习特点、长处与短处、对所学事物掌握的深度及广度等方面的情况，以便更好地面向全体与因材施教，取得更好的教学效果，提高学前教育质量。

（三）通过资料的互补，提高学前教育研究的科学性

从研究的信度即"可靠性"考虑，实物分析还可以用来与从其他渠道获得的材料进行相互补充和相关检验。例如，可以利用实物分析的结果检验研究对象在访谈时所说的话以及在观察时所做的事是否"真实"。假设一位教师在访谈时说："我上课很重视发展孩子的主动性和创造力"，结果我们全班幼儿的某次绘画作品都是完全一样的，没有丝毫创意，因此我们便需要采取措施对这个相互矛盾的事实进行检验，如对班上幼儿其他的手工作品、语言作品等进行检验。实物通常是在自然情境下生产出来的产品，可以提供有关研究对象言行的情景背景知识。由于研究者的直接干预比较少（特别是对那些在研究开始之前就存在的实物而言），实物所提供的这些背景知识往往比研究者使用认为的方式（如访谈和观察）所获得的资料更加"真实""可信"。

此外，实物在一些情况下比访谈中受访者使用的语言更加具有说服力，可以表达一些语言无法表达的思想和情感。通常具有立体感、颜色、付诸视觉的人物和景物形象能够刺激起当事人的深层记忆，使他的谈话变得更加生动、具体。比如，当一位家长讲述他的家庭时，研究者如果让他对家人的合照进行回忆和评说，可以唤起家长比较强烈的、深层次的情感。对于处于语言发展中的幼儿来讲，要具体详细地陈述一个事实，实物的提供更为重要，如教师

让中班的孩子讲述周末自己最高兴的事情,则孩子看着照片或者自己做的画来讲,要比仅凭记忆讲述更为具体和真实。

可以看出,实物分析法可以为研究提供一些物质依据,从而获得关于幼儿发展的信息,提高学前教育质量,提高科学研究的信度。如果仔细探究实物的象征意义,还可以从中获得很多访问和观察所无法获得的信息。

第二节 实物的类型

在学前教育研究中,根据实物呈现的形式的不同,可以把实物分为四类:作品样本、文字资料、影像资料以及各种测验和调查结果。

一、作品样本

(一)幼儿作品样本

幼儿作品样本主要指幼儿本人创作的各种作品。文字资料反映的是成人眼中的幼儿,幼儿自己创作的作品则是幼儿发展直接而真实的体现,是了解幼儿发展的重要资料。幼儿作品样本大致可以分为四种:

1. 语言作品

语言作品是幼儿描述的故事或事件的文字记录,叙述、自编故事时的录音带、各种记录单、自创的书写符号等。语言是一种创造性的活动,是学前语言教育活动的一个重要内容。语言作品分析所涉及的内容比较广泛,它包括幼儿语言的基本表达能力、事件表达能力、语言创新能力、想象能力等心理特征。一般说来,由于幼儿的年龄特点,小班和中班可以把分析重点放在基本表达能力与事件表达能力方面,如复述故事、主题讲述等;大班、学前班可适当关注创造性等高级心理活动,如即兴说话、续编故事、创编儿歌等。

2. 构建作品

构建作品是指幼儿用建构游戏材料如泥塑、积木、积塑、泡泡泥等搭建而成的作品。构建作品分析的内容包括制作原理的掌握程度,构建作品的创意水平,部件及其关系的协调程度,材料选用及外观感等。

3. 美工作品

绘画、手工作品是指幼儿的绘画、手工作品。绘画作品分析的主要内容包括构思、构图、比例、明暗、颜色搭配、填涂等。手工作品的分析内容包括材料与形式对主题的表现水平、部件质量及其关系的合理程度、颜色搭配的协调程序、作品细节的表现程度、作品的外观等。

4. 其他作品

其他作品是指幼儿探究事物、创编舞蹈、表演、游戏等活动的照片、录像带等。

(二)教师作品样本

教师作品样本主要体现在幼儿园班级环境的创设上,幼儿园的班级环境创设在一定程度上体现了教师的教育理念、个人爱好和性格特征等。幼儿园的班级环境创设包括班级内的墙饰、吊饰、各个活动区的创设、活动区游戏材料的投放、班级的名称等等。例如，如果一个班级的墙饰做得非常精致和美观，教师的作品很多，幼儿的作品很少，则可以推断该教师的教育理念距"幼儿中心"的教育观还有一段距离。

（三）园长作品样本

整个幼儿园的环境布局和创设、园长室的陈设等，在一定程度上反映了整个幼儿园的特色，以及园长个人的爱好和性格特征等。例如，有的幼儿园专门开辟了"地方长廊"，陈列具有本地特色的东西，有的幼儿园在走廊的墙壁上绘出本地所具有的各种资源等，供幼儿在游戏时使用和观看。这便可以看出这些园长很重视让幼儿了解本地文化，重视运用本地文化为幼儿园服务，使幼儿在幼儿园环境中潜移默化地感知和学习本地文化。

二、文字资料

（一）园长的文字资料

这主要包括：来自或存储于教育行政管理部门（教育局等）有关园长的个人材料（比如工作履历表、任职证明、获奖证明等）；园长本人拥有的一些文字资料，比如平时的工作总结、工作计划（包括日计划、周计划、月计划以及学期计划）、听课笔记、会议笔记，发表的文章、园长颁布的幼儿园规章制度、作息时间等等。收集这些实物将有助于研究者从侧面了解该幼儿园内部的管理结构、管理方式，以及园长个人的领导风格、工作经验等方面的情况。

（二）教师的文字资料

教师的文字资料也可以分为两个部分，一是教师自己的文字记录，二是教师为幼儿写的观察记录、成长记录等。前者主要包括教师自己的教学、生活日记，教师的教案、教学计划、会议笔记，听课笔记等。教师的教案对于了解教师的教学思想、教学构想和个人教学风格很有帮助，特别是当这些教案伴有一些教师个人的反思评语时。教师为幼儿所做的文字记录则是帮助研究者获得关于幼儿发展状况的重要依据。

（三）家长的文字记录

家长为孩子写的成长日记，通常记下每一阶段（如每三天、每周、每月）孩子的成长情况，通过这些日记我们不仅可以了解孩子的具体成长状态，而且可以了解父母是如何看待自己的孩子以及父母对孩子有什么样的期待。换一个角度，它还可以被看作是父母自身的成长记录，是父母对孩子深沉的爱的见证。例如，陈鹤琴先生就曾为自己的一对双胞胎子女写了成长日记。

（四）家园联系册

家园联系册是教师和家长之间沟通并记录幼儿成长与发展情况的关键文本，它是连接幼儿园和家庭这两个教育机构的纽带。通过家园联系册，家长和幼儿园互相沟通、交流教育孩子的经验和思路，互相配合共同培养孩子。因此，家园联系册一方面可以让我们了解家长的参与意识如何，家长对幼儿园的需求，家长在教育过程中的困惑，幼儿在家中的表现等等；另一方面通过教师的语言，也可以了解教师是如何评价幼儿的，教师对家长信息的反馈方式

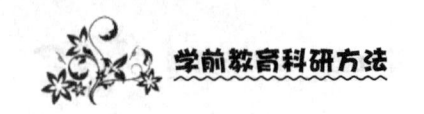

等等。还可以通过家长和教师交流的主题,来了解孩子成长与发展的现状及过程(有什么值得肯定与赞扬的地方,存在什么问题等),了解家长和教师是如何相互配合,帮助幼儿解决成长中遇到的一些问题,了解教师和家长的互动模式等。

三、影像资料

幼儿园里幼儿创作的很多立体作品,如用积木堆的建筑、幼儿创作的过程以及幼儿生活中很多有趣的事情是无法保存的,然而这些又是展示幼儿成长与发展的重要信息(如大班幼儿毕业展示),这就需要教师把它们拍摄下来。在质的研究中,影像资料被认为是十分有价值的实物资料,可以为研究者提供十分丰富的信息。首先,照片通常是在自然情境下拍摄的,可以真实和准确地记录过去发生的事情及其场景,因此,影像资料可以提供非常清晰的描述性信息,包括场景、人物和事件的具体细节。如美国人类学家Tobin等人曾研究了美国、中国和日本三国的学前教育,就采用影像资料作为实物资料进行分析研究,深刻分析了三种文化背景下学前教育的现状与发展。其次,由当事人自己拍摄的影像可以提供了解他们的世界观和人生观的有关线索,因此,可以通过影像资料了解拍摄照片或摄像的人是如何看待自己的周围世界的,什么对他们来说是比较重要。例如,在访谈中可以给被访谈者提供相应的照片,请被访谈者对照片进行介绍和解释,进行"控制性投射",了解被访谈者的观点和态度。

四、其他实物

作为专门的幼儿教育机构,幼儿园需要定期为幼儿进行多种有关幼儿发展的测查和评估,测验和调查结果主要是用来考察幼儿的身体状况、幼儿各种技巧和能力的发展等状况,比如幼儿拍球的数量、体能发展情况、幼儿在园一日生活状况评估等等。这些测试大多每年或每半年进行一次,从上幼儿园到毕业离园,每个孩子都会积累很多类似的资料。这些资料无论是对横向的对比研究还是对纵向的追踪性研究都是非常有价值的实物。

以上四个类别的实物并不是截然分开的,在很多情况下,它们都是融合在一起的,如幼儿的作品中会有教师的记录,在幼儿的成长档案袋中则四种类型都有。研究者可以根据自己的研究需要以及所面对的实物的具体情况去选择收集实物。此外,在对收集到的实物进行分析时也需要遵循系统性、综合性的原则,注意实物之间的关联,不能狭隘地独立对某类实物做单一的分析和理解。

第三节 实物的收集和分析

一项研究之所以能够选定运用实物分析法作为研究手段,至少有两个前提,一是研究者认同实物分析法的价值,二是研究者心中对自己需要收集和分析的实物范围有大致的轮廓。本节主要从实物的收集和对实物资料的分析两方面进行阐述。

一、实物的收集

（一）征得当事人的同意

收集实物的第一步是要先获得当事人的同意。在收集事物的时候，研究者必须要了解这些实物是属于谁的，如何与他们联系并获得允许把他们的资料收集起来并为研究所用。对于成人研究对象来说，这个工作直接以书面或口头的形式征询当事人的意见，如果是以幼儿作为研究对象就必须征得幼儿监护人（教师或家长）的同意之后，方可实施收集工作。无论是面对当事人还是面对当事人的监护人，研究者都必须先向对方表明自己的诚意和所做研究的目的，并向对方承诺研究资料的保密原则、研究结果的分享原则、认同对方有选择更改自己想法的权利等事项。如果得到了对方的允许，则需要向对方真诚致谢，如果遭到拒绝，也绝对不可以强求对方同意。无论研究者认为自己的研究有多么重要，也没有权利要求别人义务充当被研究的对象。

收集实物可以有多种不同的方式，可以直接将实物拿走或借出，也可以把资料复印或拍摄下来。不论采取什么措施获得实物资料，研究者都应该在尊重对方意愿的基础上与对方协商具体的方式。例如，我们想通过收集幼儿的美术作品来了解幼儿的绘画发展水平以及作品中反映出来的幼儿身心发展特点、幼儿的兴趣爱好、性格特征等等，如果研究者自己是幼儿园的老师，则可以利用其教师身份，很便利地收集这些作品。如果研究者不是幼儿园老师，首先需要征得幼儿园老师的同意；其次和老师商量如何来收集这些作品，包括收集哪些作品，收集多少作品，是在日常教学过程中收集，还是专门收集等等；最后，可以征求教师的意见，是否同意带走这些作品，如果教师不愿意，则可以征求其是否可以将这些作品进行复印或者拍照。

（二）实物收集的目的性

实物的收集要有目的性和系统性，应与研究课题密切联系，注意要收集一定数量的有代表性的实物，同时注意收集多方面的实物，以便从不同的方面全面正确地反映所要研究的问题和现象。在收集实物的时候，研究者心中应时刻考虑到实物的用途和价值。为了使自己的目的明确，收集的内容相对集中，研究者需要经常问自己一些如下问题：

为什么要收集这些物品？这些物品如何回答我的研究问题？

这些物品如何与其他渠道获得的资料相补充？它们与其他资料有何相同和不同之处？

我将如何分析这些物品？我的理论分析框架是什么？

我的分析可以与什么理论联系起来？

通过反复思考这些问题，不仅可以让研究者思路时刻聚焦在研究的核心问题上，而且还可以帮助研究者在收集实物资料的同时就开始酝酿自己的理论和分析框架，这不仅仅是整个研究必备的组成部分，而且还能使实物收集活动更加有目的性和方向性。

（三）实物真伪的鉴别

当收集实物开始以后，研究者特别需要关注的一个问题是要鉴定实物的真伪，确定其客观真实程度，避免夸大或者缩小情况。这个道理很简单，如果实物的真实性存在问题，不但

收集实物的工作没有意义,甚至整个研究的信度都会受到影响。例如,幼儿教师组织美术活动的研究,除了拍摄教师组织美术活动的视频和照片之外,还要收集教师的美术教案、活动计划和教育笔记等,从而全方位地了解幼儿教师组织美术活动的现状。

二、实物的分析

(一)实物分析法的原则

对所收集到的实物进行分析,是实物分析的重要步骤,概括来说有两种形式,一是解释,二是假设。这些解释和假设需要根据"两种不同背景的关系来衡量,即实物产生的背景和出于研究目的正在进行诠释的背景",研究者应考虑手中的实物在不同的空间、时间和文化中的意义差异,进而来给出它们在自己研究中的定位。要做到这一点,研究者往往需要遵循以下三个原则:

1. 考察实物本身的"情境性"

任何实物都是在一定情境下的产品,它的产生受制于作者当时所处的发展水平、心理状态、所奉行的价值观念等因素的影响。因此对实物进行分析时,要结合当时的具体情况,即把实物放在其所产生的文化背景中加以考虑和分析,而不是简单地将它们作为"客观事实"来接受。在面对实物时,研究者需要不断就以下问题进行追问和思考:

这件实物是谁制作的?是如何制作的?

它是在什么情况下制作的?制作的目的是什么?

它是如何被使用的?谁在使用它?为什么使用它?使用过程有什么结果?

使用者为了理解这件实物需要知道什么?

2. 审视研究者自己的"倾向性"

由于实物不能自己向我们表达它的意见,必须通过研究者的阐述,研究者对实物的阐释与分析一定程度上受研究者自己的研究目的、个人的思维方式、价值观、知识背景等因素的制约。因此,研究者在考察这些资料的"情境性"的同时,也要结合自己的研究目的进行分析,同一实物可以从不同的角度,因不同的研究目的而加以分析。例如,由幼儿的绘画作品可以评定幼儿的绘画水平、心理发展水平与特点等等,同时通过幼儿的绘画作品也可以反映出教师的教育理念与教学方法。在分析时,不断地提醒自己从下面几个角度进行自我反思:

我为什么要收集这些实物?

对这些实物我有哪些先前的"设想",这些"设想"如何影响我的分析思路和结论?

对收集到的这些实物我怎么会得出这样的结论?

反思的过程实际是研究者对分析过程的一种自我监控。有经验的研究者一旦发现自己的倾向在对实物分析发生影响,会立即加以调节,避免研究工作中出现更大的失误。

3. 借助专业知识对实物进行分析

在具体的研究中,对一些实物的分析不能只凭借常人的视野进行解释,研究者还必须借鉴一定的专业知识,往往研究者的专门化研究知识越多,对实物的分析就越深入透彻。例如我们在分析幼儿的美术作品的时候,就可以借鉴专门的美术知识,不同的色彩、线条能反映出作画者不同的性格特征和喜好以及作画者当时作画的情景。

实际上,并非每个研究者都具备各个方面的专业知识,如果遇到因为缺少专业知识而导致无法进行得当的实物分析,研究者应该考虑请专业人员一同参与分析工作。

(二)实物分析法常用的分析维度

对实物的分析主要依据研究者的不同研究目的,从不同的角度对实物的内容、形式等进行分析。下面主要从幼儿作品的角度谈实物分析的维度:

1. 内容

作品分析内容的正确性是指幼儿完成作品的正确程度,是幼儿知识经验水平与应用水平的集中反映,是实物分析法最重要的指标。通过对内容正确程度的分析,研究人员可以清楚地了解幼儿在教学过程和自我学习过程中对相关知识的重点、难点的掌握程度,从而判断幼儿的发展水平与年龄特点,同时将信息反馈给教师,使教师不断反思,对教师的专业成长有着重要的促进作用。

2. 形式

形式是作品表现主题的方式,反映幼儿的想象力、创造力和对任务完成方式的理解与掌握程度,体现幼儿的技能水平。例如,在艺术教育活动《迷路的鸭子》中,有的幼儿用蜡笔画出鸭子,有的幼儿用铅笔画出鸭子,有的幼儿用剪刀剪出鸭子,有的幼儿用手撕出鸭子等;有的幼儿的作品是红色的鸭子,有的幼儿的作品是绿色的鸭子,有的幼儿的作品是黄色的鸭子;有的幼儿的作品是单颜色的鸭子,有的幼儿的鸭子则是五颜六色的。由此可见,同一主题,不同的幼儿选择完成任务的形式不尽相同,反映出他们独特的心理活动与心理特征。

3. 能力

从作品中分析幼儿的能力特征是实物分析法的一项重要内容。人的能力的形成与发展主要是通过解决问题来实现的,而评价一个人的能力也主要根据他所解决的问题的难度、速度以及程度。完成作品的时间一般情况下能反映幼儿的能力,能力强的幼儿完成作品所用的时间相应比其他幼儿短。但是,完成作品时间的判定必须建立在正确完成作品的基础上,并且与总体平均时间做比较,不能盲目地仅以完成作品的时间来判断幼儿的能力,也不能简单地将完成作品的时间多少与孩子能力强弱画等号。也就是说,幼儿在总体中、在单位时间内以最少的时间正确完成了作品,这类幼儿的能力比较强,反之则较差。

4. 性格

实物分析法中对幼儿性格的研究主要侧重于了解幼儿在性格方面存在的缺陷以及所表现出来的消极态度和问题行为,以便分析成因并进行矫正。台湾学者郑明进对这方面有比较集中而明确的研究结论:

(1)从选用色彩的种类、明暗、曲线和直线的构成中,可以了解幼儿作画时的情绪。例如,心情愉悦、活泼时用色丰富,且倾向于用明朗的黄、红、粉红、黄绿等色调;而在忧郁、烦闷、不安的时候,用色较少,且倾向于黑、紫、暗绿等色调。

(2)色彩变化的幅度和无色彩(黑、白、灰)的使用,也可以看出幼儿的性格。例如:积极、活泼者用色多,消极、拘束者用色少或只爱用无彩色。

(3)画面上又短又直的线多而曲线少、锐利的角度出现多,则表明该幼儿是属于攻击型的。

(4) 描画很仔细的,大多是内向型幼儿,而画得生动、粗壮、有力的则是外向型幼儿。

(5) 画面出现特殊形体,注意远近法,只用黑色去描画的,则有分裂性格倾向。

在实物分析法的实际运用过程中,以上几个问题往往交织在一起,研究人员应加以综合考虑。

(三)实物分析法的步骤

实物分析法的实施可分为六个步骤。

1. 明确具体研究目标

研究人员应首先根据课题研究的目标,明确本实物分析的具体研究目标,即通过实物分析法想获得幼儿哪些方面的信息。在实物分析法中,具体研究目标的表述可以分为三个方面:知识的运用水平与特点,技能的熟练程度与特点,相关心理特征的表现与特点。具体研究目标确定后,再选择最佳实现目标的方法。实物分析具体研究目标必须服务于课题研究目标。

2. 确定分析指标

实物分析指标应从具体研究目标中剖析出来,从内容、形式等维度进行细化。其过程与其他的研究方法一样,可以由总到分、层层深入的形式先确定一级指标,再确定二级、三级指标。

3. 选择作品抽查方法

通过实物分析既要获得共性的认识,发现普遍存在的问题,同时也要获得个性的认识,找到特殊性,从而将共性与个性、普遍性与特殊性综合起来加以研究。因此,可以在研究过程中,根据不同时期的特点采取不同的作品抽查方法。

(1) 总体检查

对研究对象的实物进行总体检查,这是幼儿绘画作品分析和手工作品分析常用的方法,用于分析幼儿学习内容的掌握状况与技能发展特点。例如,对某幼儿园中班的幼儿绘画作品进行总体检查,从中可以分析出4~5岁幼儿的心理发展特点和绘画技能掌握情况。

(2) 分类抽查

分类抽查常用于语言、绘画、手工作品分析等。分类抽查首先确定分类标准及类别,再从每类中随机抽取部分幼儿作品进行分析。分类抽查属于形成性分析,所谓形成性分析是指为了能够更准确地掌握幼儿活动发展的信息,在幼儿活动的发展过程或完成任务过程中不定期地进行分类分析,以便更好地实施和改进后面的工作。例如,在幼儿学习了手工技能"团圆"以后,可以抽查部分幼儿的手工作品,以了解幼儿对"团圆"这一技能的掌握情况,以便改进后面的教学策略。

必须注意的是,抽查方法不是一成不变的,研究人员应根据研究环境、时间、研究对象等实际情况灵活使用。

4. 收集实物并进行分析

对实物进行分析时,首先应以填写第一阶段确立的指标内容为主,这样做可以保证不同作品之间具有横向可比性。其次应分析作品所具有的特色。任何收集到的资料都经过了研究者的视域的扫视,对其进行整理和分析只不过是将研究者的理解进一步深化和具体化而已。因此,整理和分析资料是意义解释的必由之路,及时整理和分析资料是保证研究结果"严谨""确切"的一个重要手段。可以进行类属分析或者情境分析的归类分析,例如,对幼儿的绘画作品进行类属分析,可以以绘画的内容、形式为指标进行分析;做情境分析故事,可以对幼儿不同年龄阶段的绘画进行分析研究。

5. 研究资料的统计与分析

当所有的实物统计与分析完毕后,研究人员按照教育科学研究的原理再对前一阶段的分析表等研究资料进行分析与综合、抽象概括、具体化。这涉及研究者的思维方式,可以进行因果分析,例如,对幼儿的绘画作品进行因果分析,可从幼儿作品的内容、形式中寻找其中的因果关系,也可以进行"阐释循环""回溯觉察之重组"等。

6. 得出结论

在对研究资料进行统计分析、分析与综合、抽象与概括、具体化之后便可得出科学的研究结论。在运用实物分析法的一轮研究结束后,发现了一些新问题,而这些新问题即成为新一轮运用实物分析法所要研究的问题。这样不断循环,使研究不断深入,不断产生新的研究成果。

思考与实训

1. 什么是实物分析法,对实物进行分析有何意义?
2. 实物的种类有哪些?
3. 搜集一个学前教育科学研究中运用实物分析法的案例。
4. 分析下面两幅幼儿主题画《快乐的星期天》。

5. 搜集一组幼儿的手工或者美术作品进行分析,并依据自己的分析目标写出分析报告。

本章参考文献

[1] 陶保平. 学前教育科研方法[M]. 上海:华东师范大学出版社,2006.
[2] 张燕,刑利娅. 学前教育科学研究方法[M]. 北京:北京师范大学出版社,1999.
[3] 刘晶波. 学前教育研究方法[M]. 北京:人民教育出版社,2006.
[4] 张宝臣,李兰芳. 学前教育科学研究方法[M]. 上海:复旦大学出版社,2012.
[5] 陈向明. 质的研究方法与社会科学研究[M]. 北京:教育科学出版社,2000.

第十章　行动研究

学习要点

1. 理解并掌握行动研究的概念。
2. 了解行动研究的兴起与发展。
3. 掌握行动研究的基本步骤。

20世纪30年代以前,西方的社会科学研究者把"行动"和"研究"看作完全不相关的两个概念,用它们说明由不同的人从事不同性质的活动。行动主要指的是实践者、实际工作者的实践活动、实际工作;研究主要指的是专业研究者、学者专家的理论研究、探索活动。正因为这样,就难以避免理论与实践、研究与行动的脱离,其结果必然是:专业性的研究工作虽费时费力,研究结果却难以解决问题;实际工作所面临的诸多问题,虽迫切需要办法,但得不到及时解决,即使获得了研究者的理论指导,却难以收到成效。事实上,这种理论与实践、研究与行动既滞后又相脱节的现象,不仅由来已久,而且在世界各国都是普遍存在的。正是在这样的背景下,行动研究才应时而生。它将研究和行动紧密结合起来,弥合了理论与实践之间的鸿沟,使得行动者和研究者都从中受益,使得研究的成果更加具有实效性。英国学者克拉克(Clark)认为,行动研究是研究与理论相关之实践问题的研究,研究人员、理论工作者和实际工作者(教师)都关注研究结果,这种研究既有助于(最重要的一方面)促进对实际问题的解决,改进教育教学工作,又有助于完善与实际问题相关的理论,推动理论的发展。这样,就既可避免理论工作者、研究者为纯学术、为出版研究而脱离实际,又能促使教育工作者(教师)认识到研究教育教学问题要寻求理论指导。

第一节　行动研究概述

一、行动研究的含义

自从行动研究被提出以来,许多中外学者从不同的研究角度出发,对其做出了不同的解释。由于研究的出发点不同,他们对行动研究的定义也有差异,其中有代表性的有以下几种:

美国德裔心理学家勒温(K. Lewin)提出:行动研究是将科学研究者与实际工作者之智慧与能力结合起来以解决某一事实的一种方法。

美国哥伦比亚大学师范学院院长柯雷（SM. Corey）认为：所有教育上的研究工作，应由应用研究成果的人来担任，其研究结果才不致白费。同时，只有教师、学生、辅导人员、行政人员及家长、教育支持者能不断检讨学校措施，学校才能适应现代生活之要求。故此等人员必须个别或集体地采取积极态度，运用其创造性思考，指出应该改变之措施，并勇敢地加以试验；且须讲求方法，有系统地收集证据，以决定新措施之价值。这种方法就是行动研究法。

英国著名教育家埃利奥特指出（J. Elliott）：行动研究旨在提供社会具体情境中的行动质量，是对该社会情境的研究。

埃利奥特的同事凯米斯则强调：行动研究是行动者对自己的实践进行批判性思考，以理论的批判、意识的启蒙来引起和改进行动。

从上述定义可以看出：勒温强调的是研究者与行动者的合作，柯雷关注的是教师的参与，埃利奥特关注的是实践的改进，凯米斯更注重教师的批判性反思。他们都揭示了行动研究某一方面的属性，提出了将行动与研究结合的新思路。因此，行动研究与其说是一种研究方法不如说是一种研究模式或研究理念。

事实上，行动研究的定义离不开研究者与行动者的关系，离不开教师的角色定位，离不开行动研究的目的。

将上述定义加以综合，我们认为：行动研究是从实际工作需要出发，由实际工作者和研究者共同参与研究，在实际工作中寻找问（课）题，在实际工作过程中进行研究，使研究成果为实际工作者和研究者理解、掌握和实施，从而达到解决实际问题、改善社会（教育）行为的目的的一种研究模式。在这一定义中可以看出：行动研究的目的是"为行动而研究"，行动研究的过程是"在行动中研究"，行动研究的主体是"由行动者研究"。

二、行动研究的兴起与发展

最早将行动和研究两个概念联系在一起的是美国联邦政府印第安人事务局局长约翰·柯利尔（J. Collier），他在1933~1945年任职期间，为改善印第安人与非印第安人关系的问题开展了一系列研究。起初，他让科学家和实际工作者分别进行研究，结果收效甚微。于是他提出了由印第安人事务局实际工作者与其他研究人员共同合作的方法，取得了良好效果。在他1945年发表的《美国印第安人行政管理作为民族关系的实验室》一文中提出了专家（即研究者）、行政人员和实践者（即行动者）密切合作、共同研究当时民族管理的主要途径。在文中，他强调研究结果必须回到实践，接受实践者经验的验证，体现了行动研究的基本思想：行动研究的出发点是针对某种社会情境，研究目的是为了改善社会情境中行动的质量，研究人员由行政官员、专家和实践者组成，研究结果要有实践者的验证和反思。他将这种实践者在实际工作中为解决自身面临的问题而进行的研究称为"行动研究"（Action Research）。这就是最早的行动研究的尝试。

第一次世界大战期间，美国因战争而导致物质匮乏，提出了对膳食进行改革的迫切要求，以缓解物质供应的紧张状况，心理学家勒温（K. Lewin）对家庭主妇进行了研究。研究分为两组，一组让家庭主妇听如何改善膳食的报告，另一组则进行民主讨论和集体研究。结果表明，在膳食改革中，后者取得了明显的效果。勒温又把行动研究直接应用到社会心理学的研究上。20世纪40年代他在研究不同人种之间的人际关系中,与犹太人和黑人合作进行研究,让这些实践者以研究者的姿态参与到研究之中,积极地对自己的境遇进行反思,并尝试改变自己的现状。他在《行动研究和少数民族问题》一书中提出,"没有无行动的研究,也没有无研究的行动",并把行动研究定义为"将科学研究者与实际工作者之智慧与能力结合起来以解决某一实际问题的一种方法",对行动研究的内涵进行了精辟的阐述和全面的说明。学术界普遍承认勒温为"行动研究之父"。

在教育领域,行动研究概念的使用大约出现于20世纪50年代。当时,美国哥伦比亚大学师范学院院长柯雷(SM. Corey)大力倡导将社会科学领域诞生的行动研究应用于教育,并于1953年出版了颇有影响的《改进学校实践的行动研究》专著。这一时期,教育行动研究在理论和实践方面都得到了较大发展,形成一个相对高潮。

20世纪50年代末,由前苏联人造地球卫星上天而触发的美国的教育改革,在理论与实践关系上信奉推行"研究-开发-推广"模式,强化了理论构建工作由专家、学者承担,将理论付诸实践由教育工作者(教师)完成,对实践效果的评估由专业人士做出的理念,这一理念所蕴含的理论与实践关系的基本前提假设与行动研究格格不入。在这一模式的引导下,研究者和行动者虽在表面上进行了合作,但在实质上,研究者依然从事理论研究,行动者还是从事实践行动,两者又回到了传统的角色定位,这就直接遏制了行动研究运动的发展。因此,20世纪50年代末到60年代,美国教育领域的行动研究发展缓慢。

行动研究在美国发展缓慢的时候,英国则兴起了行动研究的高潮,其表现是:从20世纪60年代中期始,英国中小学掀起了由教师所发动的旨在解决课堂和学校实际问题的教育改革运动,斯腾豪斯(L. Stenhouse)是这一教育改革运动的主要代表人物,他组织实施的长达五年(1967~1972)的人文课程计划为行动研究运动的深入开展提供了可资借鉴的范例。1975年,斯腾豪斯出版了一本书《课程研究和开发概论》。该书核心的一章题目为"教师是研究者",初步提出了教师作为研究者从事教育科研的基本概念和方法。在斯腾豪斯看来,教学实际上是一个课程探究的实验过程,因此他提出"教师成为研究者"(Teachers as researchers)和"研究成为教学的基础"(Research as a basis for teaching)等著名口号。斯腾豪斯人文课程计划中的另一位核心人物——约翰·埃利奥特(J. Elliott)也于1972~1975年设计并指导实施了福特教学计划,这两个计划被公认为对国际行动研究运动的发展产生了重大影响。

1982年斯腾豪斯去世后,他身边的同事如埃利奥特(J. Elliott)、凯米斯(S. Kemmis)等人继续大力倡导行动研究。埃利奥特领导了英国的教育行动研究,凯米斯则前往澳大利亚迪金大学工作,直接领导了澳大利亚的教育行动研究。凯米斯深感教师研究意识薄弱,且严重缺乏"专业自主",尤其缺乏集体层面上的"专业自主",因而他力主教师通过亲自进入研究来解放自己和自己的专业。他吸收了斯腾豪斯"教师成为研究者"的思想,但他认为斯腾豪斯的"教师成为研究者"只看重教师个人的、单枪匹马式的努力而非集体层面上的推进。凯米斯所赞赏的是集体意义上的使用研究与对话,即外来的理论研究专家与实践者(教师)集体结合成为研究共同体,这样就能够真正提高教师的研究能力,从而使行动研究取得实效。

由斯腾豪斯、埃利奥特、凯米斯等人倡导的行动研究在英国和澳大利亚等国逐步成为一种"行动研究运动"。行动研究在"国外"的兴盛对行动研究的故乡——美国也发生了影响，导致行动研究在1970年以后在美国再度引起关注，并在美国教育界出现了一个研究和运用行动研究的热潮。1993年英国出版了国际性、专门的《教育行动研究》刊物。除了英、美、澳等国家进行行动研究外，还有德国、新西兰、日本、新加坡、瑞典、挪威等国家也广泛开展了行动研究。行动研究作为一种研究模式，受到了教育理论工作者、教育研究人员特别是广大教师的热烈欢迎，被他们大量运用。近年来，我国的教育工作者也对这一模式表现出极大的兴趣与热情。

三、行动研究的特点与局限

行动研究作为一种新的研究模式，与传统的研究方法相比，体现如下几个方面的特点：

第一，行动研究的目的主要是提高行动质量，改进实际工作，解决实际问题，即"为行动而研究"。这一点与社会科学领域（包括教育科学）中通常以发现普遍规律、形成或发展理论的基础研究及其方法是不同的。

在学前教育领域中，行动研究所关注的主要是学前教育决策者、幼儿园园长、幼儿教师所面临的亟待解决的决策、管理、教育教学的实际问题，比如，幼儿园管理、课程改革、教育教学、教学方法、学习策略、评价方法、教师培训等。将各种实际问题发展成研究课题，主动吸收并利用各种有利于解决问题的经验、知识、方法、技术，通过行动研究并实施行动干预，使问题得到解决。

行动研究把解决实际问题作为首要目标，并不是不关注普遍规律的发现和理论的建立，只是在教育理论与教育实践的关系上，更强调后者及两者的结合。

第二，行动研究的环境是自然的、真实的动态工作情境，即"在行动中研究"。这一点，与那些必须严格控制研究条件，使研究对象不受研究者和研究事态影响的其他研究方法不同，是行动研究的本质特点。

行动研究必须且只能在问题产生的情境中进行。只有如此，才能通过现场的研究发现问题，诊断问题，提出解决问题的改革措施并付诸行动，才能不断地通过多种方式手段来监察行动的效果，也才能通过及时反馈对行动和计划做出调整，以达到研究的目标。所以，有人将行动研究叫作"现场研究"是有一定道理的。而且，教师将研究与自己的教学实践相结合，既不过多地占用教学时间，又及时地解决了教学实践中的问题，正体现了行动研究的实效性。

第三，行动研究的主体是实际工作者（教师），即"由行动者研究"。这一点，与那种脱离实践、忽视实际工作者作用的"研究-开发-推广"模式，即"专家学者式"的模式不同。

行动研究的目的主要在于解决实际问题，所以，特别强调实际工作者得到专业自主，参与研究。教师的专业自主发展是指教师具有自我发展的意识和能力，包括主体意识、发展意识、创新意识和能力，能够主动地自觉地承担专业发展的主要责任，通过不断地学习、实践、反思、批判、创新，提升自己的教育教学能力，从而实现发展的多元性、差异性和创造性。它的意义在于：促进教师生活的主动性和创造性；促进学生自主学习和成长；提升教师的幸福感。实现教师专业自主发展的内在路径是：提升教育专业精神；在自我反思和研究中成长；在合作、互动中成长。实际工作者都必须意识到这种研究的重要性，决心研究解决自己的问

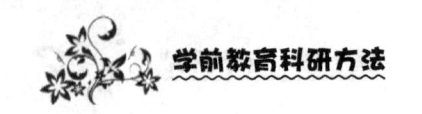

题,提高行动能力和行动质量,改变本身所处的现实处境,改善生存状态。

行动研究在强调实际工作者参与研究的同时提倡实际工作者与专家相互协作,共同研究,形成研究共同体。因为行动研究是研究实际工作者的实践,所以它要求实际工作者参与研究,同时也要求专业研究者参与实践,使实际工作过程变为研究过程。于是行动研究在解决问题的过程中,为实践者与研究者共同参与研究和工作并实现彼此的结合提供了结合点。这样做,有利于完成各自的角色转换,共同组织起来,相互尊重,民主合作,成为一个优势互补、协调合作的科研群体,能够发挥出群体的整体效应,提高整体的研究能力,获得共同的研究实效。

第四,行动研究的程序是一个自我反思、螺旋式上升的循环发展过程。这一点,与其他实证性研究的过程是不相同的。

行动研究缘起于教育实践中的某一实际问题,终止于该问题的解决。在研究实施的过程中,研究的参与者需要通过信息反馈,不断调整研究计划,改进行动措施,直至符合实际情境需要,从而解决实际问题。实际上,任何一个实际问题的解决,通常都不会是一步行动所能完成的,往往要经过计划的不断修改,行动的逐步改善,通过不断的循环往复才能达到。

第五,行动研究所选择的具体方法是综合运用各种有利于问题解决的定性和定量的方法技术,这一点不同于社会科学研究中所运用的任何一种具体研究方法,它是行动研究的本质特点。

行动研究强调,无论什么方法,只要能促进科学研究活动的开展并获得预期的研究成果,它就是适用的、有效的,就是好方法,就可以为我所用。并且伴随实践活动的多样性,行动研究要求思维方法、研究方法呈现多元化。

第六,行动研究的价值评估重在结果的实效。这一点,与其他实证性研究重在普适性结论的获得不同。

行动研究的目的、主体、程序和方法等特点,决定了价值评估的实效性。具体表现在以下几个方面:第一,行动研究强调实际问题的解决情况、实际情境的改变程序和实践者的进步大小,改进越大,价值越大,而不强调新规律的发现、理论的建立与完善。第二,行动研究强调研究参与者自我评价。随着研究过程的开展,需要对研究计划、行动措施和实际情境的变化不断地做出判断、评价和反思,并对进一步的计划和行动做出调整,直至问题得到解决。

由此,我们审视行动研究,可以确认,行动研究是适合在幼儿教师中普及推广的教育研究模式。它有利于解决学前教育实际问题,推进学前教育改革与进步,也有利于幼儿教师的素质提高。

行动研究在其发展过程中,也表现出自己的局限性,值得反思与检讨。人们对行动研究局限性的批评,概括起来有以下几点:

一是行动研究的研究质量不高,难以将结果推广应用。理由是:研究中容易忽视计划性、系统性和控制性;内、外效度不高;研究范围小等。

二是行动研究参与者以实际工作者为主体,这些人在思想观念、研究能力以及时间等多方面受到限制。

三是行动研究参与者的群体成员之间的合作与协调常遇到困难,是一个局限。理由是:

专业研究人员、园长、行政管理人员和教师之间,由于思想观念的差别和社会角色不同,对许多问题存在分歧,不容易完全取得共识与协调。

四是行动研究的效果是由参与者自己评价判断,因而难于客观地诊断问题。

只要我们对行动研究始终坚持科学态度,在学前教育研究中,发挥其特点,克服其局限性,贯彻实践方法论原则,行动研究定会在学前教育研究中发挥更大的价值和功效。

第二节 行动研究的步骤

一、行动研究的基本模式

行动研究的不同理论背景使得行动研究有许多种操作模式。

(一)勒温的行动研究模式

勒温指出,行动研究应具有计划、行动、考察、反思四个环节,并强调把反思后重新修改计划作为另一个环节的开始,成为一个螺旋式循环发展的过程。

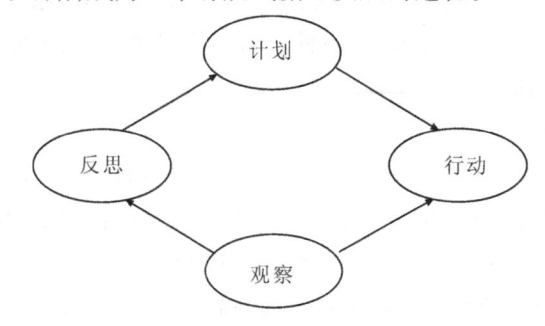

图 10-1 勒温的行动研究模式

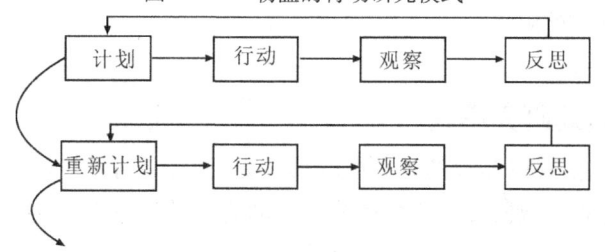

图 10-2 勒温的行动研究螺旋循环模式修正图

1. 计划

计划是指以大量事实和调查研究为前提,制订总体计划和每一步具体行动计划。计划是行动研究,也是理智的工作过程的第一环节。计划环节包含三个方面的内容和要求:

(1)计划始于解决问题的需要,它要求研究者从现状调研、问题诊断入手。

(2)计划包括总体设想和每一个具体行动步骤,最起码应安排好第一步、第二步行动研

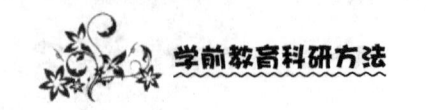

究进度。

(3) 计划必须有充分的灵活性、开放性。

2. 行动

行动就是指计划的实施,它是行动者有目的、负责任、按计划的行动过程。行动包括:

(1) 行动是在获得了关于背景和行动本身的反馈信息,经过思考并有一定程度的理解后的有目的、负责任、按计划采取的实际步骤。

(2) 实际工作者和研究者一同行动。在教育研究中,家长与社会人士和学生均可作为合作的对象。要协调各方面的力量,保证实施到位。

(3) 重视实际情况的变化。随着对行动及背景认识的逐步加深,以及各方面参与者的监督观察和评价建议,不断调整行动。它是灵活的、能动的。

3. 观察

观察是指对行动的过程、结果、背景以及行动者的特点的考察。观察是反思、修订计划和进行下一步的前提条件。在行动研究中的观察包括:

(1) 观察既可以是行动者本人借助于各种有效手段对本人行动的记录观察,也可以是其他人的观察,而且多视角的观察更有利于全面而深刻地认识行动的过程。

(2) 观察主要指对行动过程、结果、背景以及行动者特点的观察。在行动研究中,观察是反思、修正计划,确定下一步行动的前提条件。为了使观察系统、全面和客观,行动研究鼓励研究人员利用各种有效技术。

4. 反思

反思是一个螺旋圈的终结,又是过渡到另一个螺旋圈的中介。这一环节包括:

(1) 整理和描述,即对观察到、感受到的与制订计划、实施计划有关的各种现象加以归纳整理,描述出本循环过程和结果,勾画出多侧面的生动的行动过程。

(2) 评价解释,即对行动的过程和结果做出判断评价,对有关现象和原因做出分析解释,找出计划与结果的不一致性,从而形成基本设想。总体计划和下一步行动计划是否需要修正,需做哪些修正的判断和构想。

(3) 写出研究报告。

(二)德金的行动研究模式

德金的行动研究模式以勒温的螺旋循环模式为基础,是目前广泛采取的操作模式,这个模式也包括计划、行动、观察、反思四个环节。行动研究的循环过程为:计划—行动—观察—反思—调整—再行动—再观察—再反思—再调整。

二、行动研究的操作过程

行动研究文献中有关行动研究的过程多种多样,其中主要有两种方式:一种是继续沿着"计划—行动—观察—评价"的基本步骤,将它做适当的删减或增补后运用于自己的行动研究中;另一种是基本不考虑经典研究过程,而接受一般教育研究的程序及其"语言"。比如,博格等人将行动研究的过程设为七个步骤:

(1)确定问题。
(2)选择方案。
(3)确定研究的参与者。
(4)搜集资料。
(5)分析资料。
(6)解释和应用结论。
(7)报告研究结果。

这种行动研究的步骤基本上是将一般教育研究方法的操作运用于行动研究的领域。

我国学者将行动研究的过程描述为：

(1)发现问题。这是行动研究的起点也是关键,行动研究的问题通常是教师在实际工作中最需要解决的问题。

(2)分析问题。对问题予以界定,诊断其原因,确定问题范围,对问题的本质有较清晰的认识。

(3)拟定计划。计划包括研究的目标、研究人员的任务分配、研究的假设以及收集资料的方法。

(4)搜集资料。要对研究的问题有明确、客观、科学、系统的分析把握,需要对相关资料有一个整体的了解和分析判断,这样有利于扩大与研究专题有关的知识范围,拓展思考、明确研究的对象及方向。资料一般来源于书报杂志、互联网、资料库、交流平台、学术会议、实践现场观察、实践记录文本、访谈、研讨等。信息资源的获取对象主要有专家学者、同事同行、自我等不同的层面。

(5)批判与修正。凭借情境中提供的事实资料,批判修正原有计划的缺失。

(6)试行与考验。着手试行计划,并在试行之后仍不断地收集各种资料与证据,以考验假设,改进现状,直到能够有效地消除困难或解决问题为止。

(7)提出报告。必须注意研究资料本身的特殊性,避免生硬类推到其他情境中。

三、不同类型的行动研究步骤

依据上述的行动研究的基本模式和操作过程,我们可以将行动研究步骤分为三个类型,它们分别有各自的研究步骤。

（一）学校行动研究的八个步骤

(1)确定并形成问题。
(2)参与团队的教师。
(3)文献探讨。
(4)修正或重新定义所关注的问题。
(5)确定研究程序。
(6)选择评鉴程序。
(7)进行研究。
(8)解释、推论和整体评鉴。

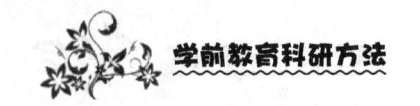

(二)教师行动研究的五个步骤

(1)关注问题。
(2)拟定策略。
(3)采取行动。
(4)反省评价。
(5)再度关注。

(三)课程行动研究的七个步骤

(1)研究课程问题,并且解决课程问题。
(2)对课程评价给予评价、确认,并诊断其原因,确定课程范围。
(3)由行动研究者进行初步讨论或磋商。
(4)找寻相关课程研究文献。
(5)对初步陈述的课程问题予以修订或重新鉴定。
(6)实施所规划的课程方案。
(7)对整个课程行动研究计划进行整体评价。

综上所述,行动研究的操作有多种模式与类型,在实施行动研究的具体步骤上有一定的差异,但在基本的操作过程方面,它们的思想是共通的,即重视研究过程的动态性、研究人员的联合性和研究评价的及时反馈性。

第三节 行动研究在学前教育研究中的应用

一、行动研究在学前教育研究中的作用

(一)适合学前教育的特殊性质

学前教育就其本质而言是一种启蒙性教育。整体效应较之系统的、分科的学校教育,更应该强调各种教育活动在效应上的相互渗透与融合,所以将学前教育作为连贯的动态整体进行全面的研究就显得尤为必要。而行动研究的特点为之提供了现实可行性,幼儿教师在教育实践中碰到问题要采取行动来改变现状。但要有效地解决问题,必须采取明智的、有计划的行动方案,不断反思、审时度势,不断修正行动策略,才能产生理想的改变。行动研究超越了传统意义上对"研究"功能的界定,凸现问题解决、行为改善的过程,也是幼儿教师自我反思、自我教育、自我发展的过程。

(二)适合幼儿教师的专业成长

实施教育改革,需要幼儿教师成为研究者,需要幼儿教师的角色从课程的推行者转变为园本课程的参与者。这样的背景下原有的教育研究方法受到教育实践发展的挑战,不能满足教育实践发展的需要。而行动研究要求幼儿教师对自身实践进行反思,反省自身行为与

设想的差距,对自己的行为做出合理的评价和解释,对自己的工作过程加以系统分析。通过与专业研究人员或其他合作者的交流,建立合理的教育观念和态度,不断加深对自己实践和认识的理解,并在这种理解的基础上不断构建自己的经验,形成适合具体情境的教育思想和方法。这样的幼儿教师才是一个拓展的教师,也是一个专业的幼儿教师。透过行动研究,探讨现存的教育教学问题,重点是收集实证,分析反思问题所在,进而改良教育教学策略,解决实际问题。在研究中采取改革行动,在行动中实施研究,这种方式非常适合幼儿教师。行动研究是培养幼儿教师专业自主能力的必经历程。幼儿教师只有研究自己的教育教学实际,才能真正促进其专业成长。行动研究既是幼儿教师的研究方式,也应成为幼儿教师的生活方式,是幼儿教师学习和专业发展的有效途径。

二、行动研究在学前教育研究的应用中存在的问题

目前,虽然我国学前教育领域对行动研究热情高涨,但总体上分析看来仍然存在以下一些问题:

第一,在课题选择方面,课题大而空,而且不是自身亟待解决的问题。
第二,在问题界定方面,对所研究的问题缺少深入分析和科学界定,以感觉代替认知。
第三,在研究假设方面,缺少科学的、可操作的假设,随意行动。
第四,在实施行动方面,注重行动,忽视过程研究。
第五,在结果评价方面,评价指标与实验目标不一致,导致对结果的虚假解释。
第六,伦理问题,把学生仅仅当作研究的材料。

三、行动研究对幼儿教师的要求

行动研究是幼儿教师开展教育研究的理想方法,有效开展学前教育行动研究除了要遵循上述程序进行外,还要求做到:

(1)幼儿教师要培养合作精神

幼儿教师开展行动研究,需要学前教育科研人员、学前教育理论工作者、幼儿教师的共同参与和合作,单个幼儿教师的努力很少甚至完全不可能保证行动研究卓有成效。所以,学前教育科研人员、学前教育理论工作者、幼儿教师都要以解决学前教育教学中的问题以及改进学前教育、教学工作为共同目标,在理解和尊重的基础上,相互支持,真诚合作,共同研究。这种合作既包括幼儿教师与学前教育科研人员、学前教育工作者间的合作,也包括幼儿教师与幼儿教师之间的合作。合作会使合作者都受益,也会使行动研究达到理想的效果。

(2)幼儿教师要加强学前教育理论学习

幼儿教师对学前教育理论的学习程度和学前教育理论水平在一定程度上决定幼儿教师对学前教育教学实际的理解程度和对学前教育、教学过程中问题的洞察水平,并影响幼儿教师教育教学实践的方向和效果。进行行动研究如果没有学前教育理论做指导,就会回到毫无研究性质的经验总结的老样子,也会导致研究工作的盲目性。因此,进行行动研究的幼儿教师必须加强学前教育理论学习。

（3）幼儿教师要有问题意识

学前教育行动研究源于问题。幼儿教师在日常的教育教学实践中，感受到了问题的存在，面临着教育教学困境，才意识到研究的必要性，也才引发了开展行动研究的动机。没有问题意识、缺乏探究精神、不具备敏锐发现问题能力的幼儿教师是发现不了教育教学中值得研究的问题，也是不会开展行动研究的。可以说，提高行动研究的有效性，有赖于幼儿教师准确而及时地发现并概括教育教学中的问题。

（4）幼儿教师要将研究与实际紧密结合

行动研究的性质和特点决定了它必须与学前教育教学实际紧密结合。脱离学前教育教学实际的研究不称其为学前教育行动研究，更不能保证学前教育行动研究的有效性。学前教育行动研究与实际结合要求研究的问题必须来自实际，开展研究的过程必须是学前教育教学工作进行的过程，研究的目的必须是改进实际的学前教育教学工作，研究的结果必须促进学前教育教学中问题的解决和学前教育教学实际工作的合理、科学和有效。

要开展好行动研究，不仅对幼儿教师提出诸多要求，还要求学前教育研究者和学前教育理论工作者走出书斋，深入学前教育教学一线，指导幼儿教师开展行动研究。这包括通过理论优选向幼儿教师介绍最优秀的、有实践指导意义的学前教育教学理论，以提高幼儿教师的学前教育理论素养；指导幼儿教师发现并概括教育教学实际中的问题；帮助、指导幼儿教师在筛选出问题的基础上，选择最有针对性的学前教育理论；在实施具体教育教学和解决问题的过程中指导幼儿教师。这样不仅能有效地开展行动研究，也能更好地体现学前教育研究者和学前教育理论工作者自身的价值。

综上所述，行动研究的性质和特点决定了它是幼儿教师进行学前教育研究的理想方法。幼儿教师开展行动研究十分必要，为了在幼儿教师中推广行动研究，提高其有效性，必须遵循行动研究的基本模式和操作步骤，按照相应要求。我们相信，幼儿教师开展行动研究，将会促进学前教育理论和学前教育实践的有机联系和完美结合，广大幼儿园的教育教学工作也将趋向合理、科学和有效。

思考与实训

1. 阐述行动研究的含义。
2. 简述行动研究的发展历程。
3. 利用到幼儿园见习、实习的机会，撰写教育日记、教育叙事、教育案例、教育反思和教育课例。
4. 制定一份幼儿园行动研究方案。

本章参考文献

[1] 王坚红.学前儿童发展与教育科学研究方法[M].北京：人民教育出版社,1991.
[2] 张燕,刑利娅.学前教育科学研究方法[M].北京：北京师范大学出版社,1999.

［3］刘晶波.学前教育研究方法[M].北京:人民教育出版社,2006.

［4］张宝臣,李兰芳.学前教育科学研究方法[M].上海:复旦大学出版社,2012.

［5］杨世诚.学前教育科研方法[M].北京:科学出版社,2007.

［6］刘电芝.现代学前教育研究方法[M].重庆:西南师范大学出版社,2012.

［7］秦金亮,吕耀坚,杨敏.幼儿教师学做研究:学前教育研究方法新视野[M].新时代出版社,2008.

［8］王彩风,庄建东.学前教育研究方法[M].北京:北京师范大学出版社,2012.

第十一章　教育叙事研究

学习要点

1. 理解并掌握教育叙事研究的概念。
2. 领会教育叙事研究的特点和意义。
3. 掌握教育叙事研究的步骤。
4. 学会运用教育叙事研究方法开展学前教育研究。

自17世纪以来,教育科学研究开始借鉴自然科学研究的实证主义范式,尝试采用抽象的量化方式和客观的评价标准描述和分析生动鲜活的教育现象,将教育科学理论转化为具有高度精确性和程序性的技术操作标准与规程。然而,教育科学领域的个体与现象具有情境性、偶然性和复杂性,对其开展的研究越是精确,与人类经验的联系则越少。研究者们在追求自然科学研究范式的同时,已然忽视了人文社会科学研究的特殊性,导致了教育科学研究领域中研究对象的物化和人文精神的缺失。随着自然科学研究范式在教育科学研究领域的日渐失能,教育科学研究开始由探究普适性的教育规律转向寻求情景化的教育意义,以质性研究为范式取向的教育叙事研究开始进入研究者们的视野,逐渐成为教育研究领域一种新的研究方法。

第一节　教育叙事研究概述

20世纪80年代,以加拿大学者克兰迪宁和康纳利为代表的西方教育学者率先将叙事研究引入了教育科学研究领域,并在其著作《叙事探究:质的研究中的经验与故事》中将其作为教育研究领域中一种科学的研究方法进行了系统阐述。20世纪90年代末期,教育叙事研究被引入我国教育领域,成为近年来颇受国内教育学界关注的研究方法之一。

一、教育叙事研究的概念

关于教育叙事研究的概念,国内学者从不同视角对其做出界定,较有影响的观点有以下几种:

陈向明认为,"教育叙事研究是质的研究方法,是以研究者本人作为研究工具,在自然情境下采用多种资料收集方法对社会现象进行整体性探究,使用归纳法分析资料和形成理论,通过与研究对象互动对其行为和意义建构获得解释性理解的一种活动。"王攀峰认为,"教育叙事研究是指以叙事或讲故事的方式来描述教师个体和群体的生活方式,表达对于教育教学的理解。按照研究主体的不同,可以分为教师的教育叙事研究与教育学者的教育叙事研究。"傅敏和田慧生认为,"教育叙事研究是研究者通过描述个体教育生活,搜集和讲述个体教育故事,在解构和重构教育叙事材料过程中对个体行为和经验建构获得解释性理解的一种活动。"张希希认为,"所谓教育叙事研究,是指在教育背景中包含任何类型叙事素材的分析研究。它由影片、传记、图片、对话等刺激、触发当事人进行故事述说,并以当事人的叙说内容为文本数据进行分析,以期反映出故事叙说者本身的重要生活经历以及生命主题"。尽管概念表述不尽相同,但学者们均强调了教育叙事研究以"叙事"的方式开展"教育研究"的本质内涵。

综上所述,本书认为,教育叙事研究是指研究者以经验叙事的方式纪实性呈现具有情节性和完整性的教育现象,通过对教育现象的描述和分析,揭示蕴含其中的教育本质和规律的质性研究方法。

二、教育叙事研究的形态[①]

教育叙事研究的基本形态主要有两种:一是"叙事的教育人类学研究"[②],研究主体主要是专门的教育研究者,研究对象主要是幼儿园及中小学教师、教育管理者,由专门的教育研究者倾听、查阅、研究一线教师的教育故事;二是教师叙事研究,这里的教师主要指幼儿园及中小学教师,他们既是研究的参与者、行动者,又是讲述者、记录者、反思者,研究的内容大多是发生在教师自身课堂上的真实教育事件和教育问题。

当然,上述两种形态不是截然分开的。往往教师叙事研究者发表的叙事文本是"叙事的教育人类学"研究者的研究对象,他们可以对文本进行更深刻的意义诠释,提出更有启发性的问题。"叙事的教育人类学"研究者的文本诠释与所提问题又可能激发教师思考,促使其产生行动,进而进行新一轮的教师叙事研究。因此,两种研究形态恰好可以构成不断诠释、不断行动、不断反思、不断创造意义的研究循环。

三、教育叙事研究的特点

教育叙事研究强调关注作为个体的研究对象的经历、故事及其背后隐藏的对于该对象的意义,从而挖掘深层次的教育意义和规律。其具有以下几个方面的特点:

(一)以质性研究为范式取向

教育叙事研究以质性研究为范式取向。质性研究以研究者本人作为研究工具,强调在自然情境下采用多种方法收集资料,对社会现象进行整体性探究,使用归纳法分析资料和形成理论,通过与研究对象互动对其行为和意义建构获得解释性理解。作为质性研究的一种表现形式,教育叙事研究从理论假设、研究原则、研究逻辑、研究思路、途径选择等方法均体

[①] 张琼,张广君.教育叙事研究在中国:成就、问题、影响与突破[J].高等教育研究,2012(4).
[②] 张永祥.教育研究中人种志、叙事研究和行动研究之比较[J].上海教育科研,2008(5).

现着质性研究的范式取向,即采用多种方法收集资料并以故事的方式予以呈现;在研究过程中,研究者与研究对象也存在着直接或间接地互动;在叙事的基础上采用归纳的方法对故事所反映的经验现象及其背后所蕴含的深层意义进行诠释和挖掘。质性研究借鉴了人类学、社会学、心理学等科学的研究方法,具有多重面相和多种焦点的特点。教育叙事研究主要来源于文学领域,但亦借鉴了人类学的民族志方法,强调研究视角的整体性,重视研究者通过自己的教育体验获得对研究对象的认识与理解;与此同时,社会学中的常人方法学、象征互动主义及扎根理论等亦为教育叙事研究提供了方法上的依据①。

(二)关注个体的教育生活体验

相对于科学化的教育研究来说,教育叙事研究关注个体在教育情境中的生活体验和独特经历,揭示研究对象日常的教育生活、特定的教育环境及其对个体思想和行为的影响。正如马克思·范梅南所说:"教育学根本上是一门实践的学问。教育学不能从抽象的理论论文或分析系统中去寻找,而应该在生活的世界中去寻找,在母亲第一次凝视和拥抱新生儿时,在父亲静静地约束孩子盲目地横穿大街时,在老师向学生眨眼睛对学生的工作表示赞赏时。""教育学不是在可观察得到的那类事物中找得到的,而是像爱和友谊一样,存在于这种情感的亲身体验中——也就是说,在极其具体的、真实的生活情境中。"与思辨语言或实证研究不同,叙事表达不再是揭示真理或发现事实,而是通过呈现他人的教育经验及生活故事,揭示个体的生活体验,发掘教育生活中隐藏的无限丰富的意义,从而建构一个有意义的生活世界。从某种程度上说,真正的经验叙事比教育生活本身更深刻、直接地揭示了一种教育真理。

(三)诠释教育意义与价值

一般而言,教育叙事研究是一个由故事中的角色、叙述者、读者共同建构意义世界的过程。教育叙事研究不仅将师生置于事件的场景之中,而且注重对教师或学生的行为做出解释和合理说明,探明研究过程中大量"细节"及其"情节"背后的意义;叙事研究不止于寻求简单的因果关系,而是关注教师、学生等个体生活体验的复杂性,尽可能展示研究对象相互冲突的多面性和复杂交织的联系以及事情本身对个体的生活意义。

在叙事研究中,研究者对研究现象和被研究者充满关怀,研究者本人也变得更加开放和宽容,能够容忍更多的模糊和不确定性,整个研究过程成为一种充满情感的意义追问和价值探寻的过程。在日常教学中,一些有意义的教育生活的点滴往往会从我们身边不经意地掠过,而以叙事的方式追问和反思教育过程,则有利于把握教育实践的本质,探寻其背后的深层意义,让日常生活中的教育智慧和教学艺术真正得以关注。

教育叙事研究强调的不是形式和规律,而是经验的意义。因此,它要求研究贴近生活、贴近实践,同时又要求研究者密切联系自身的实际知识,较准确地把握经验的内容、意义和价值,以"故事"为研究载体,以叙事为主要研究途径,采用口述、现场记录、日记、开放式访谈、自传等方式开展研究,把教育叙事研究的过程看作一个经验反思和创造发展的过程。

(四)叙事文本的真实性

教育叙事研究采用归纳而非演绎的研究方法,其时间视域主要指向于过去,所叙述的内

---

① 王景.刍议教育叙事研究的兴起[J].外国教育研究.2009(2).

容是已经发生的真实的教育事件,既非虚构想象的文学创作,亦非对未来事件的主观展望。叙事文本的内容是实际发生的教育事件,而非研究者的主观想象。以林耀华的《金翼》、费孝通的《江村经济》、李书磊的《村落中的国家——文化变迁中的乡村学校》等为例,均为作者通过对当地社会和学校教育进行亲身考察而完成的叙事作品。

叙事文本的真实性不同于"客观性"和"中立性"。教育叙事研究受到研究者个人倾向的影响,无法做到"价值中立"。在叙事研究中,研究者对研究问题的确定、研究者态度的选择、被研究者的角色定位、收集材料的方法、对研究结果的解释以及对研究质量的评价等,在很大程度上受到个人倾向的影响,容易带有研究者个人的主观色彩。但是,不能因为叙事研究在意义阐释上的多样性和多元化而否定故事叙述者的求真求实的态度。从某种意义上说,教育叙事文本的真实性要求研究结果的表述应该真实地反映研究者为了研究某种教育问题而使用与其相适应的方法对这一问题进行的研究。

(五)叙事文本的情节性

教育叙事研究所叙述的内容具有一定的情节性。叙事反映的是特别的人和特别的冲突、问题或使生活变得复杂的任何因素,叙事研究并非记流水账,而是记述有情节、有意义的相对完整的故事。同时,教育叙事研究获得某种教育理论或教育信念的方式是归纳而不是演绎。叙述者其实就是研究者,他可以是教师本人,也可以是研究教师的人。在故事的解说中,叙事者有时"在场",有时"隐身"。在场的叙事更多地表现为叙事者(研究者)夹叙夹议,叙事者不仅对故事的过程进行描述,而且还就其中包含的价值观、情感、心境以及涉及的伦理等等进行分析和判断,展示出叙事者的立场和理论视角;隐身的叙事则把所听到的、所看到的故事视作"社会真相",力求客观地再现故事本身,尽可能不夹杂叙事者本人的判断,以使读者能凭借自己的"前见"对故事做出每个人独特的判断。

(六)赋予叙事以研究的内涵

作为一种以质的研究为取向的研究方法,教育叙事研究不等同于一般的教育日志或教育随笔,不能仅仅停留在叙事的层面,而应升华至研究的高度,即在讲故事的基础上,进一步体现叙述者如何理解所述故事,如何为其赋予意义,从而实现教育叙事的最终意义。对此,康纳利指出,教育叙事研究可以是一个故事,但重要的是要从这个故事中找出一些超越这个故事细节本身的、让读者理解这个故事的一些要素,例如冲突、规律、反思等类似的东西,甚至能够使读者有顿悟的体验。① 叙事只是一种反映教育教学生活事件的方式,真实且完整的呈现事件本身,是基于反思并通过叙事者自身的经验来揭示意义,是教育叙事研究最基本的工作。更重要的是"在搜集材料、剪辑材料和议论点评的背后,需要叙事者具有鲜明的教育理念和深厚的'宏大叙事'的理论修养。"②教育叙事研究并不等同于教育叙事。讲故事只是叙事的手段,但不是研究的手段。研究虽然需要以故事为载体,但更需要透过故事发现问题,透过故事揭示本质。只叙事,不议事或浅议事都不是真正的研究,这就要求研究者在深

---

① F. Michael Connelly, D. Jean Clandinin. Stories of Experience and Narrative Inquiry[J]. Educational Researcher,1990(5):2-14.

② 鲍道宏.教育叙事研究:批判与反思[J].教育理论与实践,2007(5).

入了解教育实践的基础上,用科学的理论分析视角,凸显研究的分量,从而体现教育叙事的研究内涵。

四、教育叙事研究的意义

(一)有助于加深幼儿教师的自我认识

深刻准确的自我认识要以科学的自我评价为基本手段。只有充分了解自己的优势及薄弱之处,才能扬长避短,克服缺点,进而有的放矢地加强自我学习、自我提高与自我修养。因此,科学地进行自我评价是很有必要的。一般来说,进行自我评价的机制主要有三种:根据别人对自己的评价来评价自己、通过与他人的比较来进行自评和通过自我分析来实现自我评价。这三种评价机制各有长短,理性程度也各不相同。其中,通过自我分析来实现自评是理性程度较高的评价,也是最容易被自己接受的评价方式。这种评价方式的结果容易转化成教师改变自己的力量,促进自身的发展。自我分析是实现自我评价不可缺少的一环,教师生活的大部分时间都是与学生一起度过的,要看到真实的自己,对自己进行客观全面的分析,与学生一起经历的故事无疑是最好的材料。

因此,对日常保育教育事件的叙述,可以让幼儿教师重新审视整个教育教学过程,从中分析自己的成功与不足,从而更加清晰地认识自己。如果不断充实教师的教学理论,则能加速教师理论素养的提高,而理论素养的提高又使得教师对保教活动的分析更加深入,对自己的分析更加客观、准确。因此,长期进行教育叙事研究有助于教师更加客观、有效地进行自我评价,加深教师的自我认识,不断提升保教水平。

(二)有助于提高幼儿教师教育活动计划和具体活动方案的设计与评价水平

教师在幼儿园各领域教育的活动设计是科学保教的前提与基础,体现为教师的教育活动计划和具体活动方案,在幼儿园保教工作中占有十分重要的地位。教育活动计划体现了教师备课的主要内容,对整个活动流程的设计,体现出教师对资源的把握和二次开发的程度,是保教活动的总纲。它在幼儿园教育的目标、任务、内容、要求、基本原则、各领域教育的学科特点、基本知识与保育教育活动之间架起了一座沟通的桥梁,成为一个承前启后、化静为动的枢纽。但教育活动计划只是对保教过程的预先假设,这个设计是否适合幼儿,不仅依靠教师对资源和幼儿情况的分析,也要看保教活动之后的效果如何,而后者则更能说明问题。可见,教育活动之后的总结与反思尤为重要,通过及时的教学反思,教师很容易找出此次教学计划的优缺点。这样的反思是写好教育叙事故事的准备,即教师在进行教育叙事研究之前要全面反思自己的保育教育行为,从教学前、教学中、教学后等环节中发现问题,为将要进行的叙述做好充分的准备。因此,只要教师坚持开展教育叙事研究,就能深刻地认识到自己教育活动计划和具体活动方案中存在的问题,并不断地修改完善。在长期的反思过程中,教师就能准确地评价自己活动设计的优劣,把握教育活动设计和具体活动方案制定的重难点,为今后的教学设计奠定基础,促进自身的良性发展。

对于身处保教一线的幼儿教师而言,有意义的教育故事随时都在发生,这就需要教师利用好这些资源,坚持教育叙事研究,不断提高教育活动计划和具体活动方案的设计与评价水平,在教育活动的设计和实施中体现趣味性、综合性和生活化,灵活运用各种组织形式和适宜的教育方式,根据幼儿的表现和需要,提供更多的操作探索、交流合作、表达表现的机会,支持和促进幼儿主动学习。

(三)有助于将幼儿发展评价与教育过程紧密相连

对幼儿发展状况的评价应在日常活动与教育教学过程中采用自然的方法进行。平时观察所获的具有典型意义的幼儿行为表现和所积累的各种作品等,既是评价的重要依据,亦是开展教育叙事研究的重要素材,可以提高教师的认知水平,有助于将幼儿发展评价与教育过程紧密相连。在日常保教活动中,当课堂上出现问题时,教师往往会选择新的活动来改变教学策略,引发幼儿更理性的反应,给幼儿更正面与积极的反馈,从而容易引导出更合作、更积极参与各种活动、具有更高成就的幼儿。由此可见,教育叙事研究对幼儿成就体验的作用是积极的。不仅如此,教育叙事研究还与教师对幼儿发展的评价紧密相连。幼儿发展评价是教师对幼儿学习与发展的评价,包括对幼儿日常表现以及身体、认知、语言和社会性等多方面的发展与进步的评价。幼儿发展评价是学前教育评价领域中最基本的一个领域,也是教育工作者最关心的一项工作。现代教育评价主要用来诊断问题、改进教育,其主要目的是为了及时发现和赏识每个幼儿的点滴进步,注重激发和保护幼儿的积极性、自信心,客观、全面地了解和评价幼儿,有效运用评价结果,指导下一步教育活动的开展。因此,现代幼儿评价强调评价功能的形成性、评价内容的全面性和评价内容的多样性。

首先,教师通过叙述发生在自己周围的教育教学事件,可以真实地反映教育教学中的问题;通过对事件的深入分析,从中发现幼儿在这一事件中所反映出的品质,这样有助于正确评价幼儿的行为。其次,教育叙事所叙之事是真实发生的,由此得出的评价结果真实而有效,再加上教育叙事所叙之事范围广、涉及面宽、形式多样,能从不同的方面给幼儿评价提供必要的支持。特别是幼儿非学习成绩方面的评价,更需要平时的表现来佐证。比如,克龙巴赫把幼儿评价分为最佳表现的评价与通常表现的评价。其中,通常表现的评价主要用于判断幼儿的兴趣和态度等个性素质,重点在于获取日常情况下幼儿的反应。对于这方面的评价,教育叙事能提供重要的资料。可见,大量的教育叙事研究有助于全面、准确地进行幼儿评价。

(四)使同行评价更加真实有效

幼儿园教育工作评价实行以教师自评为主,园长以及有关管理人员、其他教师和家长等参与评价的制度。其中,同行评价对教师保育教育能力和科学研究能力的提升起着十分重要的作用。在提高教师园本科研能力的各项举措中,比较重要的是建立经常性的听课观摩制度,这有助于教师之间取长补短、共同提高。这其中当然少不了教师之间的相互评价,因此,同行评价是不可避免的。再者,由于评价者对教育计划和教育活动的目标、内容、方式、策略、环境条件及幼儿发展状况和需要等都比较熟悉,因此,他们能对教师评价能力的提高及工作的改进提出有价值的建议。而且,同行评价在形成性评价中具有很大的潜在价值,对在教师中创造一种专业发展的气氛也有重要的意义。但是,由于很多教师没受过评价方面的训练,在对别人的教学进行评价时往往只注重根据个人的态度、声调、仪表以及教学辅助

工具的应用来进行评价,而不能对教学行为作出深入的分析,影响了评价的质量。因此,有必要对教师进行评价训练。

教育叙事研究的过程便是一个教师自我培训、自我提高的过程,教师在进行教育叙事研究的过程中能发掘或揭示内隐于生活、事件、经验和行为背后的教育思想、教育理论和教育信念,从而发现教育的本质、规律和价值意义。长期坚持教育叙事研究,可以提高教师自身的教育教学素养,改变其看待教学实践的方式,从而使得同行间的评价更客观、更有效,更能提出高屋建瓴的意见和建议,提高同行评价的质量。

(五)有助于促进幼儿教师的专业发展

康纳尔曾明确指出,作为研究方法的教育叙事,也是教师专业发展的重要媒介。[1] 诚然,教育叙事研究聚焦教育教学领域,贴近教育活动实践,不仅受到国内外学者的广泛关注,而且也逐渐成为促进一线幼儿教师专业发展的有效途径。"各级各类教师教育机构在组织教师研修活动时,都不同程度地使用叙事的方式呈现研修内容,组织研修活动。很多幼儿教师的园本研修活动也鼓励教师讲自己的故事,用叙事的方式表达自己的困惑和期望。不少教育研究者也开始使用叙事探究的方式对教师的生活世界进行研究。"[2]

教育叙事研究可以促使幼儿教师针对保教工作中的现实需要与问题,进行探索和研究,在开展研究的过程中,主动收集分析相关信息,科学、自觉地反思既有的教育教学实践经验,对其进行梳理、分析与提炼,进一步组织、重构自身的经验世界,从而有利于教师研究和审视自己,改进保教工作。在一定程度上,这也是目前我国幼儿园广泛开展幼儿教师教学反思的科学升华。在教育叙事研究的过程中,教师既是实践者,又是研究者,实现了对自己保教活动的全程性回顾、分析和反思,提高教师原有经验的可利用性,强化有效的保教技能,积累教学策略,提升教育教学理念,促使教师从理性的高度审视自己的保教行为。"教师有意识地叙述自己的教育经验,有利于教师面向日常的教学生活,反思自己的教学实践,从丰富的故事中汲取教育的诗情,增长自己的诗性智慧。这一过程在本质上就是教师专业发展的过程。"[3]因此,开展教育叙事研究,有利于幼儿教师将学前教育理论与保教实践相结合,提升保教工作专业化水平,在实践、反思、再实践、再反思的过程中,不断促进专业发展。

第二节 教育叙事研究的步骤

如何在学前教育科学研究中开展真正意义上的教育叙事研究,从研究者的角度而言,需要其具有扎实的教育研究理论基础,丰富的保育教育实践经验,敏锐的科学研究洞察能力以

---

[1] Conle,C. Narrative Inquiry:research tool and medium for professional development[J]. European Journal of Teacher Education,2000,23.
[2] 陈向明.教育叙事对教师发展的适切性探究[J].教育研究与实验,2010(2).
[3] 王凯.教师叙事与专业发展[J].湖南师范大学教育科学学报,2005(2).

及一定的教育科学研究素养。在具备上述基本条件的基础上,可以按照以下步骤开展研究。

一、确定研究问题

与所有研究计划类似,教育叙事研究的过程始于一个值得探究的内隐教育问题的教育现象。尽管教育叙事研究感兴趣的现象是"故事",但故事本身必须包含某一需要关注和探究的问题。

教育叙事研究的问题来源于实践领域的幼儿教育现象。研究者可同时关注多个教育现象,可采用不断聚焦、凝练的方法,从多个教育现象和复杂的教育实践中来鉴别值得探究的教育现象以及内隐的研究问题。这一过程需要考虑三个方面的因素:一是所探究的教育现象与内隐的研究问题要有价值,如对幼儿发展,对园所保教质量提升有所贡献,对改善教师的保教活动有所帮助等;二是所探究的教育现象及内隐的研究问题要有新意,新意既包括这类教育现象或问题至今尚未探究,也包括对别人而言不是新问题,但相对于研究者本人而言,这些教育现象或问题仍然存在疑问或被其困扰;三是具有可行性,即具备主观条件、客观条件和时机条件。主观条件是指研究者要考虑自己的知识储备以及能力是否能够驾驭研究工作,是否了解叙事研究方法,研究过程中能否及时补充所需要的知识等;客观条件是指具备探究这类教育现象或问题的环境;时机条件是指研究者当前及其后一段时间内可以对这类教育现象或问题进行持续探究。

二、选择研究对象

社会科学研究一般采用抽样的方法确定研究对象,"抽样就是选择观察对象的一种过程"。在教育叙事研究中,研究者采用目的性抽样的方式来选择研究对象。目的性抽样就是按照研究目的对研究对象进行随机抽样,通过选取一个或几个作为研究对象的个体,透过其认识拟研究的教育问题。研究对象可以是一个或几个经历了某一境遇的最具有代表性的人物,也可以是对事情产生决定性影响的关键性人物。除了目的性抽样之外,研究者还可以根据研究的实际情况综合使用不同的抽样策略。例如,当研究者对研究实地情况不太了解时,可以遵循方便和就近的原则确定研究对象;在研究范围限定以后样本数量仍旧很大的情况下,研究者可以采用随机抽样的方式来缩小样本的数量;当研究者对研究现场深入了解后,可以采用更加严格精细的分层目的抽样、最大法差异抽样、典型个案抽样等方法。需要指出的是,虽然大多数教育叙事研究只调查一个个体,但一个研究项目有时可以调查几个个体,且每个个体都拥有各自不同的故事经历,它们之间可能彼此冲突,也可能相互支持。

三、进入研究现场

在确定了研究问题和研究对象之后,研究者必须根据预设的研究思路,对研究过程、对象情境、自我身份及相互关系进行合理有效的定位,深入了解研究个体与研究环境的历史与文化,熟悉研究现场。更为重要的是,应与研究对象及其家长等主要抚育人进行充分地交流,将预开展研究的背景、动机、目的、思路及方法告诉对方,取得研究对象及其家长等主要抚育人的认同与理解,与其建立一种相互信任的合作关系。在征得研究对象及其家长等主

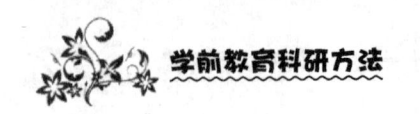

要抚育人的同意和配合之后,按双方议定的时间和方式进入研究现场,并在研究过程中时刻关注研究者自身的真实体验。

一般来说,研究者必须向研究对象及其家长等主要抚育人说明如下几方面的问题:①研究者的个人身份;②研究的内容;③研究的目的;④处理研究结果的方式;⑤选择研究地点和参与者的方式;⑥参加此项研究的风险和好处;⑦保密原则;⑧观察或访谈的频率;⑨进行记录、录音或录像的可能性;⑩声明研究者不是来评论或评估对方而是来理解对方的;⑪声明研究对象的回答没有对错之分。①

事实证明,只有研究者充分做好进入研究现场的各项准备工作,事先深入了解研究对象所处的文化、历史传统,科学选择适宜的研究时间和交流合作的方式等,研究者与研究对象才能彼此熟悉和信任,也才能保证研究过程的真实可信。

四、构建现场文本

所谓现场文本是指"由研究者和参与者创造的代表现场经验的各个方面的文本"。研究者进入研究现场之后,通过观察、访谈,搜集个体的生活经历和教育故事,形成现场文本。在教育叙事研究中研究者走进现场进行观察、记录,搜集个体教育故事,建构现场文本是一项基础性工作。如果现场文本积累较少,缺乏时间的连续性和内容的延续性,教育叙事研究将无法进行。叙事研究现场文本至少有两方面意义。第一,现场文本能够帮助研究者处理与参与者以及现场的距离问题。研究者身处其中的教育情境时往往处于两难处境:一方面,研究者如若不能全然涉入教育情境就无法探索、描述和解释所探究的教育事件;另一方面,如果研究者全然涉入教育情境,可能会带有感情的倾向性而失去叙事研究的客观性,因而需要与现场保持适当的距离,以便看清楚研究者自己的故事,看清参与者的故事,以及研究者与参与者共同生活的场景。现场文本将帮助研究者往返于两种境界,既和参与者一起全然涉入,又和参与者保持一定距离。只要研究者能够勤奋地建构现场文本,就能够顺畅地处理与参与者之间因为研究需要建立的亲密关系。第二,现场文本能够帮助研究者记忆以及补充被遗忘的教育故事及其丰富的细节。相应地,研究者在形成现场文本时需要遵循两条基本原则:

第一,处理好研究者与研究对象之间的关系。教育叙事研究要求研究者扮演恰当的研究角色,既和研究对象一起全然涉入教育情境,探索、描述和解释所探究的教育事件,在研究中融入研究者和参与者的现场体验,又和研究现场保持一定距离,从而理清研究者自己的故事、参与者的故事及研究者与参与者共同生活的场景之间的关系。

第二,从整体上理解和反思教育故事。叙事研究不仅应记录现场中的只言片语或案例式的客观事实,而且要从整体上理解教育故事,建构叙事的文化历史,提供故事的意义诠释,关注教师和幼儿在保教活动中教与学的交往,反思教师的教育生活与实践的专业精神,以便为以后撰写研究文本提供充分的解释。因此,必须定时、认真书写现场文本,注意个人的内在回应,注意现场文本必须有另外的现场文本来补充。如现场笔记与书写现场经验的日记

---

① 陈向明."质的研究"中研究者如何进入研究现场[J].高等教育研究,1997(4).

加以结合,这就为研究者提供了一种反思现场发生事件的平衡手段,不至于研究者"离场"后重新讲述故事时仅仅依靠现场日记等文本做出失真的表述。

教育叙事研究现场文本的类型较多,现场文本可能来自研究对象的教育故事、生活故事、自传、札记、信件、照片、录音(像)材料,及其与他人、家庭或社会互动时形成的作品、生活记录;研究者和研究对象及其家长等主要抚育人之间的讨论、对话、访谈的文本,研究日记,研究者或参与者所做的现场笔记,有关文件、照片、记事簿,研究对象个人或者与他人、家庭、社会的交互中形成的作品、生活记录以及信件等都可以成为教育叙事研究有价值的现场文本。不同类型的现场文本的建构方式有所不同。如现场笔记是一种以现场记录为主的重要的书写体裁,它的书写可详可简,也可以穿插或多或少的诠释与思考。

五、撰写研究文本

完成叙事研究报告的过程,也就是把现场文本转换成研究文本的过程。克兰迪宁和康纳利认为:"从现场文本到研究文本的主要转变是:研究文本为其他研究者和参与者而写,并超越现场文本中捕获的经验的特殊性。"这便要求教育叙事研究不应仅仅停留于描述故事和再现生活,还应通过归纳分析现场文本,尝试自下而上地建构理论。

撰写和呈现基于研究参与者个体经历故事的叙事研究文本是教育叙事研究的核心操作步骤,但同时也是一项复杂而困难的工作。克兰迪宁和康纳利将其称之为"来来回回"的过程。教育叙事研究文本的撰写迄今仍是个见仁见智的问题,还未形成统一的标准格式,呈现给读者的研究文本可以灵活多样。

正文一般包括研究的背景和意义、研究对象的选择、研究实施过程、研究的结果与分析四个部分。一般而言,若能包括故事发生的地点、突出特定故事主题的文本数据分析、教育叙事研究的重要性及其操作程序(因为作为一种新的研究方法,大多数读者对它还比较陌生)等叙事要素,则是比较合适且有效的。需要指出的是,不单独设立文献综述部分是教育叙事研究报告撰写的一个显著特点,因为文献评述和问题研究二者已经被有机地整合到最终的叙事研究报告中,重新讲述的故事要置于研究结果与分析部分的中心。

六、确认与评估研究

确认与评估研究的准确性是教育叙事研究的一项非常重要的工作。教育叙事研究过程中,研究者通常要确认他们的教育叙事研究报告的效度,即验证教育叙事研究报告的正确程度。只要与研究参与者之间存在合作关系,那么检验研究工作的正确性程度的行为就应当贯穿于整个教育叙事研究过程。为了确保研究结论真实可靠,研究者需要检查和确认以下问题:研究者的关注焦点是个人经验,是单一个体或少量的几个人;搜集的个人教育故事;对参与者的教育故事进行重新讲述;形成的中期研究文本听到参与者以及研究者的声音;从建构现场文本的教育故事里浮现出不同主题或类属;教育故事里包含了有关参与者的背景或地点的信息;教育故事按照年代顺序组织;研究文本有研究者与参与者合作的证据;教育故事恰当地表达了研究者的目的和问题。常见的验证手段有:研究参与者检核、数据资料三角交叉验证、外部检核以及寻找反证。这些都是确认一份教育叙事研究报告的正确性和可信度的有效手段。

值得一提的是,就前述两种教育叙事研究形态而言,其研究步骤基本一致,只是教师叙事研究可以省略"进入研究现场"这一环节。

思考与实训

1. 什么是教育叙事研究?
2. 教育叙事研究具有哪些特点?
3. 开展教育叙事研究需要遵循哪几个步骤?每个步骤需要注意哪些事项?
4. 选择一个自己感兴趣的主题,尝试运用教育叙事研究方法开展学前教育研究,并形成研究报告。

本章参考文献

[1] D.简·克兰迪宁,F.迈克尔·康纳利.叙事探究 质的研究中的经验和故事[M].张园,译.北京:北京大学出版社,2008.

[2] 丁钢.声音与经验:教育叙事探究[M].北京:教育科学出版社,2008.

[3] D. Jean Clandinin.叙事探究:焦点话题与应用领域[M].鞠玉翠,等译.北京:北京师范大学出版社,2012.

[4] D. Jean Clandinin.叙事探究:原理、技术与实例[M].鞠玉翠,等译.北京:北京师范大学出版社,2012.

[5] 陈向明.质的研究方法与社会科学研究[M].北京:教育科学出版社,2000.

[6] 劳伦斯·纽曼.社会研究方法:定性和定量的取向[M].郝大海,译.北京:中国人民大学出版社,2007.

[7] 叶澜.教育研究方法论初探[M].上海:上海教育出版社,2001.

[8] 林德全.教育叙事价值研究[M].开封:河南大学出版社,2009.

[9] Connelly, F. Michael. Teachers as Curriculum Planners: Narratives of Experience[M]. New York: Teachers College Press, 1988.

[10] 石中英.知识转型与教育改革[M].北京:教育科学出版社,2001.

[11] 汉斯-格奥尔格·伽达默尔.真理与方法:哲学诠释学的基本特征(上卷)[M].洪汉鼎,译.上海:上海译文出版社,2004.

[12] 大卫·杰弗理·史密斯.全球化与后现代教育学[M].郭洋生,译.北京:教育科学出版社,2000.

[13] 傅敏,田慧生.课堂教学叙事研究:理论与实践[M].北京:教育科学出版社,2009.

[14] 刘万海.近二十年来国内外教育叙事研究回溯[J].中国教育学刊,2005(3).

[15] 王会亭.近十年来我国教育叙事研究:回顾与反思[J].河北师范大学学报:教育科学版,2011(12).

[16] 王凯.教育叙事:从教育研究方法到教师专业发展方式[J].比较教育研究,2005(6).

[17] 张希希.教育叙事研究是什么[J].教育研究,2006(2).

[18] 丁钢.教育叙事研究的方法论[J].全球教育展望,2008(3).

[19] 徐冰鸥.叙事研究方法述要[J].教育理论与实践,2005(8).

[20] 张永祥.教育研究中人种志、叙事研究和行动研究之比较[J].上海教育科研,2008(5).

[21] 王景.刍议教育叙事研究的兴起[J].外国教育研究.2009(2).

[22] F. Michael Connelly, D. Jean Clandinin. Stories of Experience and Narrative Inquiry [J]. Educational Research, 1990(5).

[23] 鲍道宏.教育叙事研究:批判与反思[J].教育理论与实践,2007(5).

[24] 张琼,张广君.教育叙事研究在中国:成就、问题、影响与突破[J].高等教育研究,2012(4).

[25] Conle, C. Narrative Inquiry: research tool and medium for professional development [J]. European Journal of Teacher Education, 2000, 23.

[26] 陈向明.教育叙事对教师发展的适切性探究[J].教育研究与实验,2010(2).

[27] 王凯.教师叙事与专业发展[J].湖南师范大学教育科学学报,2005(2).

[28] 任丹凤.对教育叙事和叙事教育的功能及意义的解读[J].教育探索,2009(12).

[29] 张高产.后现代背景下的教育叙事研究[J].教学与管理,2012(11).

[30] 刘良华.教育叙事研究:是什么与怎么做[J].教育研究,2007(7).

[31] 王攀峰.教育叙事研究刍议[J].河北师范大学学报:教育科学版,2012(8).

[32] 王枬.教育叙事研究的兴起、推广及争辩[J].教育研究,2006(10).

[33] 冯晨昱,和学新.教育叙事研究述评[J].上海教育科研,2004(7).

[34] 汪明帅.注重教育叙事研究中的"研究"品性[J].全球教育展望,2012(7).

[35] 陈向明."质的研究"中研究者如何进入研究现场[J].高等教育研究,1997(4).

[36] 杨川,鄢超云.迷茫的幼儿园"准"男教师:一位学前教育专业男学生的经历引起的思考[J].幼儿教育:教育科学,2009(10).

第十二章 幼儿园的教育科学研究

学习要点

1. 理解幼儿园开展教育科学研究的意义。
2. 掌握和理解园本教研的概念、特点与意义。
3. 了解和掌握实施园本教研的原则和方法。

学前教育与幼儿园教育是两个不同的概念。广义的学前教育包括学前家庭教育和学前社会教育,指针对入学前儿童进行的教育活动。幼儿园教育是学前社会教育的主要形式,主要指针对3~6岁儿童进行的有目的有计划的教育活动。本章主要讨论幼儿园的教育科学研究问题,内容涉及幼儿园开展教育研究的意义、幼儿园的园本教研等问题。

第一节 幼儿园开展教育研究的意义

幼儿园教育研究是以幼儿园教育现象为研究对象,研究幼儿园教育问题,揭示幼儿园教育规律的教育研究活动。在社会迅速发展、幼儿园教育不断改革的背景下,幼儿园需要研究的问题层出不穷。新形势下教师要成为研究者方能较好地适应幼儿园工作的需要,胜任幼儿园保教工作,教育好幼儿,服务好家长。

一、幼儿园开展教育研究的必要性

(一)信息化时代的要求

1. 创新是信息化时代的典型特征

第二次世界大战以来,尤其是上世纪80年代以来,受以计算机信息技术为代表的新技术革命的影响,人类社会步入了快速发展的轨道,社会的各个方面都出现了新的景象,整体呈现出了新的特点与发展趋势,国际之间综合实力的竞争加剧。具体表现在:第一,科学技术迅猛发展。据科学家研究统计,目前人类社会的知识总量每3~5年翻一番。社会各方面的发展受科学技术的影响。国际的竞争在某种程度上就是科学技术的竞争,而科学技术竞争的核心就是科技的创新。科技的创新自然包括人文社会科学的创新与发展,同时包括教育的创新与发展。第二,人类进入了知识经济的时代。在新技术革命的影响下,经济的知识化成为当代经济的显著特点。产业结构不断升级,各项经济活动技术含量不断增加。在全球范围内,财富向知识(创新性知识)聚集的现象普遍出现。类似于苹果与三星在通信设备制造领域的竞争一样,企业的竞争在很大程度上依靠科学技术的创新。同时,经济出现全球化的趋势。第三,政治多极化。科技与经济的发展,迅速地改变着社会的方方面面。世界政治出现多极化,政治矛盾日益复杂化。第四,文化多元化。随着经济全球化的发展,以及计算机网络技术的推动,人类文化的交流空前活跃。人类文化出现多元化现象,同时也出现了许多文化冲突的现象。第五,世界性问题日益严峻。随着人类对自然影响力的增强,人类活动也为人类自身的生存带来了许多的问题。比如:环境问题、能源问题、原材料问题、人口问题、粮食问题、和平问题、核威胁问题、恐怖主义问题等。这些问题严重威胁着人类的可持续发展。

总之,当今的世界是以创新为主要特点的世界。人类社会正因各方面的创新而迅速变化。迅速变化的新社会同时会对人提出许多新的要求。对教育来讲,除了为教育提供了许多良好的发展条件的同时,也为包括学前教育在内的教育提出了许多新的要求。

2. 信息化时代对幼儿园教育的新要求

信息时代的新特点为人提出了许多新的要求。首先,要求人们要具有终身学习能力。信息化时代科技迅猛发展,知识增长加速,在"知识爆炸"的社会背景下,只有人们具备了终身学习的能力,才有可能不落后于时代的进步。信息时代首先要求幼儿园培养幼儿的好奇心、学习兴趣、良好的学习习惯,为终身学习奠定良好的基础。第二,要求人们要有创新精神与实践能力。国际之间综合国力的竞争要靠科技,科技创新要靠人才,人才培养要靠教育。从小培养幼儿的创新精神与实践能力成为学前教育的一项重要任务。第三,要求人们要有高度的社会责任感。信息时代社会的迅速变化为人们带来了许多需要用心处理的新问题。比如:经济全球化,世界一体化为人类带来的许多正面或负面的影响;世界多极化,进而带来的政治复杂化;文化多元化带来的文化冲突;人类力量的膨胀为地球带来过重的压力,进而威胁人类的可持续发展等。这些问题在考验着人类的智慧,要求教育培养的人才不但要聪明,知识丰富,善于创新,同时更要有高度的智慧,能够正确面对、科学处理新时代的新问题;要求人们要有高度的社会责任感,克服自我中心,具有全局意识,人类意识,勇于担当,促进社会、自然的可持续发展。所以,信息时代还要求幼儿园尽早培养幼儿良好的道德情感、道德意识及道德行为习惯。

总之,信息化时代要求幼儿园要培养具有好奇心、兴趣、良好的学习习惯,具有与其年龄特点相适应的创新精神与实践能力,以及良好的道德行为习惯等的儿童。然而,以知识传递为主要特征的"小学化"教育在我国幼儿园普遍存在。"小学化"幼儿园教育不符合幼儿的身心特点,严重威胁着幼儿的健康成长,也与信息时代对幼儿成长的要求格格不入。适应时代的要求对我国幼儿园教育进行深入改革势在必行,而幼儿园教育改革成功开展必须依靠教育研究这一基础,信息化时代的幼儿园教育也应当有创新性特点。所以,信息化时代要求幼儿园不断开展教科研活动,不断改革,提高质量。

(二)幼儿园教育改革的需要

1. 世界学前教育迅速发展

随着时代的变革,国际竞争的加剧,教育也成为竞争的热点。第二次世界大战以来各国竞相进行教育改革,学前教育的改革与发展也呈现出了许多新的趋势。20世纪中期,各国重视对儿童全面深刻的研究;重视儿童智力的开发与道德的教育;强调儿童在教育活动与自我发展中的主观能动性;强调儿童平等的受教育机会;通过《儿童权利宣言》(1959年)等国际宣言保障儿童受教育的权利等。进入20世纪后期,信息化浪潮席卷全球,幼儿园教育也呈现出了一些新的特点。包括学前教育在内的基础教育受到国际社会以及各国的重视。人们普遍认为,国家综合国力的竞争实际上是教育的竞争,基础教育的起始阶段学前教育也受到了世人的广泛关注;各国出现了多种多样的学前教育机构,纷纷增加对学前教育的投入;在幼儿园教育目标方面强调幼儿的全面和谐发展;重视优质高效的学前教育师资的培养与培训。许多国家重视提高幼儿教师的地位与待遇,稳定教师队伍;家园协作共育受到了高度的关注;《儿童权利公约》(1989年)为世界学前教育的发展提供了新的动力与保障;各国高度重视学前教育的国际研讨与交流。

2. 我国学前教育处在改革的关键期

我国学前教育经历了曲折的发展道路。相对于西方发达国家,我国的学前教育起步晚,相对落后,而且发展道路曲折。清朝末年随着外国势力的入侵,幼儿园教育在我国出现,当时的幼儿园教育是"洋化"的学前教育,是外国列强征服中国的手段之一。老解放区的学前教育活动为新中国学前教育的改造、发展积累了宝贵的经验。与此同时,陶行知、陈鹤琴、张雪门等民主人士也在积极研究和实践中国的近代幼儿园教育,并取得了丰硕的成果。他们积极倡导和实践实用主义等当时西方先进的学前教育思想。解放初期,我国主要学习苏联的学前教育理论与实践经验,促使我国的学前教育走上了规范化的道路。"文革"期间,在极左路线的影响下我国学前教育遭受严重挫折。改革开放之后,我国学前教育逐步进入正轨。国家对学前教育较为重视,多次召开专门会议,完善学前教育政策法规。1981年10月教育部颁发《幼儿园教育纲要》(试行草案),1989年国家教委先后颁布了《幼儿园工作规程》(试行)和《幼儿园管理条例》等。我国幼儿园教育再次步入了规范化发展的轨道。在规范化发展的同时各地积极开展学前教育的研究与改革,并取得了丰硕的研究成果。学习与消化国外先进的教育理论,总结前人的经验,积极进行学前教育的改革实验。当前,我国学前教育立足国内,放眼世界,力图紧跟世界学前教育发展的步伐。2001年7月教育部颁发《幼儿园教育指导纲要(试行)》,这是为了进一步贯彻第三次全国教育工作会议精神,推进幼儿园素质教育改革,全面提高幼儿园保教质量的重要指导性文件。《纲要》倡导素质教育的思想,体现了先进的教育理念,尊重幼儿身心发展规律,强调终身学习,强调幼儿全面协调、生动活泼的发展。2010年7月国家颁布了《国家中长期教育改革与发展规划纲要(2010—2020年)》,提出"基本普及学前教育"的战略目标,紧接着在全国范围内大力实施推动学前教育发展的三年行动计划。在规模扩张的同时,党和国家开始关注学前教育质量的提高。2012年正式颁布《3—6岁儿童学习与发展指南》,为学前教育机构及家庭教育做好科学保教、促进幼儿学习与发展的指导。

可以看出,从国际到国内学前教育改革与发展如火如荼。新时期的学前教育对幼儿教师的科研素质也不断提出新的更高要求。新时期幼儿园的教育目标、教育内容、教育的形式与方法、幼儿园教育评价、家园共育等,都需要顺应时代的要求进行改革,幼儿园实践中遇到的许多问题等待广大幼儿教师去研究和解决。我国的学前教育正处在改革与发展的关键时期,同时也处在由传统的学前教育向现代化的学前教育转折的重要时期。我国学前教育改革是否会取得成功在很大程度上取决于广大幼儿教师的改革精神与研究能力。

(三)提高幼儿园教育质量的需要

教育的本质在于培养人。有质量的教育是有效促进人发展的教育,有质量的幼儿园教育是能有效地促进幼儿健康成长的教育。

1.影响幼儿园教育质量的因素

作为育人机构的幼儿园是一个复杂的系统。幼儿园的教育质量受多方面因素的影响。总体来看幼儿园教育质量受内部因素和外部因素的影响。从幼儿园外部环境来看,国家的教育方针,学前教育的相关政策法规,各级政府对学前教育的重视程度,幼儿园所处地域和社区的社会状况,相关的社会团体与组织,幼儿家庭与家长的状况等都会对幼儿园的教育质量产生影响;从幼儿园内部因素来看,幼儿园的教育质量会受到幼儿园的硬件设施条件,以及多方面的软件建设条件的影响。软件建设条件具体包括幼儿园的管理与保教队伍、管理水平、办园宗旨、保教活动、教育研究与改革等。以上因素相互联系、相互作用,并在幼儿园的运转中起着相应的作用。其中,幼儿园教育研究在幼儿园教育质量的保障体系中起着基础性保障作用。

2.幼儿园教育研究是幼儿园教育质量的基础性保障

信息时代背景下,幼儿园的教育研究是幼儿园教育质量至关重要的影响因素。首先,幼儿园教育研究利于引导办园方向。国内外幼儿园改革与发展迅速,几乎是瞬息万变,令人眼花缭乱。通过幼儿园科学研究,可以帮助人们透过纷繁复杂的幼儿园教育活动现象抓住幼儿园教育发展的大趋势,树立有时代特点的幼儿园教育观,科学确立幼儿园的办园宗旨,避免幼儿园教育活动偏离方向。第二,幼儿园教育研究有利于幼儿园有效落实国家发展学前教育的方针政策。通过幼儿园教育研究,会加深对国家的教育方针、学前教育政策法规的理解,并使国家的学前教育政策法规得以切实的贯彻和执行。第三,幼儿园教育研究有利于及时研究解决幼儿园教育中的困难问题。幼儿园教育研究的针对性强,主要解决教育实践中存在的问题和难题。通过研究可以找出问题的原因,提出系统的解决问题的方法策略,改进工作方法,促进教育与教学活动质量的提高。例如,某教师发现本班部分幼儿交往能力较差,他们不知道如何与其他小朋友相处,经常出现一些矛盾纠纷,破坏了活动秩序,同时也威胁到了幼儿园的安全。该教师有较为强烈的研究意识与能力,针对这一情况,教师做了深入调查,找出了原因,并提出了系统的解决问题的措施。教师有意识地为幼儿提供更多的交往机会,指导他们学习和运用交往的技能,经过一段时间,幼儿的交往能力有了明显的提高。教师将保教实践与研究结合起来,既解决了现实存在的问题,也推动了教育质量的提高。总之,幼儿园教育研究有利于幼儿园明确办园方向,落实教育政策,克服教育困难,同时有利于充分发挥幼儿园各种资源的效能,最大限度地提高幼儿园的保教质量。因此,幼儿园教育研究是幼儿园教育质量的基础性保障。

(四)促进教师业务水平提高的需要

百年大计,教育为本,教育大计,教师为本。幼儿园的发展从根本上来讲要靠高素质、专

业化的幼儿教师队伍,而教师专业素质的发展主要靠自主的成长。

1. 时代需要专业化的幼儿教师

随着时代的发展,信息化社会对幼儿园教育提出了许多新的要求,同时对幼儿教师的素质也提出了专业化的要求。伴随着人民生活水平和文化水平的提高,广大幼儿家长也更加强烈地要求高质量的幼儿园教育。当前,"入园难,入园贵"现象突出。老百姓这里所说的"园"实际指的是"优质幼儿园"。大力发展幼儿园,加强幼儿园教育改革,不断提升幼儿园教育质量,不断扩大优质幼儿园教育资源,是解决学前教育这一民生问题的根本途径。优质的幼儿园要依靠高水平、专业化的幼儿教师团队集体打造。专业化幼儿教师需要有全面的专业素质条件,要具备较高水平的专业情意修养与教师职业道德,具备系统的文化与专业知识体系,具备全面的幼儿园教育能力与技能。然而,目前我国幼儿教师队伍数量不足,素质不高,分布不均衡,教师整体的专业素质亟须提高。

2. 教研是幼儿教师专业自主发展的根本途径

学习化社会需要会自主学习的人。在职幼儿教师的专业发展,主要靠自己的自主学习和自主发展。然而,许多将教师置于被动地位的专业培训成本高,与岗位工作相冲突,理论脱离实际,缺乏针对性,教师积极性不高,对教师的专业发展促进不明显,导致培训缺乏实效性。这一矛盾如何解决?幼儿园教育研究是幼儿教师专业自主发展的根本途径。幼儿园教育研究以幼儿教师为主体,以教师在教育活动中遇到的问题为研究课题,研究活动所得到的信息均与他们的工作与学习紧密相关,只要方法得当,不会出现理论脱离实践的现象。教师的研究解决的是自己教育中的现实问题,成功的教育研究会激发教师学习研究的积极性。在岗进行教育研究,相对于脱产进修学习来讲成本低,不影响岗位工作。在教育研究活动中,教师的专业水平会在不知不觉中得到明显的提高。更可贵的是在幼儿园教育研究中教师的发展是一种自觉的、自主的发展,是终身的、可持续的发展。

二、幼儿园开展教育研究的可能性

通过以上分析我们了解到,幼儿园开展教育研究是信息时代的客观要求,是推进幼儿园教育改革、提高幼儿园教育质量和发展幼儿教师专业水平的需要。有效开展幼儿园教育研究意义重大。但是,在当前形势下普遍开展幼儿园教育研究是否具有可能性,我们做以下分析。

(一)国家高度重视幼儿园教育研究

学前教育成为国际竞争的焦点之一。从世界范围来看,二战以来世界风云变幻,国际竞争加剧,学前教育也成为国际竞争的焦点之一。从国内来看,自改革开放以来,我国实行对外开放政策,加强国际间的学术文化交流,积极学习国外先进的学前教育思想与理论,积极参与国际学前教育的竞争,不断推动幼儿园教育的改革。

学前教育成为我国的一项重大民生问题。随着人民对高质量幼儿园教育需求的迅速增长,发展相对滞后的我国学前教育领域出现较为严重的矛盾,"入园难,入园贵"成为公众舆论的焦点。自2010年第四次"全教会"以来,国家高度重视学前教育的发展。发展学前教育成为整体教育改革的突破口。

国家为幼儿园进行教育研究提供了广泛的支持。为了发展学前教育,国家出台了一系列的相关政策,从中央到地方增加学前教育的投入,完善幼儿教师的三级培训体系,增加对学前教育"师训"与"干训"的投入,加大对幼儿教师、幼儿园园长培训的力度,提倡幼儿园积极开展园本教研活动,加强教研部门、高等院校与幼儿园的联系,通过以中心幼儿园为核心的"连片互动"教研、"城乡结对"帮扶等方式,加大对幼儿园开展教育研究的专业引领。这些都为幼儿园开展教育研究提供了有效支持,为幼儿园有效开展教育研究创造了有利条件。

(二)科研兴园成为共识

学前教育的职能随着学前教育的发展几经变换。随着工业化的发展,职业妇女的增加,为了使得妇女的劳动得以解放,解除她们的后顾之忧,学前教育机构逐渐在工业发达国家和地区出现,当时幼儿园的主要职能是看护和照顾婴幼儿。到了19世纪初期,以欧文的幼儿学校为代表,幼儿园开始重视对幼儿进行知识文化的教育,传递知识文化成为幼儿园教育的重要职能。目前,"小学化""成人化"幼儿园的主要职能亦是如此。20世纪末以来,强调幼儿全面和谐发展,促进幼儿全面发展,培养好奇心,养成良好学习习惯成为幼儿园的重要职能。

学前教育面临新世纪教育改革的挑战。新世纪我国学前教育发展面临重大机遇期,同时也是幼儿园教育改革的关键期。随着计算机信息技术和网络技术的发展与日益广泛应用,自20世纪80年代以来,人类快速进入信息化社会,新的社会对人提出了许多新的要求。在世界教育改革的大潮中,我国也非常重视学前教育的变革,2001年颁布的《幼儿园教育指导纲要(试行)》就体现了新时代对学前教育的新要求。新纲要和《3—6岁儿童学习与发展指南》倡导21世纪学前教育的新思想与新方法,目的在于指导我国的学前教育向符合时代要求的方向发展。但是,目前我国的幼儿园教育还存在许多不适应时代发展的问题。"小学化"的幼儿园教育还比较普遍,"放羊式"幼儿园教育思想有所抬头。这些思想观点严重影响了幼儿园教育政策的决策和幼儿园的教育活动,危害幼儿的健康成长。改变这一现状的一个重要方法就是在幼儿园和幼儿教师中间大兴教科研之风,积极开展幼儿园教育研究。

教科研成为幼儿园兴盛的重要基础。在许多优秀的幼儿园"科研兴园"已经成为大家的共识。幼儿园的兴盛与发达有丰富的内涵。首先,幼儿园的管理与教育水平高,服务质量好。具体讲教育指导思想正确,教师素质水平高,教育方式方法科学有效,广大幼儿得到理想发展,同时为家长提供周到满意的服务等。第二,幼儿园生源与幼儿园经费充足。生源数量合理,不太多也不少,符合《幼儿园工作规程》和《幼儿园管理条例》的要求,经费有保障,教职员工待遇合理。第三,幼儿园硬件设施条件能较好满足幼儿园的各项活动需要,适合幼儿生活与活动等等。以上三项内涵中第一项是最为核心的幼儿园兴旺标志。幼儿园要提高教育质量和服务水平,改善目前较为落后的现状,就必须进行幼儿园改革。成功的教育改革建立在成功的教育研究的基础上。幼儿园教育研究一方面可以解决改革中的问题,同时会促进教师专业水平的提高,从根本上解决幼儿园的改革与发展问题。

在"科研兴园"观念的指导下,许多幼儿园高度重视幼儿园的教育研究,从思想观念、组织制度、环境条件、活动开展、专业引领、文化氛围等多方面对幼儿园的教育研究予以保障,这无疑对幼儿园教育研究会起到积极推动作用。

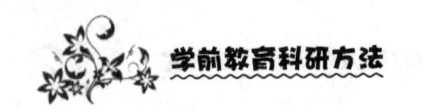

（三）幼儿园重视园本研修

幼儿教师的专业成长有多种路径，比如：师范学校的学习、各种形式的培训、同事之间的交流、专家名师的引领、自主的学习等。每一种途径都有自己的优势与缺陷。现实中，教师通常是通过综合采用多种途径来提高自己的专业化水平的。除了以上这些教师专业发展的途径外，还有一种非常重要的途径就是幼儿园的园本研修。

园本研修是幼儿教师专业成长的基本途径。通过以园为本的幼儿园教育研究活动促进幼儿教师专业发展的进修活动即园本研修。园本研修的最终目的是促进幼儿教师的专业发展，研修活动基于幼儿园的实际，幼儿园是研修活动的主要场所，主要的进修方式就是幼儿园的教育研究。

园本研修有许多优势。第一，不影响岗位工作。幼儿园在岗教师的工作岗位"一个萝卜一个坑"，脱产学习进修会有一些困难，影响岗位工作，园本研修可以避免这一情况。第二，成本低。不需要付出太多的培训费用，将工作与研修融为一体，也可以节约时间成本。第三，针对性强。研修的内容与工作中的问题紧密结合，符合研修者本人的特点。第四，积极性高。研修者处于主体的地位，解决的是自己需要解决的问题，所以整个活动中研修者是自觉的和充满兴趣的。第五，效果好。园本研修目的明确，研修内容富有针对性，研修者积极参与，在条件具备和组织良好的情况下通常会收到好的效果。

园本研修活动受到许多幼儿园的重视。正因为园本研修有这么多的优势，许多幼儿园在员工数量有限和培训费用短缺的情况下积极开展园本研修，并把园本研修作为构建专业化教师队伍的基本途径，组织教师开展园本研修活动，对教师们的研修活动给予多方面的支持。

（四）教师队伍的专业化水平逐渐提升

传统的观念认为科研是科研工作者才能做的事情，跟一般的教师没什么关系，一般教师也不会进行科研。但从世界学前教育发展与我国学前教育改革的要求来看，幼儿教师的角色需要进一步转变，幼儿教师队伍的素质也在不断地提高，幼儿教师开展教育研究的条件逐步成熟。

研究者成为当代幼儿教师的新角色。幼儿园教师的角色几经变化，起初托幼机构以保育为主，幼儿教师只需要身体健康，爱幼儿，有耐心，会护理就可以胜任，不需要多少文化，也不需要经过长时间的严格专业训练，每日做的就是简单而又琐碎的保育工作，幼儿教师更多的是保育员的角色，即"保姆"的角色；1816年英国空想社会主义者欧文创办幼儿学校，开始关注幼儿的文化学习；1840年德国学前教育家福禄贝尔创办了世界上第一所幼儿园，重视利用恩物，通过游戏、作业等方式促进幼儿快乐健康地成长，幼儿教育逐渐走向专业化。此后幼儿教师的培养与培训受到了一定的重视，幼儿教师的职业开始逐步向专业化方向发展。目前，幼儿园教育正走向高度的专业化。幼儿园教育涉及学科领域广泛，与生理学、教育学、心理学、社会学、卫生学、艺术，以及其他相关的自然科学与人文社会科学等学科领域密切相关。幼儿园的管理及幼儿园的工作也涉及保育和教育两个方面，相对中小学工作来讲涉及的工作范围更广，因此也就更为复杂。只有专业化的幼儿教师才能较好地胜任当前的幼儿园工作。幼儿园教师不但要经历长期而严格的专业训练,具备一定的专业知识与技能,而且还要具有一定的幼儿园教育研究能力,只有这样才能适应学前教育改革的新形势。

幼儿教师的整体素质在不断提高。由于历史的原因,目前我国幼儿教师队伍数量不足,水平不高,队伍不稳。尤其在一些中小民办幼儿园、农村幼儿园,这一现象严重存在。但是,随着幼儿园教育这一民生问题的凸显,国家对幼儿园教育的重视程度不断提高。从2010年全国第四次教育大会之后,我国学前教育的发展开始走上快车道,在教师队伍建设方面国家也采取了一系列的措施,许多地方对幼儿教师的学历水平提出了具体的发展目标。比如,陕西省规划到2020年幼儿教师学历的本科率要实现25%的目标。各级政府加大对学前师范教育的投入,加强幼儿教师的培养与培训。在幼儿教师的培养方面,扩大学前教育专业的规模,提高专业教育质量。陕西等地开始培养定向免费学前师范生,吸引优质生源。在幼儿教师的培训方面,国家、省、市、县下大力气大面积开展各级各类的幼儿教师培训,并积极倡导园本培训。

由此可见,我国幼儿教师队伍的现状将会在不久得到明显的改善,各级各类幼儿园都将会成长出一批具有一定研究能力的骨干教师,幼儿园教育研究活动将会在许多幼儿园有效地开展起来。

(五)信息化条件不断完善

在人类进入信息化时代之前,与科研相关的信息被部分科研工作者所垄断,一般教师缺乏教育研究的基本信息条件。在信息化水平快速发展的今天,广大幼儿教师获取信息的条件大为改善,计算机网络在幼儿园及家庭逐步普及。随着网络通讯技术,尤其是移动网络通讯技术的发展与普及应用,教师可以随时随地获得所需要的信息,这样,就为广大幼儿教师提供了方便而又巨大的信息资源,为幼儿教师提供了良好的教育研究的信息条件。

目前,我国幼儿园年轻教师的比例较大,他们是被信息化了的一代,大多有一定的信息素养,当这一素养与幼儿教师的教育研究能力恰当地结合在一起,将会极大地促进幼儿园的教育研究工作。

综上所述,新的形势下国家高度重视学前教育研究,"科研兴园"成为共识,园本研修受到广泛重视,幼儿教师的专业化水平和研究能力不断提高,幼儿园教科研的信息化条件不断完善,这些都为幼儿园教育研究的有效开展准备了基本条件,为幼儿园教育研究在全国范围内逐步开展提供了可能性。

第二节 园本教研

园本教研是幼儿园教育研究的基本形式,是富有效益且现实可行的研究形式。开展好园本教研活动,需要对园本教研的基本概念、原理和方法有所了解和把握。下面我们从园本教研的含义、特点与类型,园本教研的意义和园本教研的实施等方面,对园本教研活动进行一些探讨。

一、园本教研的含义、特点与类型

（一）园本教研的含义

1. 园本

要搞清"园本教研"的含义，首先要明确"园本"的概念。"园本"的概念源自于"校本"，而"校本"的概念源自于西方，英文是："school-base"。20世纪中叶英美等西方发达国家在教师教育、教育研究的方式上进行了一些改革，强调中小学校和中小学校教师在教师教育和教育研究中的作用。高等师范教育与中小学合作培养师范生，中小学教师的培训重视中小学校自主开展的培训，这样，在一定程度上解决了师范生实践能力差，教师培训中理论脱离实际的问题。20世纪60年代前后，在英美等国"教师即研究者"的运动兴起，中小学教师"研究者"的角色逐步被广泛重视。当时人们认为没有教师参与的教育研究成果就没有办法有成效地运用到教育实践中去。斯腾豪斯认为："如果没有得到教师这一方面对教育研究成果的检验，那么就很难看到如何能够改进教学，或如何能够满足课程规划。如果教学要得到重大的改进，就必须形成一种教师接受的，并有助于教学的研究传统。"[1]总之，教师教育和教育研究等强调基于中小学，即以校为本，简称"校本"。

我国对"校本"的重视起始于20世纪末期。1999年6月第三次全国教育工作会议对校本课程进行了强调，规定学校课程在中学阶段可以占到总课时量的16%。2001年教育部颁发《基础教育课程改革纲要（试行）》，规定："为保障和促进课程适应不同地区、学校、学生的要求，实行国家、地方和学校三级课程管理。"从此以后，"校本"的概念在我国迅速普及开来。

随着幼儿园教育改革的发展，"校本"的概念逐步被移植到了幼儿园教育，自然地被称为"园本"。园本的基本含义为"基于幼儿园"，"以幼儿园为本"之意。基于这一概念，人们习惯性地将凡是"基于幼儿园"的各项幼儿园教育活动冠以"园本"二字，比如，园本教研、园本培训、园本课程等。

2. 教研

人们对"教研"有多种理解。有的理解为"教育研究"，有的理解为"教学研究"，有的理解为"课堂教学研究"等。从范畴角度来看，"教育"包含"教学"，"教学"包含"课堂教学"。"教育"内涵涉及面广，包含一切教育的现象、问题与规律。"教学"仅指教育活动中"教"与"学"的活动。"课堂教学"仅指在课堂上进行的"教"与"学"的活动。所以，对"教研"理解的关键在于对"教研"中"教"的理解。

我们认为，"教研"可以分为广义、狭义和更狭义的三个层次的概念。

广义的教研，指教育研究活动。就中小学、幼儿园来讲，在其范围内所有关于教育的研究都是"教研"，比如，教育管理研究、课程研究、教学研究、德育研究等。

狭义的教研，指教学研究。其主要研究教师的教学活动与学生的学习活动。教学活动

---

[1] 郑金洲. 校本研究指导[M]. 北京：教育科学出版社，2002.

包括课堂教学和课堂以外的其他形式的教学活动,比如,现场教学、个别教学等。

更狭义的教研,指对课堂教学活动进行的教研。在幼儿园主要指对集体教学活动进行的研究。

人们通常理解的"教研"主要指狭义教研的理解。中小学、幼儿园开展的核心活动就是教学活动,进行教学研究的教师在学校或幼儿园占多数,所以教育研究的核心内容就是教学。更多的人把"教研"理解为"教学研究"。教学活动有多种组织形式,比如,课堂教学、现场教学、小组教学、个别教学等。所以,课堂教学只是教学活动的一种形式,将"教研"仅仅理解为"课堂教学"研究有过分狭隘之嫌。在幼儿园仅仅研究幼儿班级的集体教学而忽视其他的游戏、活动等的研究,对幼儿园"去小学化"的教育改革甚或是有害的。

3. 园本教研

通过以上分析,我们总结出园本教研的定义:

园本教研,是指为了促进幼儿园发展,基于幼儿园,以幼儿园为本,针对幼儿园自身的教育问题,尤其是幼儿园的保育和教育问题,主要以幼儿园工作人员为主体,通过一定的研究方式与方法取得研究成果,并直接应用于幼儿园教育工作的教育研究活动。

理解园本教研的含义需要关注以下几个要点:

第一,基于幼儿园,以园为本。这是园本教研与其他幼儿园教育研究的根本区别点。园本教研活动研究的问题,主要是来自于幼儿园教育实践中所出现的需要解决的问题,根本目的是为了促进幼儿园的发展,提高幼儿园工作人员业务素质水平,提高幼儿园的保教质量。所以,园本教研活动研究的问题主要是幼儿园各项工作中的实践问题,而不是学前教育的理论问题,主要是应用研究,而不是基础理论研究,即基于幼儿园实际的工作研究,以幼儿园为本位的幼儿园问题研究。园本教研的核心问题是幼儿园的保育和教育问题,保教问题的研究是园本教研的重点内容。

第二,园本教研的主体是幼儿园工作人员。从广义园本教研的角度理解,园本教研的主体指幼儿园工作人员,具体包括园长等幼儿园领导、管理人员、教师、保育员,以及其他岗位的工作人员。从狭义的角度理解,主要指的是幼儿园教师。我国幼儿园工作强调"保教结合",这里的幼儿教师包含保育员在内。园本教研不排除教育专家名师等专业研究人员的参与,但是主体一定是以幼儿园的教职员工为主,否则就不能称其为园本教研。

第三,要通过一定的研究方式与方法。园本教研不像教育研究工作者进行的教育研究,强调高度的专业化与规范化。但是,为了提高园本教研的效能,保证园本教研科学而高效,也需要讲究一些研究的方式与方法,比如:观察法、经验总结法、调查法、个案研究法、行动研究法等。

第四,研究成果直接应用于幼儿园工作。园本教研融于幼儿园工作中,解决的是幼儿园自身工作的问题,研究的许多问题是幼儿园的个性化问题,因此,研究的成果直接应用于幼儿园的实际工作,一般不涉及在更广泛的范围内的宣传与推广。

(二)园本教研的特点

园本教研的特点是指园本教研与其他教育研究相比较独特的地方。以往从事学前教育或幼儿园教育研究的人主要是教育研究的专业人员,开展研究活动的特点是专业化和理论

化。与专业化幼儿园教育研究活动相比较,园本教研的特点主要表现在以下几方面:

1. 以实践改善为目的

园本教研与专业化的幼儿园教育研究相比较,首要的区别就是研究的目的不同。园本教研的主要目的在于改善实践,而专业研究人员进行的幼儿园教育基本理论研究的目的在于发展相关的理论。幼儿教师开展的园本教研的主要目的是解决自己工作中的具体问题。比如,如何有效解决新入园幼儿的分离焦虑问题,如何有效组织管理幼儿班集体,如何做好大班额教育中的个性化教育等等。类似这些问题是幼儿园实践中教师常常会遇到的实际问题。由于实践中问题的复杂性,单凭现有的一些理论或他人的一些经验往往解决不了问题。幼儿教师积极参与园本教研的动力,主要来自于解决自己工作中面临的实际问题的需要。因此,开展园本教研活动的目的不能偏离幼儿教师教育实践的改善,否则,园本教研活动将无法顺利开展。

2. 以幼儿教师为主体

从研究主体角度看,园本教研活动主要以幼儿教师为研究的主体。园本教研是以解决教师自己教育活动中的实际问题为目标,所以研究问题的发现,研究活动的开展,研究成果的形成与研究成果的应用等研究活动环节,多以幼儿教师为主体。幼儿教师结合幼儿园实际开展研究工作,以自己的研究表达方式来进行表达,自然地应用到幼儿园的教育工作中去,有针对性地解决问题。当然,由于幼儿教师工作及自身科研修养的限制,园本教研中难免会遇到一些困难,需要专家名师的指导与帮助。但是,专家名师无法代替幼儿教师在园本教研中的主体地位。否则,园本教研将不成为园本教研,演变成为专业研究人员的专业研究。如果这样,幼儿教师要解决的实践问题不一定能够得到有效解决,而且不利于幼儿教师的专业自主成长。所以,园本教研活动中教师的主体地位必须得到保障。

3. 以实践问题为内容

从研究内容的角度来看,园本教研所研究的问题主要来自于幼儿园面临的实际教育问题。幼儿园教育问题涉及面广,大的方面包括:幼儿园的管理问题、幼儿园保教问题、幼儿园与家庭、社区的关系处理问题等。具体来讲,幼儿园管理涉及幼儿园与教育行政部门的关系处理问题,幼儿园办园宗旨的研究和确立,幼儿园组织的科学建立,幼儿园管理制度的建立与完善,幼儿园的卫生保健工作管理,幼儿园的保教工作管理,幼儿园的总务后勤工作管理,幼儿园教师队伍建设,幼儿园的文化建设等;幼儿园的保教工作具体涉及的问题也很多,比如,教师保教常规工作能力的发展与习惯的养成,幼儿园班级管理,保教活动的设计与实施,幼儿园教育资源的开发与利用,幼儿园保教工作评价,保教工作的改革等;在幼儿园的"三结合教育"方面也有许多问题需要研究,比如,家园沟通,家园共育,充分发掘和利用社区教育资源等。

4. 在实践情境中研究

从研究场所来看,园本教研不是在实验室或办公室里,而是在幼儿园活动的实境之中。园本教研要解决的是某幼儿园、某班或某位教师所面临的具体问题。研究解决这些问题,除了通过文献法、参观法等相关的理论与他人的经验外,更重要的是教师在教育实境中,带着问题,不断地观察、分析、实践、反思与总结。只有这样,园本研修才会有针对性,研究的成果才会对实践改善有价值。园本教研要避免一味通过文献资料在办公室里闭门造车。

5. 以质性研究为主

幼儿园开展的园本教研与专业化的教育研究在性质与方法上也有区别。专业化的教育研究要求研究者有较强的规范化研究能力，能进行规范化的观察、调查、实验等，进行复杂的测量统计与分析，能撰写高质量的研究报告与论文，研究的成果在理论与实践上有创新性等。对一般的幼儿园工作者来讲大多不具备这样的研究能力。如果以专业化的研究水平要求广大幼儿教师，那么园本教研将无法开展。园本教研以质性研究为主，通常不需要进行复杂的实证量化研究。研究的方法主要有：观察法、经验总结法、文献法、行动研究法等，尤其是行动研究法是园本教研的主要方法。

6. 成果表达方式多样化

从研究成果的表达方式来看，专业化的教育研究的成果表达方式通常是研究报告与论文，而园本教研的成果表达方式较为灵活多样。调查发现，广大教师喜欢看一些真实的、生动的、操作性强的教育类文章。而一线的教师生活、工作在火热的教育实践中，他们有丰富的、活生生的教育实践经历、经验与感受，他们更擅长撰写真实生动、形式多样的文章。园本教研的成果表达方式主要有：课例、案例、教育叙事文章、经验总结、研究报告、论文等。实践中，许多地方政府和幼儿园单以论文的数量来评价幼儿园或幼儿教师的教研成果与水平的做法有失偏颇。

总之，园本教研具有以实践改善为目的，以幼儿教师为主体，以实践问题为内容，在实践情境中研究，以质性研究为主，成果表达方式多样化等方面的特点。深刻认识这些特点，在实践中与专业化的幼儿园教育研究相区别，根据幼儿园的需要，以及幼儿园与幼儿教师的特点，开展真正的园本教研活动。只有这样，才能使广大的幼儿教师积极地参与到园本教研中来，使园本教研取得实质性的效果。

（三）园本教研的类型

20世纪末以来，在我国的园本教研实践中，出现了多样化的园本教研类型。对园本教研类型的研究有利于人们对园本教研更加全面深刻地了解，有利于幼儿园灵活、多样、创造性地开展园本教研活动。园本教研从不同的角度可以划分为不同的类型。下面就从园本教研的研究主体、研究领域、研究方式、研究层次等方面来加以分类。

1. 按研究主体分

从园本教研参研主体的角度划分，园本研究可以分为合作教研和园内教研。

合作教研，指以幼儿园教师为主要研究主体，与幼儿园以外单位的人员合作开展的园本教研活动。幼儿园以外的单位包括教育专业研究机构、高等院校、政府机关、民间团体和其他的幼儿园等。比如，幼儿园在教研部门、高等院校名师专家指导下进行的教研，或与其他幼儿园"联片互动"开展的教研，或在"结对帮扶"之间开展的教研活动等，都属于合作教研。以合作教研具体合作方式的不同，合作教研又可分为辐射教研和联片教研。辐射教研是指以某一优质幼儿园为核心辐射带动其他幼儿园进行的教研活动。联片教研是指某一地域几所临近的幼儿园平等合作开展的教研活动。合作教研的优势在于参与的单位多，专业引领资源丰富，便于实现专业互补与互通有无。这种类型的教研，尤其对于教研基础比较薄弱的

幼儿园,有效开展园本教研活动,提高教师的专业水平非常有利。其不利之处在于合作教研的组织较为困难,需要制度、经费等的保障。

园内教研,是指以园内教师为主要研究主体,没有外单位人员参与的幼儿园教研活动类型。园内教研根据参与人数又可分为:全园教研、小组教研和个体教研。全园教研是指幼儿园所有教师都参与的教研活动。此类教研研究的问题往往会涉及整个幼儿园,或者整个幼儿园普遍存在的问题。比如:幼儿园办园模式改革研究、幼儿园课程改革研究等,类似这些教研课题涉及幼儿园多个部门和所有教职员工,需要整合全园的力量参与研究。小组教研是指幼儿园内某一级组织,或合作共同体开展的教研活动。比如:年级组、领域组、早班组、晚班组、某研究课题组等。个体教研是指单个人开展的园本研究活动。另外,按照园内参研主体间的关系可以分为骨干引领教研和同伴互助教研。幼儿园可以根据幼儿园的实际情况合理地选用各种园内教研形式。

2. 按研究领域分

从园本教研内容的角度划分,园本教研可以分为专题教研和常规教研。

专题教研就是为了解决幼儿园某项重点或难点问题,以该问题为研究课题,以课题研究的形式进行的教研活动。常规教研指的是对日常的幼儿园教育活动进行的研究。常规教研利于保障幼儿园常规工作的科学有效开展。幼儿园的工作可以分为幼儿园的管理工作和幼儿园的保育和教育工作。所以,幼儿园的教研包括管理教研和保教教研。管理教研是指以幼儿园领导、管理人员或教师为主体,对幼儿园管理、班级管理等幼儿园教育管理问题进行的研究。保教教研是指以幼儿园教师为主体,针对幼儿园保育、教育问题进行的教育研究活动。幼儿园承担着保育和教育幼儿、服务家长的双重任务。幼儿园的核心工作是保育和教育工作,而良好的幼儿园管理是幼儿园保教工作顺利进行的保障。所以,幼儿园在重视保教教研的同时,还要重视管理研究,以保证幼儿园的管理与保教工作均衡发展。

3. 按研究方式分

从园本教研方式的角度划分,园本教研可以分为现场教研和网络教研。

计算机网络技术为园本教研提供了新的途径,幼儿园教师可以通过网络来进行教研,即网络教研。现场教研指教师在现场面对面开展的幼儿园教研活动。基于网络技术的网络教研可以突破时间与空间的限制,为广大幼儿园教师在更加广泛的范围内,更灵活地开展幼儿园教研活动提供了条件。但是,网络教研现场氛围营造困难,不利于教师的情感交流。同时,由于网络的虚拟性、时间的随意性,网络教研活动管理会面临一些困难。现场教研教师们面对面开展活动,有利于教研气氛的营造,便于教师们认知、情感等全面的沟通与交流,组织得当往往会收到较好的效果。但是,由于幼儿园工作的繁忙,统一抽出时间开展教研活动往往会存在困难,同时,与更加广泛范围内的教师进行交流也不甚便利。因此,现场教研和网络教研各有利弊,教研活动中应当尽量综合使用,取长补短。

4. 按研究层次分

按照园本教研的层次划分,园本教研可以分为初级教研、基本教研和高级教研。

刘占兰依据园本教研所具备的核心要素(自我反思、同伴互助、专业引领研修)的多少与程度的差别,以及学习共同体建立与否及其有效性的不同,将园本教研分为初级水平、基本水平和高质量水平三个层次①。依据这一观点可以将园本教研分为初级教研、基本教研和高级教研。初级教研,是指在幼儿园的教研活动中出现了自我反思、同伴互助、专业引领研修要素中的至少两个要素的教研活动;基本教研,是指在幼儿园的教研活动中出现了自我反思、同伴互助、专业引领研修要素,并能围绕着幼儿园保育教育实践问题开展各种研究活动;高级教研是指幼儿园的教研活动中不仅出现了自我反思、同伴互助、专业引领研修要素,而且形成了能有效运作的学习和研究的共同体,使幼儿园获得了不断的自我发展和行为改善的能力。幼儿园的教研活动水平是逐级提高的,不可能一蹴而就。这一分类有助于我们认识园本教研不同的发展水平,并针对具体情况采取措施逐步提升。

二、园本教研的意义

园本教研与以其他学前教育研究不同,园本教研"在本园中,基于本园,为了本园",因此园本教研有其独特的意义。

(一)利于提高研究的针对性与实效性

幼儿园以外的其他研究人员对幼儿园的具体问题不了解或者了解得不多,所以单靠幼儿园以外的专家和名师往往不能非常有针对性地解决幼儿园本身的问题。即使能解决一些问题,也不具备可持续性。园本教研以教师为研究主体,所研究的问题均来自于幼儿园的保教活动或管理活动中所存在的现实问题,以园为本的研究对幼儿园来讲更加富有针对性。园本教研有利于幼儿园现存问题得到科学而有效的解决,相对于其他的学前教育研究来讲更加具有实效性。

(二)利于充分利用幼儿园的研究资源

任何研究都是需要资源的。研究活动的顺利进行需要一定的人力、物力、财力、时间、空间、信息和其他的环境条件。幼儿园本身有许多的研究资源,这些资源以显性或隐性的方式存在着。幼儿园的研究资源需要开发和利用。园本教研的开展有利于充分开发和利用幼儿园的研究资源。园本教研的有效开展会激发教职员工研究的积极性,充分利用有限的时间开展教研活动,同时会提高他们的研究能力。园本教研能使幼儿园现有的图书资料和计算机网络等信息资源被充分地利用。幼儿园重视园本教研,会在物力、财力和其他教研条件方面予以保障。

(三)利于建立学习型教师团队

幼儿园是教育体系中的重要一环,幼儿园的教育活动是专业化的活动,要求从业者要有一定的专业化水平,同时,幼儿园面临着新形势下学前教育改革的问题。所以,在新形势下幼儿园应该建立一支专业化的,善于研究与创新的学习型教师团队。积极开展园本教研是建立学习型团队的重要途径。园本教研也是一种促进教师专业成长的最有效、最经济、最现实的方式,它融入了教师的生活与工作,锻炼教师队伍,提升幼儿园的办学效益。有效开展园本教研有利于提高教师的问题意识、研究能力、团队协作精神,团结广大教师联合攻关,不

---

① 刘占兰.园本教研的基本特征[J].学前教育,2005(5).

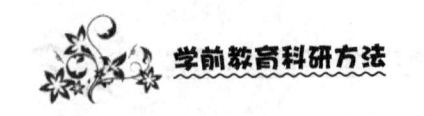

(四)利于提高幼儿园教育的有效性

幼儿园承担着教育幼儿和服务家长的双重任务。幼儿园教育的有效性主要反映在它所承担的双重任务得到了优质高效的完成,即幼儿得到了健康的发展,家长无后顾之忧专心于自己的工作和事业。以上任务的有效完成需要靠科学的幼儿园管理和教育活动。科学的方法与策略来自于科学的教研,否则,不重视教研,遇到问题仅凭自己有限的经验和主观想法简单应对,常会出现方法失当,效果不佳的情况。比如,新入园幼儿"分离焦虑"问题的解决,不进行精心的研究,采取科学的方式,而只是简单的采取恐吓、打骂、欺骗等方法,不但不能很好解决问题,而且会影响幼儿的健康成长。

总之,园本教研活动利于幼儿园有针对性的解决幼儿园保教与管理工作的现实问题,利于幼儿园研究资源充分地开发与利用,利于幼儿园学习型团队建设,利于幼儿园教育的有效开展,进而有利于幼儿教师走研究型教师之路,有助于幼儿园走科研兴园之路。

三、园本教研的实施

园本教研活动的顺利开展要在一定原则的指导下,正确发挥组织领导者的作用,建立相应的组织机构和规章制度,找准教研所探讨的问题,事先进行良好的设计和策划,制定教研活动的方案,确立教研活动的目标和内容、形式与方法,关注实施过程中的各要素和环节。同时,还要求教研主持人要掌握一定的主持策略,能够围绕主题展开多种形式的交流互动,保证教研活动的有序进行。教研活动还需相关专业人员给予必要的专业引领,以此提升园本教研的水平和层次。而且,对教研活动还需要及时反思和改进。

(一)指导原则

开展好园本教研活动需要注意以下基本原则:

1. 系统原则

世间的万事万物都是由多种要素有机构成的系统。系统的整体性要求事物各要素之间要紧密联系,相互协调。园本教研活动同样具有系统性,活动的目标、内容、方式、方法,活动的人员、场所、时间、步骤,以及其他相关的环境条件都需要全面考虑安排得当,否则,会影响活动的顺利进行。因此,开展园本教研活动之前需要认真研究和制定教研活动方案,对活动进行妥善安排,保证园本教研活动顺利有效地开展。

2. 园本原则

强调以园为本是园本教研的最基本特征。强调"在本园中,基于本园,为了本园"。以本园的教职员工为主要研究主体,研究幼儿园自身存在的问题,研究活动主要在幼儿园进行,研究的成果直接服务于幼儿园的工作。坚持园本原则,就要注意避免脱离幼儿园实际的形式化教育研究。园本教研活动中幼儿教师研究的主要问题是幼儿园工作中的实践问题,而不是理论问题。一些地方教育主管部门和一些幼儿园一味要求教师撰写研究论文,并以发表论文的数量作为衡量幼儿园或幼儿教师的教研水平的做法,有悖于园本原则的要求。

3. 人本原则

园本教研的有效开展有赖于广大教职工的积极参与。组织开展园本教研活动需要高度重视以人为本,即以幼儿及幼儿教师的发展为本。强调以幼儿为本就是要注意教研活动的最终目的是要提高保教质量,促进幼儿的健康成长。强调以教师为本就是要注意教研活动以教师为主体,教研活动的目的要符合教师的需要,教研活动的方法形式要尽量符合教师的素养特点与志趣爱好,通过教研活动能够解决教师工作中存在的问题,同时有利于教师专业水平和工作生活幸福指数的提高。

4. 民主原则

民主即人民当家做主。园本教研活动也需要强调广大幼儿园教职工当家做主。园本教研的组织制度建设,教研活动的组织与开展,教研活动的反思与改进等,都应当通过一定的渠道与方式动员教职工广泛、积极、主动地参与。只有广大教职工的广泛参与,园本教研才会更加富有实效性。幼儿园园本教研的组织管理者要坚持民主原则,具有民主管理的思想与作风,能够充分地调动全园教职工参与园本教研的积极性与创造性。

(二)园本教研中园长的作用

传统的观点认为,园长应该是园本教研活动的决策者、领导者和评价者,而我们认为在教研活动中园长更应该是引领者、参与者和支持者。

首先,园长是园本教研的引领者。教师是教研活动的主体,有效的全园教研是建立在有效的小组教研和个体教研的基础之上的。教研的课题主要来自于广大教师,是他们教育实践中存在的实际问题,教研活动如何开展也需要大家参与设计活动方案,而不是园长等组织管理者关起门来闭门造车。否则,所设计的活动方案很有可能不受教师们的欢迎,影响活动的开展以及活动的效果。园长更应该是专业的引领者和教研活动的指导者,从宏观上把握方向,向基层和教师适当放权,激发和调动教师们教研的积极性、主动性和创造性。这就需要园长提高自身的专业素养,提高自己的教科研水平和教科研管理水平。

其次,园长是园本教研的参与者。园本教研活动中,园长是第一责任人,这就意味着园长要为园本教研活动开展的好坏优劣、成功失败负责。搞好园本教研活动需要园长带头参与。只有园长亲自参与进去,才能真正领会园本教研的意义,把握园本教研的精髓;才能真实体会园本教研的乐趣和艰辛;才能了解园本教研存在哪些困难,需要哪些帮助;才能与教师打成一片,与教师共同成长;才能不断反思和改进园本教研,不断提高园本教研的水平和层次。

再次,园长是园本教研的支持者。园本教研活动的顺利开展需要满足多方面的保障条件,比如,组织制度、岗位人员、财力物力、图书网络等信息资源、专业引领力量、活动场地、活动时间等保障条件。这些方面哪一方面存在问题都会不同程度地影响园本教研活动的开展。园长应当高屋建瓴,统筹兼顾,在可能的条件下尽量完善园本教研各个方面的保障条件,为园本教研活动顺利而有效地开展保驾护航。同时,园长还应当高度重视良好的园本教研文化的营造。通过各种途径与方法,逐步形成积极向上、热情参与、互帮互学、共同进步的幼儿园教研文化。

总之,园本教研活动需要大家的广泛参与,需要调动全体教职员工的积极性才能取得好的效果。园长作为园本教研的第一责任人,应当履行好引领者、参与者与支持者的职责,参与其中,引领大家开展活动,并尽最大努力为园本教研活动创造有利条件。

(三)组织制度建设

园本教研的顺利有效开展需要相应的组织制度保障。要设立组织机构,安排岗位人员负责园本教研的组织管理工作。还需要订立相应的规章制度,规范和引导教研活动的开展。

1. 组织建设

教研活动组织是教研工作开展的基本条件。因为教研活动总是依附一定的组织来实现的。园内教研活动组织有三个层次:园长层、教研组层、教师层。

(1)园长层。园长层是决策层。幼儿园可以建立以园长为首的园本教研管理委员会,常务工作可以由业务副园长或保教主任负责。组成人员可以包括园级领导、保教主任等中层领导、各教研组组长等。在园长主持下园本教研管理委员会通过一定的民主管理程序,对教研活动进行整体的规划和设想,负责制定开展教研活动总的思路和方针,负责组织制定在一定时期内的全园教研规划和活动方案,组织完善园本教研的保障条件,并积极参与,引领全园有效开展教研活动。

(2)教研组层。教研组层是教研活动的实施层。小组教研活动主要是通过教研组来开展的。教研组是为教研活动服务的,因此它的规模与类型可以多种多样。比如,年级组、领域组、早班组、晚班组、专题组、课题组等。以上组织形式各有利弊。幼儿园可根据教研活动的需要及本园的实际情况而定。目前许多幼儿园都采取年级组的方式,其好处是组织方便,利于同一年级各领域教育之间的交流,但缺点是不同年级交流不便,不利于各年级之间的衔接。有的幼儿园采取学科组(领域组)的方式,其好处在于同一领域的教师可以相互切磋,资源共享,但是不利于不同领域间的交流与合作等。所以教研组的类型应根据教研活动的需要灵活调整,构建"立体交叉"的教研网络。教研组人数不宜太多或太少,以5~10人为宜,应当设1~2名教研组长,负责教研组活动的组织与管理。教研组长的产生可以由本组教师选举或保教主任提名,报园务会和园长批准。教研组长应当由业务骨干教师担任,要有较高的业务素养和一定的组织管理能力,有较强的责任心和奉献精神,在群众中享有一定的威望。

(3)教师层。教师层是教研活动的执行层。教师是教研活动的主体,教研活动是通过教师的参与得以实现的。教师的自我管理是教研活动中最活跃的因素,教师要增强自己的教研意识与能力,要能够管理好自己的教研工作。幼儿园在制定教研制度、建立教研组的同时,还应关注教师教研活动的自我管理。首先,帮助教师充分认识教研活动的意义。通过学习和教研活动的实践让教师认识到教研活动与保教工作的联系,以及对自己发展的重要意义,在此基础上产生参加教研活动的积极愿望。第二,制订教研计划。要求每位教师根据本园或本班的教研规划和计划,制订出自己的教研计划,使自己的教研活动目的更明确、针对性更强。第三,积极主动参与教研活动。制定教研制度,对教师的教研活动通过制度进行规范和指导。通过一些奖励措施对积极参与教研活动,并取得一定成绩的教师进行表彰与奖励。注意将物质奖励与精神奖励相结合,单项奖励与综合奖励相结合,阶段奖励与终极奖励相结合,逐渐形成多渠道、多层次的立体化奖励系统。第四,及时撰写教研活动的体会或感想。要求教师每次教研活动后,都应将自己的体会和想法及时写出来,不断总结经验,不断提高自己的理论水平。第五,养成自觉遵守教研制度的习惯。组织教师认真学习本园制定的教研制度,并要求自觉地遵守。教研制度一旦制定,就应该坚决执行,维护制度的严肃性,每位教师都应该严格遵守,并在长期的教研实践中养成习惯。

2. 制度建设

教研活动除了要建立相应的组织机构外,还应建立以园为本的教研制度,保障园本教研活动有序、有效地开展。幼儿园应当立足本园实际制定系统完整的园本教研制度体系。比如:《园本教研管理委员会章程》《园本教研活动规范》《园本课程实施方案》《听课说课制度》《教师学习制度》《教师园本教研工作评价细则》《园本教研成果奖励方案》等。另外,在幼儿园的考勤制度、奖惩制度、职务职称评审制度等幼儿园制度中应当包含相应的园本教研的条款。为了保证教研制度的科学性,制定教研制度需要注意以下几方面的问题。

(1) 保证制度的科学性。园本教研与学前教育学、教育科学研究、管理学等学科联系密切。因此,制定园本教研制度需要符合相关学科的要求。教研制度的内容要符合幼儿园保教工作的规律;教研制度体现的教研态度要严谨求实;教研活动规范要符合教育科学研究活动的一般步骤与方法要求;制度的制定要符合常规管理的一般要求。

(2) 充分体现实效性。为了确保教研活动的实效性,制定什么制度要从实际需要考虑,避免制定多余繁琐的制度,杜绝在制度建设上的形式主义。教研制度内容要简明、具体、可操作、可评价。比如,听课制度,不仅要明确听课的次数,还要提出听课的方式方法要求,以及对所听课进行分析、评价、反馈等方面的要求,以取得更好的效果。

(3) 与其他制度相协调。教研制度是幼儿园整个管理制度体系中的组成部分,因此教研制度的制定要与幼儿园整体管理制度相互协调与配合,避免相互矛盾冲突的现象。比如,图书室与计算机房的管理制度要利于教师开展教研活动时方便地获取信息;幼儿园的财务管理制度要合理安排园本教研活动的资金预算。同时,园本教研制度的制定也要充分考虑幼儿园的财务制度与资金状况;考勤制度纳入园本教研的内容以保证活动的正常开展;奖惩制度要包含园本教研的有关条款,会对教职员工参加教研活动起到激励或惩戒的作用等。总之,教研制度是幼儿园管理制度的子系统,它必须与整个系统相一致,只有这样才能有效发挥作用。

(四) 方案制定

"凡事预则立,不预则废"。备好课是上好课的前提,同样制定好园本教研活动方案是开展好园本教研活动的前提。园本教研活动方案是开展园本教研活动的蓝图。在开展园本教研活动之前必须认真制定活动方案。方案的制定是一件非常专业而严肃的事情,需要以专业化的态度来对待,不可等闲视之,随意杜撰。制定园本教研方案,首先要从幼儿园的实际出发进行问题诊断,确定教研活动的目标与内容,选择活动的形式与方法,安排活动的时间与步骤,在此基础上撰写出周详而可行的园本教研活动方案。

1. 明确教研问题

园本教研活动是为了解决幼儿园的实际问题，围绕问题来开展的。因此，制定方案之前最为要紧的是要找准问题。

(1) 理性面对幼儿园的问题。经常会听到许多幼儿园领导说幼儿园存在太多的问题。的确是这样，我国学前教育的发展起步较晚，欠账较多，即使是城市里的省级示范园也会存在不少问题。问题多是一种客观存在，需要正确面对。一是不回避矛盾。要承认现实，直面问题。二是不急躁。不要幻想一夜之间解决所有问题，那样的现象不可能出现。三是理性面对。冷静对待幼儿园的一系列问题，承认现实，不急不躁，理清问题，找出症结，统筹兼顾，系统解决。

(2) 园本教研的问题来自于幼儿园的实际。科研课题的确定应立足本园，服务实践。课题就是问题，就是幼儿园管理活动和保教实践中需要去认识、去解决的问题。选题既是科研的起点，又是科研成败的关键。整个科研过程就是提出问题、解决问题的过程。因此课题的选择，首先应注意课题要立足于本园的实际，将课题研究与保教改革相结合。即从自己幼儿园所面临的问题入手结合保教改革进行研究。第二，课题一定要有实践意义。所研究的课题应使问题得以解决，有利于促进幼儿教育改革发展和幼教质量的提高。但是实际工作中，大部分的幼儿园教师所研究的课题未必是从本园实际出发，园领导大多是根据上级行政部门或教研部门下达的课题，让教师进行对号入座开展研究；有的幼儿园选择课题是一味跟潮流、赶时髦；有的园选择课题围绕立项转等。这种不从幼儿园实际出发，为教研而教研的状况亟待改变。园领导应树立"课题必须从保教实践中来"的观点，立足本园实际，结合保教改革组织教师对保教实践中存在的问题开展研究，通过研究，解决实际的问题，这样的课题研究才有意义，才能促进保教改革的进程。

园本教研问题有一些具体的来源渠道。第一，幼儿园发展中由来已久长期存在的问题与缺陷。比如，师资队伍专业化水平不高、队伍不稳的问题，幼儿园教育"小学化"的问题等。这些问题根源复杂，一时难以解决。第二，幼儿园当前所面临的突出问题。比如，安全问题，保教质量问题，幼儿园文化风气问题等。第三，幼儿园的特色定位和已有传统的研究。通过研究明确幼儿园的定位，发掘和发扬优良传统。第四，幼儿园成功经验的总结和提炼研究，使经验物化和升华。第五，应社会发展和教育改革进行的研究。比如，围绕《幼儿园教育指导纲要(试行)》《0—6岁儿童学习与发展指南》等幼儿园教育改革性文件的落实，而开展的相关问题的研究，就幼儿园区角建设及相关教育活动开展的研究等。

总之，园本教研的课题来自于幼儿园实践，应通过多渠道积极地去探寻。

(3) 研究问题的前提是理清问题。首先，要广泛而系统地搜集问题。幼儿园问题的出现是由于较为广泛的范围内不同要素之间的矛盾造成的。幼儿园的问题会涉及园内各方面关系的处理，以及幼儿园与幼儿家庭、社区、政府部门之间关系的处理等。因此，寻找和搜集问题的面要广泛，内容要系统。搜集问题根据需要可以选择理论的角度和现实的角度。如果需要对幼儿园存在的问题进行全面系统的诊断，建议选择理论的角度。从大的方面看，幼儿园的问题可以分为"园外"和"园内"两大领域。园外领域具体问题涉及幼儿园的自然条件与社会条件，相关部门的政策与管理，幼儿家庭的状况，社区各方面的情况。园内领域具体问题涉及幼儿园的硬件条件和软件条件。硬件条件的问题具体涉及幼儿园的建筑状况、建设布局、设备状况等。软件条件的问题具体涉及幼儿园的组织制度建设、办园宗旨、保教队伍、安全卫生、保教工作、总务后勤、文化建设等。从理论的角度寻找问题的优势以便全面系统地把握问题,但不可能一下子解决所有的问题,需要有轻重缓急之分。如果重点在寻找一些要害问题,建议选择现实的角度。从现实的角度寻找一些重要、关键、紧迫的问题进行研究。从现实的角度找问题便于抓住重点和要害,但是也容易导致"只见树木,不见森林"的情况出现。所以,广泛而系统地搜集问题,要在全面把握幼儿园内外情况的基础上找出关键与要害问题。搜集问题需要将理论角度与现实角度相结合。搜集问题的具体方法有:观察法、座谈法、访谈法、问卷调查法等,根据实际情况可以灵活地选择和应用。

其次,要系统而科学地分析问题。在广泛搜集问题的基础上要对问题进行系统分析,对问题进行归纳、整理和提炼,总结出亟须解决的关键问题和要害问题。这些问题往往是需要率先研究和解决的问题。比如,目前许多幼儿园教育"小学化"现象严重,影响幼儿的全面健康发展。这一问题也是目前解决起来较为棘手的问题,也是涉及面比较广泛的问题。幼儿园教育"小学化"现象是在我国"升学教育"的大背景下,在许多相关因素的影响下自然产生的。有些因素我们可以控制,有些我们无法控制。我们可以控制的是幼儿园的办园和教育活动,我们可以在一定程度上影响家长的教育观点与行为。但是,我们无法改变持续已久的"应试教育"的社会制度与文化。所以,我们重点要研究的应该是幼儿园的教育和家园共育的改革问题。对普通幼儿园教师来讲,重点要研究的是自己教育活动中对"小学化"的克服,注意课程计划、活动方案的制订,关注教育目标、内容、方法、形式的改变,以及师幼关系的改革,关注幼儿的主体地位,充分发挥幼儿在教育活动中的主动性,保障幼儿在游戏与活动中健康成长。这一切都基于教师一定的专业化水平和对幼儿园教育问题的研究。对幼儿园领导来讲,应重点考虑改变整个幼儿园的"小学化"问题,需要从全园及相关领域去分析,幼儿园的社会环境、家长的观念与要求、幼儿园的管理、保教队伍、幼儿园的各项保教活动等。园长需要根据本园的实际情况找出关键和要害问题,然后围绕这一问题,集中力量来加以研究和解决。如果关键是教师的观念和水平的问题,那么教师队伍的建设将是解决"小学化"问题的关键。对教师队伍有关"小学化"而存在的问题进行深入调研,进一步找出症结与关键,在此基础上确定研究的课题。

再次,明确地确定问题。实践中遇到的问题不一定是值得研究的课题,值得研究的问题有一定的特征,选择问题要依据一定的标准。值得研究问题的特征之一是问题必须是在探索两个或两个以上变量之间的关系;特征之二是问题必须能明确清晰地陈述出来,或可以用一个发问的语句提出;特征之三是问题必须具有可检验性,有能够被所收集的材料回答或验证的可能性。符合以上三个条件的问题才能算作是研究的问题。选择研究问题的准则有三:一是有实际价值。园本教研更关注的是实践价值。二是有适当性。所研究的问题是幼儿园实际存在的迫切需要解决的关键性的问题,问题找得准确。三是现实可行性。人员、经费、时间、能力和其他研究条件较为成熟,能保证研究工作的顺利开展。另外,研究问题中的关键的术语概念必须界定清楚,表述上必须做到概念明确、范围清晰。名词术语的界定通常采用操作性定义或描述性定义。比如在"区角活动中幼儿创造性思维能力的培养"这一课题

中,"创造性思维能力"的概念就不怎么好把握,其显著特征是发散性思维,所以操作性定义可以表述为:能对同一事物的多种功能和用途的设想和操作能力。这样,在整个研究过程中就有了前后一贯且明确清晰的概念。

2. 确定目标内容

园本教研课题选定之后,需要进一步明确研究的目标与内容。

(1) 研究目标。与理论研究不同,园本教研的研究目标的重点不在理论的发展,而在于实践问题的解决,所以园本教研更加注重实践价值而不是理论价值。园本教研有两大基本目标:一是解决幼儿园或教师工作中的实际问题;二是促进教师专业成长。园本教研的第二项基本目标需要受到高度重视。

教师是幼儿园发展与改革的核心力量。从可持续发展的角度看,通过园本教研促进教师的专业成长对幼儿园的发展更具有长远意义。幼儿园应注意通过目标引导教师不断成长进步。通过园本教研使全体保教人员更新教育观念,提高保教质量,能够适应学前教育改革和发展需要,具有良好的职业道德,力争使一批教师成为保教业务骨干、学科带头和研究型教师。同时,根据教师的年龄、学历、水平可以将教师分成三类:新教师、合格教师、骨干教师,分别制定不同的发展目标,使每位教师都能认清自己的发展状况,明确自己的奋斗目标,不断勉励自己,脚踏实地,一步一个脚印地向理想的专业化目标迈进。

(2) 主题内容。合理的园本教研主题来源于实际问题和困惑。园本教研的主题可以来源于个人的反思,来源于与同伴的互助,来源于与专家的互动,来源于和理论的对话等。如某幼儿园针对教师在一课多研活动中的实际问题,确立了"支持幼儿有效学习的策略""在语言活动中如何激发幼儿创造力"等园本教研主题。确立园本教研主题要注意以下几点:一是主题有针对性;二是主题要解决实际问题;三是主题要有连续性与渐进性。如某幼儿园开展了以下主题的教研活动:小班开展了"如何解决小班幼儿的分离焦虑";中班开展了"如何培养幼儿良好的生活常规";大班开展了"如何培养幼儿的任务意识和责任意识"。以上教研主题是根据各年龄班幼儿的发展特点和教师提出的疑难问题确立的,很有针对性,使教师在园本教研时能够有的放矢地解决实际问题,及时解决教师的困惑,使园本教研更具有实效性。

精心设计园本教研内容是有效开展教研活动的保证。园本教研内容的设计力求从教师需要和兴趣出发,关注教师实践中的问题与困惑,满足教师可持续发展的需要。研修内容的选题要有价值,要小而有层次性,逐渐深入。如在"幼儿园活动区课程的研究"这一专题中,幼儿园开展了系列有效的研究内容:"如何合理设置区域""活动区材料投放的有效性""如何对区域活动进行指导""如何培养幼儿的活动常规""活动区活动如何与课程整合"及"如何评价"等,使教师多途径发现问题,学会同种类型合并问题,分类分层聚焦问题,联系实际确定并解决问题。解决问题的过程就是教育研究的过程,也是教师专业发展和成长的过程。

园本教研常开展以下内容的活动:

第一,组织教师进行业务学习。学习国家的教育方针政策和学前教育的法律法规,提高教师的政策水平和能力。认真学习幼教前沿理论及发展动态,及时了解幼教发展的难点和热点问题。通过学习最新的幼教理论,树立正确的儿童观、教育观、保教观等。

第二，组织交流活动。为了解决幼儿园教育实际问题，提高幼儿教师的业务水平，应该让他们经常交流，相互学习，相互促进。可采取多种形式，如观摩课、交流学习体会、沙龙活动、专题讨论、专业技能竞赛等。交流活动关键在有效交流，幼儿园每学期都要有计划、有组织地安排一些交流活动，为教师相互学习提供机会、创造条件。交流的面要广，不要仅局限在几个人身上，在交流中增加教职工之间的相互了解。交流活动也可以跨园、跨地区，既可走出去，也可请进来。每次交流活动要有一定的目的和结果，既不要搞花架子，也不要搞形式。交流要有丰富的内容，要有效果。

第三，集体备课。平行班的教师可以一起备课。老教师可带动年轻教师，起到"传、帮、带"的作用。通过集体备课，大家可以认真钻研课程资源，研究幼儿与班级，对保教工作中的重点、难点问题可以共同研究，为保教活动实施做好充分准备。这种方式尤其对能力较弱的教师可起到带动作用，达到共同提高的目的。

第四，创编课程资料，设计教学活动。各地区、各园有很大的差别，任何一套教材都难以完全符合本园或本班幼儿的特点，因此有必要组织教师自己编写一些补充课程材料。这样既提高了教师的教研能力，又丰富了保教内容。随着幼儿园教育改革的不断深入，保教内容有了很大的变化，原来的教材比较陈旧，难以适应幼儿园教育教学的发展，因此教师应发挥主观能动性，结合幼儿园教育实际，创作或设计一些新的保教活动。

第五，研究教育实践中遇到的热点与难点问题。热点问题往往也是难点问题，是还没有定论、需要进一步探讨的问题。由于没有定论，大家会感到很迷茫，不知如何是好，因此有必要讨论、研究。比如，幼儿学识字好不好，是否可以教幼儿学识字。通过讨论大家会更加关注这些问题，会主动地寻找各种材料，由此会产生一系列针对性极强的教研课题。园长或保教主任要多留心幼教发展的动态，及时掌握热点问题，编制幼教热点问题纲目发给教职工，请他们展开讨论。幼儿园教研活动还应特别注意本园保教等工作面临的问题或薄弱环节，通过研究，加以解决。

3. 选择形式方法

当选定教研课题，明确教研目标和内容之后，还需要选择恰当的教研形式和教研方法。因为只有通过适当的教研形式和方法，才能使得教研活动有序开展。

（1）教研形式。教学有教学组织形式问题，教研也存在教研组织形式问题。教研组织形式是指，为了使教研活动有序而有效地开展，在一定的理论和思想指导下，对教研活动的人员、手段、内容、时间、空间等要素进行有机整合，从而形成的教研活动的形态和样式。

常见的教研组织形式从人员参与的多少可以分为：个人教研、小组教研、全园教研、园内外合作教研等。个人教研是围绕个人教育活动中的问题，个体独自展开的教育研究活动，以自我反思、自主研究为主。这种教研组织形式对个人来讲研究的问题更具有针对性，教师教研的目的更明确，积极性更高，而且时间自主安排，灵活机动，可以静下心来研究，不受外界干扰。但是，该种教研形式不利于教师之间的交流与合作。小组教研是指以小组为单位开展的教研活动。教研小组可以是年级组、学科（领域）组、早班组、晚班组等。教研的内容多为小组共同存在或需要合作解决的问题。这种组织形式利于小组成员之间的合作与交流，相互启迪，相互帮助，联合攻关，充分发挥团队的力量。但是小组活动如果组织不好就会出现形式主义现象。比如,前期准备不足,无法深入研究问题;小组长或老教师搞一言堂,教师缺乏参与性等。全园教研指在幼儿园领导的组织下,幼儿园全员参与的教研活动。教研的问题多为涉及全园,需要全员参与的幼儿园重大教育问题的研究。这种教研组织形式利于集中全园的力量开展重大教研课题的研究,在幼儿园的作用面也比较广。但是该种教研组织形式由于参与人多,会出现组织困难,成本较高等问题。园内外合作教研是指幼儿园与有关教研机构、高等院校、专家名师或其他幼儿园合作开展的教研活动,可以是"辐射式"和"联片式"的教研。"辐射式教研"主要是利用高校、教研部门、优质幼儿园的人力资源、物力资源和信息资源,支持周围的一般幼儿园,共同提高教师的教学研究水平,这对解决农村、偏远地区教育资源相对匮乏问题,具有突出作用。"联片式教研"指的是幼儿园之间共同合作,相互开放,相互交流,在立足于自己幼儿园开展教育研究的基础上,充分挖掘不同幼儿园的潜力和资源,从而实现优质资源共享,优势互补,谋求共同发展。该种教研形式利于幼儿园与外界力量的结合,联合攻关,利于有难度的研究问题的解决。但是,可能存在引领资源不足,成本太高,研究对幼儿园的针对性不强,理论脱离实际等问题。

从是否通过网路进行教研来分,教研组织形式可以分为现场教研和网络教研。现场教研是在现场面对面开展的教研。现场教研从内容来划分,又可分为"专题式教研"和"常规式教研"。"专题式教研"就是以"课题形式"进行研究。"常规式教研"指的是日常的教育研究,包括活动准备、听课、观课、评课、专家讲座、经验交流、论文评比等。这种教研利于教师充分、快速、及时交流,形成一定教研氛围。但是,教研与工作矛盾较为突出,教研成本较高。随着信息技术的发展,园本教研的手段更加先进,教研的时间与空间也会有更多的变化,出现了网络教研的教研组织形式。这一形式具有时间与空间的灵活性,资源的丰富性和交流的广泛性,丰富了教研的组织形式,方便了教师,利于教研与工作矛盾的解决。但是此种教研不利于一定教研气氛的形成,人际情感交流不便,及时互动性较弱,组织管理较为困难,效果有限。

园本教研的互动形式也是多样的。比如:圆形式互动,采用圆桌会议的形式,要求每个人都要发言进行互动研讨。"圆形式"互动的目的在于促使"人人都参与、个个有贡献",防止园本教研过程出现"南郭先生"。"链条式"互动,即讨论时,首先由一个人围绕主题发言,之后的人接着前者的话题继续发言,步步深入。链条式互动的目的是促使参研教师能围绕主题研讨,防止"跑题",同时也有利于帮助大家养成一种善于倾听别人发言的习惯与能力。"Y形式"互动,园本教研互动进行到了一定阶段,产生了不同的意见,为了让更多的教师有发言的机会,可以先分小组讨论,再进行组际间交流等。

可见,园本教研的组织形式是多样化的,各种形式都有自己的优势与缺陷,这就要根据实际需要将多种教研形式恰当综合,灵活和创造性地运用。幼儿园最为常见的教研组织形式是小组教研。当然,小组教研要以个人教研为基础,全园教研的基本活动单位常常也是小组,小组教研和全园教研常会与外单位及专家名师合作,各种形式的教研都会不同程度地利用网络。总之,教研的组织形式通常是综合性的,这样,利于各种教研组织式之间可以取长补短,发挥更大的效能。

(2)教研方法。孟子曾说:"凡事有法,然后可成,师舍是则无以教,弟子舍是则无以学。"可见,在教学活动中教学方法很重要。园本教研活动中教研的方法同样不可或缺,否则教研活动将无法开展。

教研的方法多种多样。从层次角度看,教研方法可以分为研究方法论、研究范式、研究样式、研究方式、研究技术手段五个层次。研究方法论是指在教研方面所持有的基本哲学和思想观点,比如,唯物主义、唯心主义,科学主义、人文主义等。方法论是最高层次的研究方法,它决定了教研的基本方向与基本策略。我们主张在教研的方法论上恰当地将科学主义和人文主义方法相结合。研究范式主要指教研采取的是定量的还是定性的方法。科学主义强调定量的方法,而人文主义强调定性的分析与判断,两者各有利弊,我们倡导定性与定量的适当结合。不过在园本教研中,更多使用的是以定性研究为主的质性研究方法。研究样式即通常我们所称的研究方法,比如:行动研究、个案研究、调查研究、实验研究、实地研究等研究方法。在这些研究方法使用的过程中,会用到一些较为具体的研究方法,比如:观察、问卷、座谈、访谈、讨论、阅读等。这些具体的研究方法就是研究方式。速记、摄影、摄像、录音等为研究技术手段层次的研究方法。可见,教研方法的层次是多样的。从以上五个层次看,一层比一层具体,一层比一层更有可操作性。要保证园本研究的正确方向,顺利开展教研活动,就需要将这五个层次的方法相结合,创造出丰富多样的、富有实效的教研方法。

在长期的园本教研实践中人们逐步形成了一些综合性的、操作性强的教研方法。这些方法主要有:读书交流法、自我反思法、集体备课法、公开课研讨法、主题研讨法、学术沙龙法、专题讲座和研讨法、专家引领法、案例研究法、一人同课多轮法、多人同课循环法、同课异构法、课题研究法等等。

以上方法在实践中通常是根据园本教研的实际情况综合使用,单一地使用某一种方法不会收到好的效果。而且选用方法时强调灵活性与创造性,因时因事而变,不可呆板单一。

4. 方案撰写

园本教研活动不像专业人员进行的教育科学研究活动那样规范,研究的多是实践问题,在日常的教育教学活动中进行,变量控制要求不多,方法形式灵活多样。所以一些人就忽视了园本教研活动方案的研究制定和撰写,导致园本教研的随意性太强,影响了教研的有序开展和教研的质量。撰写方案利于人们仔细计划教研活动,方案对教研活动也会起到一定的指导作用。因此,园本教研活动方案研究制定与文本化工作需要受到重视。

方案的研究制定需要注意发扬民主。教研小组或幼儿园在制定方案之前要做相应的调查研究,发动群众积极参与,诊断问题,确定课题与教研内容,商讨教研的方法与形式,环节与步骤等。形成文本后还要再次征询群众的意见,甚至要组织专家论证,待完善后再付诸实施。个人教研制定教研方案需要多征询他人的意见,保证方案科学可行。制定教研方案要尽量避免闭门造车。

园本教研方案没有统一固定的模式,不过方案大体包括以下内容:背景分析、研究的问题与意义、研究对象、研究目标、研究内容、研究形式与方法、研究人员安排、研究时间地点安排、研究步骤、预期成果、保障措施、参考资料及有关附录等。

(五)活动开展

园本教研活动方案制定之后,有序开展教研活动就成为重要环节。教研活动的形式方法多样,活动开展的具体方式要依据方案的要求而定,没有统一的模式。需要注意的是,处理好方案的计划性和执行的灵活性之间的关系。教研活动方案可以对活动的目标、内容、形式、方法、步骤等做出大体的计划安排,但不可能照顾到活动中所有的细节,活动中会有许多始料未及的事件出现,这就需要灵活处理。尤其是集体现场教研活动,更是需要细心安排,充分准备,随机应变。集体现场教研活动的组织应注意以下问题:

1. 人员安排

集体现场教研活动需要大家分工合作,密切配合,才能搞好活动,取得实效。活动要提前安排主持人、中心发言人、参与人、小组长、专业引领者、活动记录人、计时员等。选择和安排这些人员时,需要注意岗位职责与岗位人员素质能力条件之间关系的协调。比如,主持人一定要是业务素质强,经验丰富,有一定的理论水平,组织才干,思维逻辑性强,反应敏捷,观察和控场能力强的优秀教师;专业引领者一定是专家名师或高水平的骨干教师,而且有一定的专业引领的能力等。人员的恰当安排是活动成功开展的基础条件。

2. 主持策略

主持人的职责是把握整个活动的方向、进程、节奏、重点和氛围,引导各方人员积极参与,有序互动,对活动中的诸多观点进行概括、总结和提升,以及及时处理突发事件等。主持人在活动中需要处理好以下问题:第一,组织好主题讨论。讨论的话题围绕活动主题,是大家感兴趣的共同话题,而且针对教师的"最近发展区"控制好问题的难度。对于有潜在讨论价值的问题需要高度关注,并且引导大家步步深入进行讨论。第二,组织好案例研讨。案例研讨是教师们所欢迎的活动。组织案例研讨注意以下环节:明了案例、提出问题、集体讨论、总结深化。第三,促进多种形式的交流互动。对简单的问题组织大家一起讨论。对复杂的问题,将问题层层分解,深入讨论。对潜在的问题引导大家延伸讨论。第四,适时控制好活动节奏。活动各阶段间过渡自然、环环相扣,及时进行必要的小结。小结应当简短而准确。主持人思路要清晰,活动控制力强,防止涣散、跑题、开小会现象。活动结束前能对整个活动进行梳理总结,起到画龙点睛的作用,保证活动活而不散,有始有终,富有成效。

3. 专业引领

高水平的教研活动离不开专业力量的引领。保证专业引领质量需要引领者把握好多重角色,掌握好引领技巧。首先,把握好多重角色。引领者是探究本质的帮助者,在教研活动中帮助大家理清问题,透过现象看本质;引领者是教师话语的倾听者,需要其以欣赏的态度耐心倾听,营造民主活跃的氛围;引领者是教师思维碰撞的激发者,需要其才思敏捷,与教师们一起互动创新。引领者不能把自己放在高高在上的权威者的位置,不搞一言堂,充分发挥帮助者、倾听者和激发者的作用。其次,引领者还要掌握专业引领的互动技巧。一是聚合策略。集体讨论中的观点一般比较散乱,对一般的教师来讲不容易系统把握,需要专业引领者将散点问题加以整合,形成线索鲜明的议题,帮助教师理清思路。二是深化策略。教师在讨论中对许多问题的看法可能会浮于表面难以深入,或者对自己内隐的观点难以发掘,这时就需要引领者通过与教师的交流,帮助他们深入看待问题,发掘内隐观点。三是留疑策略。教研活动中不是所有的问题可以被解决,也不是所有的问题专业引领者可以现场解决,所以,一些问题可以让大家活动结束后继续研究,以便于教师们始终保持研究的热情。

(六)成果表达

园本教研的成果表达方式是多样化的。规范化的科学研究活动的成果主要通过研究报告、论文和专著来表达。园本教研不像专门的科学研究活动那样规范化。广大幼儿教师的主要任务是保教工作,而不是科研。一般幼儿教师也没有那么高的研究能力,没有那么多的研究时间。他们研究的目的是解决保教工作中的问题,而不是发展理论。因此,应当根据幼儿教师的特点和教研的目的要求,使园本教研的表达方式多样化。学前教育行政主管部门以及幼儿园领导要避免一味要求幼儿教师撰写和发表研究论文和报告。

园本教研的成果表现为过程性成果和结果性成果。过程性成果主要指在园本教研活动过程中产生的一些成果,有物化成果和非物化成果。物化成果包括文本化的方案、计划和总结,反映活动过程的多媒体资料,活动的用具等物化的成果;非物化成果主要指园本教研给教师专业成长以及幼儿园的文化建设所做出的贡献。结果性成果主要是指园本教研所产生的最终成果,具体包括活动方案、经典案例、叙事文章、经验总结、反思报告、研究报告、论文等。

(七)评价激励

幼儿园园本教研活动的有效开展离不开相关评价激励机制的建立。

首先,建立评价机制。幼儿园应当制定《教师园本教研工作评价细则》等制度,制定园本教研的评价工具,对园本教研的活动目标、活动环节、活动过程、活动效果等进行整体性评价。通过评价了解活动目标是否达成,活动环节是否紧凑,活动过程是否有效,活动效果是否解决了研究的问题,促进了教师的发展,提高了保教质量。然后,在评价的基础上进一步找出问题,提出改进对策。同时,确定下一步园本教研的方向、内容和重点,为今后的教研奠定基础。

其次,建立激励机制。幼儿园还应当建立《园本教研成果奖励方案》,激发教师科研积极性。幼儿园教研工作是一项长期艰巨的任务,需要教师坚持不懈地探索研究,才能使幼儿园教研工作经常化、制度化。因此,园领导应高度重视教师的教研工作,及时肯定教师的劳动价值,建立多种激励机制,激发教师参与教研工作的积极性、主动性。具体可以采取以下做法:第一,阶段成果汇编。园领导应在每学年末,及时对本园教师在开展教研过程中所取得的阶段成果如:活动设计、研究报告、论文等进行收集、归类、汇编成册,以激发教师的成就感。同时也为教师在评定职称时,提供论文交流的依据。第二,多角度表彰。园领导在教师教研过程中应注意观察了解参与研究的全体教师,对教师的工作情况做到心中有数,为客观公正地表彰教师掌握第一手材料。表彰可按分工不同,进行分层次、多角度的表彰,如:教研工作组织奖、指导奖、具体实施奖、优秀成果奖等。对所有参与教研活动的教师所付出的劳动价值给予肯定。在评价、评比中应充分体现民主、平等,采取自评与他评相结合的方法,真正达到公平、公正,使受到表彰的教师更加珍惜来之不易的荣誉,未得到表彰的教师也受到鞭策。第三,与期末绩效考评挂钩。教研工作与绩效考评挂钩,是激发教师参与教研工作积极性的有效途径。幼儿园建立教师的教研档案,将每位教师在教研工作评比得分情况与期末绩效考评挂钩,进一步促进幼儿园教研工作经常化、制度化、规范化,真正体现"科研兴园"。

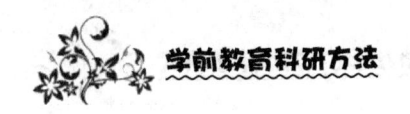

综上所述,园本教研活动的实施,需要坚持一定的指导思想,合理发挥园长的作用,完善相关的组织制度,精心制定教研方案,认真开展教研活动,倡导多样化的成果表达方式,建立科学的园本教研评价激励机制。只有这样,园本教研活动才能规范、有效、持续地开展。

思考与实训

1. 简述你对幼儿园开展教育研究意义的理解。
2. 什么是园本教研,有什么特点?
3. 如何实施好园本教研活动?
4. 设计一个集体备课活动方案。
5. 结合实际设计一个幼儿园园本教研工作学期方案。

本章参考文献

[1] 杨世诚,李培胜,隋立国,等.学前教育研究方法[M].北京:科学出版社,2011.

[2] 郑金洲.校本研究指导[M].北京:教育科学出版社,2002.

[3] 彭兵,谢苗苗.幼儿园园本教研活动实施的策略[J].学前教育研究,2010(3).

[4] 王清华.园本研修:促进教师专业成长的有效形式[J].大连教育,2011(2).

[5] 朱家雄.基于案例学习的幼儿园园本教研[J].幼儿教育,2005(9).

[6] 潘海燕.教师的教育科研与专业发展[M].北京:中国轻工业出版社,2006.